D1534701

Edición a cargo de Jonathan Cott

Dylan sobre Dylan

31 entrevistas memorables

Edición a cargo de Jonathan Cott

Dylan sobre Dylan

31 entrevistas memorables

Traducción de Miquel Izquierdo

GLOBALrhythm

TÍTULO ORIGINAL
BOB DYLAN: THE ESSENTIAL INTERVIEWS

Publicado por:
GLOBAL RHYTHM PRESS, S. L.

C/ Bruc 63, Pral. 2ª – 08009 Barcelona
Tel.: 93 272 08 50 – Fax: 93 488 04 45

Publicado por primera vez en Estados Unidos por Wenner Books en 2006

Copyright 2006 Wenner Media, LLC

Copyright 2008 de la traducción de Miquel Izquierdo

Fotografía de la cubierta: Jan Persson, Redferns

Derechos exclusivos de edición en lengua castellana:
Global Rhythm Press, S. L.

ISBN: 978-84-96879-23-2

DEPÓSITO LEGAL: B. 16.233-2008

Diseño Gráfico PFP (Quim Pintó, Montse Fabregat)
Preimpresión LOZANO FAISANO, S. L.
Impresión y encuadernación SAGRÀFIC

PRIMERA EDICIÓN EN GLOBAL RHYTHM PRESS: mayo de 2008

SUMARIO

INTRODUCCIÓN

Un solo acontecimiento no puede despertar en nosotros a un extraño totalmente desconocido. Vivir es ir naciendo despacio.

ANTOINE DE SAINT-EXUPÉRY, *Vuelo a Arrás*

Puede que ya se viera venir, pero un día del año 1960, cuando tenía diecinueve años, Robert Allen Zimmerman —el mayor de los dos hijos de Abraham y Beatrice Zimmerman— de Duluth y Hibbing, Minnesota, decidió hacerse un nombre, así como una nueva identidad, un yo, a la vez que inventaba una vida de fábula más de acuerdo con sus emociones. (Puede que se tratara de una decisión lenta pero no necesariamente calculada: tal como contó a la revista *People* en 1975: «Yo no perseguí conscientemente el mito de Bob Dylan. Me fue entregado por Dios. Lo que uno busca es inspiración. Sólo hay que ser receptivo ante ella».)

«Bob Dylan —les solía contar a sus primeros entrevistadores— creció en Gallup, Nuevo México.» A menudo decía: «No tengo familia. Estoy solo». Era un chaval de carretera que había huido de casa en siete ocasiones: a los diez, doce, trece, quince, quince y medio, diecisiete y dieciocho años. Sus peregrinaciones en autoestop y en trenes de mercancías le llevaron hasta Dakota del Norte y Dakota del Sur, Texas, California (donde asegura que, a los diez años, vio a Woody Guthrie actuando en Burbank), e incluso a México. «Hice mi trayecto bailando desde los festivales indios de Gallup, Nuevo México / al Mardi Gras en Nueva Orleans, Louisiana», escribió en su temprano esbozo biográfico «My Life in a Stolen Moment». Viajó con una feria ambulante «unos seis años, aunque con interrupciones», le confió a la cantante folk Cynthia Gooding en 1962. «Fui chico de limpieza. Encargado de la noria. La hacía aterrizar. Cosas así.» Tal como confesó al *New York Herald Tribune* en 1965, «mi pasado es tan complejo que no te lo creerías, tío».

La historia de su vida fue cambiando a medida que avanzaba en su viaje, al igual que, asombrosamente, su fisonomía y aspecto. Lo mismo que el dios marino Proteo, quien para eludir a sus perseguidores alteraba continuamente su apariencia de dragón en león, fuego y torrente —sin dejar de soltar profecías a su paso—, Bob Dylan, en sus primeros tiempos, tenía, según cuenta el cantante de folk Eric von Schmidt, «la facultad más increíble de cambiar de forma, tamaño y aspecto. Siempre… Vestía lo mismo: sus vaqueros y la gorra. A veces se antojaba corpulento y, enseguida, podía parecer un gnomo. Un día podía resultar guapo y viril y al día siguiente parecía un chaval de trece años. Muy extraño». (Recuerda al consejo impartido por el poeta elegíaco griego Teognis: «Muestra un aspecto diferente de ti mismo a cada uno de tus amigos… Sigue el ejemplo del pulpo con todos sus tentáculos, que adopta la apariencia de la roca a la que se aferra. Asume una forma un día y, al siguiente, cambia de color. El ingenio es más valioso que el rigor».)

Uno tampoco sabía cómo iba a sonar su voz. Otro de los rasgos fascinantes, aunque evidente, de la personalidad camaleónica de Bob Dylan es el modo en que el timbre de su voz podía cambiar de un disco o período de su vida a los demás. Como si tampoco su voz soportara quedarse en el mismo sitio. Cuando llegó a Nueva York, cantaba como un paleto, como «un perro con la pata atrapada en una alambrada», tal como señaló alguien en su momento. A medida que los años pasaban, la voz de Dylan podía virar desde, según sus palabras, «ese tenue… salvaje sonido voluble… metálico y tan dorado» de *Blonde on Blonde* (1966) al despreocupado sonido country —que Dylan atribuye al abandono del tabaco— en *Nashville Skyline* (1969), la calidez, vulnerabilidad e indignación de *Blood on the Tracks* (1975) o la evocadora solución de timbre entre papel de lija y jerez de *Time Out of Mind* (1997).

La frase del poeta francés Arthur Rimbaud, «yo es otro», pasó a convertirse en el modus vivendi de las varias identidades de Bob Dylan. Al leer un perfil de sí mismo en un periódico, apuntó una vez: «Me alegro de no ser yo». Cuando un periodista le preguntó por el motivo por el que se había puesto peluca y una barba en el Newport Folk Festival de 2003, Dylan replicó: «¿Seguro que era yo a quién viste allí arriba?». En una entrevista que le hice en 1977 acerca de su película *Renaldo y Clara*, Dylan me contó: «Está Renaldo. Hay un tío con la cara blanca cantando en el escenario, y está Ronnie Hawkins, que interpreta a Bob Dylan. Bob Dylan aparece en los créditos como intérprete de Renaldo, pero Ronnie Hawkins aparece como Bob Dylan». «Así que Bob Dylan —supuse— puede que esté o no en la película.» «Exacto.» «Pero Bob Dylan hizo la película.» «Bob Dylan no hizo la película —me dijo—. La hice yo.»

Llegó incluso a explorar y confesar la más fragmentada (algunos dirían autoescindida) naturaleza de su ser. «¿Alguna vez te has visto como pareja?», le preguntó una vez el autor y actor Sam Shepard. «¿Una pareja?», respondió Dylan. «¿Quieres decir dos? Sí. Constantemente. A veces me siento como diez parejas.» Y, tal como informó a David Gates de *Newsweek*, «no creo ser tangible para mí mismo. Vamos, que hoy pienso una cosa y mañana pienso otra. Cambio a lo largo del día. Me despierto y soy una persona y cuando me voy a dormir estoy convencido de ser otra. La mayor parte del tiempo no sé quién soy. Ni siquiera me importa». (Uno puede pensar en la noción budista de que el ego no es una entidad, sino más bien un proceso en el tiempo, así como en el comentario de Virginia Woolf en *Orlando* de que «para que una biografía se considere completa basta con que rinda cuentas de seis o sietes yoes, en tanto que una persona puede muy bien tener miles».)

A lo largo de su carrera, ha opuesto su papel de «Bob Dylan» —«Llevo puesta la máscara de Bob Dylan. Voy disfrazado», le soltó al público congregado para un concierto de Halloween en 1964— al silencio esencial de su vida interior. En una rueda de prensa de 1986, dijo: «Sólo soy Bob Dylan cuando me toca serlo». Al ser preguntado sobre quién era el resto del tiempo, replicó: «Yo mismo». En una entrevista de Clinton Heylin, César Díaz, que había pasado cinco años trabajando la técnica de guitarra con Dylan en proximidad prácticamente diaria con él, dijo: «He estado buscando al mismo tipo durante años. De vez en cuando, captaba un atisbo… Un par de veces llegó incluso a mostrar sus cartas. Tendrías que estar allí con él, estar allí en el momento en que se abre y dice: "Vale. Sólo soy Bob y Bob no tiene apellido"». Y cuando se cae la máscara, como sucede en su asombrosa canción «Abandoned Love», su vida y su mundo se tornan transparentes tanto para él como para nosotros:

> Everybody is wearing a disguise
> To hide what they've got left behind their eyes

But me, I can't cover what I am
Wherever the children go I'll follow them

[Todos llevan un disfraz / Para ocultar lo que hay tras sus ojos / Pero yo no puedo disimular quién soy / Seguiré a los niños hasta donde vayan.]

El legendario pianista americano William Kapell, que murió a los treinta y un años en un accidente de aviación en 1953, le escribió una vez a un amigo: «Los únicos momentos que valen la pena al tocar son cuando dichosamente puedo ignorar a las personas a las que se supone que entretengo. Ya no hay yo, ni público necio al que divertir. Sólo queda el corazón y el alma, el mundo, los pájaros, tormentas, sueños, tristeza, serenidad celestial. Entonces soy un artista digno de tal nombre… Hasta que eso sucede, o si no llega a ocurrir, no soy más que un desgraciado».

Al igual que Kapell, Bob Dylan es otro artista que a lo largo de su vida se ha mostrado reacio a cortejar y gratificar la adulación ocasionalmente fanática de sus seguidores. Tal como escribió de modo clarividente el psicólogo Jeffrey Satinover: «Una vez aposentada la estrella, los fans le harían pedazos en la eventualidad de que fuera incapaz de brindarles esa proyección del yo infantil. Un ejemplo reciente en la cultura pop es la injuriosa reacción de los fans ante los inesperados cambios de estilo de Bob Dylan. Una vez que se ha producido una identificación narcisista entre un líder y su seguimiento, él está tan atado como ellos. La rigidez de la relación y la resistencia de las fuerzas que mantienen el statu quo nacen del temor individual mutuo de fragmentación». Su sensación de que algunas personas «quieren mi alma», como le confesó a Nat Hentoff, ha alentado a menudo a Dylan a desaparecer en sí mismo y a convertirse en un extraño para los otros (o quizá también, a veces, para sí mismo).

«Un extraño en tierra extraña», se autodenomina Dylan en su canción «You Changed My Life» (un «extraño equívoco», como el estafador de Herman Melville). Elusivo, oblicuo, voluble y siempre en movimiento, se ha resistido tanto en su vida como en su trabajo, a ser categorizado, encapsulado, fijado, convencionalizado, canonizado y deificado. «Puedo entender la avaricia y la lujuria —dijo una vez—, pero no puedo entender los valores de la definición y el confinamiento. La definición destruye.» En ese sentido, se ha mostrado siempre renuente a verse atrapado en la red de ideas fijas o proyecciones fantásticas de los entrevistadores acerca de él, a las tentativas de hurgar en su vida privada y exponerla, de asesinar y diseccionar sus procesos creativos.

En *Inter Views*, un libro fascinante de conversaciones con Laura Pozzo, el psicólogo arquetípico James Hillman expresa su desconfianza hacia la entrevista como formato en términos con los que Bob Dylan podría muy bien estar de acuerdo: «Las entrevistas pertenecen a un género del ego: un ego preguntándole a otro. Así, uno piensa que debe proceder en términos de "respondo a una pregunta" y "sigo con el asunto", "el tema en cuestión", y uno trata de decirlo... Ya sabes, cortésmente, de manera ajustada, racionalmente. En psiquiatría eso se denomina "pensamiento dirigido". Todo ego. Por mi parte, el tipo de psicología que quiero practicar no se dirige al ego. Consiste en despertar la imaginación, en ser extremadamente complejo. Consiste en hablar con emoción y de una emoción a otra. De modo que, ¿cómo puedes, en una entrevista, incorporar toda esa complejidad? ¿Cómo podrías hablarle a la psique entera al mismo tiempo?».

Así, ¿cómo puede uno salir a entrevistar a alguien tan mudable y múltiple como Bob Dylan —que cantaba «Don't ask me nothin' about nothin' / I might just tell you de truth» [No preguntes nada de nada / Podría contar la verdad] («Outlaw Blues»)—, alguien que no se entrega (ni a su identidad) a la ligera?

Mikal Gilmore, que ha realizado cuatro entrevistas a Dylan, comenta: «Su reputación le precede más que a nadie que haya conocido. Y, como tantos otros, he visto documentación variada de aquello en que se basa tal reputación. En un momento de *Don't Look Back*, mantiene una conversación con un joven que se presenta como estudiante de ciencias, y éste le pregunta qué actitud adopta cuando conoce a alguien por primera vez: "Me cae mal", responde Dylan. A partir de ahí y de otros testimonios filmados o impresos, uno se espera a alguien que puede ser notablemente mordaz y cortante. Sin embargo, en mis primeros encuentros con él, me sentí aliviado desde el principio. Hubo otros momentos en que ese orgullo y ese aire podían emerger. Pero en aquella ocasión se mostró generoso y relajado.

»La primera vez que hablé con él fue entre la aparición de *Infidels* y la de *Biograph*, cuando yo trabajaba en el *Los Angeles Herald-Examiner*. Se suponía que tenía que ir a verle a su casa de Malibú, pero fue él quien acabó acudiendo a mi apartamento de Hollywood. La verdad es que la perspectiva de su visita en mi casa me tenía en ascuas. Yo había previsto una conversación de una hora, pero acabó quedándose cuatro o cinco allí, sentado en mi sofá. Nos tomamos un par de cervezas, y le encontré de lo más amable y sereno, quizá porque el cambio de ambiente alejaba el foco de su mundo. Puede que se hubiera mostrado más cauto si le hubiera visitado en su casa. He hablado con él varias veces más a lo largo de los años, y ésa ha sido mi experiencia general salvo por una ocasión en que nos enzarzamos en una discusión acerca de algo, pero incluso entonces, una vez pasado, volvió a ser el mismo interlocutor cortés.

»Siempre he sentido que hay partes de él que no cede gratuitamente, o en absoluto, en una entrevista. No creo siquiera que las ceda en *Crónicas*, que es una especie de autobiografía mental. Hay partes de su experiencia y visión de las cosas en las que no se mete fácilmente. Puede que lo haga, algún día, pero no creo que hasta ahora lo haya hecho. Con todo, no debe de ser fácil encarar preguntas en las que se te pide que te analices a ti mismo y a tu trabajo y cómo saliste parado en cuanto a expectativas culturales, no sólo porque eso debe de ser extenuante personalmente, sino también porque se resiente tu propia voluntad como artista.»

Robert Hilburn, que ha entrevistado a Dylan diez veces para el *Los Angeles Times*, apunta: «Elvis Presley y Bob Dylan han sido las dos personas que más nervioso me han puesto a la hora de conocerlas porque para mí eran héroes. Y yo había visto *Don't Look Back* y leído acerca de lo difícil, misterioso y manipulador que era en las entrevistas. Así que vas todo nervioso a la entrevista con él, pensando: "Dios. Si no lo digo bien, no vamos a conectar". Por eso pienso que, a veces, el periodista carga con un montón de prejuicios que ocasionalmente dificultan la conversación con él.

»Dylan considera que han abusado de él en la prensa. Gente que le ha malinterpretado o que ha tratado de etiquetarle o categorizarle. De modo que es bastante receloso ante todo el proceso de la entrevista y los medios. Y, claro, si acudes a él hecho un manojo de nervios, puedes quedar atenazado como entrevistador. Lo que de verdad te interesa es formularle una serie de preguntas específicas y centrarte en eso. Sin embargo, Dylan rehuirá esas preguntas con cierta frecuencia. Tienes que dar un paso atrás y decir: "Vale. ¿De qué quieres hablar?". Que encuentre un ámbito satisfactorio o un tema con que disfrute, y seguimos por ahí. Como entrevistador tienes que practicar ese tipo de transacción. Dylan es de una generosidad y una franqueza, así como de una inteligencia oculta, que con frecuencia no notas mientras vas hablando con él. Tienes que ponerte la cinta y volver a escuchar la entrevista para descubrirlo, porque tu nerviosismo te impidió apreciarlo en su momento.

»Me dijo una vez que, desde su punto de vista, lo más difícil era que la gente le formulara preguntas sobre cuestiones en las que jamás había pensado y que esa gente pretendía una respuesta inmediata. Y él no quería dar respuestas superficiales. De modo que vacilaba o se sumía en el silencio. Y si veía que no había modo de salir de allí, pasaba a otra cosa. En numerosas ocasiones, los entrevistadores pretendieron anclarle a esa cuestión, y por eso es por lo que a veces le da por juguetear, tratando de pasar de eso.

»También me dijo en otra ocasión que no le gustaban las entrevistas porque, a menudo, no sabía lo que habría debido responder hasta que se había ido. Así que le dije que podía llamarme al periódico al día siguiente si se le ocurría algo. Y llamó —en sábado— con un par de cosas que había anotado, como chistes de Johnny Carson, y uno de ellos era: "El país anda tan confundido estos días que la gente no sabe si seguir al presidente o a los Green Bay Packers".* Y nada, se le había ocurrido eso y llamó para incluirlo en mi artículo.

»Si puede charlar de cosas con las que se siente cómodo, no hará falta que le insistas para que se ponga a hablar. Basta con que te relajes y dejes que coja un poco las riendas. El tema de *Don't Look Back* es algo que todavía arrastra, pero él no suele ser así. A veces te apetecería abrazarle cuando está a sus anchas y se pone a hablar con elocuencia. Esos momentos, y su calidez, son algo que guardo como un tesoro.»

A los afortunados que se nos ha invitado a entrevistar a Bob Dylan se nos solía prevenir con que esperáramos a un personaje hiperequívoco, prácticamente a un embaucador, alguien proclive de modo irrefrenable tanto a la farsa como a los desaires. De hecho, Dylan es —como la mayoría de estas entrevistas demuestra— indudablemente reticente, autoprotector y huidizo, pero también un relator asombrosamente directo, franco, epifánico, poético y, sobre todo, alegre expositor de sus muníficos y evocadores pensamientos oníricos. «No sé si hacer una entrevista seria o seguir en la onda absurda de la noche pasada», le dice Paul J. Robbins a Dylan como entrada a su conversación de 1965 para el *Los Angeles Free Press*. A lo que Dylan responde: «Será lo mismo en cualquier caso, tío». Como Johan Huizinga señala en su estudio clásico sobre la cultura del juego, *Homo Ludens*: «La significación del juego [...] no se define ni ago-

---

* Equipo de fútbol americano de la ciudad de Green Bay, en el estado de Wisconsin. *(N. del T.)*

ta en absoluto despachándolo como "no serio, no grave". El juego es algo en sí mismo. El concepto de juego como tal es de un orden más elevado que la seriedad. Pues el de seriedad busca la exclusión del juego, en tanto que el juego puede muy bien aceptar la seriedad».

La palabra «entrevista» deriva de *entrever*, o sea, «atisbar, vislumbrar, adivinar, intuir». Sin duda, en una entrevista esclarecedora, el acto de atisbar y sentir requiere, tanto por parte del entrevistador como del entrevistado, un equilibrio delicado entre «entrever» y «ver a través», un equilibrio entre expansión y respeto por los misterios y fronteras de la personalidad. Y no puedes aventurarte en este tipo de intercambio sin admirar ni deleitarte con la obra de la persona con la que hablas, algo que no se ha dado necesariamente entre algunos de los interlocutores de Bob Dylan.

Todos somos prisioneros «en un mundo de misterio», como canta Dylan en «Highlands», una de sus canciones más memorables («Well my heart is in the Highlands wherever I roam / That's where I'll be when I get called home» [Mi corazón está en las Tierras Altas dondequiera que vaya / Allí estaré cuando me llamen de regreso]). Con todo, yo creo que es posible compartir nuestros sueños, nuestro sentido del misterio y de las raíces en un encuentro franco, tal como sucede ocasionalmente en algunas de las conversaciones agrupadas aquí. De entre las más de doscientas entrevistas en periódicos, revistas, libros, radios y televisiones que Bob Dylan ha concedido a lo largo de cuarenta y dos años (de 1962 a 2004), hemos seleccionado las treinta y una que mejor registran sus muchas fases e iluminan su proteico e interminable viaje. Entrevistas que nos permiten entrever, observar y atisbar a un artista notable que una vez se descubrió ante nosotros al cantar: «Everything I'm a-sayin' / You can say it just as good» [Todo lo que digo / Puedes decirlo igual de bien].

JONATHAN COTT

1

ENTREVISTA RADIOFÓNICA DE CYNTHIA GOODING, WBAI (NUEVA YORK) 1962

Bob Dylan, debes de tener veinte años.
Eso es. Debo de tener veinte.

En Minneapolis, ¿aspirabas ya a ser un cantante de rock & roll?
Por entonces casi no hacía nada. Creo que trabajaba. Hacía como que iba a la universidad. Acababa de llegar de Dakota del Sur. De eso hará unos tres años… Sí. Había llegado de Sioux Falls. Era el único lugar en que no debías alejarte demasiado para dar con el río Misisipi. Pasa por en medio de la ciudad.

¿Has cantado en alguno de los cafés [de Greenwich Village]?
Sí. Canté en el Gaslight. Hace mucho tiempo… También solía tocar en el Wha? Cantaba por las tardes, tocaba la armónica para un tipo de allí… Me daba un dólar… Tocaba con él cada día desde las dos de la tarde. Hasta las ocho y media… Me daba un dólar y una hamburguesa con queso.

¿Qué te alejó del rock & roll para llevarte al folk?
No es que nada me llevara… Era como, no sé. Yo no lo llamaba de ningún modo, no cantaba rock & roll. Cantaba canciones de Muddy Waters, escribía canciones, y cantaba canciones de Woody Guthrie y también de Hank Williams… De Johnny Cash…

Ya he oído que cantabas a Johnny Cash.
¿Son franceses [los cigarrillos]?

No. Éstos son saludables.
Mi disco para Columbia saldrá en marzo.

¿Cómo se va a llamar?
Bob Dylan, creo.

La tuya es una de las carreras de cantante folk más meteóricas.
Ya, pero es que yo no me veo como cantante folk… [No] toco por todo el país, ya sabes. No estoy en el circuito ni nada. O sea que no soy un cantante folk… Toco un poco, de vez en cuando. Pero me gustan más cosas aparte de la música folk… Tal como la gente etiqueta la música folk como «música folk»… Sí. Me gusta la música folk… Cosas como Hobart Smith. No canto mucho de eso y cuando lo hago se trata de una versión arreglada o algo parecido… Más como algo de jazz de antaño. Jelly Roll Morton y cosas así.

Me gustaría que cantaras una canción de tu breve trayectoria.
¿Breve trayectoria?

[A los oyentes] Tiene una lista de canciones pegada a la guitarra.
Bueno, no las conozco todas, no es más que una lista de las que me dio otra gente. Las reuní, copié las mejores canciones que pude encontrar. De modo que muchas no las conozco. Me da algo que hacer en el escenario.

Algo que mirar.
[Canta un blues.]

Una canción espléndida. ¿Cuánto de ella es tuyo?
No sé. No lo recuerdo. Tengo las manos frías. Este estudio es bastante frío.

¿Eres buen amigo de John Lee Hooker…? Howlin' Wolf, amigo de Woody Guthrie…
Sí.

¿Cuál de las suyas te gusta más? ¿Cuáles son las mejores?
Depende… ¿Cuál quieres escuchar? [Canta «Hard Travelin».]

Cuéntame algo acerca de las canciones que has escrito tú, de las que cantas.
Ésas… No diría que son canciones folk ni mucho menos. Para mí no son más que canciones contemporáneas. Mucha gente pinta para decir algo que deben decir, otros escriben libros, canciones… Lo que sea. ¿Quieres escuchar una?

Claro que sí.
Tengo una nueva que se llama «Emmett Till». Robé la melodía de Len Chandler. Es un cantante folk, recurre a cantidad de acordes curiosos. Me hizo tocar algunos para enseñarme acordes nuevos. Tocó éstos para mí. Dijo: «¿A qué suenan bien?». Y yo dije: «Molan». Así que se lo robé todo. [Canta «Emmett Till».]

Es una de las mejores baladas contemporáneas que he escuchado jamás. Es brutal.
¿Te gusta?

Mucho
La escribí la semana pasada, creo.
No suelo tener muchas ocasiones de tocar. Déjame tocarte una muy normalita. Me he roto la uña… [Toca «Standing on the Highway Trying to Bum a Ride».]

¿Sabías que el ocho de diamantes significa demora y el as de picas muerte?
Sí.

Así que la cosa va en ambos sentidos, ¿no?
Lo aprendí con la feria ambulante. Solía viajar con la feria.

¿También puedes leer las cartas?
Eh… No puedo leer las cartas. Creo más bien en la lectura de las manos. Pero por una serie de cosas personales, experiencias, no creo demasiado en las cartas.

Así que tampoco estarás deseando que te las lean… ¿Cuánto tiempo estuviste viajando con una feria ambulante?
Estuve con ellos unos seis años, aunque con interrupciones.

¿Qué hacías?
Un poco de todo. Fui chico de limpieza. Encargado de la noria. La hacía aterrizar. Cosas así.

¿No interfería eso en tus estudios?
Bueno, me saltaba muchas cosas y no fui a la escuela durante un puñado de años. Me saltaba esto, lo otro… ¡Ja, ja! Aún así, al final salieron las cuentas [risas].

2

ENTREVISTA RADIOFÓNICA DE STUDS TERKEL, WFMT (CHICAGO) MAYO DE 1963

Bob Dylan era un joven poeta folk en la época en que hablé con él. Uno de los cantantes más interesantes que había. Pantalones arrugados, pelo rizado, gorra de marino, veintidós años. Imposible encasillarle. Bob Shelton del *New York Times* escribe: «Sus letras mezclan cierto sermoneo coloquial folk de Woody Guthrie con una pizca de imaginería demoníaca de Rimbaud y algo de crítica social propia de Yevtushenko. Tanto si sus versos son libres o rimados como si su humor resulta sombrío, aguerrido, satírico o fantasioso, las letras y melodías del señor Dylan centellean con el brillo del poeta inspirado». Es una auténtica curiosidad americana.

¿De dónde saliste, forastero?
Todo empezó allá en Minnesota. Pero eso fue el principio antes del principio. No sé cómo llegué a esto de las canciones. No creo que sea yo quien deba contarlo. La verdad es que no me meto tan dentro de mí. Tiro para adelante y lo hago. Sólo trato de encontrar algo a lo que aferrarme.

¿Woody Guthrie es un factor importante en tu vida?
Sí. Muy importante. Me siento afortunado por el mero hecho de conocerle. Había oído hablar de Woody, sabía de él. Le vi una vez hace mucho, mucho tiempo, en Burbank, California, cuando era niño. Ni siquiera recuerdo haberle visto, pero le oí tocar. Yo debía de tener diez años. Me llevó mi tío.

¿Qué es lo que se te quedó grabado?
Se me quedó grabado que él era Woody y que los otros que había a mi alrededor sólo eran los otros que había a mi alrededor.

Si se me permite una opinión, eso también puede decirse de ti. Único. Es difícil separarte de tus canciones. Escribes la mayoría de ellas, ¿no es así?

Sí. Ahora las escribo todas.

Hay una que sólo puedo describir como un gran tapiz, «A Hard Rain's A-Gonna Fall».

Te cuento cómo la escribí. Cada verso es como otra canción. Podría utilizarse como una canción entera, cada uno de sus versos. La escribí cuando ni siquiera sabía cuántas canciones más podría escribir. Fue en octubre del pasado año y me recuerdo sentado toda la noche con un puñado de personas no sé dónde. Quería incorporar en ella lo máximo de todo cuanto sabía, así que eso es lo que escribí. Fue durante la crisis de Cuba. Durante el bloqueo. Estaba algo preocupado, quizá sea esa la palabra.

Tienes razón. Cada una de esas líneas, cada una de las imágenes podría ser una canción por sí misma. ¿Sabes por qué te pedí que cantaras esa canción? Tengo una carta de un chico que tiene más o menos tu edad, veintiún años. Y se pregunta en qué piensa realmente esta nueva generación. Oímos tantas cosas. Al final, dice: «Estados Unidos ya conoce el cuento del estudiante brillante, de sobresaliente, buen chico y con madera de líder. Pero sigue habiendo un grupo silencioso a la sombra. Un grupo que no está enzarzado abiertamente en una cruzada en ciernes, sino que está inquieto e insatisfecho. Impacientes o meditabundos, los jóvenes de esta especie puede que sean los que finalmente determinen orientaciones futuras... Por fuera se nos ve serenos, pero hay cierta rabia en nuestro interior».

Tengo un amigo que escribió un libro llamado *One Hundred Dollar Misunderstanding* [un malentendido de cien dólares]. No sé si aquí en Chicago lo venden. Trata del clásico chico empollón, ya sabes, metido en una hermandad estudiantil, y de una prostituta negra de catorce años. En el libro hay dos diálogos diferenciados. Tenemos un diálogo en un capítulo y en el siguiente expresa qué piensa y qué hace. El siguiente capítulo muestra la visión de ella sobre él. Todo el libro es así. Lo escribió este tipo llamado Robert Gover. Y eso también explica muchas cosas. Es una de las cosas más a la última hoy día, creo yo. O sea, viene a declarar algo que de hecho es cierto, algo en lo que todos piensan. No sé si el chico que escribió la carta estaba pensando en cruzadas. El tipo que escribió el libro no puede etiquetarle. Esa es la palabra. No sé si me explico.

Te explicas perfectamente. En los años treinta había jóvenes que se morían por pertenecer a uno u otro grupo. Todos estaban encasillados y catalogados. Lo que tú representas, me parece a mí, lo mismo que el chico que escribió la carta y el tipo que escribió ese libro, ellos no pertenecen a nadie más que a sí mismos. Pero ahí hay algo. En principio estupendo... Supongo que tú debes ser así porque hay mucho en juego.

Quizá sea sólo la época. Ahora es el momento en que quizá uno deba pertenecer a sí mismo. Creo que quizá en 1930, deduzco esto de hablar con Woody y Pete Seeger y alguna otra gente que conozco, parece como si todo por entonces fuera bueno o malo, blanco o negro. Sólo tenías una opción o dos. Como cuando tú estás en un bando y conoces a gente que está contigo o contra ti, contigo o te sigue o lo que sea. Hoy día lo que pasa es que... No sé como acabó así, pero las cosas ya no parecen tan sencillas. Hay más de dos bandos. Ya no es blanco o negro.

Me parece que «A Hard Rain's A-Gonna Fall» se convertirá en un clásico. Incluso aunque el tema provenga de tus sensaciones acerca de la lluvia atómica...

No, no. No se trataba de la lluvia atómica. Otras personas también lo han visto así. No es lluvia atómica, sólo es lluvia fuerte. No se trata de la lluvia nuclear en absoluto. Hago referencia a un cierto tipo de final que tiene que suceder, pues se deja ver claramente aunque la gente no lo piense y lo pase por alto. Aunque no hablo sobre esa lluvia en el sentido de atómica, me parece a mí que la bomba es, en cierto modo, un dios, como un dios al que la gente acabará adorando. Tienes que ser bueno con ella, ¿sabes? Tienes que cuidar lo que dices al respecto. La gente trabaja en ella. Seis días a la semana trabajan en ella. Hay gente que la diseña, ya sabes. Un espectáculo completamente nuevo.

Se trata de personas que son buena gente en su vida diaria.

Sí. No creo que sean mala gente. Como el tipo que mató a ese individuo que hacía autoestop en Alabama. El tipo que lo mató. No recuerdo su nombre.

Puede que fuera el dependiente. No sabemos si lo hizo, pero éste es el tipo...

Puede que lo matara. Incluso si no fue él, si es otro quien de hecho disparó la bala... No hay nada peor, o sea, dispararle por la espalda. Vi a tanta gente antes de trasladarme a Nueva York, gente buena, que quizá sea pobre, y luego tenemos a esta otra gente que les dice por qué son pobres y quién se lo montó para que ellos fueran pobres. Para sacarse de la cabeza que son pobres acaban buscándose un chivo expiatorio.

Pero tú, Bob, crees en el bien y el mal. Hay un bien elemental.
Sí. Estoy seguro.

Sin duda, por las canciones que escribes, así es. Uno de los versos de la canción que me pilló... antes dijiste que las cosas ya no son tan simples como solían: «The excutioner's face is always well hidden» [El rostro del verdugo está siempre oculto]. Ahí has dado en el clavo.
Sí. Bueno. Está escondido en todas partes.

Hoy día todo es muy impersonal. Tú has dicho qué va a pasar. ¿Qué pasará?
Lo que va a pasar es que tiene que producirse una explosión de algún tipo. La lluvia dura que va a caer. En el último verso, cuando digo «Where the pellets of poison are flooding the waters» [Donde las balas de veneno enturbian las aguas], eso significa todas las mentiras. Todas las mentiras que se le cuentan a la gente en sus radios y en sus periódicos. Todo lo que tienes que hacer es pensar un minuto. Están tratando de arrebatarle el cerebro a la gente. Algo que quizá ya se haya consumado. Odio pensar que es así. Todas esas mentiras las veo como un veneno.

Pronto cumpliré cincuenta y un años. Mi generación ya pasó. Y ahora hablo de ti y de tus amigos, diecinueve, veinte, veintiuno. ¿Cuántos se sienten como tú?
Pues muchos. Bueno, no sé. Has dicho mis amigos...

No me refiero sólo a tu grupo, porque tú has viajado bastante.
Puedo hablarte de mis amigos. Puedo hablarte de la gente con la que crecí, a la que conozco desde que tenía cuatro o cinco años. Las mismas personas que conocía con diez y doce años. Gente de pueblo. En Hibbing, Minnesota, y en otros lugares en los que viví antes de irme para siempre. Esta gente eran mis amigos. Fui a la escuela con ellos, viví con ellos, jugué con ellos, comí con ellos. Hicimos cosas buenas y malas, y pasamos un poco por todo juntos. La última vez que los vi fue hace quizá dos o tres años y, o soy yo el que ha cambiado o han cambiado ellos.

¿Qué les ha pasado?

Parecen seguir en la misma vieja onda. Cuando me vieron, supieron que vivía en Nueva York y dijeron cosas como… Puedo decir por la conversación en sí que se sienten como atenazados. Están como atados, atados a la pequeña ciudad, a sus padres, a los periódicos que leen que tienen quizá cinco mil lectores. Ni siquiera tienen que salir del pueblo, su mundo es muy pequeño. No hace falta, la verdad. Si sales de uno para ir a otro, es exactamente lo mismo. No estoy menospreciándoles. Yo he tomado mi camino y ellos el suyo, ya está. Muchos ya se casaron, otros van a la universidad. Algunos trabajan, ya sabes, trabajar y nada más. Siguen allí. No piensan en las mismas cosas en las que pienso yo.

No piensan lo que tú piensas. Has hablado de aquellas bolas de veneno en el agua. ¿Puede que se las tragaran también ellos…?

Eso seguro. Y yo. Sólo que yo me salí. Yo me salí y ya está.

Tenías diez años cuando viste a Woody, ya hará unos cinco que te pusiste a cantar y a tocar la guitarra.

No. Hará unos cinco que dejé de regresar a casa. He vivido en Nueva York durante los dos últimos años, casi. Antes de eso estuve más o menos por todo el país, por el sur, y estuve algún tiempo en México.

No sólo has recibido la influencia de gente como Woody, sino también de cantantes de blues.

Sin duda. Big Joe Williams, quizá le conozcas. Creo que vive aquí. Me parece.

Sí. Le conozco. Vive aquí.

Es un viejo amigo.

También adoptas canciones tradicionales y las haces tuyas.

Ya no [risas].

Interpretaste «Man of Constant Sorrow», el espiritual blanco. La adoptaste e hiciste algo completamente distinto. ¿Dices que has dejado de hacerlo?

Hace dos o tres años solía cantar canciones folk que había aprendido. Ahora ya no las canto.

¿Se te ha ocurrido pensar que tus propios temas puedan considerarse canciones folk? Siempre tenemos esta discusión: ¿Qué es una canción folk? Considero que «Hard Rain» acabará siéndolo sin duda, si es que el tiempo es la prueba.

Sí, sí. El tiempo será la prueba.

Da la impresión de que podrías escribir acerca de cualquier tema en el mundo.

Cualquier cosa en la que valga la pena pensar, merece ser cantada.

Cualquier tema. Una canción de amor, digamos, como «Boots of Spanish Leather». Tenemos ahí una canción del amante que se despide. Y no tiene nada que ver con la clásica composición acaramelada y melosa. Supongo que no te será fácil responder, Bob, pero, ¿qué te condujo a la composición de estas canciones? ¿Es algo que siempre estuvo contigo?

Sí. Siempre lo estuvo. Realmente, no sabría decir lo que me llevó a ellas. Soy una de esas personas que creen que todos tenemos cierto don, ya sabes, al nacer, y bastantes problemas tienes para averiguar de qué se trata. Yo tocaba la guitarra con diez años, sabes. De modo que me figuré que quizá lo mío era tocar la guitarra, quizá fuera ése mi pequeño don. Del mismo modo que alguien es capaz de hacer un pastel, o derribar un árbol y otra gente es capaz de escribir. Nadie tiene derecho a decir que ninguno de estos dones es mejor que cualquier otro. Simplemente están distribuidos así. Yo vi que mi don era precisamente éste. Quizá tenga otro mejor. Pero hasta ahora no he sabido verlo. No lo llamaría un don, no es más que mi modo de contar algo que resulta muy difícil de contar.

Has escrito un texto que se llama «My Life in a Stolen Moment». Dices «I wrote my first song for my mother and I titled it "Mother". I wrote that in fifth grade and my teacher gave me a B+. I sat in science class and flunked out for refusing to watch a rabbit die» [Escribí la primera canción para mi madre y la titulé «Madre». La escribí en quinto y me pusieron notable. Estaba en clase de ciencias y me expulsaron por negarme a ver morir un conejo].

Era mi época universitaria. Sólo duré cuatro meses. Pero vi de qué iba. Si hablo de la universidad no estoy hablando por lo que otros me han contado. Estuve allí. He visto lo que pasa. Empecé a fumar a los once años. Lo dejé una vez para recuperar el aliento. No recuerdo que mis padres cantaran mucho, al menos no recuerdo que intercambiara muchas canciones con ellos. Sólo compongo. Hace mucho tiempo que escribo.

Algunos dirían: Escucha lo que dice Bob Dylan, habla como el tío de la esquina, a pesar de ser un hombre cultivado.
[Risas]. No creo que lo sea.

¿Qué respondes cuando te lo dicen?
No tengo respuesta. Si quieren pensar que soy un tipo cultivado, pues muy bien.

Probablemente para ti resulta más fácil expresar tus sentimientos de esa otra manera. Supongo que la influencia de tantos grandes cantantes...
Woody.

Woody, el hecho de que Woody, más que la universidad, fuera tu gran influencia. ¿Llegó a escucharte cantar alguna de tus canciones?
Cada vez que voy a cantarle estas canciones que escribí para él, siempre quiere escuchar «A Song for Woody». Incluso cuando estaba en el hospital [risas]. Es lo que siempre quiere escuchar.

El tributo de un joven poeta folk a otro mayor que tanto ha significado para él. ¿Recuerdas la letra?
Sí. Pero nunca la canto. Sólo a Woody.

Pensaba también en la canción antibélica irlandesa «Johnny I Hardly Knew You». A tu manera estás diciendo lo mismo.
Alguien ha llegado al final del camino y sabe que es el final de ese camino y también que hay otro por ahí, pero no sabe exactamente dónde, así como sabe que no puede regresar al anterior.

Sabe que hay algo más.
Tiene cantidad de cosas que no acaban de sumar. Todo tipo de pensamientos en su cabeza, acerca de profesores, la escuela, autoestopistas por todo el país, todo acerca… También son amigos míos. Chicos que van a la universidad. Es gente que conocía. Cada uno de ellos puede ser una suerte de símbolo, diría, para todo tipo de personas como ésas. Nueva York es otro mundo, ¿sabes?, sobre todo porque nunca había estado an-

tes allí y todavía llevo sus recuerdos de pueblo conmigo, de modo que decidí que debía escribirlos. Ahora el camino resulta muy difícil de encontrar. Quizá por momentos desearía que ahora fuera mil novecientos no sé qué.

¿Los años treinta?
Antes. Como cuando hablaba acerca de clavar un clavo en un tablón, parece como si hubiera un tablón al que se le están clavando clavos por todas partes, y cada persona que aparece para clavar un clavo ve que hay un espacio menos, ya sabes. Espero que no nos hayamos quedado ya sin espacio.

¿Buscas otro pedazo de madera?
No, estoy bien con el viejo, sólo quiero más espacio para clavar un clavo.

¿Es eso lo que busca la mayoría? ¿Un lugar donde clavar un clavo?
Sí. Aunque algunas personas son los propios clavos.

O sea que están siendo clavados [risas].
Sí.

Tu nuevo disco contiene «Oxford Town», que tiene que ver con el caso de James Meredith. ¿Es él uno de los clavos?
Sí. Tiene que ver con el caso Meredith [James Meredith, estudiante negro a quien se le negó el acceso a la Universidad de Misisipi], pero a la vez no. La música, mi escritura, es algo especial, no es sagrado. Como esta guitarra. No la considero sagrada. Esta guitarra podría romperse en pedazos. Ya es bastante vieja. Podría conseguir otra. No es más que una herramienta para mí. Como otras personas tienen las suyas propias. Algunas personas derriban árboles, ya sabes, Otras escupen tachuelas. Siempre que voy a serrar un tronco, me corto con la sierra. Siempre que escupo tachuelas, me las trago. Yo resulta que tengo esta herramienta de aquí y me limito a utilizarla así, como una herramienta. Mi vida es la calle por la que camino. Esa es mi vida. La música, la guitarra, mi herramienta, ya sabes.

3
«CRIJIDOS, TEMBLORES, ESTALLIDOS»
NAT HENTOFF, *THE NEW YORKER*
24 DE OCTUBRE DE 1964

La palabra «folk» en la expresión «música folk» se asociaba a una especie de comunidad rural homogénea que mantenía una tradición de música creada anónimamente. Nadie en particular componía los temas, sino que éstos evolucionaban a través de generaciones de dedicación común. En los últimos años, no obstante, la música folk se ha convertido de forma creciente en el producto personal —y con derechos de autor— de creadores específicos. Cada vez son más, de hecho, los que no provienen de un ámbito rural ni representan tradiciones regionales de familias centenarias. A menudo se trata de urbanitas conversos a dicha música. Y, tras un aprendizaje en el que tratan de imitar los modelos rurales del viejo enfoque folk, acaban escribiendo e interpretando sus propias canciones dedicadas a sus preocupaciones e intereses. La juventud inquieta, que se ha constituido en el respaldo principal del ascenso de esta música en los últimos cinco años, contempla a dos de esos intérpretes como a sus portavoces preeminentes. Uno de ellos es Joan Baez, de veintitrés años. No escribe su propio material y en sus actuaciones incluye una parte considerable de canciones tradicionales, de creación colectiva. Joan Baez se expresa sin ambages contra los prejuicios raciales y el militarismo, e interpreta algunas de las mejores canciones actuales. Además, su voz pura y penetrante y sus maneras abiertas y honestas simbolizan para sus admiradores una isla serena de integridad en una sociedad que la compositora folk Malvina Reynolds ha caracterizado en una de sus canciones como compuesta de «compartimentos estanco» («And the boys go into business / And marry and raise a family / In boxes made of ticky tacky / And they all look the same») [Y los chicos van a lo suyo / Se casan y forman familia / En cajas de cartón / Que parecen idénticas]. El segundo —y más influyente— demiurgo del microcosmos de la música folk es Bob Dylan, que también tiene veintitrés años. El impacto de este último ha sido mayor porque compone canciones además de interpretarlas. Composiciones suyas como «Blowin' in the Wind», «Masters of War», «Don't Think Twice It's All Right» y «Only a Pawn in Their Game» han pasado a integrarse en el repertorio de muchos otros cantantes, incluida Joan Baez. Ésta ha declarado: «Bobby ha expresado lo que yo —y muchos otros jóvenes— sentimos, lo que queremos decir. La mayor parte de las canciones "protesta" acerca de la bomba atómica, los prejuicios raciales y el conformismo, son idiotas. No hay belleza ninguna en ellas. Sin embargo, las de Bobby son poderosas como poesía y como música. Y, ¡Dios! ¡Cómo canta el chico!». Otro motivo que explica el impacto de Dylan es la fuerza poco común de su personalidad. Enjuto, tenso y aniñado, Dylan parece una fusión de Huck Finn con un Woody Guthrie juvenil. Tanto encima del escenario como fuera de él, apenas se le ve capaz de contener su prodigiosa energía. Pete Seeger, quien, a sus cuarenta y cinco años, es uno de los veteranos de la música folk americana, observó recientemente: «Dylan podría muy bien convertirse en el trovador más creativo del país… si no explota antes».

Dylan viste siempre de modo informal —la posibilidad de verle en corbata parece tan remota como la de ver a la señorita Baez actuando en traje de noche— y sus posesiones son pocas, siendo una motocicleta la más preciada de todas ellas. Dylan es un nómada que suele salir a la carretera en busca de nuevas experiencias. «Se puede averiguar mucho de un pueblo frecuentando los billares del lugar», dice. Al igual que la señorita Baez, prefiere guardarse la mayor parte de su tiempo para sí. Sólo trabaja ocasionalmente y durante el resto del año viaja o reside algún tiempo en una casa propiedad de su mánager, Albert Grossman, en Bearsville, Nueva York (un pueblo cercano a Woodstock unos ciento cincuenta kilómetros al norte de Manhattan). Allí escribe canciones, estudia poesía, teatro, lee novelas, conduce su moto y departe con sus amigos. De vez en cuando se viene a Nueva York para grabar en Columbia Records.

Hace unas pocas semanas, Dylan me invitó a una sesión de grabación que debía empezar a las siete de la tarde en un estudio de la Columbia en la Séptima Avenida junto a la Calle 52. Antes de llegar, apareció un hombre alto, delgado, relajado, de treinta y pocos, que se me presentó como Tom Wilson, el productor discográfico de Dylan. Se sumaron luego dos ingenieros y nos dirigimos todos a la sala de control. Wilson se colocó ante una mesa larga y ancha, entre ambos ingenieros, desde donde podía contemplar un espacioso estudio con un enjambre de micrófonos a la izquierda y, justo enfrente, un recinto con un atril, dos micrófonos y un piano vertical, delimitado por una gran mampara, que velaría parcialmente la voz de Dylan al cantar a fin de mejorar la calidad del sonido. «No tengo ni idea de lo que va a grabar esta noche —me dijo Wilson—. Será material que ha escrito en el último par de meses.»

Le pregunté si Dylan presentaba algún tipo específico de problemas para un director de grabación.

«Mi dificultad principal ha sido la de hacerle entrar la técnica de micro —dijo Wilson—. Normalmente, se excitaba y se movía en exceso y luego se separaba demasiado, de modo que el micro chisporroteaba. Aparte de eso, mi problema fundamental con él ha sido el de crear el tipo de ambiente en que se sintiera relajado. Por ejemplo, si esa mampara le molestara, la quitaría, incluso si tuviéramos que perder cierta calidad de sonido.» Wilson miró hacia la puerta. «Estoy algo preocupado por esta noche. Vamos a hacer un disco entero en una sola sesión. No solemos ir con tanta prisa, pero este álbum tiene que estar listo para la convención de ventas de otoño de la Columbia. Salvo por ocasiones especiales como ésta, Bob no tiene una agenda marcada de fechas para grabar. Pensamos que es suficientemente importante para que grabe cuando le apetezca venir al estudio.»

A las siete y cinco, Dylan entró en el estudio, acarreando una maltrecha funda de guitarra. Gafas de sol. Su pelo, rubio castaño y rizado, no había sido cortado en varias semanas; llevaba vaqueros azules, un jersey negro y botas de ante. Con él aparecieron media docena de amigos, entre ellos Jack Elliott, un cantante folk de la tradición de Woody Guthrie, también en vaqueros y botas de ante, que llevaba una camisa marrón de vaquero y un vistoso sombrero del Oeste. Elliott se vino con una par de botellas de Beaujolais, que le pasó a Dylan, quien las dispuso cuidadosamente en una mesa junto a la mampara. El cantante abrió la funda, sacó un soporte de armónica de alambre, se lo colgó al cuello y se encaminó al piano donde empezó a tocar en un sincopado estilo tabernario.

«Tiene un abanico de capacidades más amplio de lo que demuestra —dice Wilson—. Las acapara. Basta remitirse a sus tres discos. En cada uno se da un notable salto respecto del anterior: en el material, en la interpretación, en todo.»

Dylan entró sonriendo en la sala de control. Aunque se muestre, cuando toca, fieramente contestatario respecto de la sociedad en general, su característica más notable fuera del escenario es la cortesía. Habla rápido pero suave y se muestra ansioso por hacerse entender. «Esta noche nos va a salir bien —le dijo a Wilson—. Lo prometo.» Se volvió hacia mí y prosiguió: «Aquí tampoco hay canciones acusatorias. Los discos que ya hice, los apoyo, pero parte de eso que se apreciaba en el escenario se debía a que nadie más parecía estar haciéndolo. Ahora mismo hay cantidad de gente haciendo temas acusatorios. Ya sabes: aludiendo a todas las cosas que están mal. En cuanto a mí, ya no quiero escribir más para la gente. No quiero ser un portavoz. Como cuando escribí sobre Emmett Till en primera persona, haciendo ver que era él. De ahora en adelante quiero escribir desde dentro de mí, y para ello tendré que volver a escribir como solía cuando tenía diez años: intentar que todo salga de modo natural. La manera en que me gusta escribir consiste en procurar que salga del mismo modo en que camino o hablo». Dylan frunció el ceño. «Y no es que yo ya haya llegado a caminar o a hablar como me gustaría. Mis maneras no son todavía las de Woody, Big Joe Williams o Lightnin' Hopkins. Algún día, espero, pero ellos son mayores. Alcanzaron un punto en que la música era para ellos una herramienta, un modo de vivir más, un modo de sentirse mejor. A veces puedo hacerme sentir mejor mediante la música, pero otras sigue resultando difícil irse a dormir por las noches.»

Apareció otro amigo y Dylan empezó a gruñir por una entrevista que le habían programado para esa misma semana. «Detesto decir que no porque, al fin y al cabo, esta gente tiene un trabajo que hacer —dijo, sacudiendo la cabeza, impaciente—. Pero me agobia que la primera pregunta acabe siendo normalmente: "¿Vas a ir al sur para participar en alguna de las iniciativas de derechos civiles?". Siempre tratan de encasillarte en cosas. Y yo he estado allí, pero no pienso ir al sur para sostener una pancarta y que puedan sacarme una foto. Conozco a muchos chicos del SNCC —ya sabes, el Student Nonviolent Coordinating Committee—, que es la única organización a la que me siento vinculado espiritualmente. Los del NAACP son una panda de ancianos. Lo descubrí tras ponerme en contacto con algunas personas del grupo. No me comprendieron. Buscaban utilizarme para algo. Tío, todo el mundo está pillado. A veces no sabes si alguien quiere que hagas algo porque está pillado o porque realmente entiende lo que haces. Es terriblemente complicado, y lo mejor que puedes hacer es admitirlo.»

De regreso al estudio, Dylan se puso ante el piano y tecleó un acompañamiento mientras cantaba uno de sus temas nuevos... Llegó otro amigo, con tres críos de entre cuatro y diez años. Los niños corretearon por el estudio hasta que Wilson insistió en que se les confinara en la sala de control. A las ocho menos diez, Wilson ya había comprobado el balance, satisfecho. Los amigos de Dylan se habían sentado a lo largo de las paredes y Dylan había expresado su disposición —de hecho, su entusiasmo— por empezar. Respiró hondo, echó la cabeza hacia atrás y atacó una canción acompañado de guitarra y armónica. La primera toma fue algo desigual, la segunda fue más relajada a la par que viva. En aquel momento, Dylan, sonriendo, parecía claramente confiado en su capacidad para realizar todo un disco en una noche. Al tiempo que pasaba a nuevos temas, la guitarra se convertía en su apoyo básico salvo por exclamativos apuntes de armónica.

Tras ojear una copia de las nuevas letras que Dylan le había pasado a Wilson, le hice a este último la observación de que efectivamente apenas había canciones de protesta social en la recopilación.

«Sus primeros álbumes confundieron a la gente —dijo Wilson—. En realidad, él no se inscribe en la tradición de la música folk de toda la vida. Quiero decir que no se trata tanto de un cantante protesta como de un cantante preocupado por la gente. No tiene por qué estar hablando de Medgar Evers todo el rato para resultar eficaz. Basta a veces con que cuente la simple historia de un tipo que huyó de una mujer.»

Después de tres tomas de un mismo tema, uno de los ingenieros le dijo a Wilson: «Si quieres volver a intentarlo, podemos conseguir una toma mejor».

«No —Wilson sacudió la cabeza—. Con Dylan tienes que quedarte con lo que puedas pillar.»

En el estudio, Dylan, con su complexión liviana inclinada hacia adelante, se mantenía apartado apenas unos centímetros de la mampara, escuchando la grabación por los auriculares. Estaba por quitárselos al empezar un pasaje instrumental, pero su voz reapareció, sonrió y se los puso de nuevo.

El ingeniero musitó de nuevo que podía conseguir una toma mejor si Dylan repetía la canción.

«Olvídalo —dijo Wilson—. No cabe pensar en términos de técnicas de grabación ortodoxas cuando tratas con Dylan. Hay que aprender a ser tan libre a este lado del cristal como él lo es en el otro.»

Dylan siguió adelante para grabar la canción de un hombre que deja a una mujer porque no estaba preparado para ser el tipo de héroe invencible y proveedor absoluto que ella deseaba. «It ain't me you're looking for, babe» [nena, no soy el que buscas], canta, con aire tajante.

Durante la reproducción, me uní a Dylan en el estudio. «Hasta ahora las canciones suenan como si estuvieran habitadas por personas reales», dije.

Dylan pareció sorprendido de que yo considerara necesario dicho comentario. «Lo son. Eso es lo que nos asusta. Si no hubiera pasado por aquello por lo que escribo, las canciones no valdrían nada.» Prosiguió con una canción más, ofreciendo un complicado relato de una turbulenta historia de amor en el Harlem latino. Al final, preguntó a un amigo: «¿La has entendido?». El amigo asintió con entusiasmo. «Pues yo no —dijo Dylan, riendo, y luego se mostró sombrío—. Es difícil ser libre en una canción. Meter en ella lo que quieres. Las canciones son muy restrictivas. Woody Guthrie me dijo una vez que las canciones no tienen por qué rimar, que no tienen que pasar por nada de eso. Pero no es verdad. Una canción debe tener cierta forma para encajar en la música. Puedes malear la letra y la métrica, pero sigue teniendo que encajar de algún modo. Yo me he ido liberando cada vez más en las canciones que escribo, pero me sigo sintiendo limitado. Por eso escribo tanta poesía… si es que esa es la palabra. La poesía puede cultivar su propia forma.»

Al tiempo que Wilson daba la señal para empezar el tema siguiente, Dylan levantó la mano. «Sólo quiero encender un cigarrillo, para que pueda verlo mientras canto —dijo, y sonrió—. Soy muy neurótico. Necesito sentirme seguro.»

A las diez y media ya se habían grabado siete temas.

«Es la sesión más rápida de Dylan hasta la fecha —dijo Wilson—. Solía embarullarse con los micrófonos. Ahora ya es un profesional.»

Algunos amigos más llegaron durante la grabación de las siete canciones y, ya en aquel momento, había cuatro de ellos sentados en la sala de control detrás de Wilson y los ingenieros. El resto estaba repartido por el estudio, apoyados en la mesa sobre la que habían posado las botellas de Beaujolais. De vez en cuando se servían un trago en un vaso de papel. Los tres niños seguían irremediablemente presentes y, en una ocasión, el más pequeño irrumpió en el estudio, estropeando una toma. Dylan se volvió simulando enojo. «Te voy a liquidar —dijo—. Como te pille te desintegro.» El niño soltó unas risas y regresó a la sala de control.

A medida que pasaba la tarde, la voz de Dylan se tornó más acre. La dinámica de su canto se hizo más intensa, al tiempo que pasajes suaves e íntimos se interrumpían abruptamente con descarnados aumentos de volumen. El incesante, impetuoso ritmo de la guitarra se veía completado con mayor frecuencia por las andanadas estridentes de la armónica.

«Intensidad, eso es lo que tiene», dijo Wilson, aparentemente para sí. «Ahora mismo, este chaval está vendiendo más que Thelonious Monk y Miles Davis —me dijo—. Habla para una nueva generación. Y no sólo aquí. Acaba de estar en Inglaterra. Agotó las entradas en el Royal Festival Hall.»

Dylan acababa de iniciar una canción llamada «Chimes of Freedom». Uno de sus amigos en la sala, un hombre flaco, barbudo, proclamó: «Bobby habla en nombre de todos los colgados del mundo entero». Sus tres compañeros asintieron gravemente.

La siguiente composición, «Motorpsycho Nightmare», resultó una sátira mordaz de la vieja historia acerca del granjero, su hija y el viajante de comercio. Se produjeron varios inicios fallidos, aparentemente porque Dylan tenía problemas para leer la letra.

«Tío, baja la luz —le aconsejó el barbudo a Wilson—. Estará más relajado.»

«No es atmósfera lo que necesitamos —respondió Wilson sin volverse—. Necesitamos legibilidad.»

Al escuchar la grabación, Dylan lo hizo atentamente, moviendo los labios, con un cigarrillo en su mano derecha. Siguió un breve receso, durante el cual Dylan gritó: «¡Oye! ¡Necesitaremos algo más de vino!». Dos de sus amigos asintieron y salieron.

Tras reanudar la sesión, Dylan continuó trabajando duro y a conciencia. Mientras se preparaba para una toma o escuchaba lo grabado se le veía capaz de abstraerse completamente del barullo de las conversaciones y de las humoradas de sus amigos. Ocasionalmente, cuando un comentario le hacía una gracia especial, estallaba en risotadas, pero enseguida se metía de nuevo a trabajar.

Dylan empezó un blues; un abrasivo relato en un sardónico estilo narrativo, que ya había sido desarrollado por Woody Guthrie. «Vamos a ver. Yo soy progresista, pero hasta cierto punto —decía, arrastrando las palabras al tiempo que cantaba—. Está bien que seamos todos libres, pero si crees que voy a dejar que Barry Goldwater se mude a mi barrio para casarse con mi hija, lo tienes claro. No se lo permitiría ni por todas las plantaciones de Cuba.» Sonrió abiertamente, al mismo tiempo que Wilson y los ingenieros. Se trataba de un tema largo y, hacia el final, Dylan titubeó. Lo intentó dos veces más y en cada una de ellas se encallaba antes de acabar.

«Déjame hacer otra —le dijo a Wilson—. Ya volveré luego a ésta.»

«No —dijo Wilson—. Termina ésta. Nos vas a descomponer el orden y si no estoy yo para editar, quien venga se va a confundir. Limítate a encajar la última parte.»

«Déjale empezar desde el principio, tronco», dijo uno de los cuatro amigos sentados detrás de Wilson.

Wilson se volvió, con aire fastidiado. «¿Por qué?»

«Uno no empieza a contar una historia por el octavo capítulo, tío», dijo el otro.

«Ya, hombre —dijo Wilson—. Y ésa, ¿qué filosofía es? Estamos grabando, no escribiendo una biografía.»

Mientras las protestas de rigor proseguían, Dylan, aceptando el consejo de Wilson, cantó la pieza a encajar. Su amigo barbudo se levantó en silencio y dibujó un cuadrado en el aire por detrás de la cabeza de Wilson.

Siguieron otras canciones, en su mayoría amores perdidos o malentendidos. Dylan estaba ya cansado, pero mantenía el buen humor. «Esta última se llama "My Back Pages"», le anunció a Wilson. Parecía expresar su actual deseo de escapar a la corriente acusatoria y de escribir material personal más acerado. «Oh, but I was so much older then» [Pero entonces yo era más viejo], cantó en el estribillo. «I'm younger than that now» [Y ahora soy mucho más joven].

A la una y media de la madrugada la sesión terminó. Dylan acababa de grabar catorce canciones nuevas. Aceptó encontrarse conmigo en una semana para hablarme de su trayectoria. «Aunque mi trayectoria no es tan importante —dijo al abandonar el estudio—. Lo que cuenta es lo que hago ahora.»

Dylan nació en Duluth, Minnesota, el 24 de mayo de 1941, y se crió en Hibbing, ciudad minera del mismo estado, cercana a la frontera canadiense. No habla de sus padres, pues prefiere que sean sus canciones las que cuenten aquello que él desee explicar acerca de su historia personal. «Puedes estar en un extremo de la calle principal de Hibbing y ver más allá de las afueras al otro extremo», anotó una vez en su poema «My Life in a Stolen Moment», impreso en el programa de un concierto que dio en

1963 en Town Hall. Al igual que sus padres, según parece, la ciudad no era ni rica ni pobre, pero era, según Dylan, «una ciudad moribunda». Se fugó de casa en siete ocasiones: a los diez años, a los doce, a los trece, a los quince, a los quince y medio, a los diecisiete y a los dieciocho. Entre sus viajes se cuentan los estados de Dakota del Sur, Nuevo México, Kansas y California. Entre una escapada y otra se dedicó a aprender a tocar la guitarra, algo con lo que ya se había iniciado a los diez años. A los quince también tocaba la armónica y la cítara, al tiempo que escribía su primera canción, una balada dedicada a Brigitte Bardot. En la primavera de 1960, estudió en la Universidad de Minnesota, en Minneapolis, donde estuvo poco menos de seis meses. En «My Life in a Stolen Moment» Dylan resumió sucintamente su carrera universitaria: «Estaba en clase de ciencias y me expulsaron por negarme a ver a morir un conejo. Me expulsaron de inglés por escribir palabrotas en un trabajo donde describía al profesor. También suspendí en clase de comunicación por llamar cada día diciendo que no iba a poder asistir… Dejaron que me quedara en una hermandad por diversión. Me permitieron vivir allí, pero me largué cuando intentaron que me uniera a ellos». Paul Nelson y Jon Pankake, editores de *Little Sandy Review*, revista trimestral de Minneapolis dedicada a la música folk, recuerdan haber conocido a Dylan en la universidad en el verano de 1960, cuando formaba parte de un grupo de cantantes que tocaban en The Scholar, una cafetería cercana al campus. Los editores, que estudiaban allí por entonces, han reseñado en su publicación: «Recordamos a Bob como a un joven de hablar pausado, no especialmente atractivo… bien educado y de estética pulida acorde con el canon del campus: pantalón sport, suéter, zapatillas blancas, impermeable y gafas oscuras».

Antes de que Dylan llegara a la universidad, su manera de cantar se había visto notablemente influida por intérpretes de folk negros como Leadbelly y Big Joe Williams. Había conocido a Williams en Evanston, Illinois, a los doce años durante unas de sus escapadas. Dylan se ha sentido igualmente atraído por intérpretes de rhythm-and-blues de corte más urbano como Bo Diddley y Chuck Berry. También figuras del country blanco como Hank Williams, Hank Snow y Jimmy Rodgers ayudaron a perfilarle. Durante su breve paso por la universidad, se vio crecientemente absorbido por las grabaciones de Woody Guthrie, el viajero nacido en Oklahoma que ha creado el corpus más actual de material folk americano del siglo XX. Desde 1954, Guthrie, aquejado del mal de Huntington, enfermedad degenerativa del sistema nervioso, ha sido incapaz de tocar, pero se le permite recibir visitas. En otoño de 1960, Dylan abandonó la Universidad de Minnesota y decidió visitar a Guthrie en el Greystone Hospital de Nueva Jersey. Dylan regresó brevemente a Minnesota el mes de mayo siguiente para cantar en una concentración folk universitaria; Nelson y Pankake volvieron a verle en dicha ocasión. «En sólo medio año —recordaban en *Little Sandy Review*— había conseguido arreglar una música estimulante, bluesera, enérgica, acompañado de guitarra y armónica, y en sus visitas con Guthrie había absorbido no sólo la sintaxis impredecible del músico de Oklahoma, sino hasta su misma inflexión, dicción y color vocales. Aquella primavera, la interpretación por parte de Dylan de una selección de canciones... de Guthrie resultó febril y algo inestable, pero contuvo todos los elementos de su estilo interpretativo ya perfeccionado que le han convertido en el recién llegado más original de la música folk.»

El invierno en que Dylan visitó a Guthrie fue, en otro orden de cosas, desolador. Pasó la mayor parte del mismo en Nueva York, donde le resultó difícil hallar ocupación estable como cantante. En «Talkin' New York», un tema cáustico que describe sus primeros meses en la ciudad, Dylan cuenta el caso del propietario de una cafetería que le soltó despectivo «cantas como un patán, y aquí queremos cantantes de folk». Hubo noches en las que tuvo que dormir en el metro, pero, con el tiempo, hizo amigos que le dejaron un catre en el Lower East Side. A su vez, tras regresar de su bolo primaveral en Minnesota, empezó a conseguir más actuaciones en Nueva York. John Hammond, jefe de nuevos talentos en Columbia Records, que ya había descubierto un número considerable de músicos de jazz y de folk en los pasados treinta años, escuchó aquel verano a Dylan mientras asistía a un ensayo de otro cantante, al que estaba a punto de contratar. Impresionado por la fuerza del chico y la vívida poesía de sus letras, Hammond le hizo una prueba e inmediatamente le ofreció un contrato de grabación. Posteriormente, en septiembre de 1961, mientras Dylan actuaba en Gerde's Folk City, refugio ocasional de «citybillies» (tal como ahora se les llama a los jóvenes cantantes y músicos en el gremio) en la Calle 4, en Greenwich Village, Robert Shelton, crítico de música folk del *Times*, acudió a escucharle y escribió de un modo muy entusiasta sobre él.

Dylan empezó a triunfar. Amplió su seguimiento al aparecer en los festivales de Newport y Monterey y al dar conciertos a lo largo del país. Sufrió algunos traspiés, como cuando abandonó el programa de televisión de Ed Sullivan en 1963 porque la CBS no le permitió cantar una áspera composición dedicada a la John Birch Society.* Con todo, su experiencia en general se ha traducido en un éxito imparable. Sus primeros tres álbumes (*Bob Dylan*, *The Freewheelin' Bob Dylan* y *The Times They Are A-Changin'*) han alcanzado a estas alturas una cifra de ventas que ronda las 400.000 copias. Por añadidura, ha recibido abundantes sumas de dinero en concepto de derechos de autor como compositor de temas que gente como Peter, Paul and Mary, el Kingston Trio y otros, han convertido en éxitos. En la actualidad, su caché por concierto va de los dos a los tres mil dólares por noche. En ocasiones ha cantado por una cantidad simbólica para algunas asociaciones de folk y, a menudo, lo hace sin cargo alguno en concentraciones en favor de los derechos civiles.

Musicalmente, Dylan ha trascendido la mayoría de sus primeras influencias para desarrollar un incisivo estilo personal. Su sonido vocal suele caracterizarse por una crudeza desgarrada. Mitch Jayne, miembro de los Dillards, un grupo folk de Missouri, describió el sonido de Dylan como «igual que el de un perro con la pata atrapada en una alambrada». Sin embargo, los admiradores de Dylan se deleitan con esa crudeza por la vitalidad y el ingenio que anidan en ella. También señalan que sus baladas íntimas están impregnadas de un lirismo frágil que no degenera en lo trivial. De todos modos, es su trabajo como compositor lo que le ha ganado una audiencia más amplia de la que le habría deparado el mero hecho de cantar. Tanto cuando aparece preocupado por espectros cósmicos como por interrogantes personales, las letras de Dylan son acusadamente idiomáticas. Tiene un oído superior para los ritmos del habla, un sentido generalmente astuto para el detalle selectivo y un dominio natural de narrador para el tempo del relato. Sus canciones suenan como si hubieran salido de una historia oral callejera más que de un calmo y esmerado proceso creativo. Sobre el escenario, Dylan las interpreta como si tuviera algo acuciante que contar. En su trabajo, no hay nada de la gracilidad pulida de trovadores contemporáneos, cuidadosamente formados, como Richard Dyer-Bennet. Ni, por otra parte, las interpretaciones de Dylan reflejan la calculada facultad de espectáculo de Harry Belafonte o Peter, Paul and Mary. Fuera del escenario es, en buena medida, el mismo que sobre las tablas: inquieto, ávido de experiencias, idealista, aunque escéptico ante las causas mejor definidas.

* Asociación ciudadana de carácter extremadamente conservador. *(N. del T.)*

A lo largo del pasado año, a medida que aumentaba su fama, Dylan ha ido haciéndose más esquivo. Se sintió tan amenazado por su reconocimiento inicial que aprovechó la ocasión de recurrir a la casa en Bearsville, propiedad de su mánager, como refugio entre conciertos. Sigue pasando allí la mayor parte del tiempo cuando no está de gira. Una semana después de la sesión de grabación, me llamó desde allí y acordamos encontrarnos al día siguiente en Keneret, un restaurante situado en la parte baja de la Séptima Avenida, en el Village. Sirven comida de Oriente Medio, una de las preferidas de Dylan, aunque no cuenta con licencia para servir alcohol. Tras acudir a la cita, pues, nos acercamos a la tienda de al lado para comprar unas botellas de Beaujolais y regresamos luego al restaurante. Dylan se mostraba agitado como de costumbre y, mientras hablaba, sus manos se movían sin cesar y su voz sonaba como si fuera a perder el resuello.

Le pregunté qué había querido decir exactamente, cuando habló durante la sesión de grabación, con lo de abandonar las canciones «acusatorias». Tomó un sorbo de vino, se inclinó hacia adelante y dijo: «Mirabas alrededor y veías a toda esa gente señalando la bomba atómica. Y la bomba empieza a aburrir porque lo que está mal es algo que se halla mucho más al fondo. Lo que está mal es la poca gente que es libre. La mayoría de las personas están atadas a algo que no les deja hablar realmente, así que se limitan a añadir su confusión al caos. O sea, tienen algún tipo de interés oculto en cómo están actualmente las cosas. Yo por mi parte, estoy bien». Sonríe. «Sabes, Joanie —Joan Baez—, se preocupa por mí. Se preocupa por si la gente me acaba controlando y me explota. Pero estoy bien. Yo controlo porque no me interesa el dinero para nada. Estoy bien conmigo porque he pasado por suficientes cambios como para saber qué es lo real y qué no. Como esta fama en cuestión. Me ha afectado. Aquí en el Village no pasa nada. La gente no me presta atención. Pero en otras ciudades resulta curioso ver gente que no conoces que se figura que te conoce a ti. O sea, se creen que lo saben todo de ti. Pero hay una cosa chula. Este año recibí felicitaciones de cumpleaños de gente de quien no sabía nada. Raro, ¿no? Hay personas en las que he influido realmente y a las que nunca conoceré.» Enciende un cigarrillo. «Pero ser reconocido también puede ser una carga. De modo que desaparezco a menudo. Voy a lugares en los que no me conocen. Puedo hacerlo.» Se ríe. «No tengo trabajo. No tengo curro. No estoy comprometido con nada salvo con hacer algunos discos y dar algunos conciertos. Soy raro, en ese sentido. La mayoría de las personas cuando se levanta por la mañana tiene que hacer lo que tiene que hacer. Yo podría hacer ver que hay un montón de cosas que tengo que hacer cada mañana. Pero, ¿por qué? Así que hago lo que me apetece. Un día podría hacer películas sobre mis amigos en Woodstock. Escribo mucho. Me implico en movidas con la gente. Conservo muchas historias que me acompañan todo el tiempo... aquí en el Village, en París, durante mis viajes por Europa, en muchos sitios.»

Le pregunto a Dylan con qué plazo planifica las cosas.

«No voy mucho más allá del ahora mismo —dice—. Fíjate en este tema de la fama. Sé que va a desaparecer. Tiene que ser así. Ese reconocimiento proviene de personas que quedan atrapadas en algo por un tiempo y compran los discos. Luego dejan de hacerlo. Y cuando lo hagan dejaré de ser famoso para siempre.»

Notamos entonces que una joven camarera se mantenía tímidamente a poca distancia. Dylan se volvió hacia ella, y ésta le pidió un autógrafo. Firmó con entusiasmo, y lo hizo de nuevo cuando la camarera le pidió que le firmara otro para un amigo. «Siento haber interrumpido tu cena —dijo, sonriendo—. Pero en realidad no lo siento.»

«Recibo cartas de gente —jóvenes— constantemente —prosiguió Dylan cuando la chica nos dejó—. Me pregunto si escriben esas mismas cartas a otras personas que no conocen. Sólo quieren contarme cosas y a veces me cuentan sus movidas personales. Algunos mandan poesías. Me gusta recibirlas... leerlas y contestar algunas. Aunque no quiero decir que le doy a la gente que me escribe respuestas a sus problemas.» Se inclinó hacia delante para hablar más deprisa. «Es como cuando alguien pretende decirme cuál es la cosa "moral" que debe hacerse, quiero que me lo muestren. Si tienen algo que decir sobre moral, quiero saber qué es lo que ellos hacen. Lo mismo conmigo. Todo lo que puedo hacer es mostrar a los que me preguntan cómo vivo. Todo lo que puedo hacer es ser yo. No puedo decirles cómo cambiar las cosas, porque sólo hay un modo de hacerlo, y es desembarazándose de todas las cadenas. Y eso le resulta duro a la mayoría de las personas.»

Tenía el álbum *The Times They Are A-Changin'*, y le señalé una parte de sus notas en cubierta en las que hablaba de cómo siempre había estado huyendo cuando era un chico; escapando de Hibbing y de sus padres.

Dylan tomó un sorbo de vino. «No dejaba de huir porque no era libre —dijo—. Estaba constantemente en guardia. De algún modo, ya por entonces, sabía que los padres hacen lo que hacen porque están encorsetados. Están preocupados por sus hijos en relación consigo mismos.

O sea, quieren que sus hijos les satisfagan, que no les avergüencen, para poder estar orgullosos de ellos. Quieren que sean lo que ellos quieren que sean. Así que empecé a huir con diez años. Pero siempre me pillaban y me mandaban para casa. Cuando tenía trece años, andaba viajando con una feria ambulante por el norte de Minnesota y por las Dakotas, y me volvieron a pillar. Lo intentaba una y otra vez, y cuando tuve dieciocho años, me liberé para siempre. Seguía huyendo cuando llegué a Nueva York. Que tengas libertad de movimientos no quiere decir que seas libre. Por fin, llegué tan lejos que acabé desvinculado de todos y de todo. Fue entonces cuando decidí que no tenía sentido correr tan lejos y tan deprisa si ya no quedaba nadie. Era falso. Era huir por huir. De modo que paré. Ya no tengo sitio del que escapar. No tengo que estar en ningún lugar en el que no quiera. Pero yo no soy en absoluto un ejemplo para ningún chaval que quiera irse por ahí. Quiero decir que no me gustaría que ningún chico se fuera de casa por el hecho de que yo lo hice, y pasara por la cantidad de cosas por las que pasé yo. Cada cual tiene que hallar su propia manera de ser libre. Nadie puede ayudarte en ese sentido. Nadie pudo ayudarme a mí. Por ejemplo, ver a Woody Guthrie fue una de las razones principales por las que me vine al este. Era mi ídolo. Hace un par de años, después de haberle conocido, estaba pasando por una mala época, y me fui a ver a Woody, como si me fuera a confesar con alguien. Pero no me pude confesar con él. Era una tontería. Fui y hablé con él —tanto como las condiciones se lo permitían—, y el mero hecho de charlar me ayudó. Pero en general no me podía ayudar en nada. Me di cuenta de eso. Así que Woody fue mi último ídolo.»

Hubo una pausa.

«He aprendido mucho en estos últimos años —dijo suavemente—. De la belleza, por ejemplo.»

Le recordé lo que había dicho acerca de sus criterios cambiantes sobre la belleza en algunas notas que escribió para un álbum de Joan Baez. Allí escribió que cuando escuchó su voz por vez primera, antes de conocerla, su reacción fue:

«Odio ese tipo de sonido», dije
«La única belleza es fea, tío.
Los crujidos, temblores y estallidos son la única belleza que entiendo.»

Dylan se rió. «Sí —dijo—. Me equivocaba. Mi problema es que solía tratar de definir la belleza. Ahora me la tomo como es, sea como sea. Por eso me gusta Hemingway. Yo no leo mucho. Suelo leer lo que la gente me deja. Pero leo a Hemingway. No tenía que utilizar adjetivos. No tenía por qué definir lo que estaba diciendo. Se limitaba a decirlo. Yo todavía no soy capaz de eso, pero es lo que me gustaría hacer.»

Un joven actor de la troupe del Living Theatre de Julian Beck y Judith Malina se detuvo junto a la mesa y Dylan estrechó su mano con entusiasmo. «Pronto nos vamos para Europa —dijo el actor—. Pero cuando regresemos vamos a salir a la calle. Vamos a escenificar las obras en la calle para todos los que quieran verlas.»

«¡Sí, señor! —dijo Dylan, saltando del asiento—. Diles a Julian y a Judith que quiero participar en eso.»

El actor dijo que así lo haría y cogió el número de teléfono de Dylan. Entonces dijo: «Bob, ¿te dedicas sólo a tus canciones ahora? ¿Nada de los viejos temas folk?».

«Tengo que hacerlo —respondió Dylan—. Cuando estoy tenso y afuera llueve y no hay nadie por ahí y alguien a quien quiero está lejos (y, además, con otro), no me puedo dedicar a cantar "Ain't Got No Use for Your Red Apple Juice". Me da igual lo buena que sea una vieja canción o a qué tradición pertenece. Tengo que hacer canciones nuevas a partir de lo que yo conozco y de lo que siento.»

La conversación dio un giro hacia el tema de los derechos civiles, y el actor recurrió al término «el movimiento» para significar el trabajo de los activistas de los derechos civiles. Dylan le miró socarrón. «Estoy de acuerdo con todo lo que está pasando —dijo—, pero yo no formo parte de ningún movimiento. Si así fuera, no podría hacer otra cosa que no pasara por "el movimiento". No puedo sentarme y dejar que los demás hagan las reglas por mí. Hago cantidad de cosas que ningún movimiento permitiría.» Tomó un largo sorbo de Beaujolais. «Es como la política —prosiguió—. No me caso con ninguna organización. Una vez caí en una trampa (en diciembre pasado), al aceptar el premio Tom Paine del Emergency Civil Liberties Committee. ¡En el hotel Americana! ¡En el salón de baile! Apenas llegué ya me sentía tenso. De entrada, la gente con la que iba no pudo entrar. Supongo que tendrían aún peores pintas que yo. No iban vestidos como debían o algo así. En el salón me sentí tenso de verdad. Empecé a beber. Miré desde el estrado y vi a un puñado de gente que no tenía nada que ver con mi visión política. Miré y me asusté. Se suponía que estaban de mi lado pero yo no sentía la menor afinidad con ellos. Toda esa gente comprometida con la izquierda en los años treinta y que ahora respaldaba las iniciativas de derechos civiles. Eso está muy bien, pero había mucho visón y joyas, y parecía como si estuvieran donando su dinero por cargo de conciencia. Me levanté para irme, pero me siguieron y me alcanzaron. Dijeron que tenía que aceptar la condecoración. Cuando me levanté para hacer mi discurso, no pude decir más que lo que pasaba por mi cabeza. Se había estado hablando del asesinato de Kennedy, de Bill Moore y Medgar Evers y de los monjes budistas ejecutados en Vietnam. Tenía que decir algo acerca de Lee Oswald. Les dije que había leído mucho sobre sus sentimientos en los periódicos, y que sabía que estaba atenazado. Dije que también yo me había sentido así, que compartía muchos de sus sentimientos. Veía en mí mucho de Oswald, dije, y veía en él mucho de lo que son estos tiempos en que vivimos. Y, ya sabes, empezaron a abuchear. Me miraban como si fuera un animal. De hecho, pensaban que lo que estaba diciendo era que me parecía bien el que hubieran asesinado a Kennedy. Hasta ese extremo llegan. Estaba hablando de Oswald. Y luego me puse a hablar sobre amigos míos de Harlem. Algunos yonquis. Todos ellos, pobres. Y dije que necesitaban libertad tanto como cualquier otra persona y, ¿qué se hace por ellos? El presidente me golpeaba la pierna por debajo de la mesa, y le dije: "Vete a paseo". O sea, se suponía que debía comportarme como un buen chico. Se suponía que debía decir: "Agradezco vuestro premio, soy un gran cantante y creo firmemente en los progresistas, y ustedes compran mis discos y yo respaldo su causa". Pero no fue así, de modo que no fui aceptado. Esa es la causa de muchas de esas cadenas de las que hablaba: la gente desea ser aceptada, no quiere estar sola. Pero, al fin y al cabo, ¿qué es estar solo? A veces he estado solo enfrente de tres mil personas. Aquella noche estuve solo.»

El actor asintió con empatía.

Dylan chasqueó los dedos. «Casi lo olvidaba —dijo—. ¿Sabes?, hablaron de los Freedom Fighters esa noche. He estado en Misisipi, tío. Conozco a esa gente a otro nivel, aparte de las campañas de derechos civiles. Les conozco como amigos. Como Jim Forman, uno de los dirigentes del SNCC. Le seguiría adonde fuera. Pero la gente de aquella noche pretendía, de hecho, que mirara a los negros como negros. Ya te digo, no pienso volver a involucrarme con una organización política en mi vida. Bueno, podría ayudar a un amigo en el caso de que optara a alguna posición elevada. Pero no me integraré en ninguna organización. La gente de aquella cena era lo mismo que cualquier otra. Están bajo llave. Están encadenados a lo que hacen. Lo único que hacen es tratar de inyectarle moral y buenas acciones a sus cadenas, pero, básicamente, no quieren arriesgar sus posiciones. Tienen trabajos que mantener. No hay nada para mí en eso ni tampoco para ninguno de mis amigos. Lo único que siento es que creo que perjudiqué a la colecta. No sabía que se iba a recolectar dinero tras mi discurso. Supongo que les hice perder mucho dinero. En todo caso, les ofrecí pagarles lo que fuera que imaginaran haber perdido debido a mis palabras. Les dije que no me importaba el montante. Odio las deudas, especialmente las morales. Son peores que las monetarias.»

Exhausto por su monólogo, Dylan se hundió en el asiento y se sirvió más Beaujolais. «La gente habla de tratar de cambiar la sociedad —dijo—. Todo lo que sé es que en la medida en que la gente siga tan preocupada protegiendo su estatus y lo que poseen, no se hará nada. Quizá pueda darse cierto cambio de niveles dentro del círculo, pero nadie va a aprender nada.»

El actor se fue. Dylan tenía que marchar al norte del estado. «Vente a visitarme la semana que viene —me dijo—, y te doy una vuelta en mi moto.» Se encogió de hombros y se fue a toda prisa.

4

ENTREVISTA DE JAY COCKS, *THE KENYON COLLEGIAN* 20 DE NOVIEMBRE DE 1964

Con botas de tacón alto, chaquetón entallado de solapas, peto con broches de gamuza azul, grandes gafas de sol de esquinas recortadas, pelo oscuro y rizado levantado hasta derramarse sobre el cuello vuelto de una sucia camisa blanca, Dylan provocó cierta conmoción al bajar del avión en Columbus, Ohio. Los ejecutivos asentían y sonreían, la tripulación de tierra parecía algo incrédula, una madre puso la mano sobre la cabeza de su hijo y le hizo volverse. Bob Dylan apareció en la terminal caminando a grandes zancadas, pisando fuerte sobre sus tacones y con cierta arrogancia. Nos vio, sonrió nerviosa pero amistosamente y pasó a presentarse a sí mismo y a su compañero, un tipo desgarbado y sin afeitar llamado Victor, que parecía una versión actualizada de Abraham Lincoln. Dave Banks, que había organizado el concierto y constituía el comité oficial de recepción del cantante, condujo a Dylan y a Victor hacia la recogida de equipajes. Por el camino, Victor nos preguntó a qué distancia estábamos de la escuela y dónde pasarían ellos la noche. Al saber que Banks había reservado una habitación en un pequeño motel a 12 kilómetros de Kenyon, sonrió y dijo: «Tan lejos de la escuela como sea posible, ¿eh?».

El regreso del aeropuerto fue tranquilo. Ambos hombres parecían bastante cansados, especialmente Dylan, que estaba pálido y nervioso. Dijo que se hallaba en mitad de una gira que duraba ya dos meses, y Victor recordó una noche particularmente memorable en Cambridge. «Justo antes del concierto hubo una concentración —dijo—, y llegaron todos sudorosos y gritando. Tío, estaba plagado de jugadores de fútbol: jugadores de fútbol.» Banks comentó que Kenyon no había ganado un solo partido en todo el año, y ambos jóvenes parecieron encantados. «¿Sí? ¿En serio?», dijo Dylan, al tiempo que Victor exhibía una sonrisa complacida. Formularon un montón de preguntas acerca de la escuela, la *Review* y las chicas. Victor se sorprendió al ver que el complejo era tan pequeño y que las chavalas estaban tan lejos. «¿Fuera de Cleveland? —apuntó—, hombre, esa es mucha distancia para ir a por una tía.» Dylan asintió, comprensivo.

Hablamos algo más sobre Kenyon. «¿De verdad que deben llevar corbata y todo eso al concierto? —preguntó Dylan—, ¿corbatas? Bueno, les diré que se las pueden quitar. Eso haré. Las reglas, macho. Por eso es por lo que yo duré tan poco en la universidad. Demasiadas reglas.» Hablaba con calma pero animado, con un acento que sin duda era del medio oeste.

Al acceder a Mt. Vernon, Dylan preguntó si había una licorería cerca. «Nada fuerte… vino o algo así. Beaujolais. El Chianti va bien. Sí. O Almaden, algo que sea tinto y seco.»

Banks se detuvo para pillar algo de vino. Dylan cada vez hablaba más deprisa, más agitado, mesándose las patillas y pasándose nerviosamente la mano por la cabeza.

Al llegar a Gambier, Dylan apretó su rostro contra la ventanilla del coche. «¡Guau! ¡Un sitio perfecto para una escuela! Tío, si asistiera a ésta me pasaría todo el día en el bosque emborrachándome. Pillar una mujer (entonces volvió a exhibir su nerviosa sonrisa), sentar la cabeza, criar niños.» Banks condujo a la pareja alrededor del campus y se detuvo en Rosse Hall, donde tendría lugar el concierto, para mostrarles las instalaciones. A Victor no le gustó el sistema de amplificación («tío, es un fonógrafo») y Dylan se mostraba preocupado por hacer su entrada desde la parte trasera del auditorio y recorrer todo el tramo hasta el escenario. Se decidió por fin que utilizaría las aulas en el sótano como vestuario y accedería por la salida de incendios más próxima al escenario, frente al pequeño cementerio universitario. «Qué montaje tan extraño —seguía repitiendo—, realmente extraño.» Caminaba arriba y abajo, dando frenéticas caladas a un Chesterfield. «Oye, intenta meter a tanta gente como puedas, ¿vale? Deja que se sienten en el suelo, a ver si pueden venir todos, ¿vale?» Victor mencionó que ambos estaban bastante hambrientos, así que Banks sugirió regresar a Mt. Vernon donde Dylan no sería reconocido; aunque lo reconocieran, dijo Banks, seguramente lo tomarían por algún estudiante chalado, y lo peor que podía pasar es que apareciera alguien con ganas de pelea. «No pasa nada, tío —dijo Dylan, encogiendo sus hombros enjutos—. No me pillarán desprevenido.»

De regreso a Mt. Vernon, tanto Dylan como Victor quedaron impresionados por la plaza pública. «Mira a aquel tipo —dijo Dylan ante un monumento de la guerra civil—, ¿quién es?» Victor sacó la cabeza por la ventana y, entrecerrando los ojos, dijo: «No sé. A mí me parece el general Custer». «Fantástico», dijo Dylan.

Cuando finalmente llegamos a la habitación del motel, Dylan puso la televisión y empezó a afinar su guitarra Gibson y a cantar mientras veía *Wanted: Dead or Alive.* Dave Banks fue a ocuparse de las maletas mientras Victor y yo nos acercábamos a una cabina telefónica para pedir algo de comida. Dylan sólo quería una ensalada, pero Victor me dijo que le pidiera algo más. «Pescado o algo así. Y algo de verdura. Tiene que comer algo de verdura. Cualquiera. No sé.» El restaurante Rendezvous, sin embargo, no tenía nada de verdura. Victor sonrió, sacudiendo la cabeza. «Bueno, le pillamos el pescado o lo que sea. No hay verdura, joder.» La cena estaría lista en media hora, así que Banks y yo dejamos a Dylan y a Victor en la habitación mientras contemplaban a Steve McQueen enfrentándose a unos pérfidos mexicanos. Dylan estaba completamente absorto; Victor trataba de dormir.

Cuando regresamos con la comida media hora después, la televisión seguía encendida, Victor estaba tendido en su cama y Dylan se agarraba y soltaba las manos entre las rodillas. El restaurante había preparado una buena cena pero había olvidado añadir los cubiertos. «No pasa nada —dijeron ambos a coro—, no pasa nada», así que nos comimos todo, desde la ensalada a las patatas fritas, con las manos. Dylan fisgoneó en su plato de pescado frito, pero se dedicó a engullir la ensalada. «Ensalada griega en Mt. Vernon, Ohio —dijo—, ¡qué locura!», se limpió los dedos en su peto azul, encendió un cigarrillo y se sirvió algo más de Almaden. Estaba interesado en el artículo que planeaba escribir sobre él. «Está este individuo que escribe para el *Post*, ya sabes, el *Saturday Evening Post*, y que se llama Al Aronowitz. Estuvo un año y medio tratando de hacer una historia sobre mí pero no pudo. Es un gran tipo. Sabía que el *Post* la recortaría hasta la náusea y que no podría decir lo que quería, sólo lo que ellos quisieran. Y el tipo no quería que yo apareciera de ese modo, ¿sabes? De todos modos, intentamos escribirla, así, juntos. Me fui para su casa y nos sentamos y él empezó a escribir la historia, acerca de haberme conocido en Central Park y demás. Pero tuvimos que dejarlo, porque la cosa se estaba poniendo rara, surreal y la historia jamás se escribió. El otro tipo sobre el que tampoco hará ninguna historia es Paul Newman, porque no quiere hacerle un flaco favor viendo su perfil censurado.»

Al hablar no dejaba de flexionar sus dedos al tiempo que cruzaba y descruzaba las piernas. La mención de Paul Newman le llevó al tema de la interpretación. «Para mí, actuar, sabes, es como los hermanos Marx, algo que no puede aprenderse. Mira el Actor's Studio. En los primeros tiempos estaba bien, antes de convertirse en una moda. Después de eso lo visité y la verdad es que me dio grima. Toda esa gente —actores—, todos allí esforzándose al máximo para ser otra persona. No puedes aprender a ser otro. Es algo que tienes que llevar dentro. ¿Captas lo que intento decir?»

«Oye, Bob —interrumpió Victor, apagando el televisor—, mejor que empecemos a movernos.» Dylan había estado hablando durante cuarenta y cinco minutos. Habíamos salido del campus antes del concierto para afinar. De camino, nos pidió que cerráramos con llave el aula que iba a utilizar para ensayar. Le preocupaba que apareciera gente a la caza de autógrafos y grupos de fans sobreexcitados. Banks accedió y condujo el coche por un tramo accidentado de pasto hasta una puerta lateral del edificio, donde Victor metió prisa a Dylan para que entrara ante la mirada de tres o cuatro parejas boquiabiertas que querían colocarse en las primeras filas. Nos aseguramos de que la puerta quedaba cerrada, al tiempo que Victor y yo nos turnamos para montar guardia hasta que decidió que era hora de instalar los micrófonos especiales que se habían traído. Subió con una maleta repleta de tubos y cable, mientras Dylan, en la estancia anexa, afinaba durante unos tres o cuatro minutos aporreando un tema salvaje de rock and roll en un piano y cantando a la vez una letra delirante.

Dave Banks llamó a la puerta y le dijo a Dylan que dos personas que decían ser sus amigos estaban arriba. Habían dicho que sus nombres eran Bob y John. «Fantástico —dijo Dylan—. Victor, sube y tráetelos para aquí. Fantástico.» Volví a reunirme con Dylan, que estaba dando vueltas en círculo.

De pronto, la puerta se abrió de golpe y un hombre de rostro suave con botas negras, abrigo y guantes se abalanzó gritando: «Hola, Bobby, qué pasa, chato», su melena ondeando por detrás como una pancarta. «Ey, fantástico —gritó Dylan, tambaleándose hacia atrás por el aula, riendo, y simulando trepar por la pared—, ¿qué haces por aquí, Bob?»

«Nos vamos en coche a la costa —dijo el recién llegado, apretando la mano de Dylan—, pillé este coche y... oye, ¿conoces a John? Vamos juntos.» Presentó a Dylan a un tipo alto, con cara de pájaro que llevaba una costosa cámara japonesa colgando del cuello. «Mira este sitio. No me creo el tinglado. Qué locura.»

«Sí, ya sé. Ey, tío, ¿en qué andas?»

«Pues ya ves. Tenemos este coche de Al y nos vamos a la costa. Un Cobra, tío. Ayer condujimos casi mil doscientos kilómetros en diez horas. En treinta y cinco minutos habíamos cruzado Pensilvania. ¡Bruuum! ¡Brutal!»

Todos rieron. «Pues si vas a estar por la costa me llamas. Voy a dar algún concierto, Joanie y yo, llama.»

«Vale, vale —dijo Bob—, ¿qué tal tus cosas?»

«Nada, Joanie y yo daremos estos conciertos. Unas canciones geniales. Estaremos de gira un tiempo, pero después de la mierda que tuvimos que tragarnos no creo que sirva de mucho compartir las facturas de hotel, ¿no crees?»

«Si, sí —dijo Bob de nuevo—. ¿Viste las fotos de Nueva York?» Dylan dijo que no. «John, las tengo en el coche. Vete y tráelas.» John se rió y salió corriendo. Victor volvió de arriba, anunció que los micros estaban instalados, que el auditorio estaba prácticamente lleno, y saludó a Bob, que dijo: «¿Qué pasa con todos los maricas sueltos por aquí?». John regresó sosteniendo unas fotografías de gran tamaño que arrojó sonriendo ante Dylan.

«Son fantásticas —dijo, echándoles una ojeada—. Ésta es algo estrafalaria, pero me gusta.» Me la pasó. Era una foto de Bob, luciendo flequillo, parado ante un mural abstracto delirante, y vestido con un conjunto de mujer consistente en blusa y pantalones estampados, sosteniendo un triciclo en la mano izquierda, mientras le da al pedal con la otra. John me sonrió.

A medida que se aproximaba el momento de comenzar, Dylan empezó a animarse y a ponerse nervioso. Recorría la estancia o bailoteaba por ella trasegando vino en un vaso de papel a la vez que gesticulaba aparatosamente con las manos. Hacia las ocho y media, Victor le pasó la guitarra, Dylan dispuso el soporte metálico de la armónica alrededor del cuello, tocó algunos acordes, sopló cuatro notas y dijo: «Vale, tío, vamos para allá. Vamos, que vengo de entre los muertos, tío.»

Fuimos alrededor del flanco del auditorio, ante el cementerio del campus y por unas tambaleantes escaleras metálicas hacia la salida de incendios. Algunas de las personas que estaban junto a la puerta atisbaron a Dylan y empezaron a darse ligeros codazos; una chica más bien regordeta que vestía un holgado impermeable militar y zapatillas deportivas empezó a arreglarse el pelo. Victor pasó el brazo por los hombros de Dylan. Dylan asintió, se puso derecho y accedió a la sala ante una ovación

entusiasta. No hizo introducción alguna, y empezó de inmediato interpretando el primer tema. Algo no iba bien con el sistema de amplificación, y la música sonaba como mosquitos pillados en una redecilla. Dylan
terminó la canción e hizo unos pocos comentarios traviesos mientras
Victor reemplazaba el micrófono y alguien de la universidad intentaba
arreglar el sonido. Aparentemente imperturbable, Dylan procedió ahora
con un sonido mejorado y con la audiencia completamente entregada.
Un alumnado predominantemente conservador aplaudía cada mención
peyorativa sobre racismo, injusticia, segregación o guerra nuclear. Dylan,
que de entrada sólo pretendía cantar seis temas en la primera mitad, parecía estar disfrutando y añadió un par más. En el intermedio, se llevó un
gran aplauso.

Una vez abajo para el descanso, Dylan habló profusamente y bebió
más vino. Hizo algunas alusiones con cierta sorna acerca de la amplificación, de las canciones y de la audiencia. Afuera había mucha gente esperando verle, pero estaba demasiado animado para lidiar siquiera con los
amigos que ya estaban en el sótano con él. Victor comentó que, salvo por
los altavoces, el concierto parecía estar yendo bastante bien, aunque seguía preocupado por la multitud que se concentraría después de la actuación. «Ya verás tío —dijo—. Ya verás.»

En la segunda parte, alrededor de setenta y cinco personas habían
abandonado sus asientos y se habían desperdigado por el suelo cerca del
escenario. Tenía que abrirse un claro para que Dylan pudiera pasar; al hacerlo, alargó un brazo hacia una chica, le dijo: «Hola», y le tocó el pelo,
lo que provocó que la gente a su alrededor se riera y aplaudiera, a la vez
que la chica suspiraba audiblemente. Durante el resto del concierto estuvo mirando fijamente a Dylan quien, a pesar de estar ya algo bebido siguió tocando tan bien como en la primera parte. Tras su última canción,
Victor y yo fuimos a su encuentro en el momento en que abandonaba el
escenario y lo condujimos hacia la salida. Había recibido una ovación en
pie, y mientras tratábamos de persuadirle para que hiciera un bis, seguía
repitiendo: «No hace falta que hagan eso», mientras asentía ante la audiencia. Había soltado la correa de piel de la guitarra, y la chica regordeta
en el impermeable holgado se le abalanzó para pedirle «All I Really Want
to Do», mientras manoseaba la correa para ayudarle a atarla de nuevo.
Dylan le sonrió y regresó al escenario para el bis. Victor envió a Bob y a
John abajo para que vigilaran el acceso al vestuario, él se colocó en la salida para contener a la chica regordeta y a sus compañeros y me instó a

que sacara a Dylan del escenario por entre el gentío de la primera fila. Dylan terminó y, sonriendo, bajó entre el público y fue hasta la salida. Victor y yo estábamos al otro lado.

Le metimos dentro antes de que penetrara la multitud. Dylan estaba contento de cómo había ido el concierto, se sirvió varios tragos de enhorabuena y empezó a preguntarse cómo íbamos a salir del edificio entre toda aquella muchedumbre y cómo llegaríamos al coche que nos esperaba fuera. Decidió entonces esperar unos veinte minutos, y luego abrirse paso. En la puerta exterior, Bob, con guantes de piel oscura que seguía frotando contra sus muslos, estaba hablando con un hombre rubio que no cesaba de repetir, «Bobby me invitó después para…». Se inclinó y empezó a susurrarle al oído. Bob escuchó un momento y empujó al hombre hacia atrás.

«Oye, tío, no quiero saber nada de eso. Vete».

«Pero, Bobby…»

«Te he dicho que te vayas. No quiero saber nada. No quiero que me lo cuentes. Vete.» Volvió entonces la atención hacia el gentío, que ya debía de sumar unas cien personas.

Entretanto, Victor estaba recogiendo lo que quedaba de la ropa y el equipo de Dylan, a la vez que se metía en un bolsillo la botella de vino. Se le veía cansado; Dylan parecía agotado y borracho. «Vale —dijo casi en un suspiro—. Abre camino.» Salimos del aula hacia la puerta principal. Cuando los fans vieron que Dylan se acercaba, muchos se abalanzaron para pegar sus caras a los cristales. Tan pronto como abrí la puerta, Dylan salió y todos empujaron.

«¡Bobby!»

«Ey, Bobby»

«Hola, Bobby.»

«¡Qué pasa, señor Dylan!»

«Hola, niña —le dijo a una chica que se escurría hacia la puerta—, cuánto tiempo sin verte.» Como respuesta, la chica echó unas risitas y tosió. Caminando entre la muchedumbre, Dylan saludó y estrechó algunas manos. Otra chica le siguió hasta el coche. «Soy la compañera de cuarto de Billie Dylan en la universidad estatal —anunció—, Bob, ¿te acuerdas?» Dylan dijo que no. «Billie Dylan. De…», dijo la chica, metiéndose prácticamente en el coche. «Ah, sí —dijo Dylan, no muy convencido—, ¿cómo está?» «Estupendamente —replicó la chica—, dice que te salude.» «Fantástico», dijo Dylan. Cerró de un portazo y empezamos a tirar. «Oye, Bobby, espera un minuto —dijo alguien, corriendo frenéticamente junto al coche—, espera un minuto.» Bob miró en derredor, frotándose los guantes negros de piel. Era el hombre rubio al que Victor había repelido poco antes en la puerta. «Tira, tira —dijo—, sigue adelante.»

La mañana era fría. Sobre la escarcha polvorienta que cubría el coche de Banks, que había sido aparcado fuera del improvisado vestuario de Dylan de la noche anterior, todavía podía leerse la marca de las inscripciones escritas por algunas de las chicas sobre el capó, el techo y las ventanillas: «Bobby», «Bobby Dylan», «Dylan», «Bob Dylan». Nadie habló mucho durante el regreso al aeropuerto. Victor parecía adormecido y Dylan algo atontado. Pasados unos quince kilómetros, cruzó los brazos sobre el pecho y hundiéndose tanto como pudo en el Volkswagen, inclinó la cabeza hacia atrás y cerró los ojos. De pronto, dormido, en aquella mañana, parecía muy joven.

Victor facturó el equipaje en el aeropuerto y fuimos a por algo de comer. Dylan, al que se veía algo repuesto, habló distendidamente, y divertido, acerca de sus conciertos venideros. «Mañana vamos a Princeton y el domingo a Bangor, Maine. Tío, no sé qué puede haber en Bangor, Maine. No es una universidad ni nada.» Le dije que no creía que le hubiera contratado la Cámara de Comercio, echó la cabeza hacia atrás y se rió con ganas. «Sí. La Cámara de Comercio. ¡Ja, ja!» Por primera vez desde que le conocimos el día anterior parecía completamente a sus anchas. «Daré estos conciertos en la costa y Joanie estará conmigo. Pronto nos contratarán juntos.» Dibujó su clásica sonrisa amistosa y vulnerable, aunque esta vez sin rastro de nerviosismo. «Estaré por ahí de gira durante bastante tiempo.»

Se anunció el vuelo a Nueva York y Banks y yo les acompañamos hasta la puerta. Los ejecutivos seguían mirando. Cuando uno de ellos se volvió hacia su compañero, dándole un codazo y señalándonos, Dylan miró por encima del hombro y saludó. «No pasa nada, tío —dijo—, gano más dinero que tú.»

Banks les dio las gracias a ambos y pidió disculpas por cualquier incidente molesto que pudiera haber ocurrido la noche anterior. «Todo bien —replicó Dylan—. No ha sido nada.»

«Oye —dijo Victor—, nos volveremos a ver, ¿vale? Si hay un concierto por ahí, venid a vernos.»

Dijimos que lo haríamos si lográbamos atravesar las inesperadas multitudes que se aglomeraban alrededor.

«Bueno, hasta pronto —dijo Dylan—. Y gracias.»

Banks y yo esperamos a que se subieran al avión. De camino, pasaron ante dos tripulantes de tierra de la TWA, con monos de trabajo y casco, que se volvieron a mirar. Uno de ellos avanzó hacia nosotros, «Oye, ¿no era ése el cantante folk?».

Dijimos que sí.

«¿Cuál? ¿El bajito?»

Banks asintió.

«¿Cómo se llama?», preguntó.

«Bob Dylan», dije.

«Mira —dijo, volviéndose hacia su amigo—, ése era Bob Dylan.»

5

ENTREVISTA DE PAUL J. ROBBINS,
L.A. FREE PRESS
MARZO DE 1965

No sé si hacer una entrevista seria o seguir en la onda absurda de la noche pasada.
Será lo mismo en cualquier caso, tío.

Bueno, vale... Si tú eres un poeta y escribes palabras arregladas con cierto tipo de ritmo, ¿por qué en un momento dado cambias y escribes letras para canciones de modo que cantas las palabras como si formaran parte de un presencia espiritual?
Bueno, la palabra poesía no puedo definirla, ni siquiera trataría de hacerlo. Hubo un tiempo en que pensaba que Robert Frost era poesía; en otras ocasiones he pensado que Allen Ginsberg era poesía; algunas veces pensé que François Villon era poesía... Pero la poesía no está realmente relegada a la página impresa. Oye, que yo tampoco soy de los que dice, «Mira a esa chica caminando, ¿no te parece poesía?». No me voy a rebanar la cabeza con el tema. Las letras de las canciones... Lo que pasa es que quizá resulten más extrañas que en la mayoría de las canciones. A mí me sale fácil escribir canciones. Las he escrito durante largo tiempo y las letras no han sido escritas estrictamente para el papel; están escritas tal como las lees, tal como las entiendes. Si le arrebatas a la canción lo que lleva de compás, de melodía, podría seguir recitándola. Y no hay nada malo con las canciones en que uno no puede hacer eso mismo... canciones que sin compás ni melodía no se aguantarían. Porque no están concebidas de ese modo, ¿sabes? Las canciones son canciones... No creo en la necesidad de esperar demasiado de nada en concreto.

¿Qué pasó con Blind Boy Grunt?
Me dedicaba a eso hace cuatro años. Ahora mismo hay cantidad de gente

escribiendo canciones protesta. Pero la cosa ha tomado una dirección rara. O sea, prefiero escuchar a Jimmy Reed o a Howlin' Wolf, tío, o a los Beatles o a Françoise Hardy, que a cualquier cantante protesta… Aunque no los haya escuchado a todos ellos. Pero a los que he escuchado… Se da esta vacuidad total que es como decir: «Juntemos las manos y todo irá divinamente». No le veo mucha más chicha. Por el mero hecho de que alguien diga «bomba atómica» no voy a perder la cabeza y empezar a aplaudir.

¿Crees que ya no funcionan?
No se trata de eso. Se trata de que hay mucha gente que teme a la bomba, bien. Pero hay mucha otra gente que teme que la vean por la calle llevando la revista *Modern Street*, ¿sabes? Mucha gente teme admitir que le gustan las películas de Marlon Brando… Oye, no se trata de que ya no funcionen pero, ¿has pensado alguna vez en algún lugar donde FUNCIONEN? ¿Qué es lo que FUNCIONA exactamente?

Creo que los que las cantan se sienten más en la onda, y poco más. Pero lo que funciona es el rollo, no la canción. Y es otro rollo el que necesitamos.
Sí. Pero uno debe tener una gracia especial en cuanto a ese rollo y actitud… Y tener cierta onda comunicativa. Sin duda, puedes hacer todo tipo de canciones protesta y que las incorporen a un disco de Folkways. Pero, ¿quién las escucha? Los que las escuchan van a estar de acuerdo contigo en cualquier caso. No conseguirás que nadie que no esté en esa onda las escuche. Si puedes encontrar a un solo individuo que diga efectivamente: «Vale, soy un hombre distinto porque he escuchado esto… O porque vi aquello…». Aunque tampoco es que suceda necesariamente así siempre. Sucede a partir de un abanico de experiencias por las que alguien puede saber instintivamente lo que para él está bien o está mal hacer. De modo que no deba sentirse culpable por nada. Mucha gente se comporta como lo hace por sentimiento de culpa. Se comportan del modo en que lo hacen porque creen que alguien les está mirando. No importa lo que sea. Algunas personas hacen cualquier cosa por ese sentimiento de culpa…

¿Y tú no quieres sentirte culpable?
No es que yo no sea culpable. No lo soy más de lo que puedas serlo tú. Por ejemplo, yo no veo como culpable a la generación de mis mayores.

O sea, fíjate en estos juicios de Nuremberg. Fíjate en eso y te haces una idea. Unos dicen: «Tenía que matar a esta gente o me hubieran matado ellos a mí». Entonces, ¿quién puede juzgarles por eso? ¿Quién es esta gente que tiene el derecho de juzgar a un tipo? ¿Cómo sabes tú que no habrían hecho lo mismo?

Quizá me esté desviando, pero todo esto acerca de la prescripción del período de responsabilidad que todos quieren ampliar. ¿En *Rebelión en la granja*, te acuerdas de lo que escribieron en el muro? «Todos los animales son iguales», y luego añadieron «...pero algunos son más iguales que otros». Así que los nazis son de verdad criminales, de modo que vamos a por ellos de verdad. Cambiemos las leyes para pillarles a todos.

Sí. Toda esa mierda va en esa misma dirección. Parece que nadie esté por la venganza, ¿no? Pero hay individuos en Israel que, veinte años después, siguen tratando de pillar a esos tipos, que son viejos, tío. Que escaparon. Todos sabemos que no van a ir a ningún lado, que no van a hacer nada. Y ahí tienes a esos israelíes que van por ahí cazándoles. Dedicando veinte años de sus vidas. Les quitas esa función y no son ni más ni menos que un panadero. Están atenazados con eso. Es algo como un único pensamiento, sin nada más: «Eso es lo que hay y voy a por ello». Cualquier otra posibilidad queda cancelada. Yo no puedo hacer eso, pero tampoco puedo realmente denostarlo. O sea, no puedo denostar nada, pero tampoco le voy a dar muchas vueltas. No voy a meterme con gente que no me gusta porque no pienso mezclarme con ella. Sin duda, existe esa inmensa contradicción de TÚ QUÉ HACES. Y, yo no sé qué es lo que tú haces, pero lo que yo puedo hacer es dejar de lado las cosas que no haré. No sé dónde está la cosa, pero sé dónde no está. Y en la medida en que sepa eso, no tengo por qué saber, yo mismo, dónde está. Todos sabemos dónde está de vez en cuando, pero nadie puede ir siempre por ahí en una utopía total. Mira la poesía. ¿Preguntabas por la poesía? Tío, la poesía es una cagada, sabes. No sé en otros países, pero en éste es una masacre absoluta. No es poesía en modo alguno. La gente no lee poesía en este país; si lo hacen, les ofende, no lo pillan. Si vas a la universidad, ¿qué tipo de poesía debes leer? Lees «The Two Roads» de Robert Frost, lees a T. S. Eliot, lees todas esas cagadas y eso no mola, tío. No mola. No es nada potente, una mierda pinchada en un palo. Y luego, encima, le dan de comer Shakespeare a un chico de instituto que es imposible que lea a Shakespeare, ¿no? ¿Quién quiere leer *Hamlet*? No te dan más que *Ivanhoe, Silas*

Marner, Historia de dos ciudades, y te apartan de las cosas que deberías hacer. De hecho, ni siquiera deberías estar en la escuela. Hay que aprender de la gente. ¡Sintonizar! Ahí es donde empieza todo. Al principio —de los 13 a los 19 años—, ahí es donde empieza la corrupción. Toda esa gente hace la vista gorda. Se dan más enfermedades venéreas en esa franja de edad que en cualquier otra, pero nadie lo va a decir. Nunca van a ir a las escuelas para dar inyecciones. Pero ahí es donde está. Todo es propaganda.

Relacionándolo todo: si lo pones en una letra de canción en lugar de hacerlo en un poema, ¿tienes mayores posibilidades de sacudir a las personas que cabe sacudir?
Sí. Pero tampoco espero nada de ello. Todo lo que puedo hacer es ser yo mismo —sea yo quien sea— para toda esa gente para la que toco, y evitar contarles que soy algo que no soy. No voy a decirles que soy el luchador de la gran causa ni el amor universal o el gran geniecillo o lo que sea. Porque no lo soy, tío. ¿Para qué confundirles? Eso no es más que como me venden las instancias de Madison Avenue, aunque en verdad no es venderme a mí, porque yo ya estaba en onda antes de llegar hasta ahí.

Lo que nos lleva a otra cosa. Todas las revistas de folk y mucha gente del entorno parece que van a por ti. ¿Te desairan porque has cambiado o..?
Lo que pasa es que tengo éxito y ellos quisieran tenerlo, tío. No son más que celos. Mira, cualquiera con cierto conocimiento de las cosas sabría qué está pasando aquí. Quien no lo sepa es que sigue colgado entre el éxito y el fracaso, el bien y el mal... quizá no tenga novia... Cosas así. Pero los comentarios me dan igual, tío. Yo no me tomo nada de eso muy en serio. Si alguien me viene y dice: «Qué enrollado eres», para mí no significa nada, porque habitualmente puedo intuir de qué va ese tío. Y, la verdad, no es ningún cumplido si alguien que resulta ser un idiota consumado viene a ti para decirte: «Qué enrollado eres». Lo mismo pasa cuando resulta que no me entienden. Otro tipo de personas no tienen por qué decir nada porque, cuando lo piensas, lo que cuenta es lo que sucede en el momento. ¿A quién le importa mañana o ayer? La gente no vive allí, vive ahora.

Tengo una teoría, que he ido asumiendo y descartando ocasionalmente. Cuando hablé con los Byrds, decían lo mismo que estoy diciendo —que

muchos dicen—... de lo que estás hablando. Como presuntamente tenemos un nuevo sonido rock & roll que emerge, se trata de una síntesis de todo...

Es más que eso, tío. La gente hoy sabe más que antes. Han visto tantas cosas y saben qué mierda se esconde debajo de todo. A la gente de hoy ni siquiera le importa ir a la cárcel. ¿Y qué? Sigues estando contigo mismo tanto como si estuvieras fuera en la calle. Sigue habiendo ésos a quienes no les preocupa nada, pero debo pensar que cualquiera que no se dedique a herir a los demás, a esa persona no pueden menospreciarla, ¿lo captas?, si es feliz haciendo lo que hace.

Pero, ¿qué pasa si esas personas se congelan en la apatía? ¿Qué pasa si ya no les importa nada?

¿Y de quién es el problema? ¿Tuyo o suyo? No, no es eso, la idea es que nadie puede aprender por otro que les diga o que les muestre el cómo. La gente tiene que aprender por sí misma, y pasar por cosas que tengan sentido. Claro, dices que cómo consigues que alguien sepa algo... La gente lo sabe por sí misma; pueden pasar por cierto tipo de movida con otra gente y consigo mismos, lo que de algún modo acabará mostrándose en alguna parte y les queda dentro y ya forma parte de ellos. Y todo eso les saldrá de algún modo cuando les toque enfrentarse a lo siguiente.

Sí. Es como ir cargando hasta que llega la hora de descargar. Pero la gente a la que no le importa no descarga nada. Es como algo congelado en que nada sucede en ningún lado; es como la preservación del statu quo, de las circunstancias existentes, sean las que sean...

¿Gente a quien no le importa? ¿Estás hablando de empleados de gasolinera o de un doctor Zen, tío? Mira, hay mogollón de gente a la que no le importa. A muchos no les importa por distintas razones. Muchos se preocupan de algunas cosas y de otras no, y algunos pasan de todo... pero soy yo a quien le toca evitar que me derriben y quien debe evitar derribarles. Todo el mundo tiene su movida: se nos enseña que cuando te levantas por la mañana tienes que salir y derribar a alguien. Caminas por la calle y, a menos que te hayas cargado a alguien, no vengas esta noche a cenar, ¿eh? Es un circo.

Entonces, ¿para quién compones y cantas?

No compongo ni canto para nadie, si quieres saber la verdad. Oye, de verdad, no me importa lo que diga la gente. No me importa lo que hacen que parezca ser o lo que les dicen a los demás que soy. Y si me importara te lo diría; pero no me preocupa el tema. Ni siquiera tengo trato con esta gente. Pero no te equivoques. Yo conecto con la gente. Pero si alguien me viene para preguntarme cosas que llevan en su cabeza largo tiempo, todo lo que puedo pensar es, «Joder, tío, ¿qué más puede haber en la cabeza de esa persona salvo yo? ¿Soy tan importante como para estar en la cabeza de esa persona durante todo ese tiempo y para que deba conocer la respuesta?». Quiero decir, ¿le va a servir de algo si le digo lo que sea? Vamos, hombre…

Un pinchadiscos local, Les Claypool, te estuvo repasando una noche, no podía parar. Quizá estuvo 45 minutos, ponía un tema tuyo y luego un tema étnico para demostrar que ambas melodías coincidían. Después de cada par, decía: «Ya veis lo que pasa… este chaval le roba las melodías a otros; no es para nada tan original. Y no sólo eso —decía—, sino que sus canciones son completamente deprimentes y desesperadas».
¿Quién es Les Claypool?

Un pinchadiscos de folk de por aquí que tiene un programa muy largo los sábados por la noche y otro diario de una hora, en los que pone temas muy étnicos.
¿Esas canciones puso? ¿No puso nada esperanzador?

No. Se dedicaba a cargar las tintas para respaldar su punto de vista. De todos modos, el tema nos trae a una cuestión inesperada: ¿por qué recurres a melodías ya escritas?
Solía hacerlo cuando estaba más o menos metido en el folk. Conocía las melodías, ya estaban ahí. Y lo hacía porque esas melodías me gustaban. Lo hacía cuando no era tan popular y las canciones no llegaban a tanta gente, y todo el mundo lo entendió. Nunca presenté una canción diciendo: «Aquí tengo esta canción cuya melodía robé de algún lado». Para mí no era tan importante, y sigue sin serlo. No me importan las melodías, tío, y además, son todas tradicionales. Y si alguien quiere aprovechar eso para decir: «Así es Bob Dylan», es problema suyo, no mío. O sea, si quieren pensar eso, que lo piensen. Cualquiera con un mínimo de inteligencia, tío, decir que no tengo esperanza ninguna… Oye, yo tengo fe. Sé que hay gente que acabará sabiendo que eso no son más que chorradas. Sé que este tipo está tenso. Lo pasa mal y tiene que hacérselo pagar a al-

guien. Guay. ¿Hacérmelo pagar a mí? Si no lo hace conmigo, lo hará con algún otro, no importa. A mí no me afecta porque paso. No se me va a acercar por la calle para pisarme la cabeza. Además, yo sólo he hecho eso con muy pocas de mis canciones. Y luego, si no lo hago, todos dicen que son melodías de rock & roll. No puedes satisfacer a la gente, es que no puedes. Hay que saberlo, tío. Es que no les importa.

¿Por qué está emergiendo el rock & roll y desvaneciéndose el folk?
El folk se destruyó a sí mismo. Nadie lo hizo por él. La música folk sigue aquí, si lo quieres entender. No es que esté desapareciendo. Sólo es la mierda melosa, tío, la que está siendo sustituida por algo que la gente sabe que está pasando. Tú habrás escuchado rock & roll mucho antes de que llegaran los Beatles, y lo habrás descartado hacia 1960. Yo lo hice en 1957. No podía realizarme como cantante de rock por entonces. Había demasiados grupos. Y yo tocaba el piano. Hice algunos discos también.

Bien. Ahora mismo tienes mucho dinero. Y tu modo de vida no es el de hace cuatro o cinco años. Vives más a lo grande. ¿Tiende eso a confundirte?
Bueno. Esa transición no se produjo porque yo me empeñara. Salí de donde soy porque allí no hay nada. Vengo de Minnesota, allí no hay nada. No diré una cosa por otra y pretender que salí para ver mundo. O sea, cuando me fui de allí, tío, sabía una cosa: tenía que escapar y no regresar. Por mero sentido común sabía que había algo más que películas de Walt Disney en el mundo. El dinero nunca me atrajo. Nunca lo vi como algo tan importante. Siempre podía tocar la guitarra y hacer amigos o simular que los hacía. Mucha otra gente hace muchas otras cosas y consiguen comer y dormir de ese modo. Mucha gente hace cantidad de cosas sólo para ir tirando. Hay tipos que andan muy asustados, ¿no? Que se casan y sientan la cabeza. Y bueno, cuando alguien ya tiene algo y mira a su alrededor y ve que no tiene que dormir fuera en la calle, ya está. La cosa es que no se va a morir. Pero, ¿es feliz? No hay donde ir. Aunque, vale, tengo dinero. En primer lugar, tuve que trasladarme de Nueva York porque todo el mundo venía a verme… Gente con la que realmente tenía poco que ver. Gente que aparecía del agujero del culo. Y yo pensaba, por algún motivo, que tenía que darles algún sitio donde estar y todo eso. Me vi a mí mismo no siendo realmente yo, sino renunciando a cosas de las que quería participar porque gente a la que conocía ya estaba metida en ellas.

¿Crees que los amigos, los de verdad, siguen siendo reconocibles?
Sin duda, tío. Puedo decirte con quién conecto enseguida. No tengo que pasar por nada que no me apetezca con nadie. En ese sentido, soy afortunado.

De vuelta a las canciones protesta. El trabajo del IWW se acabó y los sindicatos están bastante apoltronados.
Bueno. Está bien. Es lo suyo. Ha dejado de ser «rojo». El rollo puede aparecer en *Harper's Bazaar* y puedes verlo en la cubierta de *Life*. Pero cuando escarbas, como con todo, ves que hay mucha mierda pegada. El movimiento negro de los derechos civiles está muy bien ahora, pero en él hay mucho más de lo que exhibe *Harper's Bazaar*. Son muchas más cosas que montar piquetes en Selma, ¿no? En Nueva York hay gente que vive en una pobreza extrema. Y, bueno, resulta que luego tienes este derecho genial a votar. Que está muy bien. ¿Quieres que voten los negros? Vale, pero yo no puedo asomarme a la ventana y gritar «¡Aleluya!», sólo porque quieren votar. ¿A quién van a votar? Pues a los políticos; lo mismo que los blancos con sus políticos. Cualquiera que se mete en política da cierta grima en cualquier caso. O sea, lo único que van a hacer es votar, eso es lo que harán. Odio decirlo así, que suene tan duro, pero la cosa se reducirá a eso.

¿Qué pasa con el afán de recibir una educación?
¿Educación? Irán a la escuela para aprender todo lo que las escuelas blancas privadas enseñan. El catecismo y todo ese rollo. ¿Qué van a aprender? ¿Qué educación es ésa? La verdad, uno está mucho mejor sin ir jamás a la escuela. Lo que pasa es que nunca podrá ser médico o juez. Ni conseguirá un buen trabajo como vendedor. Pero eso es lo único malo. Si uno quiere decir que es bueno que consiga una educación y salga al mundo y pille un trabajo así, pues guay. Yo no voy a hacerlo.

En otras palabras, la asimilación formal del conocimiento objetivo...
Yo no tengo ningún respeto por el conocimiento objetivo, tío. No me importa lo que sepa la gente. No me importa si alguien es una enciclopedia andante. ¿Le convierte eso en alguien interesante con quien hablar? ¿A quién le importa si Washington fue el primer presidente de Estados Unidos? ¿Crees que ha ayudado jamás a alguien ese tipo de conocimiento?

Quizá en un examen. Bueno, ¿cuál es la respuesta?

No hay respuestas, tío. Ni preguntas. Debes leer mi libro… Hay una sección sobre eso. Pasa a convertirse en algo en que se mencionan palabras como «respuesta». Sería incapaz de recitar las palabras, porque uno debería leer el libro entero para ver esas palabras específicas o la pregunta y la respuesta. Haremos otra entrevista cuando hayas leído el libro.

Sí. Sé que va a salir un libro tuyo. ¿Qué tal? ¿Cómo se llama?

Bob Dylan Off the Record, al menos provisionalmente. Pero me cuentan que ya hay libros con esa expresión en el título. El libro no puede titularse en realidad, por el tipo de libro de que se trata. También escribiré las reseñas.

¿Por qué un libro en lugar de letras de canciones?

He escrito algunas canciones que van un poco más allá. Una prolongada sucesión de versos, y cosas así. Pero en realidad no me he puesto a escribir canciones completamente libres. Mira, ¿sabes algo de los recortes literarios? Tipo William Burroughs.

Sí. Hay un tipo en París que ha publicado un libro sin paginación. El libro viene en una caja, lanzas el contenido al aire y, tal como aterriza, así lo lees.

Sí. De eso se trata. Eso es lo que significa, en todo caso. Bueno, escribí el libro porque hay ahí muchas cosas que no podría cantar de ningún modo… Los collages. No puedo cantarlo porque se hace demasiado largo o demasiado extremo. Sólo podría hacerlo ante cierta gente que sabe de qué va. Porque la mayor parte de la audiencia —no me importa de dónde vengan o lo enrollados que sean—, pienso que se sentiría completamente perdida. Algo sin rima, todo fragmentado, sin referentes, salvo algo que sucede que son las palabras.

¿Escribiste el libro para decir algo?

Sí. Pero sin duda ningún tipo de declaración profunda. El libro ni empieza ni acaba.

Pero tenías algo que decir y querías decírselo a alguien.

Sí. Me lo dije a mí mismo. Sólo que, bueno tengo la suerte de poder meterlo en un libro. Ahora otra gente podrá ver lo que me dije a mí mismo.

Ya has sacado cuatro álbumes, y el quinto saldrá cualquier día de estos. ¿Te parecen secuenciales en el modo en que los compusiste y los cantaste?
Sí. Tengo dos o tres discos que nunca grabé. Ya son canciones perdidas. Viejas canciones que jamás grabaré. Algunas son muy chulas. Algunas canciones antiguas que escribí y que canté quizá alguna vez en un concierto y nadie nunca volvió a escucharlas. Hay cantidad de canciones que harían un buen relleno entre disco y disco. Empezó a pasar del primer disco al segundo, luego vino un gran cambio en el tercero. Y en el cuarto. Del quinto todavía no puedo decirte.

De modo que si empezara con el primer disco, cara 1, primer tema, ¿podría realmente ver crecer a Bob Dylan?
No. Podrías ver a Bob Dylan riéndose de sí mismo. O podrías ver a Bob Dylan experimentando unos cambios. Básicamente.

¿Qué te parecen los Byrds? ¿Crees que están haciendo algo distinto?
Sí. Quizá. Ahora están haciendo algo nuevo. Es como un sonido Bach bailable. Como «Bells of Rhymney». Están practicando algo transversal con lo que la mayoría de los cantantes no pueden conectar. Saben de todo. Si no se cierran, pueden salir con algo fantástico.

6

ENTREVISTA DE NORA EPHRON
Y SUSAN EDMISTON,
POSITIVELY TIE DREAM
AGOSTO DE 1965

La entrevista tuvo lugar a finales del verano de 1965 en el despacho del mánager de Dylan, Albert Grossman. Dylan venía de ser recientemente abucheado en el histórico concierto de Forest Hills en el que había sustituido la pureza folk por el acompañamiento eléctrico. Vestía una camisa op-art azul y roja, un blazer marinero y botas puntiagudas de tacón alto. Su rostro, tan afilado y áspero cuando aparece en los medios, se mostraba infinitamente suave y delicado. El pelo no se veía particularmente poblado, eléctrico ni afro; más bien una pelusa suave y fina que recordaba a la espuma del oleaje. Parecía un ángel desnutrido con la nariz propia del pueblo elegido.

Algunos cantantes folk americanos —Carolyn Hester, por ejemplo— dicen que lo que tú haces ahora, el nuevo sonido «folk rock», les está liberando.
¿Carolyn dijo eso? Dile que puede venir a verme cuando quiera ahora que se ha liberado.

¿Te parece que el etiquetaje, el empleo del término «folk rock», tiende a oscurecer la realidad de lo que sucede?
Sí.

Es como el «pop gospel». ¿Qué significa el término para ti?
Sí. Como si el «gospel clásico» pudiera pasar a ser la próxima tendencia. Tenemos «country rock», rockabilly. ¿Que qué significa para mí? Folk rock. Jamás había pronunciado siquiera la palabra. Suena como una cloaca, mal. Atmósfera circense. Es de hurgarse la nariz. Suena como si miraras por encima del hombro algo que es… fantástico, una música estupenda.

La definición que se le suele dar al folk rock consiste en tratarlo como una combinación del sonido eléctrico del rock and roll con las elocuentes letras del folk. ¿Resume eso lo que haces tú?

Sí. Es muy complicado tocar con electricidad. Tocas con otra gente. Estás tratando con otra gente. A la mayoría no les gusta trabajar con otros. Es más difícil. Te quita mucha energía. La mayoría de las personas a las que no les gusta el rock & roll no pueden relacionarse con los demás.

En la cubierta de uno de tus álbumes mencionas el teatro Apolo de Harlem. ¿Vas allí a menudo?

Mmm. No podría ir. Solía ir mucho hace cuatro años. Incluso quise tocar en una de las noches dedicadas a los amateurs, pero acabé asustándome. A veces pueden sucederte cosas malas. Vi lo que le hizo la audiencia a un par de chicos que no gustaron. Y con sólo pisar el escenario ya habría un par de elementos jugando en mi contra.

¿Quién es el Mr. Jones de «Ballad of a Thin Man»?

Es alguien real. Le conoces, pero no de nombre.

¿Como Mr. Charlie?

No. Es más que Mr. Charlie. De hecho, es una persona. O sea, que le vi una noche entrar en la habitación y parecía un camello. Pasó a introducirse los ojos en el bolsillo. Le pregunté al individuo quién era y dijo: «Se trata de Mr. Jones». Y le pregunté: «¿Hace algo más aparte de introducirse los ojos en los bolsillos?». Y me dijo: «Mete la nariz bajo tierra». Ahí tienes, es una historia verídica.

¿Dónde te agenciaste esa camisa?

En California. ¿Te gusta? Tendrías que ver las otras que tengo. Allí puedes pillar ropa como ésta. Tienen muchas cosas que aquí no hay.

¿No está California yendo hacia lo de aquí?

Comparado con California, esto está muy envarado. Hollywood, por ejemplo. Esto no resulta muy respirable. Allí parece haber aire. Sunset Strip no puede compararse con nada de lo de aquí, como la calle 42. La gente de allí parece otra cosa, se les ve más como… si los quisieras besar.

¿Pasas mucho tiempo allí?
No tengo mucho tiempo para pasar en ningún lado. Lo mismo que en Inglaterra. En Inglaterra todos parecen muy enrollados tipo East Side. Visten cosas… No se ponen cosas aburridas. Tienen ataduras en otros sentidos.

¿Te consideras ante todo un poeta?
No. Tenemos nuestras ideas acerca de los poetas. La palabra no significa mucho más que la palabra «casa». Unos escriben poe-mas, otros escriben po-e-mas y otros po-emas. ¿Llamas poeta a todo aquel que escribe poe-mas? Existe un tipo de ritmo que en cierto modo resulta visible. Uno no tiene necesariamente que escribir para ser poeta. Hay empleados de gaso-linera que son poetas. Yo no me denomino poeta a mí mismo porque no me gusta la palabra. Soy un trapecista.

Lo que quería decir es: ¿crees que tus letras se aguantan sin la música?
Lo harían, pero no las leo. Prefiero cantarlas. También escribo cosas que no son canciones. Ahora saldrá un libro mío.

¿De qué se trata?
Es un libro de palabras.

¿Como el reverso de tus álbumes? Se me antoja que lo que escribes allí es como la escritura de William Burroughs. Algunas de las frases acciden-tales...
Recortes.

Sí. Y parte de la imaginería y de las anécdotas. Me preguntaba si has leído algo de él.
No he leído *El almuerzo desnudo*, pero he leído cosas más breves en revis-tas, revistas extranjeras. Leí una en Roma. Le conozco. No le conozco realmente; nos vimos una vez. Me parece un gran hombre.

Burroughs tiene un álbum, una colección de fotos que ilustran su escritura. ¿Tienes algo similar?
Yo también lo hago. Tengo fotos de «Gates of Eden» y de «It's All Over Now, Baby Blue». Las vi después de escribir las canciones. La gente me manda un montón de cosas y muchas de ellas son imágenes, así que otra

gente debe de andar también con esa idea. Debo admitir que quizá yo no las habría escogido, pero puedo entender de qué van.

He oído que solías tocar el piano para Buddy Holly.
No. Solía tocar piano rock & roll, pero no quiero decir para quién, porque el tipo querría ponerse en contacto conmigo y no quiero verle. Trataría de recuperar la amistad. Eso fue hace mucho tiempo, cuando tenía diecisiete años. También tocaba piano country.

¿Fue eso antes de que te interesaras por la música folk?
Sí. Me interesé por la música folk porque tenía que llegar a algún lado de algún modo. Está claro que no soy un gran trabajador. Tocaba la guitarra, no hacía más que eso. Pensaba que era una música fantástica. Está claro que no le he dado la espalda ni nada de eso. A pesar de todas las autoridades que escriben acerca de qué es y de qué debería ser. A pesar de que hablan de hacer las cosas simples, y de que se les debería entender fácilmente. Estoy seguro de que nadie se da realmente cuenta de que la música folk es la única que no es tan simple. Nunca lo fue. Es rara, tío, plagada de leyendas, mitos, la Biblia, espectros. Yo nunca he escrito nada difícil de comprender, al menos, no en mi cabeza, y nada tan extremado como algunas de las viejas canciones. Se perdían de vista.

¿Como por ejemplo?
«Little Brown Dog.» «Me compré un perrito pardo, su cara es toda gris. Y ahora me voy a Turquía volando en mi botella.» Y «Nottemun Town», como esa manada de espectros que atraviesan el lugar de camino a Tánger. «Lord Edward», «Barbara Allen», están plagadas de mitos.

¿Y contradicciones?
Sí. Y contradicciones.

¿Y caos?
Caos, melones, relojes. De todo.

En el reverso de un álbum escribiste: «Acepto el caos, ¿pero me acepta el caos a mí?».
El caos es mi amigo. Por eso yo lo acepto. ¿Me acepta él?

¿Ves el mundo como un caos?
La verdad es caos. Quizá la belleza sea caos.

Poetas como Eliot y Yeats...
No he leído a Yeats.

Veían el mundo como un caos, lo aceptaban como tal y trataban de derivar un orden del mismo. ¿Tratas tú de hacer algo así?
No. Existe y ya está. Ha estado aquí mucho más tiempo que yo. ¿Qué puedo hacer al respecto? No sé lo que son las canciones que escribo. Es todo lo que hago: escribir canciones. ¿No? Escribir. También colecciono cosas.

¿Llaves inglesas?
¿Dónde lo leíste? ¿Ha salido publicado? Le dije a ese tío en la costa que coleccionaba llaves inglesas, de todas las formas y tamaños, y no me creyó. No creo que tú me creas tampoco. Y colecciono fotos también. ¿Has hablado alguna vez con Sonny y Cher?

No.
Son un coñazo. Un tipo fue expulsado de un restaurante y se fue a casa y escribió una canción al respecto.

Dicen que la correspondencia de tus fans se ha incrementado notablemente desde que cambiaste de sonido.
Sí. No tengo tiempo para leerla toda, pero quiero que escribas que respondo a la mitad. No lo hago yo, claro. Una chica lo hace por mí.

¿Te guarda cartas particularmente interesantes?
Me conoce. Las que sólo piden fotos, no; hay un archivo para ésas. Tampoco las que dicen: «Me lo quiero hacer contigo». Ésas van a otro archivo. Guarda las de dos tipos: las agresivas...

¿Las que te llaman «vendido»?
Sí. Vendido, esquirol, facha, rojo... Toda la lista. Ésas me gustan de verdad. Y otras de viejos amigos.

¿Del tipo: «No te acordarás de mí, pero estuvimos juntos en cuarto»?

No. Entonces no tenía amigos. Son cartas de personas que me conocieron en Nueva York hace cinco o seis años. Mis primeros fans. Pero no los que se autodenominan mis «primeros fans». Esos llegaron hace dos o tres años. No son mis primeros fans.

¿Cómo te sientes con lo de que te abuchearan en el concierto de Forest Hills?

Me pareció estupendo, de verdad. Si dijera otra cosa estaría mintiendo.

¿Y en el festival de folk de Newport?

Eso fue distinto. Estropearon el sonido. Ya no les gustaba lo que iba a tocar y me estropearon el sonido antes de que empezara.

He oído decir que llevas una cazadora de vendido.

¿Qué tipo de cazadora es de vendido?

Cuero negro.

He llevado chupas de cuero negro desde que tenía cinco años. He llevado cuero negro toda mi vida.

Me preguntaba si podríamos hablar de música eléctrica y sobre qué te decidió a recurrir a ella.

A mí me iba muy bien, ya sabes, cantando y tocando la guitarra. Iba sobre seguro, ¿entiendes?, iba sobre seguro. Y me estaba empezando a aburrir. Ya no podía salir y tocar así. Empecé a pensar en dejarlo. Ante la audiencia iba sobre seguro. Sabía lo que iba a hacer la audiencia, cómo reaccionaría. Era algo automático. Tu cabeza se limita a vagar a menos que encuentres el modo de alcanzar eso y quedarte ahí. Y resulta una lucha tremenda quedarte ahí del todo a solas contigo. Te quita mucho. Y no estoy listo para renunciar a tanto en mi vida. No puedes estar sin nadie. No puedes impedir que te incordie el mundo de los otros. Y a mí me gusta la gente. Lo que hago ahora es otra cosa completamente distinta. No estamos tocando música rock. No es un sonido áspero. Está esta gente que lo llama folk rock. Si quieren llamarlo así, algo así de simple, será bueno para vender discos. En cuanto a de qué se trata realmente, no lo sé. Yo no puedo llamarlo folk rock. Se trata de una manera de hacer las cosas. Ha sido algo que se ha ido reciclando. He escuchado canciones en la radio y las he exprimido. No hablo de las letras. Se trata de cierto sentimiento, y que está en cada uno de los discos que he hecho. Y eso no ha cambiado. Sé que no ha cambiado. En cuanto a lo que yo era antes, quizá lo estaba exagerando un poco por entonces. Ahora no exagero nada. Lo sé. Sé muy bien cómo hacerlo. La cosa de cómo quiero interpretar algo, la sé de entrada. Sé lo que voy a hacer, qué voy a decir. No tengo ni que ensayarlo. La banda con la que trabajo… no tocaría conmigo si no tocara como quiero que lo haga. Tengo esta canción «Queen Jane Approximately»…

¿Quién es Queen Jane?
Queen Jane es un hombre.

¿Hay algo que te hiciera decidir cambiar de sonido? ¿Tu viaje a Inglaterra?
Me gusta el sonido. Me gusta lo que estoy haciendo. Lo habría hecho antes. Pero no resultaba práctico hacerlo antes. Paso la mayor parte de mi tiempo escribiendo. No habría encontrado el tiempo. Tenía que llegar adonde estaba yendo por mi cuenta. No sé qué haré después. Probablemente grabaré para instrumentos de cuerda alguna vez, pero la cosa no cambia necesariamente. No es más que un color distinto. Y sé que es real. No importa lo que digan los demás. Pueden abuchear hasta el fin de los tiempos. Sé que mi música es real. Más real que los abucheos.

¿De qué modo trabajas?
Casi siempre trabajo de noche. Aunque no me gusta pensar en ello como un trabajo. No sé hasta qué punto es importante. No lo es para el individuo de a pie que trabaja ocho horas al día. ¿Qué le puede importar? El mundo puede seguir tirando perfectamente sin ello. Y me parece muy bien.

Sin duda. Pero el mundo puede funcionar sin gran cantidad de cosas.
Te haré una comparación: Rudy Vallee. Bien, eso era una mentira, era una mentira total. Que Rudy Vallee fuera popular. ¿A qué tipo de gente podía gustarle? Pues a las madres y a las abuelas. Pero, ¿de qué gente hablamos? Era tan asexuado. Si quieres saber algo de aquella época y escuchas aquella música no podrás averiguar nada. Su música era una quimera. Pura evasión. Ya no hay evasión posible. Si quieres saber algo de

lo que pasa hoy, tienes que escuchar la música que se hace. Y no quiero decir la letra, aunque «Eve of Destruction» te diga algo al respecto. Las letras no te lo contarán realmente, no del todo. Tienes que escuchar a los Staples Singers, Smokey and the Miracles, Martha and the Vandellas. Eso asusta a mucha gente. Ahí hay sexo. Y no se esconde. Es real. Y puedes exagerarlo. Y no se trata sólo de sexo, sino de todo un sentimiento hermoso.

Pero el rhythm and blues negro ha estado ahí, aunque sumergido, durante al menos doce años. ¿Qué es lo que ha hecho que salga a la luz precisamente ahora?
Los ingleses. Ellos lo sacaron. Fliparon a todo el mundo. Lees una entrevista en que se pregunte a los Beatles que cuál era su cantante favorito y te dirán que Chuck Berry. No se solían escuchar los discos de Chuck Berry en la radio, ese blues áspero. Los ingleses lo consiguieron. Inglaterra es fantástica y hermosa, aunque algo chunga en otro tipo de cosas. Aunque no cuando sales de Londres.

¿Chunga en qué sentido?
Ese esnobismo. Lo que ves que la gente le hace a otra gente. No se trata sólo de clase. No es tan sencillo. Es como una cosa tipo la reina. Algunas personas son realeza y otras no lo son. Aquí, tío, si no le gustas a alguien te lo dice. Allí es muy envarado, expresiones muy rígidas, su propio tono cambia al hablar. Es algo cotidiano. Pero los chavales son otra cosa. Fantásticos. Son más libres. Espero que no pienses que me tomo esto demasiado en serio... Es sólo que tengo dolor de cabeza.

Creo que habías empezado a decir que la música sintoniza mejor con lo que está sucediendo que otras formas artísticas.
Los grandes cuadros no deberían estar en los museos. ¿Has estado alguna vez en un museo? Son cementerios. Los cuadros deberían estar en los restaurantes, en las tiendas de baratijas, en las gasolineras, en los lavabos públicos. Las grandes pinturas deberían estar allí donde va la gente. Y eso sólo pasa en la radio y en los discos, allí es donde va la gente. Los grandes cuadros no puedes verlos. Al final, pagas medio millón y cuelgas uno en tu casa y hay un huésped que lo ve. Eso no es arte. Es una vergüenza, un crimen. La música es lo único que sintoniza con lo que sucede. No viene en forma de libro, no está sobre el escenario. Todo este arte del que

hablan no existe. Se queda en el estante. No le alegra la vida a nadie. Sólo imagina la cantidad de gente que se sentiría estupendamente si pudiera contemplar un Picasso en el restaurante donde almuerza cada día. No es la bomba atómica con lo que hay que acabar, tío. Hay que acabar con los museos.

7

ENTREVISTA DE JOSEPH HAAS
CHICAGO DAILY NEWS,
27 DE NOVIEMBRE DE 1965

Bob Dylan, una de las figuras más talentosas y controvertidas del panorama musical americano, tocará esta noche su segundo concierto en el teatro Arie Crown de McCormick Place. Cuando el intérprete de veinticuatro años canta sus composiciones originales, a su manera definitivamente personal, millones de jóvenes escuchan. Así sucede tanto en los conciertos como con sus LPs y singles. Los padres harían bien en escucharle también si desean entender algo, si quieren saber qué piensa la generación más joven. Dylan es un intérprete difícil de clasificar. ¿Se trata de un cantante protesta, líder del culto folk rock, un rockero o una mera evolución de la música folk americana? Se le ha llamado de todas esas maneras, y quizá la actitud más sabia consista en no tratar de clasificarle en absoluto, sino dejar que hable por sí mismo, sobre sí mismo, prolongada e informalmente.

¿Cantarás algo de tu denominada música folk rock en tus conciertos aquí?
No. No es folk rock. No son más que instrumentos… no es folk rock. Lo llamo sonido matemático. Algo así como música india. No puedo explicarlo, la verdad.

¿Te desagradan los grupos de folk rock?
No, no. Me gusta lo mismo que a todo el mundo. Lo que hace mucha gente. No me gusta necesariamente lo que escriben muchos cantautores, pero me gusta la idea de, oye, intentan conseguirlo, ¿sabes?, decir algo sobre eso de la muerte.

De hecho, no conozco a muchos. Yo tengo ahora veinticuatro años y la mayoría de los que tocan y escuchan son adolescentes. Yo tocaba rock'n'roll cuando tenía trece, catorce y quince años, pero tuve que dejarlo con dieciséis o diecisiete porque así no iba a llegar. La imagen del momento eran Frankie Avalon o Fabian y toda esa onda atlética y superhigiénica, ya sabes, que si no tenías, pues no hacías amigos. Tocaba rock'n'roll en mi adolescencia. Sí. En plan semiprofesional. Tocaba el piano con bandas de rock. Hacia 1958 o 1959, descubrí a Odetta, Harry Belafonte, todo eso, y me convertí en cantante folk.

¿Hiciste el cambio para «llegar»?
Por entonces no podías vivir del rock'n'roll. No podías ir por ahí con un amplificador y una guitarra eléctrica y pretender sobrevivir. Acababa siendo una carga. No era fácil conseguir la pasta para comprarte una guitarra eléctrica, y luego había que conseguir más dinero para contar con suficiente gente que tocara contigo. Necesitabas a dos o tres para crear cierta acumulación de sonido. No se trataba de algo solitario, ya sabes. Y cuando tienes toda una serie de cosas que te arrastran así, casi empiezas a ceder, te aplasta, ¿sabes? Cuando tienes dieciséis o veinticinco años, ¿quién tiene derecho a ceder, para acabar como subalterno cuando tenga sesenta y cinco?

¿Con «llegar» te refieres a éxito comercial?
No. No es eso. No se trata de hacer dinero. Se trata de ser capaz de comportarse sin herir a nadie.

¿De qué modo difiere hoy tu sonido?
Difiere en la medida en que no lo hace. No sabría muy bien decir qué es exactamente el rock'n'roll. Sé que... piensa en ello en términos generales. No se trata simplemente de una letra bonita para una melodía o de aplicar una melodía a la letra. No es nada que se haya explotado. La letra y la música. Puedo oír el sonido de lo que quiero decir.

¿Te adentraste pues en el ámbito folk porque tenías más posibilidades de «llegar»?
No. Eso fue accidental. No lo hice para hacer dinero, sino porque era fácil. Podías ir por tu cuenta. No necesitabas a nadie. Te bastaba una guitarra. No te hacía falta nada más. No sé cómo está la cosa ahora. No creo que sea tan bueno como solía. La mayoría de los cantantes de folk han seguido su propio camino, hacen otras cosas. Aunque todavía quedan muchos que siguen siendo buenos.

¿Por qué abandonaste el sonido folk?
Ya tengo mucha mili para limitarme a hacer eso. No podía volver a hacer lo mismo. El folk auténtico nunca ha visto la calle 42, nunca ha pilotado un avión. Vive encerrado en su mundo, y me parece muy bien.

¿Por qué empezaste a utilizar guitarra eléctrica?
No la utilizo tanto, la verdad.

Algunos se han sentido ofendidos porque lo hayas hecho aunque sólo sea una vez.
Es problema suyo. Sería idiota que dijera lo siento porque no he hecho nada malo. Y la cosa no tiene mayor importancia. Tengo a una serie de gente que se siente traicionada, que se aficionó a mí hace unos años, pero que tampoco me respaldaba en mis inicios. Y sigo viendo a gente que estaba conmigo en los inicios y sabe de qué va lo que hago.

¿Puedes explicar por qué te abuchearon en el festival de Newport el pasado verano cuando saliste al escenario con una guitarra eléctrica y empezaste a cantar tu nuevo material?
Bueno, ni siquiera sé quién es esa gente. De todos modos, creo que en todos nosotros anida siempre algo de abucheo. No me sentí deshecho por aquello. No lloré. Ni siquiera lo entiendo. Vamos a ver, ¿qué van a destrozar? ¿Mi ego? Si ni siquiera existe. No pueden dañarme con un abucheo.

¿Qué crees que harás cuando el éxito de tu sonido actual se desvanezca?
Yo decidiré cuándo parar. No me importa. Nunca seguí ninguna tendencia. No tengo tiempo para seguir tendencias. No sirve de nada siquiera intentarlo.

En canciones como «The Times They Are A-Changin'» impartiste una distinción entre pensamiento joven y viejo. ¿Hablabas de la incapacidad de la vieja generación para entender a la nueva?
No es eso lo que decía. Lo que pasa es que quizá ésas eran las únicas palabras que pude encontrar para distinguir entre estar vivo y no estarlo. No tiene nada que ver con la edad.

¿Qué nos puedes decir de tu primer libro que está a punto de salir?
Lo publica Macmillan y, por ahora, el título será *Tarántula*. Se llama así

por ahora, pero puede que lo cambie. No es más que una serie de escritos. No puedo decir realmente de qué va. No es narrativa ni nada de eso.

Circulan rumores que dicen que tienes pensado abandonar la música y dedicarte a escribir.
Cuando acabe hecho polvo, voy a tener que hacer algo, ¿sabes? Puede que nunca vuelva a escribir o que pronto me dedique a la pintura.

¿Has ganado ya suficiente dinero para tener la libertad de hacer exactamente lo que quieras?
Yo no iría tan lejos. Uno tiene que levantarse y tiene que ir a dormir, y entre una cosa y otra tiene que hacer algo. Y en eso estoy. Hago cantidad de cosas curiosas. Es que no tengo ni idea. Esta noche no puedo permitirme el lujo de pensar, o mañana, o cuando sea. Para mí no tiene ningún sentido.

¿Vives al día?
Lo intento. Trato de no hacer planes. Cada vez que los hago, nada parece funcionar. De modo que, en general, he renunciado. Mantengo una agenda de conciertos, pero de eso se ocupa otra gente. No tengo que hacer nada.

¿Piensas alguna vez en llevar una vida normal, sentar la cabeza, tener hijos?
Yo no aspiro a ser como nadie. Casarme, tener críos, no es algo a lo que aspire. Si sucede, sucede. Sean cuales sean mis deseos, nunca sale así. No creo que nadie sea profeta.

Suenas bastante pesimista en todo.
No es pesimismo. No creo que las cosas salgan como esperas. Eso es todo, y lo acepto. No me importa. No es pesimismo. Sólo una cierta tristeza, como si no tuviera ilusiones específicas.

¿Y en materia de religión o filosofía?
No tengo ninguna religión ni ninguna filosofía. No puedo decir mucho de eso. Mucha gente sí que puede. Me parece bien que sigan un cierto código. Yo no pretendo ir por ahí cambiando nada. No me gusta que nadie me diga lo que debo hacer o creer, cómo tengo que vivir. Es que no

me importa, ¿sabes? La filosofía no puede darme nada que no tenga ya. Lo más importante de todo, aquello que todo lo abarca, se mantiene agazapado ahí fuera. Se trata de una vieja religión y filosofía chinas, era algo realmente... Hay un libro que se llama *I-Ching*. No es que trate de dármelas de nada, tampoco es que quiera hablar de ello, pero es lo único que me resulta asombrosamente real, y ya está. No sólo para mí. Cualquiera podría verlo. Cualquiera que esté mínimamente vivo. Se trata de todo un sistema de descubrimiento, basado en todo tipo de cosas. Uno no tiene por qué creer en nada para leerlo, porque además de ser un libro fantástico en el que creer, también se trata de poesía espléndida.

¿Cómo pasas el tiempo cuando no estás de gira?
Me mantengo ocupado durante una serie de horas. Hago lo que tengo que hacer. Nada en particular, la verdad. Puedo estar a gusto donde sea. Tampoco leo mucho. De vez en cuando me pongo a escribir cosas, y luego las grabo. Hago lo normal.

¿Qué me dices de los rumores sobre un posible romance con Joan Baez?
Eso fue hace mucho tiempo.

En su último disco, casi la mitad de las canciones son de Dylan.
Que Dios la ayude.

¿Qué hay de cierto en que cambiaste el nombre de Bob Zimmerman por Bob Dylan porque admirabas la poesías de Dylan Thomas?
No, por Dios. Me quedé con Dylan porque tengo un tío que se llama Dillon. Cambié la grafía únicamente porque quedaba mejor. He leído algo de Dylan Thomas, y no es como lo que yo hago. Somos distintos.

¿Qué me dices de tu familia?
Bueno, yo es que no tengo familia. Estoy solo.

¿Y lo que dicen de que invitaste a tus padres a uno de tus primeros conciertos, les pagaste el viaje y, una vez sentados, dijiste sobre el escenario que eras huérfano? ¿Y luego no les visitaste mientras estuvieron en Nueva York?
Eso no es cierto. Vinieron a un concierto, en coche, por su cuenta, y les pasé algo de dinero. No es que me desagraden ni nada, sólo que no ten-

go contacto con ellos. Ellos viven en Minnesota y allí no hay nada que me interese. Quizá, de vez en cuando, me gustaría volver una temporada. Supongo que todo el mundo regresa al lugar de donde vino.

Hablas como si estuvieras tremendamente apartado de los demás.
No estoy desconectado de nada por efecto de ninguna fuerza. No es más que la costumbre. Es como soy yo. No sé. Soy de la idea de que es más fácil estar desconectado que conectado. Me alegro inmensamente por todas las personas que están conectadas, fantástico, pero no es mi caso. He estado conectado muchas veces. Las cosas no funcionaron como quería, así que en lugar de descomponerme, me limito a no conectarme.

¿Tratas simplemente de evitar que vuelvan a herirte?
Diría que, hasta ahora, no me han herido, aunque uno se da cuenta después. Al mirar atrás, al pensar en ello. Es como un duro invierno.

¿Evitas las relaciones íntimas con los demás?
Tengo relación con la gente. La gente me aprecia, por desconectado que esté; hay mucha gente desconectada. No me siento alienado ni desconectado ni asustado. No me parece que exista una organización de personas desconectadas. El caso es que yo no puedo identificarme con ninguna organización. Puede que algún día me encuentre solo en un vagón de metro, averiado y sin luz, con cuarenta personas, y me vea obligado a conocerlas. Entonces haré lo que deba.

8

RUEDA DE PRENSA TELEVISIVA, KQED (SAN FRANCISCO) 3 DE DICIEMBRE DE 1965

Cuando se programaron los cinco conciertos de Bob Dylan en la región de San Francisco para diciembre de 1965, se propuso que mantuviera una rueda de prensa en los estudios de la KQED, la emisora de televisión educativa.

Dylan aceptó y voló un día antes a tal efecto.

Llegó para la ocasión acompañado de Robbie Robertson y algunos otros miembros de su grupo. Bebió té en las dependencias de la emisora e insistió en que estaba listo para hablar acerca «de cualquier cosa de la que queráis hablar». Su única petición fue que pudiera salir a las tres de la tarde para poder ensayar en el Berkeley Community Theatre donde debía cantar esa misma noche.

En la conferencia de prensa había todo tipo de gente. Los equipos de las televisiones locales, periodistas de los tres periódicos locales (una clase del departamento de periodismo de la Universidad de California comparó más tarde sus versiones con la emisión de la entrevista), además de responsables de varios diarios de instituto, así como amigos personales del cantante como el poeta Allen Ginsberg, el productor Bill Graham y el humorista Larry Hankin.

De este modo, las preguntas abarcaron desde las más convencionales, propias de la prensa y emisoras televisivas mayoritarias, a las propias de clubs de fans adolescentes, pasando por cuestiones personales o las humoradas típicas de su camarilla y de aquéllos que realmente habían escuchado las canciones de Dylan.

Se sentó en un estrado ante las cámaras y los periodistas y respondió a sus preguntas al micrófono, mientras no dejaba de fumar y meneaba sus piernas arriba y abajo. En un momento dado, sostuvo en alto un póster para una gala benéfica que se celebraría esa misma semana para el San

Francisco Mime Troupe (el primer espectáculo de baile rock que se celebraba en el Fillmore Auditorium y uno de los primeros en que aparecería Jefferson Airplane). Al final de la rueda de prensa, Dylan charló un rato con sus amigos, se montó en un coche y regresó a Berkeley para ensayar. Recortó un poco la sesión para poder regresar al hotel y ver el programa de televisión que se emitió aquella noche y que se volvería a emitir la semana siguiente.

Ésta es la única rueda de prensa completa con Dylan que se ha televisado jamás de principio a fin. La trascripción se hizo a partir de una grabación y lo único que no se ha incluido son las palabras relativas a la disponibilidad de entradas y al horario de los conciertos.

RALPH J. GLEASON

Me gustaría saber el significado de la foto de la cubierta de tu álbum *Highway 61 Revisited*.
¿Qué te gustaría saber?

Parece que incorpora cierta filosofía. Querría saber qué representa para ti...
Ya que tú formas parte de ella...
La verdad es que no me he fijado mucho.

Yo sí he pensado mucho en ella.
La tomaron un día que estaba sentado en las escaleras. La verdad es que no lo recuerdo muy bien.

Pensé que la moto era una imagen propia de tus canciones. Parece que te gustan.
Bueno. A todos nos gustan las motos en cierto modo.

¿Te consideras básicamente un cantante o un poeta?
Yo me veo más bien como un hombre de música y baile.

¿Por qué?
Bueno. No creo que tengamos tiempo suficiente para hablar de eso.

Se te ha citado diciendo que cuando estás realmente hecho polvo puedes adentrarte en otra esfera. ¿Cuán «hecho polvo» hay que estar para estarlo realmente? ¿Es algo que se pueda prever?

No. No lo preveo. Se trata más bien de un tipo de sensación implacable. Implacable y muy intoxicada hasta cierto punto.

Las críticas que has recibido por abandonar el ámbito folk y pasarte al folk-rock no parecen haberte afectado mucho. ¿Crees que seguirás en el folk-rock o te dedicarás más a escribir?
Yo no toco folk rock.

¿Cómo definirías a tu música?
Pienso en ella más en términos de música visionaria. Es música matemática.

¿Dirías que las letras son más importantes que la música?
Las letras son tan importantes como la música. No habría música sin la letra.

¿Qué haces primero, normalmente?
La letra.

¿Crees que llegará un día en que te dedicarás a pintar o a esculpir?
Ya lo creo.

¿Crees que algún día te colgarán por ladrón?
No deberías decir eso.

Bob, dices que siempre haces la letra primero y piensas en ella como música. ¿Cuando haces la letra puedes oírla?
Sí.

¿La música que deseas cuando haces la letra?
Sí, sí.

¿Escuchas música antes de tener la letra... Tienes canciones para las que todavía no has escrito la letra?
Hummm, a veces, en instrumentos distintos de la guitarra. Quizá algo como el clavicémbalo o la armónica o la cítara. Puede que escuche cierta melodía o tonada a las que sabría qué letra ponerle. No me pasa con la guitarra. Es un instrumento demasiado duro. La verdad es que no escucho muchas melodías basadas en la guitarra.

¿Qué poetas te gustan?
Diría que Rimbaud, W. C. Fields… La familia, ya sabes. La familia trapecista del circo. Smokey Robinson, Allen Ginsberg, Charlie Rich… es
un buen poeta.

**En muchas de tus canciones tiendes a ser duro con la gente. En «Like a
Rolling Stone» eres duro con la chica y en «Positively 4th Street» eres duro
con un amigo. ¿Lo haces porque quieres cambiar sus vidas o pretendes in-
dicarles su error de comportamiento?**
Quiero joderles un poco.

¿Sigues cantando tus viejas canciones?
No. Anoche vi un cancionero. La verdad es que no veo muchas de estas
cosas, pero hay cantidad de canciones en esos libros que ni siquiera he
grabado, ¿sabes? Sólo las escribí y les puse alguna melodía y las han publicado. Pero no las he cantado. Muchas de aquellas canciones ya ni
siquiera las conozco, incluso algunas que solía cantar. No parece que haya
tiempo suficiente para todo.

¿Cambiaste tu programa cuando fuiste a Inglaterra?
No. No. Lo acabé allí. Ese fue el fin de mi programa antiguo. De hecho
no lo cambié. Se desarrolló y para cuando llegamos allí ya estaba, era más
o menos, sabía lo que iba a suceder en todo momento. Sabía cuántos bises
habría, qué canciones aplaudirían más y todas esas cosas.

¿En una gira de ese tipo mantienes el mismo programa noche tras noche?
Algunas noches es distinto. Pero creo que por aquí haremos el mismo.

**En una entrevista reciente en *Broadside*, Phil Ochs decía que deberías ha-
cer cine. ¿Tienes planes al respecto?**
Tengo planes de hacer una película pero no porque nadie diga que debería hacerlo.

¿Cuándo sería?
Probablemente el año que viene.

¿Puedes contar de qué tratará?
Será una canción más.

De la gente del cine, ¿quién te gusta especialmente?
Truffaut. La verdad es que no se me ocurre nadie más. Quizá los directores italianos, pero no hay mucha gente en Inglaterra y en Estados Unidos que me atraigan.

Una vez imitaste a Chaplin al acabar un concierto.
¿¿¿Eso hice??? Debió de ser un accidente. No debo meterme en ese tipo de cosas.

¿Qué piensas de las personas que analizan tus canciones?
Me parece estupendo.

La Universidad de California fotocopió todas las letras de tu último disco y organizó un seminario para discutirlas. ¿También te parece estupendo?
Sin duda. Sólo que me sabe un poco mal no estar por aquí para participar.

Josh Dunson, en su nuevo libro, apunta que te has vendido a intereses comerciales y a las canciones tópicas. ¿Tienes algo que decir al respecto?
Nada que decir. Ningún comentario. No, de verdad, no me siento culpable.

De todas las personas que graban tus composiciones, ¿quién crees que le hace mayor justicia a lo que intentas decir?
Creo que Manfred Mann. Han hecho canciones… han hecho unas tres o cuatro. Cada una de ellas ha acertado el contexto respecto de aquello con que estaba relacionada la canción.

¿De qué va tu nuevo disco?
Bueno. Va de… Bueno. De todo tipo de cosas. Ratas, globos… De lo único que tengo en mente ahora mismo.

¿Cómo definirías la música folk?
Como una repetición constitucional de la producción en serie.

¿Definirías tus canciones como folk?
No.

¿Son las canciones protesta canciones folk?
Supongo. Siempre que sean una repetición constitucional de la producción en serie.

¿Prefieres las canciones con un mensaje sutil o evidente?
¡¿Con qué?!

Con un mensaje sutil o evidente.
La verdad es que no, esas canciones no están entre mis preferencias. «Mensaje»… ¿qué canciones con mensaje?

Bueno. Como «vísperas de destrucción» y cosas así.
¿Que si prefiero eso a qué otra cosa?

No sé. Pero parece que tus canciones contienen un mensaje sutil.
¿¿Mensaje sutil??

Bueno. Eso parece.
¿Dónde has oído eso?

En una revista de cine.
¡Ah, Dios mío! Vale, pero no vamos a discutir eso aquí.

¿Hablan tus canciones alguna vez de personas reales?
Claro que sí. Todas son sobre personas reales.

¿En particular?
¿Particular? Claro. Estoy seguro de que has visto, en algún momento, a todas las personas de mis canciones.

¿Quién es Mr. Jones?
Pues Mr. Jones. No te diré su nombre. Me demandarían.

¿Cómo se gana la vida?
Es un chapero. Y lleva tirantes.

¿Cómo explicas tu atractivo?
¿Qué atractivo?

Tu atractivo, tu popularidad. Tu popularidad de masas.
No, no. No tengo ni idea. Esa es la verdad. Siempre digo la verdad y esa es la verdad.

¿Cuáles son tus esperanzas para el futuro y qué esperas cambiar en el mundo?
Mis esperanzas para el futuro: para ser honesto, no tengo ninguna esperanza en el futuro y sólo espero tener suficientes pares de botas como para poder cambiarlas. Y eso es todo. No se reduce a nada más que a eso. Si no fuera así, sin duda te lo diría.

¿Qué piensas de una entrevista como ésta, contigo como protagonista?
Bien. Pienso que todos tenemos distintos, eh… (creo que se me ha descapillado el cigarro y no sé dónde ha caído). No voy a decir nada al respecto aunque, eh… ¿Cuál era la pregunta?

¿Qué estás pensando ahora mismo?
Pienso en dónde estará ese maldito cigarro.

Justo antes.
La brasa me está recorriendo el cuerpo. He perdido… He perdido el contacto conmigo mismo, así que no puedo decir realmente dónde está.

¿Estás intentando esquivar la pregunta?
No. No…

¿Qué sientes acerca de este tipo entrevistas?
Sólo sé que todos tenemos una idea distinta de todas las palabras que empleamos, así que no tengo mucho… La verdad es que no me lo puedo tomar muy en serio porque todo… Es como si digo la palabra «casa», los dos veremos una casa distinta. Basta con decir la palabra, ¿verdad? De modo que utilizamos todas estas palabras como «producción en serie» y «revista de cine» y todos tenemos también una idea distinta de estas palabras, así que no sé siquiera lo que estamos diciendo.

¿No tiene ningún sentido?
No. No es que no tenga ningún sentido. Es, es, ¿sabes? Si quieres hacerlo, estás ahí… Entonces no es que no tenga sentido. A mí no me molesta para nada.

¿Hay algo aparte de tus canciones que le quieras decir a la gente?
Buena suerte.

Eso no lo dices en tus canciones.
¡Cómo que no! Sí que lo hago. Cada canción acaba con un «buena suerte, espero que os vaya bien».

¿Por qué no podrías... Eh...?
¿Quién eres tú? [risas] Enfocad a esta persona de aquí.

¿Por qué te molestas en escribir poesía si todos acabamos teniendo imágenes diferentes? ¿Si no sabemos de qué estás hablando?
Porque no tengo otra cosa que hacer, tío.

¿Me puedes hacer una rima con «naranja»?
¿Cómo? Perdona. No estaba atendiendo.

Una rima con naranja.
Eh... ¡Ah! ¿Sólo una rima con «naranja»?

¿Es verdad que te censuraron en el show de Ed Sullivan?
Te digo la rima en un momento.

¿Te censuraron por querer cantar lo que tú quisieras en el show de Ed Sullivan?
Eso fue hace mucho tiempo.

¿Qué querías cantar?
No lo sé. Era una canción que quería cantar y que ellos dijeron que no podía cantar. Hay algo más que simple censura en eso. De hecho, dijeron que podía cantar la canción, pero cuando la ensayamos, el tipo regresó después y dijo que tenía que cambiarla. Dijo: «¿No cantas canciones folk como las de los Clancy Brothers?». Yo no conocía ninguna de sus canciones de modo que no pude entrar en el programa. Así es como sucedió.

¿Te parece que el texto de las entrevistas contigo refleja la conversación original?
No. Esa es otra de las razones por las que no suelo dar entrevistas ni nada

porque, incluso si haces algo… Aquí hay mucha gente, y saben de qué va. Pero si por ejemplo estás sólo con una o dos personas, lo sacan todo de contexto, ¿sabes? Lo cogen, lo recortan por la mitad o se quedan sólo con lo que quieren usar. Incluso a veces te preguntan algo y lo respondes y luego ves publicada tu respuesta como si perteneciera a una pregunta distinta. No resulta fiable, francamente, hacer ese tipo de cosas, de modo que no me meto en eso. Es un problema de la prensa.

¿Crees que debería publicarse la totalidad del texto de esta rueda de prensa?
Nada de eso. Nada de eso. Pero esto es sólo para la entrevista, ¿sabes? Cuando quieren hacer entrevistas en sitios como Omaha o Cincinnati, tío, ya sabes. No lo hago y entonces escribes cosas malas.

Ya. Pero, ¿no puede ser en parte porque a menudo resultas inaudible? O sea, durante la mayor parte de este diálogo no se te oía, y ahora cuando te sientes afectado personalmente por una cita incorrecta, tu voz se eleva y podemos oírte de verdad.
Sí. Bueno. Acabo de darme cuenta de que quizá la gente ahí atrás no me oía. Eso es todo.

Iba a preguntarte… En tus canciones, cantas…
Claro que canto.

Y aunque…
Mira. Las canciones son lo que yo hago: escribir canciones y cantarlas e interpretarlas. Eso es lo que hago. La parte interpretativa del tema podría terminarse, pero yo voy a seguir escribiendo canciones, cantándolas, grabándolas y demás. Así que no veo que pueda acabarse. Al menos por ahora. Eso es lo que hago y cualquier otra cosa interfiere con ello. Y quiero decir que cualquier otra cosa que se le intente añadir para que la cosa parezca algo que no es, sólo consigue deprimirme, y no es que, eh… Sólo hace que todo me parezca una baratija.

Bueno, casi pensaba que estabas haciendo una penitencia de silencio hasta ahora.
No, no.

En la primera mitad.
No soy en absoluto una de esas personas.

¿No necesitas el silencio?
Para nada. Ningún silencio. Siempre hay silencio dondequiera que esté.

Cuando estás de gira, ¿cuánta gente viaja en tu grupo?
Ahora viajamos unos doce.

¿Se conforman esas personas con la cantidad de dinero que cobran?
Sí. Claro.

¿Es eso lo que se conoce como la ley Dylan?
Tenemos la banda, en la que somos cinco. Y necesitamos otras cosas. Tenemos que... Ahora se necesita cantidad de equipo electrónico, muchas cosas de las que hay que ocuparse, así que necesitamos a mucha gente. Tenemos tres mánagers de gira y esas cosas. Aunque no hacemos grandes presentaciones públicas. Por ejemplo, no aparecemos por las ciudades en limusinas ni cosas por el estilo. Nos limitamos a ir de un lado para otro y montar el concierto. Eso es todo.

¿Viajas en tu propio avión?
Sí, sí.

¿Tienes que estar de un determinado humor para escribir tu música?
Sí. Eso creo. De un determinado tipo de humor, si lo quieres llamar así.

¿Te parece que eres más creativo a una determinada hora del día?
Sí. Sí que me lo parece.

¿Eres un escritor más bien nocturno?
A mi modo de ver, la noche no tiene nada que ver.

¿Has cantado alguna vez con los Beatles?
No. Bueno. Hicimos un poco el tonto en Londres, pero no. Nada serio.

¿Has tocado alguna vez algo bailable?
No. No es mi tipo de música.

Sí que es tu tipo.

Bueno. Qué puedo decir. Debes de saber más de música que yo. ¿Cuánto tiempo has estado tocando?

¿Te parece que cuando escribes incurres a menudo en asociaciones libres?

No. Todo es muy claro y sencillo para mí. Estas canciones no son para nada complicadas. ¡Sé de qué van! No hay nada difícil de averiguar para mí. No escribiría nada que no pudiera ver realmente.

No quería decirlo en ese sentido. Quiero decir que si, cuando escribes una canción, ¿lo haces a nivel subliminal?

No. Esa es la diferencia en las canciones que escribo ahora. El año pasado o así —no estoy seguro de si en el pasado año y medio o dos— en las canciones de antes, hasta uno de estos discos… Escribí el cuarto álbum en Grecia, y allí se produjo un cambio, pero en los discos anteriores a ése… Sabía lo que quería decir antes de ponerme a escribir la canción. Todo lo que había escrito antes que no era canción, estaba en un pedazo de papel de váter. Cuando la cosa sale así se convierte en el tipo de material que nunca cantaría porque la gente simplemente no estaría preparada para ello. Pero también pasé por lo de escribir canciones y ver que ya no podía escribirlas así. Era demasiado fácil y no era «correcto». Empezaba. Sabía lo que quería decir antes de escribir la canción y lo decía, y nunca acababa de salir exactamente del modo en que había pensado que lo haría. Pero salía, ¿sabes? Daba con algo. Pero ahora sólo escribo la canción, como sabiendo que va a estar bien y ni siquiera sé exactamente de qué va. Sólo sé los minutos y las capas de aquello de lo que va.

¿Qué piensas de la canción «It's Alright, Ma (I'm Only Bleeding)»? Resulta que es mi favorita.

¡Cuánto me alegro! Hace tiempo que no la escucho. Quizá ni siquiera sería capaz de cantarla para ti…

¿Cuánto tiempo te lleva escribir…?

Normalmente no mucho, de verdad. Puedo estar escribiendo toda la noche y conseguir una canción de entre cantidad de cosas varias que escribo.

¿Cuántas has escrito?

Pues me parece que el editor tiene unas cien. Calculo que habré escrito otras cincuenta. Tengo unas ciento cincuenta escritas.

¿Se han publicado todas?

No. Algunas piezas no se han publicado. Pero el hecho es que ésos tampoco puedo cantarlos porque ya los he olvidado. Así que las canciones que no publico, las suelo olvidar.

¿Has aprovechado alguna vez esos borradores para convertirlos en canción?

No. Ya te he dicho que los he olvidado. Tengo que empezar siempre de nuevo. No puedo tomar notas ni nada de eso.

¿No puedes volver a algunas de tus primeras cosas y utilizarlas en tus...?

No, no. Eso tampoco estaría bien.

¿Recibes alguna ayuda de tu entorno para las canciones?

Robbie [Robertson], el primer guitarra. A veces tocamos la guitarra juntos... Siempre puede salir algo. Y sé que lo que sea estará bien. Me siento a tocar para poder escribir alguna letra. Pero no me hago ideas acerca de lo que quiero o de qué es realmente lo que va a pasar.

¿Por qué crees que eres tan popular?

No lo sé. No soy periodista ni reportero. Tampoco soy un filósofo. Así que no tengo ni idea ni sé si los demás la tienen, pero yo no lo sé. ¿Sabes? Cuando hay demasiada gente hablando sobre lo mismo la cosa tiende a abigarrarse. Todo el mundo me lo pregunta de modo que veo que es algo de lo que deben de hablar, así que mejor me quedo fuera y se lo dejo más fácil. Luego, cuando consigan la respuesta, espero que me la digan.

¿Ha habido más abucheos?

Hombre. Hay abucheos... No puedes decir de dónde saldrán los abucheos. No puedes saberlo. La cosa se presenta en los lugares más raros y estrafalarios y cuando pasa es un verdadero acontecimiento. Supongo que hay cierto «abucheo» dentro de todos nosotros.

Bob, ¿dónde está Desolation Row [el pasaje de la desolación]?

¿Dónde? Bueno. Es un lugar de México. Al otro lado de la frontera. Es conocido por su fábrica de Coca-Cola. Las máquinas de Coca-Cola son… Se vende cantidad de Coca-Cola por allí.

¿Dónde está la Highway 61 [la carretera 61]?
La Highway 61 existe. Está en mitad del país. Va hacia el sur y luego sube hacia el norte.

Pareces muy reacio a hablar del hecho de que eres un artista popular. Un artista muy popular.
Ya. ¿Y qué quieres que te diga?

Bueno, no entiendo por qué…
Ya. ¿Y qué quieres que te diga? Qué quieres que te diga. Quieres que te diga… quién, quién… ¿Qué quieres que te diga?

Pareces casi avergonzado de admitir que eres popular.
Pues no estoy avergonzado. O sea, ya sabes… Pero… Bueno, ¿qué quieres exactamente que yo te diga? ¿Quieres que pegue un salto y exclame «¡aleluya!» y patee las cámaras o haga algo raro? Dímelo. Dímelo y yo te sigo. Y si no puedo seguirte ya encontraré a alguien que lo haga.

Creo que no tienes ni idea de por qué eres popular. No se te ocurre nada al respecto.
La verdad es que no me he dedicado a luchar por eso. Pasó. ¿Entiendes? Pasó como pasa cualquier otra cosa. Un suceso. Es algo que no trata uno de averiguar. Sabes que puede pasar. De modo que ni siquiera voy a hablar de ello.

¿Crees que parte de esa popularidad se debe a una cierta identificación?
No tengo ni idea. La verdad es que no le dedico mucho tiempo a eso.

¿Te hace la vida más difícil?
No. Claro que no.

¿Te sorprendió la primera vez que escuchaste los abucheos?
Sí. Eso fue en Newport. Bueno. Hice esa locura. No sabía que iba a suceder, pero sin duda abuchearon, ya te digo. Se podía oír en todas partes. Pero no sé quiénes eran, y estoy seguro que fuera quien fuese lo hizo el

doble de fuerte de lo que lo haría normalmente. Casi lograron acallar a los de Forest Hills, aunque allí también lo hicieron. Lo han hecho casi en todas partes salvo en Texas. No nos abuchearon en Texas, ni en Boston o Atlanta ni en Ohio. Lo han hecho prácticamente en casi… O en Minneapolis, allí no lo hicieron. Lo han hecho en muchos otros sitios. O sea, deben de ser muy ricos para poder ir a un sitio y ponerse a abuchear. Yo no me lo podría permitir si estuviera en su lugar.

Aparte de abuchear, ¿ha cambiado mucho el público? ¿Gritan, se ponen histéricos y se precipitan al escenario?
Bueno, a veces algunos se lanzan al escenario, y tú sólo, ya sabes… te los quitas de encima enseguida. Les pateas la cabeza. Entonces lo pillan.

Has dicho que no sabes por qué eres tan popular. Eso se opone radicalmente a lo que dice la mayoría de la gente que alcanza este nivel de notoriedad.
Bueno. Ya ves. Mucha gente empieza y planea ser una estrella algún día. Supongo. Como si de todos modos estuvieran llamados a serlo. O sea, conozco a muchas de esas personas, ¿sabes? Empiezan y se meten en el negocio del espectáculo por muchas, muchas razones, sólo para que les vean. Cuando yo empecé eso no tenía nada que ver. Empecé en Nueva York, y no existía nada de eso. Pero pasó.

No me malinterpretes. Respeto tu derecho a que no te importe. Sólo quería decir que todo esto igual resulta decepcionante para la gente que piensa que sientes por ellos lo mismo que ellos por ti.
Ya. Bueno. No querría decepcionar a nadie. Quiero decir… Dime lo que debería decir. Me conformo con lo que sea, pero la verdad es que no tengo mucha idea.

Tienes ahí un póster.
Sí. Alguien me lo ha dado. Tiene buena pinta. Los Jefferson Airplane, John Handy y Sam Thomas y el Mystery Trend and the Great Society. Y tocan todos en el Fillmore Auditorium este viernes, 10 de diciembre. Me gustaría ir, si pudiera, pero, por desgracia, no estaré aquí, no creo. Si estuviera, iría seguro.

¿Qué es más importante para ti: el modo como suenan tu música y tus letras o el contenido, el mensaje?
Todo en general mientras se produce. El sonido completo de las palabras,

lo que está sucediendo es... Es algo que pasa o que no pasa. Así es como lo siento, eso, lo que sucede allí en ese momento. A eso es a lo que nos dedicamos. Eso es lo más importante. En realidad no hay nada más. No sé si he respondido a tu pregunta.

¿Significa eso que puede pasar una vez y puede que no pase a la vez siguiente?
Hemos tenido noches malas, pero siempre han salido buenas tomas para los discos. Los discos se hacen siempre con tomas buenas y en vivo. La mayoría de las veces, la cosa sale. La mayoría de las veces nos apetece tocar. Eso es importante para mí. Lo de antes y lo de después no me importa realmente. Sólo me interesa el tiempo que estamos en el escenario y cuando cantamos las canciones y las interpretamos. O no las interpretamos realmente, basta con dejar que estén allí.

Si vendieras tus derechos para fines comerciales, ¿qué producto escogerías?
Prendas femeninas.

Bob, ¿has trabajado con algún grupo de rock & roll?
¿Profesionalmente?

O de modo informal, o en un concierto.
No, no. Normalmente no toco mucho.

¿Escuchas las grabaciones de tus canciones hechas por otros?
A veces. Algunas. Pero en realidad no suelo cruzarme con muchas.

¿Produce una sensación extraña?
No. Es más bien como una cosa casi celestial.

¿Qué opinas de las versiones de Joan Baez de tus primeras canciones?
No he escuchado su último álbum ni el anterior. Escuché uno. Creo que lo hace bien.

¿Qué opinas del «Colors» de Donovan? ¿Crees que es un buen poeta?
Es un buen chico.

Me siento desolado.
No deberías.

¿Hay algún cantante de folk que quisieras recomendarnos?
Me alegra que me lo preguntes. Pues sí. Está el Sir Douglas Quintet. Creo que son los mejores de entre los que tendrán ocasión de llegar a la radio comercial. Ya lo han hecho con un par de canciones.

¿Qué te parece Paul Butterfield?
Son buenos.

Has dicho que te autodenominas una persona completamente desconectada de todo.
No. No me autodenominé. Digamos que pusieron esas palabras en mi boca. Ya vi ese periódico.

¿Cómo te describirías? ¿Has analizado...?
No lo he hecho. No.

Sé que te desagradan las etiquetas, y probablemente no te falte razón pero, para aquéllos de nosotros que ya estamos bastante más allá de la treintena, ¿podrías etiquetarte tú mismo y decirnos cuál es tu papel?
Bien. Podría definirme como alguien que está «bastante más acá de la treintena». Y mi papel es... Pues nada. Estar por aquí tanto tiempo como pueda.

Phil Ochs escribió en *Broadside* que has conseguido sacar de sus casillas a tanta gente que siente que te resultará cada vez más peligroso tocar en público.
Bueno. Así son las cosas, ya sabes. No puedo pedir perdón por eso.

¿Alguna vez pensaste que llegaría el momento en que darías cinco conciertos en diez días en una misma ciudad?
No. Todo esto es nuevo para mí.

Si fueras susceptible de ser llamado a filas, ¿cómo crees que te sentirías?
No. Probablemente haría lo que me tocara hacer.

¿Como qué?
Bueno. No sé. Nunca hablo en términos de «y si», ¿sabes? De modo que no lo sé.

¿Vas a participar en la manifestación del Vietnam Day Committee de esta noche ante el Fairmont Hotel?
No. Esta noche estoy ocupado.

¿Te planteas organizar alguna manifestación?
Bueno. Pensemos… en una. Pero no sé si podría organizarse con tiempo.

¿Podrías describirla?
Sería una manifestación en la que yo apañaría unos naipes, ya sabes. Habría un grupo de manifestantes, y puede que llevaran pancartas con imágenes de la jota de diamantes y el as de picas. Imágenes de mulas, quizá palabras y también veinticinco mil o treinta mil de éstas impresas. Y formarían piquetes, y desfilarían ante la oficina de correos.

¿Qué palabras?
Nada especial: «cámara», «micrófono», «suelto», sólo palabras. Nombres de alguna gente famosa.

¿Te consideras un político?
¿Que si me considero un político? Bueno. Supongo que sí. Pero con mi propio partido.

¿Tiene nombre?
No. En el partido no hay presidentes. No hay presidentes ni vicepresidentes ni secretarios ni nada de eso. De modo que resulta algo difícil inscribirse.

¿Hay una facción de derechas y otra de izquierdas en el partido?
No. Está más o menos en el centro… Tipo como «paso de tu cara».

¿Crees que tu partido podría resolver la guerra con China?
No lo sé. No sé si tienen a alguien allí que esté en un tipo de partido semejante. Puede que resultara algo difícil infiltrarse. No creo que mi partido fuera jamás aprobado por la Casa Blanca.

¿Hay alguien más en tu partido?
No. La mayoría de nosotros ni siquiera nos conocemos, ¿sabes? Es difícil decir quién pertenece al partido y quién no.

¿Los reconocerías si los vieras?
Bueno. Puedes reconocer a la gente cuando la ves.

¿Cuánto tiempo crees que pasará antes de que abandones definitivamente?
Pues no lo sé. Podría responder, pero probablemente significaría algo diferente dependiendo de quién lo escuche. De modo que lo mejor es evitar decir esas cosas.

¿Qué querías decir cuando dijiste...?
No lo sé. ¿De qué hablábamos?

Dijiste que no crees que las cosas salgan...
No, no, no… No es que no crea que las cosas no puedan salir. Lo que creo es que nada de lo que planeas sale del modo en que lo planeaste.

¿Es esa tu filosofía?
No, no. No significa nada.

¿Te parece divertido tomarle el pelo al público?
No lo sé. Nunca lo he hecho.

Has escrito una canción llamada «Mama, You Been on My Mind». ¿La cantas en los conciertos?
No. No la he cantado nunca.

¿Siguen divirtiéndote los conciertos?
Sí. Los conciertos son mucho más divertidos de lo que solían ser.

¿Los consideras más importantes que tus discos, por ejemplo?
No. Sólo disfruto con ellos. Los discos son lo más importante.

¿Por el hecho de que llegan a más gente?
No. Por el hecho de que todo allí es preciso, y es fácil oír las letras y todo. No hay modo de que haya interferencias en el sonido, mientras que en los

conciertos… Hemos tocado en algunos sitios donde a veces tienen estos auditorios tremendos. Y ya sabes, el sistema de micros. No resulta tan fácil venir a escuchar a un grupo de música y que sea como si escucharas a una persona.

¿Consideras tus viejas canciones menos válidas que las que estás sacando ahora?
No. Sólo las considero algo más respecto de ellas mismas, ya sabes. Son para otro tiempo, otra dimensión. Sería algo deshonesto por mi parte cantarlas ahora, porque no sentiría realmente que las canto.

¿Qué es lo más raro que te ha pasado?
Te la vas a ganar, tío.

¿Qué es lo más disparatado que te ha pasado?
Te lo cuento luego. Yo no te haría algo así.

¿Qué esferas musicales en que aún no te hayas metido esperas probar?
Escribir una sinfonía, con diferentes melodías y letras, ideas diferentes… Que todo fuera lo mismo solapándose por encima y por debajo.

¿Crees que sabrás distinguir cuando ha llegado la hora de abandonar la música para pasar a cualquier otro campo?
Cuando me aburra mortalmente.

¿Cuando dejes de ganar dinero?
No. Cuando mejore mi dentadura… Dios. Cuando algo haga un drástico, eh… Cuando me empiece a picar. Cuando algo dé un giro terrible y sé que no tiene nada que ver con nada y sepa que es hora de dejarlo.

Dices que te gustaría escribir sinfonías. ¿Lo dices en los términos en que solemos pensar en sinfonías?
No estoy seguro. Las canciones se escriben todas como parte de una sinfonía —melodías distintas, cambios distintos— con letra o sin ella, pero con un resultado final que sea un todo… No sé. Dicen que mis canciones son largas. Pues algún día va a salir una que ocupe el disco entero, una sola canción. No sé quién lo comprará. Ése podría ser el momento de dejarlo.

¿Cuál es la canción más larga que has grabado?

No lo sé. No mido esas cosas, aunque me suelen salir largas. Grabé una de once o doce minutos. «Ballad of Hollis Brown» era bastante larga en el segundo disco y «With God on Our Side» era más bien larga. Pero creo que ninguna de ellas tiene tanto que decir como «Desolation Row». Y ésa también era larga. Las canciones no deberían parecer largas. Sólo parece que lo son sobre el papel, ya sabes. Pero la longitud no tiene nada que ver con eso.

¿No supone eso un problema para editar discos?

No. Están totalmente dispuestos a editar cualquier cosa que haga ahora. Así que no les importa.

¿Qué pasa si tuvieran que cortar por la mitad una canción como «Subterranean Homesick Blues»?

No tuvieron que cortarla por la mitad.

No tuvieron que hacerlo pero lo hicieron.

No, no lo hicieron.

¿A no?

No. Tú estás hablando de «Like a Rolling Stone».

Cierto.

La cortaron por la mitad por los pinchadiscos. Bueno. La verdad es que el tema de los pinchadiscos no tenía importancia, porque si tenían la mitad en una cara, continuaba en la otra. Si alguien estaba interesado en oírla bastaba con darle la vuelta y ver de qué iba la cosa. El otro día hicimos una canción de diez minutos, y pensé en sacarla como single. Pero la habrían sacado cortada por la mitad y no habría funcionado. Así que no la sacaremos como single. Se llama «Freeze Out» y se podrá oír en el próximo álbum.

9

ENTREVISTA DE ROBERT SHELTON
FRAGMENTO DEL LIBRO
NO DIRECTION HOME
MARZO DE 1966

Tengo algo con la muerte, algo suicida, sé...
Si las canciones se sueñan, es como si mi voz saliera de ese
sueño.

DYLAN, 1966

¡Judas!

Reventador en el Albert Hall, 1966

Bob Dylan, ¡vete a casa!

Paris Jour, 1966

En la oscuridad, el aeropuerto de Lincoln se funde con los cultivos colin-
dantes. Era poco después de la medianoche de un sábado de mediados de
marzo de 1966. En el preciso momento en que Dylan, The Band, dos
montadores y yo llegamos, se encendieron las balizas de aterrizaje, los
controladores se agitaron y los mecánicos se afanaron alrededor del avión
privado de Dylan, un Lockheed Lodestar bimotor.

Denver era la siguiente parada. Luego de vuelta a Nueva York. Más
tarde, la costa del Pacífico Norte, Hawái, Australia, Escandinavia, Irlan-
da, Inglaterra, Francia, y de nuevo a casa. Estábamos ante el principio del
fin de una de las muchas vocaciones de Dylan. Mientras se adentraba en
la cantina, un mecánico en mono blanco escudriñaba la oscuridad. «Debe
de ser un sitio solitario», dijo Bob. «Sí —replicó el mecánico—, pero es
un trabajo. Sólo hago las horas que debo.» «Conozco la sensación, en serio», dijo Dylan, al tiempo que contemplaban las praderas.

Acababa de huir de cincuenta fans en su hotel, pero otra media docena se había concentrado en torno al avión. Garabateó su autógrafo varias veces. Un chico tímido, de unos diecisiete años, se aproximó. «Señor Dylan —dijo nervioso—, a mí también me interesa la poesía.» «¿En serio?», replicó Dylan. «Sí, señor —respondió el chico—. Me preguntaba si le sobrarían unos minutos algún día para leer los poemas que he escrito.» «Claro», dijo Bob. El joven le pasó un gran sobre que abultaba como un balón. «¿Todo esto son poemas?», preguntó Dylan. «Sí… He estado escribiendo más desde que empecé a estudiar sus canciones.» «Bueno —dijo Dylan—, gracias. Trataré de leer algunos esta noche. ¿Está tu dirección en el sobre? Ya te diré qué me parecen.» El chico estaba radiante: «Qué maravilla. Espero que le gusten».

En el avión, los miembros de The Band dormitaban, como un montón de cuerpos desplomados. Los mánagers de gira, Bill Avis y Victor Maimudes, comprobaron los cinturones de todos. Dylan y yo nos sentamos cara a cara. Sobre una de sus rodillas reposaban las pruebas de su libro, *Tarántula*. En la otra, el sobre de aquel fan. Jugueteé con la grabadora, maldiciendo su ruido. Los ojos de Dylan eran poco más que meras hendiduras, pero dijo que tampoco habría dormido en caso de que yo no estuviera allí. Tenía demasiadas cosas que hacer.

«Se necesita mucho aguante para mantener este ritmo —dijo Dylan—. Es muy duro, tío. Una gira como ésta casi me mata. Ha sido así desde octubre… La verdad es que me ha sacado de quicio. Voy a cortar de verdad. El año que viene, la gira durará sólo un mes o dos. Lo hago así sólo porque quiero que todo el mundo conozca lo que hacemos.» Dylan exhaló una nube de humo sobre su cabeza, tiró del cuello de su camisa, y prosiguió: «Es absurdo que la gente se limite a sentirse ultrajada por su propia falta de sentido, de modo que tienen que forzar al resto para que se precipite al agujero con ellos. Y mueren intentándolo. Es lo que se lleva por aquí. Pero ya no pierdo el tiempo con eso. Te lo he dicho muchas veces. No sé si piensas que estoy bromeando, o si crees que es mera fachada. La verdad es que no me importa. No me importa en absoluto lo que la gente diga de mí. Ni lo que piense ni lo que sepa de mí.

»Ahora tocar en un escenario me parece una gozada. Antes no lo era, porque sabía que lo que hacía por entonces era demasiado vacío… Venían embajadores embalsamados, me veían, aplaudían y decían: "¡Qué buen rollo! Me encantaría conocerle e invitarle a tomar un cóctel. Quizá traiga a mi hijo Joseph conmigo". Y a las primeras de cambio te encuentras con cinco o seis niños y niñas pululando con Coca-Colas o botellas de ginger-ale... Y tú allí con un embajador que se te echa encima y trata de conmoverte con cuatro cumplidos. Ya no dejo que la gente se quede en el backstage. Ni siquiera para repartir cumplidos. Es algo que no me importa...»

Sus ojos se despejaron: «No puedes preguntarme cómo duermo. No puedes preguntarme cómo me lo monto y no puedes preguntarme qué creo que estoy haciendo aquí. Si no haces eso, entonces nos llevaremos perfectamente. Pregúntame lo que sea y te suelto lo que yo crea... Hay que tener una cosa clara sobre el libro. Le voy a decir a Albert que hay que llegar a un acuerdo con el libro. Te daré tanto tiempo como pueda. Voy enseguida al grano en todo aquello que quiero que se haga, pero puedes dirigirte a mí sin problemas... Pero si no haces lo que te digo no te lo perdonaré, tío. No quiero convertirme en una leyenda porque todavía no estoy muerto. Será una cosa como fuera del tiempo, ¿vale?

»Nadie sabe nada de mí. ¿Qué es lo que sabe la gente? ¿Que mi apellido es Zimmerman y que mi familia materna es de clase media? No me apetece salir a contar a la gente que todo eso es falso... Ni voy a enmascarar cosas que haya hecho antes. No voy a volver sobre nada. Sobre ninguna declaración ni nada que haya hecho... He renunciado a tratar de decirle a la gente que está equivocada al pensar como lo hace, sobre el mundo, sobre mí, o sobre lo que sea... Tú no vas a decir "autorizado por Bob Dylan". Escribo cuatro frases en la cubierta y firmo con mi nombre. Algo así como: "Bob Shelton escribió sobre mí en el *New York Times* hace cinco años. Es un buen tipo y me cae bien. Escribió este libro y, por eso, no es —sólo para asegurarnos de que se vende en Nebraska y en Wyoming—, no es nada ordinario". Dylan se rió.

»No hay nada que nadie pueda desvelar sobre mí. Todo el mundo piensa que existen cantidad de revelaciones en los pequeños detalles, como pasa con lo del cambio de nombre. Me trae sin cuidado. Naturalmente, hay personas a las que les encanta leer esa mierda. Y algunos dicen: "Yo no me lo creo" o "Eso no me importa". Pero les pica la curiosidad». Retorciéndose impaciente, Dylan empezaba a enojarse ante las ansias de su público. Parecía querer excusarse a sí mismo. Trató de empezar de nuevo: «Pienso en todo eso que hago, en mis escritos. Tratar de llamarlo otra cosa que no sea escritura no hace más que abaratarlo. Pero no hay nadie en el mundo que se lo tome menos en serio que yo. Sé que no me va a ayudar un pelo de camino al cielo. No me va a alejar del horno abrasador. No me va a alargar la vida ni me va a hacer feliz».

¿Qué creía que podía hacerle feliz? Le pregunté. «Mira, soy feliz —dijo—. Soy feliz con sólo ser capaz de ver las cosas. No necesito ser feliz. La felicidad es como una palabreja de segunda. Dejemos las cosas claras. Yo no soy el tipo de persona que se cortaría una oreja por no haber sido capaz de hacer algo. Me suicidaría. Me pegaría un tiro en la cabeza si las cosas se pusieran mal. Saltaría por la ventana… Puedo pensar abiertamente en la muerte. No hay nada que temer. No es algo sagrado. He visto morir a mucha gente.» Le pregunté: ¿La vida es sagrada? «La vida tampoco es sagrada —replicó Dylan—. Mira todos los espíritus que controlan realmente la atmósfera. Que no están vivos pero que te atraen, como las ideas, o como los juegos con el sistema solar. O fíjate en la farsa de la política, de la economía y de la guerra.»

Otra variación de un viejo tópico: desesperación interior en lucha constante con la esperanza exterior. «Se ha convertido en algo muy fácil para mí hacer cualquier cosa. No te puedes hacer una idea. Todo bajo control. Ahora puedo ganar dinero haciendo cualquier cosa. Pero no quiero ese tipo de dinero. Yo no soy millonario en términos de lo que tengo. Pero se aproxima… El año que viene seré millonario, pero eso no significa nada. Ser millonario significa que al año siguiente lo puedes perder todo. Tienes que ser consciente de que yo no me he rajado. Mira. Me encanta lo que hago. También me da dinero. Pero yo canto material honesto, tío, y es consistente. Eso es todo lo que hago. Me importa un bledo lo que digan. Nadie que critique lo que hago puede afectarme lo más mínimo. La verdad es que nunca leo lo que dicen de mí. No me interesa.

»Cuando me di cuenta por primera vez de que tenía dinero que no podía ver, eché un vistazo para saber qué hacían mis agentes con él. A mí me gustan los chóferes. La última vez que regresé de Inglaterra no me compré un chófer pero alquilé uno. Y no le doy más vueltas… Necesito el dinero para contratar a gente. Va todo de la mano. Si no tuviera dinero, no costaría nada resultar invisible. Pero ahora, resultar invisible, me cuesta dinero. Ése es el único motivo por el que necesito el dinero. No lo necesito para comprar ropa ni nada…». De nuevo, la ira le dominaba. «Estoy harto de repartir mi alma entre cuatro tarados. El día en que pierda los dientes, no son ellos los que me van a comprar otros nuevos. No me gusta que me astillen pasta los enanos que fuman puros Tiparillo, siempre con los bolsillos vueltos del revés, llevan gafas y una vez quisieron ser Groucho Marx. Y hay muchos… Todos son así en el negocio de la música.

»Y si no es el promotor el que quiere engañarte, es la taquilla. Siempre hay alguien jodiendo… Puede que ni siquiera cuadren las cifras de las discográficas. Nadie será leal contigo porque nadie quiere que la información se sepa. Sabes que en cierto modo haría más dinero con una de mis canciones si, en vez de interpretarla, yo estuviera en un disco de Carolyn Hester, o de cualquier otro. Ése es el contrato. ¡Tremendo! ¡Tremendo!

»No me van a aceptar, pero me gustaría que me aceptaran… La camarilla literaria del *Heraldo de Villapuerca*, que lleva violetas en el paquete y siempre se asegura de que sale en todas las reseñas de cine y televisión y, además, escribe sobre reuniones de señoras y sobre los encuentros de las asociaciones de padres. Todo en la misma columna. Me gustaría que esa gente me aceptara. Pero no creo que vaya a pasar. En cambio, los Beatles sí». ¿Deseaba el tipo de aceptación de que gozaban los Beatles? «No, no, no… No digo eso. Sólo digo que los Beatles lo han logrado, ¿no? En todas las formas musicales, bien sea Stravinsky o Leopold Jake II, que toca en el Five Spot, Los Black Muslim Twins o lo que sea. Los Beatles están aceptados y tienes que aceptarles por lo que hacen. Cantan canciones como "Michelle" y "Yesterday". Qué relamido.»

Cuando le dije que Joan Baez tenía previsto grabar «Yesterday» en su álbum siguiente, Bob dijo: «Sí. Es lo que hay que hacer, decirles a los quinceañeros: "Los Beatles molan". Quién sabe. Menuda cursilada esas dos canciones. Si vas a la Biblioteca del Congreso puedes encontrar cosas mucho mejores. En Tin Pan Alley hay millones de canciones como "Michelle" y "Yesterday".» No hay millones de canciones como las suyas escritas por nadie, sugerí. «No sé si me satisface oír eso, porque llegaremos a un punto en que nadie va a poder cantar mis canciones salvo yo mismo. No sé. Me voy a borrar del negocio. Tengo que sacar diez mil discos al año, por Dios, porque nadie grabará las canciones que escribo.» ¿Ha influido sobre los jóvenes porque rompió las reglas? «No se trata de romper las reglas, ¿no lo entiendes? Yo no rompo las reglas, porque no veo ninguna que romper. Por lo que a mí respecta, no hay reglas…»

Estaba parloteando a la manera de Lenny Bruce, entraba y salía de la conversación, como hacen los músicos de jazz con las melodías. Era música en palabras, música del alma, música simbólica. «Lo mío va con los colores. No es blanco y negro. Siempre con los colores. En la ropa o cualquier otra cosa. Color. Con algo así que te impulsa y a veces se pone al rojo vivo, ¿me sigues? Y a veces se pone negro como el carbón.

»Sólo hay que conseguirlo. Cuando digo "conseguirlo" no me refiero a ser una estrella popular del folk-rock. Conseguirlo significa encontrar tu sitio. El sitio de cada cual está ahí. En algún lugar. La gente piensa que le vale con ir tirando por el infierno en la tierra, pero yo no creo en esa actitud. Las únicas personas que creen… que la vida es una tragedia, son las personas simples, cerradas, que se inventan excusas para sí mismas. A pesar de toda la gente que ha nacido y ha muerto, el mundo ha seguido ahí. O sea, piensa en Napoleón; ya está superado. Piensa en Harpo Marx; el mundo siguió, no se paró un segundo. Es triste pero cierto. John Kennedy, ¿verdad?»

»¿No reside la diferencia en lo que hicieron las personas mientras estaban aquí en la tierra? ¿No ves que no hicieron nada? ¿Alguien ha hecho algo? Dime alguien que creas que ha hecho algo.» «Shaw», dije. «George Bernard Shaw —repitió Dylan con parsimonia—. ¿A quién ayudó?» «Ayudó a que muchas personas utilizaran la cabeza —repliqué, y añadí—: Tú has ayudado a mucha gente a utilizar la cabeza y los oídos.» «La verdad —apuntó Dylan—, no me parece que sea así, de verdad. Es curioso que la gente lo piense. Sin duda, no soy el tipo de persona que va diciendo por ahí que eso es a lo que se dedica… Hubo una época en que leía mucho de lo que se escribía acerca de mí. Hará tres o cuatro años. Ahora ya no leo nada, de modo que no tengo ni idea de lo que la gente dice de mí. De verdad. Sé que hay mucha gente a la que le gusto. Lo sé…»

A una altitud de ocho millas, volando sobre las grandes llanuras, *Tarántula* bailaba sobre una de sus rodillas y los poemas del chico de Nebraska sobre la otra en una suerte de vaivén inconsciente. ¿Consideraba que *Tarántula* iba a ser aceptado por el medio literario, por poetas serios? «Creo que poeta puede ser todo aquél que no se llame a sí mismo poeta… Cuando la gente empieza a llamarme poeta, me digo: "Mola que te llamen poeta". Pero no me hizo ningún bien. Eso sí que lo sé. No me hizo más feliz.»

«Me encantaría decir que soy poeta. Me encantaría pensar en mí mismo como en un poeta, pero no puedo por todos los pesados a los que se les suele llamar poetas.» ¿Quién es un poeta, entonces? ¿Allen Ginsberg? «Él es un poeta —replicó Dylan—. Ser poeta no entraña necesariamente que escribas palabras en un papel. Un camionero durmiendo en un motel es un poeta. Habla como un poeta. O sea, ¿qué más se supone que debe hacer un poeta? Los poetas…» Sus palabras se arrastraron sin tomar cuerpo, al tiempo que las ideas se abalanzaban con precipitación sobre su lengua. «Gente como Robert Frost y su poesía sobre árboles y ramas. Pero no es eso lo que quiero decir… Allen Ginsberg es el único escritor que conozco. Por el resto no es que tenga mucho respeto. Si realmente quieren dedicarse a ello, van a tener que cantarlo… No me denominaría poeta, igual que no me denominaría cantante protesta. Lo único que conseguiría sería entrar a formar parte de una categoría con cantidad de gente que no hace más que dar la lata. Decir que soy un poeta no sería más que engañar a la gente. Eso me situaría en un círculo, con nombres como Carl Sandburg, T. S. Eliot, Stephen Spender y Rupert Brooke. O sea, toda esa gente: Edna St. Vincent Millay y Robert Louis Stevenson y Edgar Allan Poe y Robert Lowell.»

»Conozco a dos personas angelicales —prosiguió Bob—. Sólo dos personas santas. Allen Ginsberg es una. A la otra, a falta de una expresión mejor, la llamaré "esa persona llamada Sara". Por "santo" quiero decir algo que trasciende los límites del tiempo y la utilidad… William Burroughs es un poeta. Me gustan todos sus antiguos libros, así como los de Jean Genet. Las lecturas académicas de Genet son una pérdida de tiempo. Son aburridas. Pero si hablamos en términos de escritores que creo que puedan llamarse poetas, entonces, Allen sería el mejor. Me refiero a *Kaddish* y no a *Aullido*. Allen no tiene por qué cantar *Kaddish*, tío. No sé si me explico. Basta con que lo componga. Es el único poeta que conozco. Es la única persona que escribe a la que respeto, que se limita única y exclusivamente a escribir. No tiene por qué hacer nada, tío. Allen Ginsberg, es angelical.» ¿Y en qué modo resulta Sara angelical? «No quiero llamarla "una chica". Sé que es algo cursi, pero lo único en que puedo pensar es, más o menos, "en una madonna".»

Estaba empezando a pensar que se había olvidado de la grabadora, cuando preguntó: «¿Lo estás pillando? ¿Cuánta cinta te queda? ¿Sigue funcionando?». Entró a por todas: «El amor y el sexo son cosas que atrapan a la gente. Cuando las cosas van mal y no eres nadie, si no te acuestas con alguien, de un modo u otro te conviertes en un cabrón, ya sabes. Te vuelves cruel. No lo sé. El motivo por el que el sexo condiciona así me supera. Te puedo decir en serio que el hombre y la mujer no están aquí para practicar sexo. El propósito no es ése. No creo que sea esa la voluntad de Dios, que las mujeres fueran creadas para poder ser el receptáculo de las urgencias masculinas. Hay muchas otras cosas por las que la gente no se volverá loca. El sexo y el amor no tienen nada que ver con el hombre y la mujer. No es más que lo que dos almas resulten ser. Puede ser hombre y mujer y puede que no lo sea. Puede ser mujer y mujer o dos hombres. Puedes simular que eso no sucede y puedes reírte de ello y ser malicioso, pero eso no es justo en realidad. Yo lo sé. Lo sé».

Su impetuosa verborrea parecía impelida por la presión acumulada durante años de hablar con recelo ante la posible publicación de sus palabras. Inevitablemente, la música desplazó al resto de los temas, a pesar de que me había señalado antes de subir al avión que «la música es sólo el veinte por ciento de lo que soy». «Quiero que des explicaciones de mis canciones en tu libro —dijo Dylan—. Algo que nadie más tendrá nunca.» «Como por ejemplo —interrumpí—, ¿quién es Mr. Jones para ti?» «Bueno —esquivó Dylan—, no te lo voy a contar de ese modo. Te hablaré de las cosas de las que te quiera hablar… Podría decirte quién es Mr. Jones en mi vida, pero, vamos a ver. Todo el mundo tiene su Mr. Jones, de modo que no puedo decir que sea lo mismo para todos.» Nada me impactó tanto en su monólogo a la dos de la madrugada como esta sentencia: «La soledad de Mr. Jones puede disimularse fácilmente, hasta el punto de que no puede reconocer que está solo… De pronto, encerrado en una habitación… No es tan increíblemente absurdo ni tan imaginativo tener a Mr. Jones en una habitación de tres paredes con un enano, un pringado y un hombre desnudo. Además de una voz, una voz en su sueño. Yo sólo soy una voz que habla. Cada vez que canto sobre la gente —y en el caso de que las canciones se sueñen—, es como si mi voz proviniera de su sueño…»

Seguía acelerado, y ahora arremetía contra ciertos falsos mitos: «Estuve en la universidad, pero es como escapar de la vida, de la experiencia. Muchos empezaron para convertirse en abogados, pero me atrevería a decir que el cien por cien de los abogados realmente enrollados no pasaron por la universidad como se supone que debían haberlo hecho. Siempre fueron los rarillos y no lo tuvieron fácil para conseguirlo… Muchos abogados sólo juzgan a la gente por su dinero. Todos hacen apaños y son tan delincuentes… Pero médicos, abogados, toda esa gente, sólo les interesa el dinero… Y están resentidos. La cosa les llevó su tiempo y pretenden recuperarlo. Tampoco les echo la culpa por eso. Pero estoy seguro de que podría hacerse de otro modo, y no… Conozco personas que se han visto realmente aplastadas por ciertos lastres y que tenían todo el derecho a sacar algo. Personas totalmente inocentes, que cuando consiguieron abogados para lograr lo que merecían… ¿Me explico? La parte demandada acaba haciendo tratos con sus abogados. Vamos, es algo que pasa constantemente, tío. Me deja atónito que alguien pueda sentir respeto por los abogados. Tengo abogados trabajando para mí a los que no veo nunca. No veo a mis abogados. Cada vez que se presenta la ocasión, van a por ello...».

¿Le apetecería hablar de Joan Baez? ¿Arrojaría algo de luz sobre su postura acerca de una de las relaciones más intrigantes de la época en el mundo del espectáculo o me arrancaría la cabeza? «¿Yo y Joan? —preguntó Bob—. Te contaré. Y espero que lo expliques, para que hagas el libro como debes. Ella me levantó... Navegué a su sombra, pero no creo que le deba nada... Quiero que imprimas eso, porque no lo digo en broma. Lo siento por ella, sabiendo que ni yo ni nadie tenemos que sentirlo por ella... Me duele porque no tiene a nadie a quien acudir que vaya a ser honesto con ella... No tiene mucho en común con los vagabundos callejeros que tocan esos instrumentos dementes. No es ese tipo de persona. Su familia es gente muy cordial. Ella es muy frágil y enfermiza. Viví con ella y me encantó... ¿Puedes escribir eso en tu libro? Si no puedes, será una pérdida de tiempo, tío. O sea, ¿va a ser un libro maduro o no va a ser más que una pérdida de tiempo?» Le tranquilicé al respecto.

El humor extrañamente retador de Dylan parecía acentuar su lado antiheroico menos atractivo, cuando aparentemente me desafiaba a que asumiera sin reparos todo su pensamiento negativo y pautas autodestructivas. Creo que deseaba que se comprendiera que detrás de los aplausos se escondía también mucho dolor. Habló de los tiempos en que solíamos deambular juntos por el Village. «Después de que Suze se fuera de casa... Me quedé muy, muy colgado durante una época. Mucho.» Con todo, dijo que había logrado sobrevivir. «Puedo hacer cualquier cosa, sabiendo de entrada que no me va a pillar y zarandear... Porque ya he pasado una vez por ello. He pasado por las personas. Te puedes enganchar a la gente muy a menudo. Son como droga... Lo mismo, ni más ni menos. Te mata del mismo modo... Te pudre del mismo modo.» Le sugerí que aquello me recordaba la frase de Sartre «el infierno son los otros». Dylan bromeó: «Lo que sea, tío. No conozco a Sartre. Es bizco, es todo lo que sé de él. Un bizco no puede ser del todo malo...». Entonces pareció tocar fondo: «Tengo una cosa con la muerte, lo sé. Algo suicida, lo sé...».

Más tarde, pregunté si quería que toda esa desesperación quedara registrada. Dijo: «No he dicho todo lo que he dicho contra mí mismo... Mucha gente cree que me chuto heroína. Pero eso son chorradas... Hago muchas cosas. No voy a estar sentado aquí mintiéndote... Para que te quedes preguntándote sobre las cosas que hago. Hago muchas cosas, tío, que me ayudan… Y soy lo bastante listo como para saber que no dependo de ellas para mi existencia. Eso es todo. Y eso es, como que…».

En algún momento, recordé cómo Dylan, una noche en el Gaslight, me había aconsejado que escribiera «únicamente sobre algo que de verdad te importe». Por entonces, no pude prever que sería sobre el hombre que me había dado el consejo. Dylan prosiguió: «No me puede herir, tío, si el libro es honesto. En serio, no me puede herir. Pero confío en ti…». Hubo cierta amargura entonces a causa de que el mundo del folk se hubiera mostrado tan reacio ante su fusión eléctrica de folk y rock. «Nadie me dijo que debía electrificarme —dijo Bob enfáticamente—. No. No se lo pregunté a nadie. No consulté con nadie. Créeme… Además, ya me electrifiqué en mi segundo disco. ¿Por qué no dices eso en el libro?» Dylan me recordó que en el *Freewheelin'*, editado en mayo de 1963, debían haberse incluido «cuatro canciones eléctricas. La única razón por la que no se incluyeron fue que no las había escrito yo… siguen en manos de Columbia. No sé si te dejarían escucharlas, porque sé que están intentando retocarlas».

Antes de que los Beatles fueran conocidos en Estados Unidos y antes de la moda del folk-rock de 1965, Dylan había tratado de demostrar que no era un intérprete que se dejara encasillar. «Odio todas estas etiquetas que me han puesto… Porque son etiquetas. Lo que pasa es que, simplemente, son feas, y sé, en mi corazón, que yo no soy… No he llegado adonde estoy ahora. Tan sólo he regresado, sabiendo que es el único modo. Lo que estoy haciendo ahora es lo que debo hacer antes de pasar a otra cosa.»

Dylan se cerró en banda ante el mundo de la música y su atracción primeriza por la música folk: «Odio decir esto porque no me gustaría que se entendiera mal, pero yo me agarré a eso, al llegar a Nueva York, porque vi que había un gran público. La gente que me conoce sabe que no me estaba aprovechando de eso. Yo sabía que no me iba a quedar ahí. Sabía que no era lo mío. Muchas veces lo eché a perder. Muchas veces fui en contra de eso. Cada vez que les daba por pensar que yo era como ellos, yo sabía que no era así. Me limitaba a contarles lo que fuera que me viniera a la cabeza por entonces. Yo no sentía ningún respeto por ninguna de las organizaciones. En Nueva York son todo organizaciones. Mi respeto era para las personas».

«Woody [Guthrie] me despertó, en un sentido romántico… Woody se sirvió de su tiempo de un modo único. Sólo era un poco mejor, sólo un poco más listo, porque venía del campo… Conocí a Woody y hablé con él. Me gustó. Me seguiría gustando, creo yo, si todavía estuviera vivo…» Apuntó algunos de sus recelos acerca del estilo de Woody, y le pregunté si le resultaba demasiado simple. «No. En absoluto. La objeción fundamental viene de que puedo ver por qué escribió lo que escribió. Lo puedo imaginar poniéndose a escribir lo que escribió, de un modo seguramente sereno. No lo estoy degradando. No estoy renegando de mi atracción por él ni de su influencia sobre mí. Esa influencia nunca se dio en la inflexión ni en la voz. Lo que me atrajo de él fue que al escuchar su voz notaba que era un solitario total, muy solo, y muy a la deriva en su época. Por eso me gustó.»

Dylan destacó que incluso en el clímax de su implicación con el mundo del folk, aún seguía gustándole el rock'n'roll. «Suze Rotolo podría decírtelo, porque ella sabe más que nadie que yo tocaba, ya en 1961 y 1962, cuando nadie me conocía, todos esos discos de Elvis Presley. Te podría decir cuántas noches me quedaba despierto y escribía canciones y se las mostraba y le preguntaba: "¿Qué te parece?". Porque sabía que su padre y su madre estaban asociados con sindicatos y ella andaba metida en el tema de la igualdad y la libertad mucho antes que yo. Probé las canciones con ella… Suze es una chica muy talentosa, tío, pero está muy asustada…»

Hablamos un rato de *Sing Out!*, la revista de música folk. Yo había reñido con ellos tras salir en defensa de Dylan por los cambios que había introducido. Me advirtió acerca de perder el tiempo en polémicas. «¿No lo entiendes? Si eres listo, debes seguir tu propio camino, no te vas a quedar parado. Todos los demás van a morir. Y no quiero decir morir. Quiero decir que van a acabar deteriorándose y volviéndose locos. Si pudiera ayudarles, me encantaría ver que es lo que acaban entendiendo. Pero sé de corazón que es imposible enderezar el rumbo de esa gente, porque todos tienen alma de secretaria y andan tan comprometidos con esa vida que resulta imposible. No quiero tener nada que ver con eso. *Sing Out!* cuenta con una gran organización… Saben que tienen poder. Y pueden utilizar grandes sumas de dinero. Cuentan con una enorme influencia. Pero a la única persona en esa organización a la que respeto es a Moe Asch, que es viejo y enrollado. Es el único que sabe que no es un payaso, y que el mundo entero no es un circo. Lo sabe. El resto de los de ahí no lo saben. Tienen poder… Poder falso. Aparente… Son unos estúpidos. Unos zoquetes. Nunca firmo sus peticiones. Si te mantienes fuera, ¡guay! Pero ya te digo. Aléjate de eso. Y tampoco es que para dejar eso se deba denigrarles.»

Le echó un ojo a los poemas del chaval, sabiendo que no los leería esa noche. Le dije lo conmovedor que resultaba haberle dicho al mecánico del aeropuerto lo solitario que debía resultar aquello. «Bueno, me encantó el tipo, tío —replicó Dylan—. Un pobre hombre. ¿Qué está haciendo allí en Nebraska? Sólo quería saberlo. Bueno, uno acaba estando solo en todas partes. Las personas que no pueden vivir con ello, que no lo pueden aceptar… Van a acabar volando el mundo en pedazos… Y a empeorar la situación de todos sólo porque se sienten tan desplazados… Todos tienen eso en común; todos morirán.»

10

ENTREVISTA DE NAT HENTOFF, *PLAYBOY* MARZO DE 1966

Como musicólogo versátil y agudo comentarista social, Nat Hentoff cuenta con las credenciales más pertinentes para el rol de entrevistador del controvertido invitado de este mes, de quien dice:

«Hace menos de cinco años, Bob Dylan correteaba por Nueva York durmiendo en apartamentos de amigos en el Lower East Side y cantando muy ocasionalmente en Gerde's Folk City, un bar sin mucho encanto para urbanitas del Village. Con su gorra de piel, vaqueros y botas de ante —su hábito invariable en la época— Dylan asemejaba un Huck Finn actualizado y desnutrido. Y, al igual que Huck, provenía del Medio Oeste, aunque él preferiría el verbo "escapar"». Hijo de Abraham Zimmerman, comerciante de electrodomésticos, creció en Hibbing, Minnesota, una desolada ciudad minera cercana a la frontera canadiense. Aunque escapaba de casa con frecuencia, el joven Zimmerman consiguió terminar el instituto y acabó pasando seis meses en la universidad de Minnesota en 1960. Por entonces, decidió llamarse Bob Dylan —según la leyenda en honor a Dylan Thomas, pero, de hecho, por un tío jugador cuyo apellido sonaba como Dylan.

»En otoño de aquel año, se fue al Este para visitar a su ídolo, Woody Guthrie, en el hospital de Nueva Jersey donde el bardo folk de Oklahoma languidecía aquejado de una enfermedad degenerativa del sistema nervioso. Dylan decidió quedarse y labrarse una carrera como cantante. Según aquéllos que le conocían por entonces, era tímido y testarudo pero, ante todo, amistoso y, bajo su actitud de estar de vuelta, desacostumbradamente cordial. Pero discutieron sobre su voz. Algunos ven su tono romo del Medio Oeste como de un encanto chirriante; otros coinciden con un cantante folk de Missouri que comparó el sonido de Dylan con el de "un perro con la pata atrapada en una alambrada". Todos estuvieron de acuerdo, con todo, en que sus canciones resultaban extrañamente personales y, a menudo, inquietantes. Una mezcla cáustica de soledad y desafío ligada con trazos de Guthrie, ecos del blues negro y más de un rastro de country-and-western. Sin embargo, en lo esencial, Dylan estaba desarrollando su propio y distintivo estilo. Su voz resultaba tan cruda y sus canciones desdeñaban tan amargamente el conformismo, los prejuicios raciales y los mitos de la Guerra Fría que la mayoría de sus amigos nunca imaginó que alcanzara un éxito tan clamoroso.

»Se equivocaban. En septiembre de 1961, un crítico musical del *New York Times* presenció su actuación en Gerde's y saludó al desaliñado joven de Minnesota como una voz notable en el horizonte del folk. Hacia ese mismo período, firmó un contrato con Columbia Records, y su primer disco salió al mercado al año siguiente. Aunque estuviera lejos de ser un gran éxito, se multiplicaron gradualmente los conciertos y las actuaciones en clubes. Luego, Dylan logró su comentado triunfo en el Folk Festival de Newport de 1962. El LP siguiente empezó a moverse y en la primavera de 1963 apareció su primer single importante, "Blowin' in the Wind". Esa misma primavera rechazó una invitación para aparecer en el Ed Sullivan Show porque la CBS no le permitió interpretar una parodia mordaz que había escrito acerca de la John Birch Society. La juventud del país empezaba a formarse una imagen de Dylan: una suerte de James Dean de la canción con dejes de Holden Caulfield. Lo estaba consiguiendo pero no vendía exageradamente. Poco a poco, sus conciertos empezaron a atraer multitudes, y sus canciones —cantadas por él o por otros cantantes de folk— se precipitaban a las listas de éxitos. Una de ellas, "The Times They Are A-Changin'", se convirtió en himno de la juventud rebelde.

»En 1965 era ya un fenómeno mayúsculo de la escena musical. Cada vez más intérpretes de folk, de Joan Baez a los Byrds, veían necesario contar con un amplio surtido de canciones de Dylan en su repertorio. En un mes particularmente fructífero —el pasado agosto— se editaron cuarenta y ocho grabaciones distintas de sus baladas interpretadas por otros artistas. Cada vez había más cantantes y compositores de folk que empezaban a sonar como Dylan. La actual marea de canciones "protesta" encarnada por melenudos ajenos al ritmo rockero tales como Barry McGuire y Sonny y Cher se puede atribuir a Dylan. Y el boom comercial más reciente, el "folk-rock", una fusión de letra de inspiración folk con un compás y fondo de rock, es una excrecencia, en buena medida, de la reciente decisión de Dylan —condenado por ello como un "vendido" por parte de los puristas— de interpretar con un grupo de rock and roll en lugar de seguir a solas con su guitarra. Respaldado por el ritmo apremiante del nuevo grupo, Dylan sale de gira por Inglaterra con el mismo éxito tumultuoso que registra en Estados Unidos, y la profusión de sus apariciones en las ondas sólo encuentra rivales en los Beatles, Herman's Hemrits y los Rolling Stones en las emisiones de 40 principales. En los próximos dieciocho meses, sus ingresos —por conciertos, discos y derechos de autor— se espera que superen el millón de dólares.

»Mientras, Dylan parece aparentemente el mismo que el de los años de las vacas flacas en Greenwich Village. Su hábito sigue siendo informal hasta lo exótico; su pelo sigue siendo largo y crespo y sigue siendo tan improbable verle con una corbata como con un chaqué. Pero se han producido algunos cambios. Sus canciones se han hecho progresivamente personales: una amalgama surrealista de amenaza kafkiana, sátira corrosiva y opaca sensualidad. Sus letras están más impregnadas que nunca de palabras alborotadas e imágenes inquietas, y se leen mejor como poemas de verso libre que como estrofas convencionales. Los adultos siguen penando para asimilar su lenguaje poco convencional y su retrato de la alienación mientras los jóvenes continúan sintonizando y emocionándose.

»Pero hay otros cambios. Dylan se ha hecho más esquivo. Ya no se le ve en los antiguos garitos del Village y del Lower East Side. Salvo pocas excepciones, evita las entrevistas y, en público, se le suele ver, de lejos, en el epicentro de un círculo protector de chicos despeinados como él y gráciles muchachas de pelo lacio que también parecen vestirse como él. Su base doméstica, si es que puede llamarse así, es una casa propiedad de su mánager cerca de Woodstock, parte de una colonia artística de moda en el estado de Nueva York. Al mismo tiempo, disfruta del apartamento de su propio mánager en el refinado barrio de Gramercy Park, en Nueva York. Se cuentan historias del Dylan motero, novelista, creador de películas domésticas de aire sobradamente camp; pero salvo para su reducido círculo de íntimos, el héroe folk de 24 años se mantiene inescrutablemente distante.

»No fue hasta pasar por un prolongado período de evasión y duda cuando Dylan aceptó finalmente conceder esta entrevista para *Playboy*; la más larga que haya hecho. Nos encontramos en la décima planta del edificio de la CBS en Manhattan. La estancia era aséptica: paredes blancas de zócalos negros, mobiliario moderno y geométrico, pinturas vanguardistas seleccionadas por el gerente. Todo cuidado, escritorios ordenados y personal trabajador y atento. En este escenario estéril, repantigado en un sillón frente a nosotros, Dylan constituía una refrescante nota de discordia: melena castaña sin domar cepillando el cuello de su camisa de cuadros azules, sin corbata, chaqueta negra, pantalones rayados de pitillo y zapatos de gamuza gastados. Sentado allí al lado —también con el pelo largo, sin corbata y con chaqueta negra, vaqueros gastados— estaba un joven nervudo al que el cantante se limitó a identificar como Taco Pronto. Mientras Dylan hablaba arrastrando suavemente las palabras, sonriendo sólo rara y evasivamente, sorbiendo té y fumando un cigarrillo tras otro, su silente amigo soltaba risitas y asentía complacido, al margen. Tenso y cauto de entrada, Dylan fue soltándose paulatinamente, se fue abriendo al poco, y trató de contarnos —aunque con cierta carga surreal— dónde se encontraba y hacia dónde creía que estaba yendo. Bajo tales circunstancia, decidimos plantear las preguntas directamente, convencidos de que de haberlo hecho de otro modo se habría abierto el cauce desbocado de respuestas dylanianas.»

«Las canciones populares», le dijiste a un periodista el pasado año, «son la única forma de arte que describe el humor de la época. Donde pasan las cosas es en los discos y en la radio. Allí es donde acude la gente. No es en los libros ni en el teatro ni en los museos. Todo este arte del que se ha estado hablando se ha quedado en los estantes. No le hace la vida mejor a nadie». Visto que hoy día más gente que nunca lee libros, acude al teatro y visita los museos, ¿crees que la afirmación queda confirmada por los hechos?

Las estadísticas miden la cantidad, no la calidad. La gente comprendida en ellas es gente que anda muy aburrida. El arte, caso de que exista, está en los lavabos. Todo el mundo lo sabe. Ir a una galería de arte donde te dan leche con donuts gratis mientras toca un grupo de rock no es más que una cuestión de estatus. No me lo estoy cargando, por favor. Pero yo paso mucho tiempo en el baño. Creo que los museos son vulgares. Están todos contra el sexo. De todos modos, yo no dije que la gente «acude a la radio», dije que «se enamora» de la radio.

¿Por qué crees que el rock and roll se ha convertido en un fenómeno tan internacional?

Yo no puedo pensar realmente que el rock and roll exista. De hecho, si piensas en ello, cualquier cosa que no exista realmente está destinada a convertirse en un fenómeno internacional. En cualquier caso, ¿qué significa rock and roll? ¿Significa Beatles, John Lee Hooker, Bobby Vinton, Jerry Lewis? ¿Y Lawrence Welk? Seguro que toca algunas canciones de rock. ¿Toda esta gente es lo mismo? ¿Ricky Nelson es como Otis Redding? ¿Mick Jagger equivale a Ma Rainey? Te puedo decir por cómo la gente sostiene un cigarrillo si les gusta Ricky Nelson. Nada me podría importar menos que el hecho de que a alguien le guste Ricky Nelson. Pero creo que nos estamos yendo. No hay ningún Ricky Nelson. No hay ningunos Beatles. Perdona, lo retiro: hay un montón de escarabajos.* Pero no hay ningún Bobby Vinton. De todos modos, la expresión no es «fenómeno internacional», sino «pesadilla paterna».

¿Ha perdido el jazz buena parte de su atractivo para la generación más joven?
No creo que el jazz haya atraído jamás a la generación más joven. Además, no sé quién es esa generación más joven. No creo que les dejaran entrar en un club de jazz. Pero el jazz no es fácil de seguir. Quiero decir que te tiene que gustar para poder seguirlo; y mi lema es: nunca sigas nada. No sé cuál es el lema de la generación más joven, pero diría que les toca seguir a sus padres. Es decir, ¿qué le diría un padre a su hijo si éste llegara a casa con un ojo de cristal, un disco de Charlie Mingus y los bolsillos llenos de plumas? Diría: «¿A quién has estado siguiendo?». Y el pobre chico se quedaría ahí con agua en los zapatos, una pajarita en la oreja y el ombligo derramando hollín para decir: «Jazz, padre, he estado siguiendo el jazz». Y el padre diría probablemente: «Agarra una escoba y barre todo el hollín antes de irte a dormir». Luego estaría la madre que le diría a sus amigas: «Nuestro pequeño Donald forma parte de la generación más joven, ¿qué os parece?».

Solías decir que querías tocar tan poco como fuera posible, que querías guardar para ti la mayor parte del tiempo. Sin embargo, estás dando más conciertos y sacando más discos cada año. ¿Por qué? ¿Se trata de dinero?
Todo ha cambiado. Ya no es como antes. La primavera pasada, creo que iba a dejar de cantar. Estaba consumido, y tal como iban las cosas, vamos que era una situación agobiante… Imagina que estás con «Todo el mundo te quiere por tu ojo morado» y, entretanto, se te va hundiendo la nuca

* Juego de palabras entre *Beatles* y *beetle*, «escarabajo». *(N. del T.)*

en la cabeza. En cualquier caso, tocaba cantidad de canciones que no quería tocar. Cantaba palabras que no quería cantar. No quiero decir palabras como «Dios» y «madre», «presidente», «suicidio» y «cuchillo». Quiero decir palabras sencillas como «sí», «esperanza» y «tú». Pero «Like a Rolling Stone» lo cambió todo. Después de eso ya no me importaba escribir libros o poemas o lo que fuera. Aquello era algo que yo mismo podía apreciar. Es muy pesado que otra gente te vaya diciendo cuánto les gustas cuando tú mismo no te gustas. También resulta letal de cara al espectáculo. Al contrario de lo que alguna gente terrorífica piensa, no toco con un grupo por ningún tipo de motivo propagandístico o comercial. Lo que pasa es que mis canciones son imágenes y el grupo hace el sonido de las imágenes.

¿Crees que hacerte con un grupo y cambiar del folk al folk-rock te ha hecho mejorar como intérprete?
No estoy interesado en mí como intérprete. Los intérpretes son personas que interpretan para los demás. A diferencia de los actores, yo sé lo que digo. En mi cabeza todo está muy claro. No importa el tipo de reacción que todo esto suscite en el público. Lo que pasa en el escenario es evidente. No se trata de aspirar a recompensas o multas por parte de ningún tipo de agitadores externos. Es perfectamente simple, y existiría tanto si la gente mira como si no.

En cuanto al folk y al folk-rock… La verdad es que poco importan los nombres asquerosos que la gente se inventa para la música. Podrían llamarla música arsénico o quizá música Fedra. No creo que un término como folk-rock tenga nada que ver con ello. Y música folk es una palabra que no puedo utilizar. Música folk no es más que un puñado de gente gorda. Tengo que pensar en ello como música tradicional. La música tradicional se basa en hexagramas. Llega hasta nosotros desde leyendas, la Biblia, plagas… Y gira en torno a las verduras y la muerte. Nadie va a matar la música tradicional. Todas esas canciones acerca de rosas que crecen en la cabeza de las personas y amantes que son en realidad ánades y cisnes que se convierten luego en ángeles, es imposible que mueran. Todo esto se reduce a las paranoias de unos tipos que temen que venga alguien y se lleve su papel higiénico. Ellos sí que van a morir. Canciones como «Which Side Are You On?» y «I Love You Porgy» no son canciones folk, son canciones políticas. Ya están muertas. Está claro que la muerte no está universalmente aceptada. Quiero decir que uno pensaría que la gente afín a la música tradicional captaría, a partir de esas canciones que el misterio

—el misterio simple y llano— es un hecho, un hecho tradicional. Yo escucho baladas antiguas, pero no me iría a una fiesta para hacerlo. Te podría detallar minuciosamente lo que me producen, pero algunos pensarían quizá que mi imaginación ha enloquecido. Me alucina el que la gente piense que tengo una imaginación fantástica. La cosa se acaba poniendo muy solitaria, pero en cualquier caso, la música tradicional es demasiado irreal para morir. No necesita que la protejan. Nadie la va a dañar. En esa música reside la única muerte válida, auténtica, que uno puede sentir hoy en un tocadiscos. Pero como cualquier otra cosa que goce de gran demanda, la gente trata de apropiársela. Tiene que ver con el rollo de la pureza. Creo que su falta de sentido es sagrada. Todo el mundo sabe que yo no soy un cantante folk.

Algunos de tus fans estarían de acuerdo contigo —y no en términos elogiosos— desde tu debut con la banda de rock and roll en el Folk Festival de Newport del pasado año, en el que muchos de ellos te abuchearon por «venderte» al gusto comercial más pop. ¿Cómo te sientes al respecto?

Me sorprendió un poco. Pero no puedo condenar a nadie por venir y abuchear; al fin y al cabo, pagaron por entrar. Quizá podrían haber sido algo menos escandalosos y no tan persistentes. Había también mucha gente mayor allí; cantidad de familias enteras que habían conducido desde Vermont, muchas enfermeras con sus padres, y nada, habían ido a escuchar unas relajantes danzas folklóricas. Quizá una o dos polcas indias. Y cuando todo iba yendo de fábula, aparezco yo y el lugar se convierte en una sidrería. Había mucha gente allí muy satisfecha de que me abuchearan. Los vi más tarde. Me molesta algo, sin embargo, que todos los que abuchearon dijeran que lo habían hecho porque eran antiguos fans.

¿Y su acusación de que habías vulgarizado tus dones naturales?

¿Qué puedo decir? Me gustaría ver uno de estos presuntos fans. Me gustaría que lo vendaran y me lo trajeran. Es como salir al desierto y gritar para luego ver que unos críos te arrojan su cubo de arena. Sólo tengo veinticuatro años. Las personas que dijeron eso, ¿son americanos?

Americanos o no, hubo mucha gente a la que no le gustó tu nuevo sonido. En vista de esta extendida reacción negativa, ¿crees que puedes haber cometido un error al cambiar de estilo?

Un error no es otra cosa que un malentendido. O la gente lo entiende o simula entenderlo, o bien no lo entiende. De lo que tú hablas aquí es de hacer algo malo por motivos egoístas. No conozco la palabra que defina eso, a menos que sea suicidio. En cualquier caso, no tiene nada que ver con mi música.

¿Qué te llevó a emprender la ruta del rock and roll?

La desidia. Perdí a mi auténtico amor. Comencé a beber y acabé en Phoenix. Conseguí un empleo haciendo de chino. Me puse a trabajar en una tienda de baratijas y empecé a vivir con una chica de 13 años. Luego apareció una gorda mexicana de Filadelfia y quemó la casa. Me largué a Dallas. Conseguí trabajo como «antes» en un anuncio de culturismo que mostraba el «antes» y el «después». Me fui a vivir con un mozo de reparto que cocinaba unos perritos calientes y unos frijoles fantásticos. Entonces vino la chiquilla de Phoenix, quemó la casa y me tuve que ir a Omaha. Hacía frío allí. En esa época ya robaba mis bicicletas y me freía el pescado. Me fui a vivir con una profesora de instituto que se ganaba un extra con apaños de fontanería. No era nada del otro mundo, pero había construido un tipo especial de nevera que convierte el periódico en lechuga. Todo iba bien hasta que se presentó el mozo de reparto y trató de acuchillarme. No hace falta decir que quemó la casa y se marchó. Entonces el primer tío que me agarra me pregunta si quiero ser una estrella. ¿Qué iba a decir?

¿Así es como te convertiste en cantante de rock and roll?

No. Así pillé una tuberculosis.

Démosle la vuelta a la pregunta: ¿Por qué has dejado de componer y cantar canciones protesta?

He dejado de componer y cantar cualquier cosa que se escriba por una razón o se cante por un motivo. Pero no me malinterpretes. «Protesta» no es mi palabra, nunca he pensado sobre mí en esos términos. Me parece que esa palabra se inventó para gente sometida a una operación quirúrgica. Es una palabra de parque de atracciones. A una persona que esté bien de la cabeza le vendría hipo con sólo pronunciarla. Y diría que la palabra «mensaje» suena a hernia. Es como «delicioso» o «maravilloso». Los ingleses dicen «maravilloso» bastante bien, pero no saben decir «cutre» tan bien. Bueno, a cada cual lo suyo. De todos modos, la canción-mensje, como todo el mundo sabe, es una lata. Sólo se la toman en serio los directores de periódicos universitarios y las menores de 14 años que no tienen novio.

Dices que las canciones-mensaje son vulgares. ¿Por qué?
Bien. Ante todo, cualquiera que tenga un mensaje acabará aprendiendo por experiencia que no lo puede meter en una canción. La razón es que, simplemente, no va a salir el mismo mensaje. Después de uno o dos intentos fallidos, uno se da cuenta de que su mensaje resultante —que no es el mismo que pensó y con el que empezó— le obliga a cargar con él porque, después de todo, una canción deja tu boca tan pronto como deja tus manos. Uno debe respetar el derecho de los demás a tener su propio mensaje. Yo, por mi parte, voy a alquilar Town Hall y a poner a treinta mozos de Western Union en nómina. Así habrá de verdad mensajes. La gente podrá venir y escuchar más mensajes de los que han escuchado en su vida.

Muy bien. Pero tus primeras baladas fueron descritas como «canciones de apasionada protesta». ¿No las convierte eso en música con «mensaje»?
Eso es intrascendente. ¿No lo entiendes? Escribo desde que tenía ocho años. Toco la guitarra desde que tenía quince. Me educaron tocando y escribiendo lo que fuera que debiera tocar y escribir.

¿Sería injusto decir que hubo una motivación comercial más que creativa al escribir el tipo de canciones que te hicieron popular?
Mira. Vamos a ver. La cosa no es tan profunda. No es nada complicado. Mis motivos, o lo que sean, nunca fueron comerciales en el sentido pecuniario de la palabra. Más bien en el sentido de no dejarme avasallar. Nunca lo hice por dinero. Sucedió y yo dejé que me sucediera. No había razón para no dejar que sucediera. En cualquier caso, lo que escribo ahora no podría haberlo escrito antes. Las canciones solían ser acerca de lo que sentía y veía. Nada de mi propio vómito rítmico tenía cabida en ello. El vómito no es romántico. Solía pensar que las canciones deberían ser románticas. Y no quería cantar nada que no fuera específico. Las cosas inespecíficas no tienen sentido del tiempo. Ninguno de nosotros tiene sentido del tiempo. Es un hándicap dimensional. Cualquiera puede ser específico y obvio. Siempre ha sido el camino más fácil. Los líderes del mundo toman el camino más fácil. Y no es que sea tan difícil ser menos específico y menos obvio. Lo que pasa es que no hay nada, absolutamente nada,

sobre lo que se pueda ser obvio y específico. Mis canciones más antiguas iban, como mínimo, sobre nada. Las más recientes van sobre la misma nada. Lo único que pasa es que ahora son vistas dentro de algo mayor, quizá de lo que llamamos ninguna parte. Pero todo esto resulta muy astringente. Yo sé qué son mis canciones.

¿Y qué son?
Algunas duran cuatro minutos, otras cinco, y otras, lo creas o no, duran casi once.

Como bien sabes, el núcleo duro de tus fans tienen una edad comprendida entre los 16 y los 25 años. ¿Por qué crees que es así?
No sé qué tiene de raro que esa franja de edad sea la que escuche mis canciones. Soy lo bastante enrollado como para saber que no va a ser la gente de entre 85 y 90 años. Si fueran ellos los que me escucharan, sabrían probablemente que no puedo decirles nada. Los de 16 a 25 probablemente saben que tampoco puedo decirles nada, y saben que yo lo sé. Es una movida curiosa. Evidentemente, yo no soy un ordenador IBM lo mismo que no soy un cenicero. O sea, es evidente para cualquiera que haya dormido en el asiento trasero de un coche que no soy un maestro de escuela.

Aunque no seas un maestro, ¿no te gustaría ayudar a los jóvenes que te entienden para que no se conviertan en lo que se convirtieron sus padres?
Bueno. Debo decir que no conozco a sus padres. Tampoco sé si los padres de nadie son realmente tan malos. El caso es que odio aparecer como un pelele o un cobarde, y me doy cuenta de que puede resultar algo irreligioso pero la verdad es que no soy la persona adecuada para recorrer el país salvando almas. No me cebaría con nadie que estuviera tirado en la calle y, sin duda, no me convertiría en verdugo. No me lo pensaría dos veces antes de darle un cigarrillo a un hombre hambriento. Pero no soy un pastor. Y no tengo intención de salvar a nadie de su destino, del que no sé nada. «Padres» no es la palabra clave aquí. La palabra clave es «destino». Y no les puedo salvar de eso.

Con todo, miles de jóvenes te contemplan como una suerte de héroe del folk. ¿Sientes algún tipo de responsabilidad hacia ellos?
No. No siento que tenga ninguna responsabilidad. Quienquiera que sea el que se dedique a escuchar mis canciones no me debe nada. ¿De qué

modo podría tener ningún tipo de responsabilidad para con miles de personas? ¿Qué podría llevarme a pensar que le debo nada a nadie por el mero hecho de estar ahí? Nunca he escrito canción alguna que empezara con las palabras «os he reunido esta noche aquí». No quiero adoctrinar a nadie para que sean buenos chicos y vayan al cielo. La verdad, en todo caso, es que no sé qué piensan de mí aquéllos que son los receptores de estas canciones. Es tremendo. Estoy seguro de que Tony Bennett no tiene que pasar por esto. Me pregunto qué habría respondido Billy el Niño a una pregunta así.

En su admiración por ti, muchos jóvenes han empezado a imitar tu modo de vestir, que un comentarista adulto calificó de «cuidadamente excéntrico y retadoramente desaliñado». ¿Qué piensas de este tipo de crítica?
Chorradas. Qué chorrada. Conozco al tipo que lo dijo. Solía venir por aquí y llevarse unas buenas palizas. Mejor que esté al loro porque algunos van a por él. Le van a dejar en bolas y soltarle en Times Square. Le atarán y le pondrán un termómetro en la boca. Este tipo de ideas y comentarios morbosos son muy mezquinos. Vamos a ver si es que estamos en guerra. Hay gente con raquitismo; todos parecen querer enzarzarse en un motín; las mujeres de cuarenta años comen espinacas a granel; los médicos no hallan el remedio para el cáncer; y aquí está este paleto hablando de que no le gusta la ropa de alguien. Peor aún: se publica y hay gente inocente que acaba leyéndolo. Es terrible. Y él es un hombre terrible. Evidentemente, se alimenta de su propia grasa y espera que sus hijos acaben cuidando de él. Sus hijos quizá escuchen mis discos. Por el mero hecho de que mi ropa sea holgada, ¿significa eso que no estoy cualificado para lo que hago?

No, pero los hay que sí que lo piensan, y muchos de ellos parecen sentir lo mismo sobre tu pelo largo. De todos modos, comparado con las melenas hasta el hombro que lucen algunos grupos masculinos de música actualmente, tu estilo en el corte es más bien conservador. ¿Qué te parecen estos peinados algo extremados?
Aquello de lo que la mayoría de la gente no se da cuenta es que el pelo largo abriga más. Todo el mundo quiere estar abrigado, la gente de pelo corto se congela fácilmente. Luego tratan de esconder su frialdad y se ponen celosos con todos los que andan abrigados. Entonces deciden convertirse en barberos o en congresistas. Muchos guardias de prisiones llevan

pelo corto. ¿Te has fijado alguna vez en que Abraham Lincoln llevaba el pelo mucho más largo que John Wilkes Booth?*

¿Crees que Lincoln llevaba el pelo largo para abrigarse la cabeza?
De hecho, creo que era por razones de salud, que no son cosa mía. Pero creo que si uno piensa en ello, se da cuenta de que todo tu pelo envuelve tu cabeza y arraiga en el cerebro dentro de ella. Matemáticamente hablando, cuanto más puedas sacar de tu cabeza, mejor. La gente que reclama una mente libre a veces pasa por alto el hecho de que hay que tener un cerebro despejado. Obviamente, si tienes el pelo fuera de tu cabeza, tu cerebro será algo más libre. Pero toda esta charla sobre pelo largo no es más que un truco. Ha sido concebida por hombres y mujeres que tienen pinta de cigarros, el comité antifelicidad. Son gorrones y policías. Es fácil ver quiénes son: siempre llevan calendarios, armas y tijeras. Tratan siempre de meterse en tus arenas movedizas. Creen que tienes algo para ellos. No sé por qué Abe Lincoln llevaba el pelo largo.

Hasta el momento en que abandonaste las canciones con «mensaje», no sólo eras considerado una voz significativa del movimiento de protesta estudiantil sino un icono de la lucha por los derechos civiles. Según algunos amigos, parece que sentías un vínculo de afinidad particular con el Student Nonviolent Coordinating Committee. ¿Por qué has dejado de participar en estas causas? ¿Has perdido el interés en la protesta del mismo modo en que lo has perdido por las canciones de este género?
Respecto del SNCC, conocía a algunos de sus miembros, pero sólo los conocía como personas, no como parte de algo que fuera mejor o mayor que ellos mismos. No sabía siquiera lo que eran los derechos civiles hasta que les conocí. O sea, sabía que había negros y sabía que había mucha gente a quien no le gustaban los negros. Pero debo admitir que si no hubiera conocido a alguna gente del SNCC, habría seguido pensando que Martin Luther King era algo así como un héroe de guerra desfavorecido. No he perdido interés en la protesta desde entonces. Es que simplemente yo no tenía interés alguno en la protesta para empezar… No más del que podía tener en héroes de guerra. No puedes perder lo que nunca tuviste. De todos modos, cuando no te gusta tu situación tienes dos opciones: o la dejas o la derrocas. No puedes limitarte a quejarte por ello. La

---

* Actor que asesinó a Lincoln el 14 de abril de 1865. *(N. del T.)*

gente sólo se percataría de tu ruido, no de ti. Incluso si te da lo que quieres, es únicamente porque haces demasiado ruido. Y enseguida sucede que quieres algo más, y luego algo más y algo más, hasta que al final la cosa deja de resultar graciosa, y sea quien sea contra quien protestes, éste acaba hartándose y pasa a pisotear a todo el mundo. Claro que puedes dedicarte a tratar de levantar a personas que son menos que tú, pero luego no olvides que estás jugando con la gravedad. Yo no lucho contra la gravedad. Creo en la igualdad, pero creo también en la distancia.

¿Quieres decir en la gente que mantiene la distancia racial?
En la gente que mantiene todo lo que tiene.

Algunas personas pueden pensar que tratas de rehuir la lucha por las cosas en las que crees.
Esa es gente que piensa que tengo algún tipo de responsabilidad hacia ellos. Probablemente les gustaría que les ayudara a hacer amigos. No sé. Probablemente querrían instalarme en su casa y hacerme salir a intervalos para decirles qué hora es o bien sólo pretenden ponerme en un colchón a modo de relleno. ¿Cómo iban a poder comprender lo que yo creo?

Muchos de tus colegas de la canción folk siguen activamente implicados en la lucha por los derechos civiles, la libertad de expresión y la retirada de Vietnam. ¿Crees que se equivocan?
No creo que se equivoquen, si es eso lo que creen que deben hacer. Pero no creas que lo que ves ahí fuera es un puñado de pequeños Budas desfilando arriba y abajo. Las personas que utilizan a Dios como arma deberían ser amputadas. Los ves por todas partes constantemente: «Sé bueno o no le gustarás a Dios, e irás al infierno». Cosas así. La gente que marcha con eslóganes y demás tiende a considerarse a sí misma como bendita. Sería una lata que ellos también empezaran a utilizar a Dios como arma.

¿Crees que no tiene sentido dedicarse a la causa de la paz y la igualdad racial?
No creo que no tenga sentido dedicarse a la paz y a la igualdad racial, sino más bien que no lo tiene dedicarse a la *causa*: eso no tiene sentido. Es muy inocente. Decir «la causa de la paz» es igual que decir «cacho de mantequilla». Vamos a ver, ¿cómo puedes escuchar a alguien que quiere que creas que está dedicado al cacho y no a la mantequilla? Las personas que no pueden

entender el dolor de los demás son las que quieren cambiar el mundo. Tienen todos miedo de admitir que en realidad no se conocen entre sí. Probablemente, seguirán aquí mucho después de que ya no estemos, y demos a luz a otros más. Pero ellos… No creo que ellos den a luz a nada.

Pareces un poco fatalista.
No soy fatalista. Los cajeros de banco son fatalistas; los funcionarios son fatalistas. Yo soy un granjero. ¿Quién ha oído hablar jamás de un granjero fatalista? Fumo mucho, pero eso no me hace fatalista.

O sea que no compartes la creencia de Pete Seeger de que las canciones pueden cambiar a las personas, que pueden ayudar a la comprensión internacional.
Sobre la comprensión internacional, de acuerdo. Pero ahí hay un problema de traducción. Cualquiera que alimente este tipo de pensamiento debe pensar también en la cuestión de la traducción. Pero no creo, de todos modos, que las canciones puedan cambiar a la gente. No soy Pinocho. Me parece un insulto. No formo parte de eso. No acuso a nadie por pensar de ese modo. Pero no voy a donarles mi dinero. Y no es que les considere poco modernos: les veo más en la categoría de la goma elástica.

¿Qué piensas de los que se han arriesgado a ir a la cárcel al quemar sus cartillas militares para mostrar su oposición a la implicación de Estados Unidos en Vietnam y al negarse —como ha hecho tu amiga Joan Baez— a pagar impuestos como protesta contra el gasto del gobierno en la guerra y el armamento? ¿Crees que están perdiendo el tiempo?
Quemar cartillas no va a acabar con ninguna guerra. Tampoco va a salvar vidas. Si alguien se siente más honesto consigo mismo al quemar su cartilla, pues fantástico. Pero si se siente más importante por hacerlo, entonces se convierte en una pesadez. La verdad es que no sé mucho acerca de los problemas impositivos de Joan Baez. La única cosa que puedo decirte de ella es que Joan Baez no es Belle Starr.

Al escribir sobre «barbudos quemacartillas y pacifistas evasores de impuestos», un columnista dijo de ellos que «no eran menos ajenos a la sociedad que el yonqui, el homosexual o el asesino el serie». ¿Qué te parece?
No creo en esas palabras. Son demasiado histéricas. No describen nada. La mayoría de las personas creen que homosexual, gay, maricón, sarasa,

bujarra son la misma palabra. Todo el mundo piensa que un yonqui es un adicto a las drogas. En cuanto a mí, no me considero ajeno a nada. Sólo estoy poco presente.

Joan Baez abrió recientemente una escuela en California para formar a los trabajadores en los derechos civiles con técnicas de no-violencia. ¿Te sientes identificado con ese concepto?

Si lo que quieres decir es si estoy de acuerdo o no, la verdad es que no veo con lo que estar de acuerdo. Si te refieres a si goza de mi aprobación, supongo que así es, pero que yo lo apruebe no le va a hacer ningún bien. No sé nada del objeto de la comprensión de los demás, pero la mía va dirigida al cojo, al tullido y a las cosas hermosas. Tengo una sensación de pérdida de poder, algo así como un sentimiento de reencarnación. Y eso no lo siento con cosas mecánicas como coches o escuelas. Estoy seguro de que la escuela estará bien, pero si me preguntas si iría allí, te diré que no.

Parece que tienes una visión poco optimista de la escolarización, más allá de lo que se enseñe.

No pienso mucho en ello.

¿Alguna vez has lamentado no haber terminado la universidad?

Sería ridículo. Las universidades son como residencias para la tercera edad. Si no fuera porque muere más gente en la universidad que en los geriátricos no habría diferencia entre ellas. Las personas cuentan con una gran bendición: la oscuridad. Y no hay mucha gente que lo agradezca. Siempre se cree que la gente debe ser agradecida por su comida, por su ropa y por este tipo de cosas, pero no por su oscuridad. Las escuelas no enseñan eso. Sólo enseñan a la gente a ser rebeldes y abogados. No voy a menospreciar que se enseñe a leer, sería una idiotez. Sólo que en general no parece que haya mucho que enseñar.

¿Aconsejarías a los jóvenes que pasaran de la universidad?

No aconsejaría nada a nadie. Y sin duda no le aconsejaría a nadie que no fuera a la universidad. Sólo puedo decir que yo no le pagaría la matrícula.

¿Lo que uno aprende en la universidad le ayuda a enriquecer la propia vida?

No creo que nada así vaya a enriquecer mi vida. La mía, no, al menos. Las cosas sucederán tanto si sé por qué ocurren como si no lo sé. Todo se hace más complicado cuando te metes en ello. No averiguas por qué se mueven las cosas. Dejas que se muevan, miras cómo se mueven, impides que se muevan, las pones en movimiento. Pero no te quedas ahí tratando de averiguar por qué hay movimiento; a menos, claro, que no seas más que un tarado o un viejo sabio japonés. De todas las personas que rondan por ahí y preguntan «¿por qué?», ¿cuántas crees que quieren realmente saber?

¿Podrías sugerir un modo mejor de emplear esos cuatro años que, en caso contrario, serían dedicados a la universidad?
Bueno. Podrías viajar por Italia. Podrías ir a México. Podrías hacerte lavaplatos. Incluso podrías irte a Arkansas. No lo sé. Hay miles de cosas que hacer y mil sitios adonde ir. Todo el mundo cree que tienes que darte de cabezazos contra la pared, pero, si piensas en ello, no es más que una estupidez. O sea, tenemos científicos espléndidos trabajando en la prolongación de la vida humana y tienes, después, a otra gente que da por sentado que tienes que darte de cabezazos contra la pared para poder ser feliz. No puedes tomarte todo lo que no te gusta como un insulto. Creo que uno debería ir donde sus deseos son limpios, donde eres invisible y no se te necesita.

¿Consideras que el sexo está entre tus necesidades, vayas adonde vayas?
El sexo es algo temporal. El sexo no es amor. Sexo puedes conseguirlo en cualquier parte. Si buscas a alguien que te ame, eso es distinto. Quizá debas pasar por la universidad para eso.

¿Tienes dificultades relacionándote con la gente o viceversa?
Bueno. A veces tengo la impresión de que algunas personas quieren mi alma. Si les digo: «Yo no tengo alma —te dicen—: Lo sé. No tienes que decírmelo. A mí no. ¿Crees que soy tonto? Soy tu amigo». ¿Qué puedo decir salvo que lo siento? Que hace que me sienta mal. Creo que quizá sentirse mal y la paranoia sean la misma cosa.

Se dice que la paranoia es uno de los estados mentales a los que pueden inducir las drogas alucinógenas como el peyote y el LSD. Teniendo en cuenta los riesgos, ¿crees que experimentar con esas sustancias debería formar parte de la experiencia de crecer para un joven?
No aconsejaría a nadie que consumiera drogas. Y, menos aún, drogas duras. Las drogas pueden ser como una medicina. Pero el opio, el hachís

y la marihuana no me parece que sean drogas. Lo único que hacen es flexionarte un poco el cerebro. Y creo que a todos nos deberían flexionar el cerebro de vez en cuando. Aunque no con LSD. El LSD es medicina, un tipo distinto de medicina. Te hace consciente del universo, por decirlo de algún modo. Te das cuenta de lo absurdos que son los objetos. Pero el LSD no es para gente enrollada. Es, más bien, para locos aborrecibles que quieren venganza. Es para personas que suelen tener infartos. Deberían repartirlo en la Convención de Ginebra.

¿Te parece que a medida que te acercas a la treintena empiezas a ser más convencional, a cerrarte más ante la experiencia, a recelar de los cambios y de lo nuevo?
No. Pero sí que pasa. ¿Qué puedo decir? No parece que haya ningún mañana. Cada vez que despierto, sin importar en qué posición, siempre ha sido hoy. Mirar adelante y empezar a preocuparse por cosas triviales no puedo decir que tenga mayor importancia que mirar atrás para recordar cosas triviales. No voy a convertirme en profesor de poesía en una escuela femenina, eso lo sé seguro. Pero eso es poco más o menos lo único que sé con seguridad. Supongo que seguiré haciendo mis cosillas.

¿Por ejemplo?
Despertarme en posiciones distintas.

¿Qué más?
Soy como cualquier otra persona. Intentaría probarlo todo al menos una vez en la vida.

¿Robo y asesinato incluidos?
La verdad es que no puedo decir que no cometería un robo o un asesinato y esperar que me crean. Yo no creería a alguien que me dijera eso.

A los veintitantos, la mayoría de las personas empieza a sentar la cabeza, a encontrar un lugar en la sociedad. Sin embargo, tú has logrado seguir a tu rollo y sin comprometerte. ¿Qué es lo que te llevó a escapar de tu casa en seis ocasiones entre las edades de diez y dieciocho años antes de que te largaras para siempre?
Nada. No fue más que un accidente geográfico. En el sentido de que si hubiera nacido en Nueva York o en Kansas City las cosas habrían sido

distintas. Pero Hibbing, Minnesota, no era sitio para quedarme a vivir. Allí no había nada de nada. Lo único que podías hacer era convertirte en minero, e incluso eso se iba perdiendo. Las minas iban muriendo, eso es todo. No es culpa de nadie. Todos los de mi edad se fueron de allí. No se trataba de algo romántico. No había que pensar mucho en ello ni hacía falta ser un genio. Tampoco fue motivo de orgullo. Yo no escapé de aquello, simplemente le di la espalda. No podía aportarme nada. Era algo más bien vacío. De modo que partir no fue ningún trauma. Habría sido mucho más duro quedarse. No quería morir allí. De todos modos, tal como veo las cosas ahora, quizá no estaría tan mal regresar y morir allí. Tampoco hay un sitio al que ahora me sienta más próximo ni que pertenezca a él. Quizá Nueva York, pero no soy un neoyorquino. Soy de Dakota del Norte, de Minnesota, del Medio Oeste. Soy de ese color. Hablo de aquel modo. Vengo de un lugar llamado la cordillera del Hierro. Mi mente y mis sentimientos proceden de allí. No le negaría el socorro a un hombre que se ahoga. Nadie de allí lo haría.

Actualmente, te estás haciendo millonario. ¿Te sientes amenazado por la posibilidad de que esa riqueza te atrape, por todo lo que puedes comprar?
No. Mi mundo es muy pequeño. El dinero no puede realmente mejorarlo, sólo puede evitar que quede sepultado.

Como hombre de grandes éxitos —con tus actuaciones, tus discos y tus composiciones—, ¿alguna vez te sientes encarcelado por las responsabilidades menos creativas?
No. Hay otras personas que se ocupan de eso. Guardan mi dinero, lo vigilan. Lo tienen siempre bajo control. Se supone que saben cómo gestionarlo. Saben qué hacer con él. Les pago mucho para que así sea. La verdad es que casi no hablo con ellos, y ellos tampoco lo hacen conmigo, de modo que diría que las cosas van bien así.

Si la fortuna no ha logrado cazarte, ¿qué dices de la fama? ¿Consideras que tu celebridad dificulta el mantenimiento de tu vida privada?
Mi vida privada estuvo en peligro desde el principio. Todo esto de ahora no hace más que añadirle cierta atmósfera.

Solías disfrutar vagando por el país. Salir a viajar sin rumbo concreto. Curtirte saltando de ciudad en ciudad, sin un destino fijo en la cabeza. Pare-

ce que últimamente lo haces mucho menos. ¿Por qué? ¿Eres demasiado conocido?

Sobre todo porque el viernes por la noche tengo que estar en Cincinnati y al día siguiente en Atlanta y, el domingo por la noche en Buffalo. Y después me toca escribir varias canciones más para grabar otro disco.

¿Sigues montando en moto?

Sigo siendo muy patriota con la autopista, pero ya no monto mucho en la moto, no.

¿Con qué te lo pasas bien actualmente?

Contrato a gente para que me mire a los ojos. Luego hago que me pateen el culo.

¿Así lo pasas bien?

No. Me lo paso bien cuando luego les perdono.

El año pasado, le dijiste a un entrevistador: «He hecho todo lo que siempre quise». Si eso es así, ¿qué es lo que podría ilusionarte?

La salvación. La simple salvación.

¿Algo más?

Rezar. También me gustaría empezar una revista de cocina. Y siempre quise ser árbitro de boxeo. Quiero arbitrar un combate por el título de los pesos pesados. ¿Te imaginas? ¿Te imaginas a cualquier boxeador en sus cabales que me reconociera?

Si tu popularidad se desvaneciera, ¿abrirías tus brazos al anonimato?

¿Quieres decir abrirle lo brazos como se los abriría a un pobre peregrino caminando bajo la lluvia? No. No lo haría. Pero lo aceptaría. Sin duda, llegará el día en que voy a tener que aceptarlo.

¿Alguna vez piensas en la posibilidad de casarte, sentar la cabeza, tener una casa o, quizá, vivir en el extranjero? ¿Hay lujos de los que te gustaría disponer? ¿Un Rolls-Royce, un yate?

No. Yo no pienso en esas cosas. Si tuviera ganas de comprar algo, lo compraría. Me preguntas por el futuro, mi futuro. Soy la última persona en este mundo que se pregunta por su futuro.

¿Vas a ser pasivo y dejar que te sucedan las cosas?
Bueno. Eso es ponerse muy filosófico al respecto, pero creo que así será.

Tenías pensado escribir una novela. ¿Sigues con la idea?
No creo. Ahora todo lo que escribo es para las canciones. Ya no me interesan otras formas de escritura.

¿Tienes ambiciones no satisfechas?
Bueno. Creo que siempre quise ser Anthony Quinn en *La Strada*. Aunque no siempre, sólo hará unos seis años, no se trata del típico sueño infantil. Y si lo pienso, creo que también quise ser Brigitte Bardot, pero prefiero no pensar mucho en eso.

¿Has tenido alguna vez el clásico sueño de niño de ser algún día presidente?
No. Cuando yo era niño, Harry Truman era presidente, ¿quién querría ser Harry Truman?

Bien. Pero supongamos que fueras presidente. ¿Qué metas te marcarías para tus primeros mil días?
Bien. Para echar unas risas, ya que insistes… Lo primero que haría sería trasladar la Casa Blanca. En lugar de estar en Texas, estaría en el East Side de Manhattan. McGeorge Bundy tendría por fuerza que cambiarse el nombre, y el general McNamara sería obligado a ponerse una gorra de mapache y a llevar gafas de sol. Reescribiría el himno sin dilación y en la escuela los niños tendrían que memorizar «Desolation Row» en lugar de «America the Beautiful». Y me lanzaría de inmediato a una confrontación con Mao Tse-tung. Lucharía personalmente contra él y alguien lo filmaría.

Última pregunta: aunque te hayas retirado más o menos de la protesta política y social, ¿se te ocurre alguna circunstancia que podría favorecer tu reincorporación?
No. A no ser que desapareciera toda la población del mundo.

11

ENTREVISTA DE JOHN COHEN Y HAPPY TRAUM, *SING OUT!* OCTUBRE / NOVIEMBRE DE 1968

JOHN COHEN: Recuerdo una conversación que mantuvimos en 1962... No sé qué estaba viendo o buscando. El caso es que acababa de regresar de Kentucky y tú me mostraste «Hard Rain» en el Gerde's o en el Gaslight...
Creo que por entonces te preguntabas cómo iba a encajarla en la música. Cómo iba a cantarla.

J. C.: Ésa fue mi reacción inicial. Ahora eso ya es agua pasada porque una estética enteramente nueva, otro enfoque, ha aparecido en el mundo de la música desde entonces haciendo perfectamente posible que una canción como ésa pueda cantarse.
Sí. Así es.

J. C.: Antes de eso no era posible. La pregunta que te formulé al ver ese flujo de palabras fue que si ibas a escribir cosas así, ¿para qué necesitabas a Woody Guthrie? ¿Y Rimbaud? Por aquel entonces todavía no conocías a Rimbaud.
No. No fue hasta hace unos años.

J. C.: Por entonces conociste a Allen Ginsberg.
Al Aronowitz, periodista del *Saturday Evening Post*, me presentó a Allen Ginsberg y a su amigo Peter Orlovsky en un apartamento que había sobre una librería de la Calle 8, en otoño del 64 o del 65. Hacía años que escuchaba su nombre. Acababan de regresar de un viaje a la India. Sus mochilas estaban en un rincón y andaban preparando la cena. Le vi de nuevo en Washington Square, en una fiesta...

J. C.: ¿Tenías ya entonces una inclinación más acusada hacia la poesía y el tipo de cosas que practicaba Allen en contraposición con lo que había hecho Woody?

Bueno. El lenguaje que aquéllos utilizaban lo podías leer del papel y, de algún modo, se creaba cierta melodía en tu cabeza. No sé muy bien lo que fue, pero podía verse que era posible hacer más de lo que... No más, sino algo diferente de lo que habían hecho Woody y gente como Aunt Molly Jackson y Jim Garland. El tema de todas sus canciones no acababa de ser preciso para mí. Veía que habían escrito miles de canciones, pero todas presentaban el mismo asunto. Un asunto que ya no existía. Y yo lo sabía. Había quizá una suerte de sentimiento de que existiera, pero si echabas un vistazo a la gente, ya no existía del modo en que antes lo había hecho, no había un movimiento real, sólo un movimiento organizado. No había un tipo de movimiento que se viviera día a día. Cuando ese tema dejó de estar presente para mí, sólo quedó el estilo. La idea de este tipo de canción con la que puedes vivir y por la que no te sientes abochornado veinte minutos después de haberla cantado. Aquel tipo de canción por la que no tienes que cuestionarte... En la que simplemente estás perdiendo el tiempo.

J. C.: No sé si fue primero el huevo o la gallina, pero la gente se preguntaba por tu música (y por la de Phil Ochs y otros), «¿Esto es poesía o es canción?».

Ya, bueno. Siempre hay gente por ahí que anda haciendo preguntas.

J. C.: Lo que intento decir es si ya por entonces leías mucho, libros y literatura. ¿Tus pensamientos provenían de fuera de la música?

No. Mi mente estaba en la música. Trataba de leer, pero normalmente dejaba el libro. Nunca he sido un lector muy rápido. Mis pensamientos no estaban en la lectura, no... Se centraban en ese sentimiento que se respiraba en el aire. Intenté capturar eso y escribirlo. Explotar mi formación musical para orientarlo y contar con algo con lo que pudiera vivir.

J. C.: ¡Formación!

Sí. Formación. Hay que tener alguna. Recuerdo viajar de una ciudad a otra y si alguien tocaba la guitarra, eso es lo que ibas a ver. No ibas necesariamente a presentarte, sólo a verle, escucharle y, a ser posible, aprender algo... Lo que hiciera. Por entonces se trataba normalmente de algo bastante egoísta. Podías ver a los que tocaban, y si sabías que podías hacer lo que hacían ellos con un poco de práctica, y aspirabas a algo más, pasabas de largo. Pero cuando empezabas, todo el mundo tocaba la guitarra, y al saber que sabían más que tú, pues tenías que escucharles a todos. No era necesariamente una canción, se trataba de técnica y de estilo, los trucos y todas esas combinaciones juntas. Te aseguro que pasé cantidad de horas tratando de hacer lo que había visto hacer a otros. Eso es lo que quiero decir por formación.

J. C.: Es difícil para mí pensar que esto tenga que ser una entrevista y no pueda ser una mera conversación... Y que tengamos la grabadora como tercer elemento... Cuesta decirte a la cara que has hecho algo grande, que te admiro...

Bueno. Por lo que a mí respecta, déjame decirte John que puedo imaginar a mil personas a las que considero grandes, pero he renunciado a mencionar sus nombres. Cada vez que le digo a alguien a quien yo considero que es realmente bueno, la gente se encoge de hombros... De modo que ahora yo hago lo mismo. Mira a un tipo como Doc Watson. El tío es tan capaz tocando la guitarra... Como agua que fluye. Pero, ¿dónde pones a alguien como él en la corriente musical de hoy? Y es alguien que no recurre a trucos. Pero todo tiene que ver con la edad, supongo, como cuánto tiempo va a vivir.

J. C.: Creo que también tiene que ver con la época de la que proviene, no es la tuya ni la mía.

No. Pero creo firmemente en que cuanto más vives, mejor te haces.

J. C.: Pero Doc es distinto de ti y de mí. Conozco gente que detesta tu voz. No soportan ese sonido, ese canto, ese raspado. La presencia de tu voz y de gente como tú, como Roscoe Holcomb, desafía su propia existencia. No pueden concebir esa voz en el aliento de sus propias vidas.

Bueno. Mi voz es una cosa, pero que a alguien le dé por odiar a la de Roscoe Holcomb, ese precioso contralto, no lo concibo. ¿Qué diferencia hay entre la voz de Roscoe Holcomb y la de Bill Monroe?

J. C.: No creo que a Bill le guste la voz de Roscoe. Bill canta muy controlado y la voz de Roscoe es todo lo contrario.

Bueno. Bill Monroe es, sin duda, uno de los mejores, pero Roscoe cuenta con cierto sentido indómito del control que también le hace ser uno de los mejores.

J. C.: Yo no creo que la voz de Doc Watson y la tuya sean compatibles, pero tampoco me molesta.
No, no… Bueno. Quizá algún día.

■——■

J. C.: Me gustaría hablar del material de las canciones.
De acuerdo.

J. C.: Bien. Quiero decir, la música está muy bien, es completa… Pero quisiera preguntarte acerca del desarrollo de tus pensamientos, que podrían llamarse «palabras». Por eso te preguntaba por tu poesía y tu literatura. ¿De qué modo le llegan a alguien estas cosas? Quizá nadie te haya preguntado eso.
No. Nadie lo ha hecho… Quien dijera eso, no fue Benjamin Franklin, fue otro. No. Creo que fue Benjamin Franklin. Dijo (no lo cito exactamente) algo como «para que un hombre sea (una cosa u otra) a su aire, no debe contar todo lo que sabe, dice y ve». Quienquiera que lo dijese no creo que estuviera tratando de enmascarar nada.

J. C.: Una vez me tocó una galleta de la suerte que decía: «El agua clara no esconde nada». Hace tres o cuatro años salió una entrevista contigo en *Playboy*. Había una reflexión en concreto que se me quedó grabada. Dijiste que era importante que Barbara Allen se dejara crecer una rosa en la cabeza y así la chica podría convertirse en un cisne.
Eso era para toda esa gente que dice «¿por qué escribes todas esas canciones sobre misterio, magia e implicaciones bíblicas? ¿Por qué lo haces? La música folk no se dedica a eso». No hay respuesta para preguntas así porque la gente que las formula está simplemente equivocada.

J. C.: Dicen que la música folk no tiene ese matiz. ¿Crees que el rock and roll sí lo tiene?
Bueno. No sé qué es lo que se supone que representa el rock and roll. No es así como se define musicalmente. El rock and roll es música para bailar, quizá. Puede que sea una extensión de ciertas formas del blues. Es música en vivo. Hoy día, con estos altavoces, la ponen tan fuerte que

suena como en vivo. Pero tiene ritmo… O sea, que si vas en tu coche con las emisoras de rock and roll, puedes meterte en ese ritmo durante tres minutos, y pierdes tres minutos. Ya pasó todo y no tienes que pensar en nada. Y es como un bonito paraje, en el sentido de que ese lugar no se halla necesariamente en cada carretera que tomas. No es más que música placentera.

J. C.: Eres parte de eso, ¿no? ¿O es, más bien, parte de ti?
Bueno. La música es parte de mí. Sí.

J. C.: Por lo que vi en la película *Eat the Document*, estabas muy metido.
Lo estaba porque es algo que he hecho siempre. Trataba de que las dos cosas conjugaran cuando iba a aquellos conciertos. Toqué la primera mitad acústicamente, la segunda con el grupo, pensando en que iban a ser dos tipos de música.

J. C.: ¿De modo que, en esa tesitura, acústico significaría «folk» y grupo significaría «rock and roll»?
Sí. El rock and roll es música de trabajo. Tienes que trabajar en ella. No puedes limitarte a sentarte en una silla y tocar música rock. Eso puedes hacerlo con cierto tipo de blues. Sentarte y tocarlo… Quizá debas inclinarte un poco hacia delante.

J. C.: ¿Como una balada o uno de tus «sueños»?
Sí. Puedes pensarlo. No tienes necesariamente que estar en acción para pensarlo. El rock and roll es difícil de visualizar a menos que lo estés practicando. Además, de hecho, estamos hablando de algo que es en buena medida un artículo comercial, como un barco o una escoba, como artículos de ferretería. La gente lo vende y de eso es de lo que hablamos. Resulta imposible pensar en ello desde otro punto de vista.

J. C.: Pero los chicos que se meten en ello actualmente, no quieren vender escobas.
Pues es un mercado interesante…
[Aparte, a su hija] Hola, ¿acabas de llegar? Casi que mejor le preguntes a mamá. ¿Qué tal la escuela? ¿Aprendiste algo? Así me gusta. «Los zapatos me duelen aquí.» Bien. Veremos que podemos hacer.

J. C.: ¿Podemos hablar de tu nuevo disco, *John Wesley Harding*?

Hubo tres sesiones: septiembre, octubre y diciembre. Ni siquiera ha pasado un año. Ya sé que los conceptos han sedimentado ahora, mientras que antes de ese disco sólo trataba de ver lo que podía hacer. Trataba de estructurar esto y aquello. Cada disco era concebido más o menos para impactar. Una vez, incluso, llegué a hacer una única canción para una sola cara de un álbum. Podría pasarle a cualquiera. Pero uno tampoco se pone a pensar en esas cosas cuando ve que puede hacer otras. Salió espontáneamente. Esos siete discos. Se hizo generosamente. El material estaba allí. Pero ahora me gustaría pensar que puedo hacerlo mejor, según mis propios términos, y haré todo lo que pueda hacer. Solía ser bastante chapucero. Pillaba una buena frase o verso y tenía que cargar con ello para escribir algo que no se me ocurría y encajarlo en medio, ya sabes, para que esto llevara hacia aquello. Ahora al escuchar el viejo material, puedo verlo todo en conjunto. No sabría cómo perfeccionarlo, pero puedo ver lo que hice. Actualmente, puedo ir de un verso a otro mientras que antes lo que hacía era ir de pensamiento a pensamiento. Luego, claro, hay veces en las que simplemente agarras un instrumento y sale algo, como una melodía o una frase brutal que te viene a la cabeza y empiezas a desarrollarla. Si es una melodía al piano o a la guitarra, simplemente te sientes... Eeeeeeeeeeeey [tararea], lo que sea que viene a tu voz, y escribes esas palabras. Y puede que no signifiquen nada para ti. Sólo sigues adelante y será eso lo que suceda. Ahora ya no funciono así. Si lo hago, me lo guardo para mí. De modo que tengo un gran surtido de canciones que jamás interpreto. Este nuevo disco es más conciso. Aquí no me ha interesado robarle demasiado tiempo a nadie.

J. C.: Ése es el motivo por el que te regalé *Parábolas y paradojas* de Kafka, porque esos relatos van al meollo de la cuestión y, aun así, nunca puedes llegar a descifrarlos.

Sí. Pero las únicas parábolas que conozco son las de la Biblia. He visto otras. Khalil Gibran quizá... Tiene un aspecto gracioso, sin duda. No lo encontrarías en la Biblia. Este tipo de alma. Pero bien, el señor Kafka parece que se acerca más a eso. En cuanto a Gibran, sus palabras son poderosas, pero su fuerza se vuelve en una dirección contraria. Había un pinchadiscos, Rosko. No recuerdo su apellido. Algunas noches, ponía la radio y Rosko estaba recitando la poesía de Khalil Gibran. Era una sensación radiante, que procedía de la radio. Su voz pertenecía a las entrañas de la noche.

J. C.: ¿Cuándo leíste las parábolas bíblicas?
Siempre he leído la Biblia, aunque no únicamente las parábolas.

J. C.: No me pareces de los que van a un hotel, donde los gedeones han dejado una Biblia, y se ponen a leerla.
Nunca se sabe.

J. C.: ¿Qué tal Blake? ¿Has leído...?
Lo intenté. Lo mismo que con Dante y con Rilke. Entiendo lo que hay ahí, sólo que la conexión a veces no se produce... Aun así, Blake fue capaz de apañar algunos versos realmente osados...

J. C.: Una sensación que tuve al ver la película —algo que no había considerado antes de que la música folk y el rock and roll se mezclaran tanto— tiene mucho que ver con esta cosa personal de la comedia, en cuanto a relación personal. Como con la prensa. Se preguntan cosas tan idiotas que al final se contesta con falsedades.
Lo que pasa ahí es que, al final, eso se convierte en un juego en sí mismo. La única manera de no verse involucrado es no meterse, porque sucederá siempre. Sucede incluso con las amas de casa a las que se les preguntan ciertas cosas.

J. C.: Se ha convertido en un modo de transmitir información. Por ejemplo, como en el caso de alguien que aparece con una idea, con toda una teoría, y luego te pregunta: «¿Es efectivamente así?». Y puede que no hayas pensado en ello antes, pero puedes escabullirte.
Se trata de toda esta movida de preguntas y respuestas. Yo no le veo la importancia. Hay demasiados periodistas actualmente. Se trata de un trabajo en sí mismo. No tienes por qué ser bueno en ello. Te toca ir a sitios elegantes. Va por cuenta de algún otro.

J. C.: Las preguntas necias van a dar con respuestas necias, y la respuesta necia se convierte en la panacea.
Sí. Ahora tienes que ser capaz de hacerlo tú. No sé quién empezó con eso, pero le pasa a todo el mundo.

J. C.: No lo habría mencionado, pero me parece a mí que te has apartado de eso, que lo has trascendido.

No sé si he ido más allá. Sólo sé que ya no me dedico a ello porque al final sólo acabas haciendo eso. Acabas preguntándote a qué te dedicas.

J. C.: En la película, ¿es John Lennon quien está contigo en el coche cuando te sostienes la cabeza? Dice algo divertido, pero es algo más que eso... Hace reflexionar.

Dijo: «Dinero».

J. C.: ¿Ves a los Beatles cuando vas para allá o cuando vienen aquí? Parece existir un respeto mutuo entre vuestras músicas, sin que una domine a la otra.

Les veo aquí y allí.

J. C.: Me temo que muchos de los jóvenes músicos de hoy mirarán atrás de aquí a diez años y se verán como bajo el paraguas de los Beatles. A ti no te pasa eso.

Bueno. Lo que hacen… Ellos trabajan mucho más con material de estudio, aprovechan los inventos electrónicos de los últimos dos años. Mientras que yo no sé nada de todo eso. Sólo hago las canciones, las canto y ya está.

J. C.: ¿Crees que son más británicos que internacionales?

Son británicos, supongo, pero no se puede decir que hayan mantenido ese legado poético, mientras que la Incredible String Band que escribió «October Song»… Eso era muy bueno.

J. C.: Como algo acabado o en el sentido de que te llega...

Como canción acabada es bastante buena.

J. C.: De la música que escuchas, ¿hay mucha que te «llegue»?

Esas viejas canciones me llegan. No las escucho tan a menudo como solía. Pero la semana pasada escuché en la radio a Buell Kazee y me llegó. Hay mucha… Scrapper Blackwell, Leroy Carr, Jack Dupree, Lonnie Johnson, James Ferris, Jelly Roll Morton, Buddy Bolden, Ian y Sylvia, Benny Ferguson, Tom Rush, Charley Pride, Porter Wagoner, The Clancy Brothers y Tommy Makem… De un modo u otro, todo me llega.

J. C.: ¿Cómo contemplas el negocio de la música?

Exactamente así: no lo contemplo en absoluto. Escucho y hago, tomo parte en eso, pero hablar de ello... No hay mucho con lo que pueda contribuir.

J. C.: Recuerdo en *Billboard* un anuncio a toda página de ti con la guitarra eléctrica como en la película...

Claro. Eso hacía.

J. C.: Me interesa el modo en que hablas en pasado, como si no supieras lo que viene después.

Bueno. En cierto sentido es así... He estado jugueteando con ciertas ideas ridículas, muy extrañas y ajenas a mí, no hace más de un mes. Bien. Algunas de esas ideas... Ya te contaré cuando apaguemos la grabadora.

■—■

J. C.: Me alegré de que conocieras la música de Dillard Chandler y de que estuvieras familiarizado con ciertas baladas sin acompañamiento de los New Lost City Ramblers. ¿Crees que alguna vez intentarás escribir algo parecido a una balada?

Sí. Eso espero. Tom Paxton acaba de hacer una llamada «The Cardinal» que es bastante interesante... Muy pulida... La canta sin acompañamiento. Lo que pasa con las baladas es que debes ser muy consciente de la amplitud de la misma en todo momento para poder escribir una. Podrías asumir una historia auténtica. Escribirla como una balada y componerla en tres versos. La diferencia estaría en el para qué la cantas, para qué uso la destinas. Los usos de las baladas han cambiado abismalmente. Cuando se cantaban hace años era por entretenimiento... Un tipo podía sentarse y pasarse media hora cantando una canción, y todos podían escuchar y hacerse una idea. Y podías esperar a ver cómo terminaba, qué le pasaba a éste o a aquél. Como ir al cine. Pero ahora tenemos películas, de modo que ¿para qué querría nadie sentarse a escuchar una balada durante media hora? A menos que el argumento fuera de tal naturaleza que no se pudiera encontrar en el cine. Y después de haberla escuchado, tendría que ser suficientemente buena como para poder volver a cantarla a la noche siguiente, y la gente quisiera escuchar la historia de nuevo. Sería porque de verdad quieren escuchar esa historia y no porque les gusten los pantalones del que canta. Porque son conscientes de cómo se siente la historia y forman parte de ese sentimiento... Y desean volver a sentirlo, por decirlo de alguna manera.

J. C.: Debe de ser fantástico tratar de escribir bajo esa perspectiva.
Bueno. Una vez que lo construyes en tu mente, ya no tienes que pensar más en ello. Si quiere venir, vendrá.

J. C.: Escoge una canción como «The Wicked Messenger», ¿encajaría eso?
En cierto modo, pero no hay formato de balada. El alcance sí está, pero de modo comprimido. Y ese alcance se abre por medio de algunos trucos. Sé por qué se abre, pero en una balada, en el sentido más auténtico, no se abriría de ese modo. No alcanza las proporciones que pretendía para ella.

J. C.: ¿Has escrito una balada alguna vez?
Creo que en mi segundo disco, «Boots of Spanish Leather».

J. C.: Pero la mayoría de las canciones de *John Wesley Harding* no la consideras baladas.
Bueno. Sí. Pero no en el sentido tradicional. No he cumplido con el trabajo de baladista. Un baladista puede estarse una hora y media cantando tres canciones. Mira. En el álbum, tienes que pensar en ello después de escuchar... Esto es lo que lleva tiempo. Pero con las baladas no tienes necesariamente que pensar en ellas después de escucharlas. Todo puede desplegarse ante ti. Estas melodías de *John Wesley Harding* carecen de este sentido del tiempo tradicional. Como en el tercer verso de «The Wicked Messenger», que la abre y, entonces, el tempo pega un brinco y pronto la canción se amplía. Uno se da cuenta cuando la escucha, pero quizá deba adaptarse. En cualquier caso, no estamos escuchando nada que no esté allí. Todo lo que podemos imaginar está realmente allí. Lo mismo sucede con «All Along the Watchtower», que se abre de modo ligeramente diferente, de modo extraño, pues el ciclo de acontecimientos funciona de manera más bien inversa.

━━◆━━

J. C.: Una interpretación que se sugirió para «Dear Landlord» es que sólo la escribiste para escribir la frase «cada cual tiene su don especial»...
No sé. Estas canciones pueden rondar por tu cabeza durante dos o tres años y siempre te ves escribiendo sobre algo previo. Aprendes a hacer eso,

de modo que la canción no tienda a ser una reacción. Algo contemporáneo lo convertiría en una reacción. No sé qué más le puede sugerir a otras personas. Esa persona en cuestión puede decir algo o comportarse de un modo determinado o, simplemente, presentarse y brindar información como ésa. Y si la cosa es suficientemente llamativa, podría encontrar una apertura. Y no lo olvides, John, te cuento otro descubrimiento que he hecho. Cuando las canciones las hace cualquiera en un disco, de un modo extraño, las hace para alguien, acerca de alguien y a alguien. Normalmente esa persona es el alguien que canta la canción. Uno puede escuchar todos los discos que se han llegado a hacer y, al final, la cosa parece reducirse a eso.

J. C.: ¿Podrías contarnos adónde ibas cuando te fuiste de casa por primera vez?
Si pienso en ello, hasta me resulta confuso pensar en cómo llegué a este sitio, sea cual sea. Tiendo a no preguntármelo. Es verdad que no tengo objetivo, por decirlo de alguna forma. No tengo más intenciones de las que puedas tener tú.

J. C.: Mi intención es la de hacer mi trabajo.
Sí. La mía también. Y la de hacer el trabajo lo suficientemente interesante, para seguir haciéndolo. Eso es lo que nos ha mantenido hasta ahora. De verdad que no puedo hacerlo si no me interesa. Mi intención sería no pensar en ello, no hablar de ello o no recordar nada de ello que pudiera bloquearlo de algún modo. El pasado es lo que me lo ha descubierto. Hubo una cosa que intenté hacer que no fue una buena idea. Traté de escribir otra «Mr. Tambourine Man». Es la única con la que intenté «otra». Pero después de ponerme una y otra vez, empezó a aburrirme, de modo que lo dejé. Ya no lo hago.

J. C.: El peligro de una posición como la tuya es que pueden acusarte de vivir sólo en el presente. La gente dirá que sólo vives el ahora, sin planes ni preocupación por el pasado.
Tengo más recuerdos por el pasado que por el futuro. No me da por pensar en el futuro. Sólo tendría expectativas, y todas serían muy buenas. Respecto del pasado sólo tengo los recuerdos. La otra noche hablábamos justamente de este tema del pasado. Digamos que esta habitación está vacía salvo por mí. Y tú entras en la habitación. Pero, en algún punto, te verás obligado a irte, y cuando eso pase, ¿qué es lo que te garantiza que

hayas siquiera estado aquí? Pero, a pesar de todo, estuviste en la habitación. Si quiero reconstruirlo, sentado aquí todo el día... Si tomo suficientes notas mientras estás en la habitación, probablemente podría estarme sentado aquí una semana, contigo en la habitación... O algo parecido.

J. C.: Es esquivo. De todos modos, de vuelta al pensamiento «cada cual tiene su don especial»...
Eso es... Un hecho.

J. C.: Pero si todos lo sintieran, quizá el ejército americano no estaría tan capacitado para matar, y Kennedy podría no haber sido asesinado, ni tampoco Martin Luther King.
Pero estamos hablando de cosas que han pasado desde la noche de los tiempos. El hecho o el nombre específico no difiere para nada de lo que fuera que sucedió antes. El progreso no ha servido más que para cambiar la cara... Y para alterar situaciones de dinero, riqueza... Y eso no es realmente progreso. El progreso contra una enfermedad es progreso... Pero hacer una autopista sobre un patio trasero no es más que desembarazarse de lo antiguo.

J. C.: El progreso real de cada uno no se proyecta hacia fuera sino hacia dentro. Tengo la sensación de que se ha producido un cambio en ti... Pareces haber descubierto esa misma idea.
Bueno. Siempre estoy descubriendo ideas aquí y allá, pero no les puedo poner palabras.

J. C.: ¿Quieres decir que para cuando ya son canciones ya están dichas?
La verdad es que las canciones son algo curioso. Si no tuviera un contrato discográfico ni tuviera que completar una serie de álbumes, no sé si escribiría otra canción en lo que me queda de vida. Me contenta lo suficiente el hecho de limitarme a tocar cualquier cosa que conozca. Pero como yo veo lo de mi contrato, supongo que mi obligación es cumplirlo. No sólo grabando canciones, sino las mejores canciones que sea capaz de grabar. Créeme, veo lo que hay a mi alrededor. No me importa si grabo mis propias canciones, pero no siempre encuentro suficientes canciones para rellenar un álbum, de modo que soy yo el que debe hacerlas. La verdad es que no quería grabar este último disco. Iba a hacer un disco entero con canciones de otros, pero no pude encontrar suficientes. La canción debe

presentar cierta calidad para que pueda cantarla e incorporarla a un disco. Una cualidad que debería tener es que no se repitiera. Suelo evitar esas canciones que repiten frases, compases y versos, puentes... Y con eso, el noventa por ciento del material que se escribe actualmente queda excluido. Las canciones folk son prácticamente las únicas que no... Las narrativas, o las que tienen un estribillo como el de «Ruben's Train». No sé. Puede que también sea demasiado perezoso para mirar lo bastante.

J. C.: ¿Consideras que se ha producido un cambio de ritmo en tu vida en los últimos tres años?
«Lo ha habido» si te refieres a lo que hacía antes... Estuve de gira un par de años. Eso es un ritmo acelerado. Además no eran conciertos sin más. Era un espectáculo completo. Resulta bastante estresante montar un espectáculo así. Además, surgen cantidad de situaciones poco saludables. Yo me limitaba a salir e interpretar las canciones. Todos los demás lo estaban pasando bien, y duró lo bastante como para saber que las cosas se pueden hacer de un modo diferente.

J. C.: En cierto modo, tuviste la oportunidad de entrar y salir de todo ello a tu antojo.
No a mi propio antojo. Prácticamente me metieron en ello... Y me sacaron.

[Entra Happy Traum.]

Happy Traum: ¿Alguien se ha apuntado a tu nuevo enfoque? Como en tu nuevo disco: canciones claras y muy personales en contraste con el sonido psicodélico.
No lo sé.

H. T.: ¿Qué es lo que sabes?
Lo que sé es que yo me he borrado de las canciones. Ya no estoy en ellas. Sólo las canto, y no estoy personalmente vinculado con ellas. Ahora las escribo todas a una hora distinta del momento de la grabación. La cosa solía ser que, si tenía que cantar, iba con un verso y seguía hasta que salía, con la música presente. Y sí, algo salía. Pero, al final, acababa decepcionado con esas canciones. Además de cantarlas, tenía que interpretarlas, como desarraigándolas. Ahora tengo tiempo suficiente para escribir la canción sin tener

que pensar en meterme en ella. La escribo como si tuviera que cantarla otro. Y lo hago yo. Como un acetato. Por ahora, la gente se dedica a canciones más sencillas. En Nashville es posible hacerlo.

J. C.: Oí «Blowin' in the Wind» en la radio tras el último asesinato.
¿Quién la cantaba?

J. C.: Era estilo Muzak*... Como música para consolar.
Música de avión.

J. C.: ¿Crees que alguna vez conseguirás trabajo tocando para Muzak? Lo hacen los mejores músicos, Bob.
Lo intentaría si me lo pidieran.

J. C.: ¿Nadie te llama al estudio para, como se suele decir, «apañar algo de música»?
Antes de hacer el último álbum, esperaba encontrarme con alguien que fuera capaz de imaginar qué es lo que ellos querrían que hiciera yo. ¿Quiere alguien canciones que se escriban acerca de algo? ¿Alguien podría encargarle algo a Bob? Nadie apareció con nada, así que seguí a lo mío e hice otras cosas.

J. C.: Durante un tiempo, hace años, las canciones que escribías, mientras otros escribían cosas parecidas, se emitían mucho en la radio. No es que haya desaparecido del todo, pero la cosa va indudablemente en otra dirección.
Para salir en la radio, prácticamente tienes que hacer un corte a medida. No te lo puedes plantear a medias. Debes ser consciente de aquello en lo que estás metido. Pero he de reconocer que, cuando me oigo por la radio, me entra la ansiedad. El disco no me importa. Pero se trata de la discográfica, de Bob Johnston, responsable del departamento de contratación. Él es quien escoge lo que sonará en la radio.

H. T.: ¿Alguna vez concebiste una canción para que fuera sólo un single?
Sí. Lo hice. Pero no resultó entretenido porque me alejó del álbum. Un álbum exige un tipo de atención diferente de la que se aplica a un single. Los singles no hacen más que amontonarse, sólo valen para el presente.

---

* Empresa dedicada a la venta y distribución de «música ambiental». *(N. del T.)*

Antiguamente, la tendencia era que a menos que contaras con un single de éxito, el álbum no podía irte muy bien. Y cuando tenías el álbum, era como un relleno. Ahora los álbumes son importantes.

J. C.: Te has metido en películas, libros...
Muy superficialmente en ambos casos.

J. C.: Cuando terminé de mirar aquel libro con fotografías tuyas que publicaron, vi que no sabía nada más sobre ti que antes de abrirlo.
Ya. Bueno. ¿Qué se puede llegar a saber de nadie? Los libros, las fotografías... No pueden contarte demasiado acerca de una persona.

H. T.: Durante años, mucha gente ha analizado y desmontado tus canciones. Sacan tus versos de contexto y los emplean para ilustrar aspectos como en «Quinn the Eskimo»... Oí decir a unos chavales que Quinn es el que «trae las drogas». Lo que quisieras decir no importa... Ellos piensan que «Dylan está metido de verdad en el rollo de las drogas... Cuando aparecen las drogas, todos contentos». Este tipo de cosas pasa siempre con tus canciones.
Bueno. No es problema mío.

J. C.: Muchas de las canciones han establecido pautas en las que la gente puede leer lo que se les antoje.
H. T.: La gente las desmonta y analiza.
No todo el mundo hace eso. Sólo cierto tipo de personas. La gente con la que me relaciono no se hace preguntas.

H. T.: Quizá eso haya regresado en la más espontánea de las artes, en el circo de lo multimedia. Respuestas a impulsos... No puedes responder de otro modo.
J. C.: Creo que beneficia a cualquiera que pueda seguir lo que tiene en la cabeza. Lo que proviene de su interior. Más que verse barrido por todas esas otras posibilidades... Que pueden ser quizá una reacción contra el enfoque analítico. Hay otro modo... Alguien puede limitarse a seguir su flujo interior... Sin ser ajeno a lo que sucede. Bob, ¿cuál es tu respuesta al tema multimedia?
Cuando dices multimedia, ¿te refieres a algo como a un centro comercial?

J. C.: Sin haber estado en ninguno, digo que sí.
Yo tampoco he estado.

H. T.: Se trata también de presentaciones en el escenario donde la música, la danza, las luces y el resto de cosas se entremezclan, se acumulan ante el espectador, y todos los sentidos entran en juego.
J. C.: En ese contexto multimedia, ¿cómo te ves?
Bueno. Yo soy un hombre sencillo. Me basta con un par de cosas. Si hay demasiadas me confundo. Y no sé dominar la confusión. No sé lo que pasa y todos van y me dicen que tampoco saben qué pasó, y estaban allí. Y a mí me toca decir que no sé dónde estábamos.

H. T.: ¿Sientes lo mismo acerca del sonido psicodélico en los discos?
No. No siento lo mismo.

H. T.: Mucha de la música actual no es sólo muy alta y veloz, sino que se estructura de tal manera que muchos instrumentos se tocan a la vez y se crea mucha distorsión.
Está bien. Mucha gente toca así.

H. T.: Parece que hayas hecho un esfuerzo consciente para alejarte de tu último disco.
Volver a empezar ya fue un esfuerzo consciente. No fue un esfuerzo consciente ir en determinada dirección, más bien se trataba de actuar o callarse. Si es que se puede decir así. Eso es todo.

J. C.: Veo que tienes una foto de Muhammad Alí. ¿Le conoces?
No. Le he visto boxear varias veces.

H. T.: ¿Sigues los combates?
Ya no. Cuando vino a la calle Bleecker a leer sus poemas merecía la pena estar allí.

J. C.: La verdad es que lanzó un mensaje duradero (aparte de que alguien se llevara un buen porrazo).
H. T.: A pesar de que no estoy muy interesado en el boxeo, lo que me impresionó de él es cómo trató de ser fiel a sí mismo. Su postura personal como ser humano era más importante para él que el mismo campeonato.

J. C.: ¿Podrías hablarnos de los distintos elementos que intervienen en la composición de una de tus canciones? ¿Una de la que estés algo distanciado?
Bueno. Es que no hay mucho de qué hablar. Eso es lo extraño del asunto. No hay nada que puedas ver. No sabría por dónde empezar.

J. C.: Una canción como «I Pity the Poor Immigrant», debe de haber habido algo que la generara.
Sí. El primer verso.

J. C.: ¿Qué es lo que puede inspirar eso? Pongamos que tropiezas con un tipo, éste huye y dice «¡ay!» y te recuerda a un inmigrante.
A decir verdad, no tengo ni idea de cómo me viene a la cabeza.

J. C.: Has dicho que normalmente siempre hay una persona.
Bueno. Todos nosotros. No se trata de gente concreta… O sea, alguien patea un gato, y el gato escribe una canción al respecto. Puede parecer que algunas de las canciones, y parte de la poesía actual, caminan en ese sentido. Pero en realidad, la cosa no va así.

J. C.: Has dicho que, a menudo, una canción se escribe para una persona en concreto.
Eso es. Es para una persona y no sobre ella. Mira. A veces uno puede estar con alguien que no tiene una canción para cantar, y es posible que puedas ayudarle. A eso se reduce todo.

J. C.: Bueno. Pero «Quinn the Eskimo» no es el caso.
Mira. Todo esto de escribir canciones se ha vuelto muy serio. Y no es tan serio. Las canciones no salen con dolor. Salen con un par de trucos o por algo que puedas haber escuchado. Yo soy como cualquier otro letrista, tiras de lo que tienes. «Quinn the Eskimo», no recuerdo cómo salió. Pero sé que el título apareció porque alguien estaba hablando de Quinn, el esquimal.

J. C.: Alguien me ha dicho que hay una película en la que Anthony Quinn interpreta a un esquimal. ¿Lo sabías?
No he visto la película.

J. C.: Pero eso podría haber dado lugar a la canción.
Claro.

J. C.: Tiene sentido. Es como si uno viajara por carretera y viera dos señales de tráfico anunciando cosas distintas, pero de un modo en que las palabras se juntan. Se formaría un sentido nuevo que podría dar pie a algo.
Mira. Lo que el letrista hace es atar cabos. Los cabos que ve son los que le vienen dados y él los ata.

H. T.: Parece que no deja de bombardearse a la gente con pensamientos aleatorios e impulsos extraños, y se necesita un escritor de canciones para captar algo y crear una canción con ello.
Es como el pintor que vive por aquí. Pinta toda la zona en un radio de 30 kilómetros. Pinta cuadros vivos y con fuerza. Quizá pinte un granero a 30 kilómetros y lo conecte con un arroyo que pasa por allí. Luego hará lo mismo con un coche que pasa a 15 kilómetros. Un día con el cielo y otro día con la luz en los árboles. Alguien que pasara sería pintado junto con otra persona que estaba 15 kilómetros. Y al final el pintor tendrá esta especie de fotomontaje de algo que no se puede decir que exista en su mente. No es que empezara deliberadamente pintando todo eso a partir de su experiencia total… Eso es más o menos lo que yo hago.

J. C.: ¿Cuál es la carretera 61 y dónde está?
Lo supe en su momento, pero ahora mismo me parece tan lejos que ni siquiera intentaría buscarla. Está por ahí. Es una línea divisoria.

J. C.: ¿Es una carretera real?
Sí. Va desde donde vivía yo… Mi vida estaba relacionada con esa carretera. Pasaba justo por en medio de mi ciudad natal en Minnesota. La recorrí muchas veces durante un largo tiempo. Atraviesa la mitad del país, como hacia el sureste.

J. C.: Creo que hay un viejo blues sobre la carretera 61.
Es la misma. Muchos famosos están relacionados con ella.

J. C.: ¿Puedes mantener el contacto con el público joven que quizá es el que más compra tus discos?
Ésa es una noción vaga. La de que uno deba mantenerse en contacto con cierta gente que resulta indefinible. Lo máximo que puedes hacer es estar satisfecho. Si lo estás, entonces no tienes que preocuparte por recodar nada. Si no lo estás, y no sabes por qué haces lo que haces, empiezas a

desconectarte. Si lo haces para ellos, en lugar de hacerlo para ti, es probable que tampoco estés en contacto con ellos. No puedes simular estar en contacto con algo con lo que no lo estás. No sé realmente con quién estoy en contacto, pero no me parece importante.

J. C.: En los aviones hay siete canales de hilo musical y tu música aparece bajo la etiqueta de «para los chicos». Eso me molestó. ¿Tienes ocasiones de conocer a chicos?
Siempre estoy encantado de conocer a chicos.

J. C.: ¿Puedes?
No tanto cuando estoy de gira como cuando no lo estoy. Cuando estás de gira, no tienes ocasión de conocer a nadie. He vuelto a conocer a gente en los últimos años.

J. C.: Es un fenómeno curioso, porque cuando más llegas a ellos es cuando estás de gira, y sin embargo, no puedes llegarles en absoluto.
Es verdad. Pero la próxima vez que salga, va a ser algo más comprensible. En la próxima salida, mi esperanza será tocar la música de otro modo.

H. T.: ¿Cómo puedes sortear los problemas con los que te encontraste la última vez?
No soy realmente consciente de esos problemas. Sé que existen porque todo fue muy estresante, y no es así como se debería trabajar. Pero la situación está en buena medida neutralizada... Los gritos. Incluso un músico como Jimi Hendrix tiene gente que le viene a ver no para gritar sino para escucharle.

H. T.: ¿Ves algún modo de enfocar tu música en público que pudiera dar una perspectiva distinta a la audiencia?
Sí. Tocando las canciones. Mira. La última vez que salimos, hicimos un exceso de producción en las canciones. Todas eran más largas; todas eran canciones mías; no se pensó mucho en el programa; evolucionó por sí solo desde que tocaba por mi cuenta.

J. C.: Y la película de la que estábamos hablando, ¿es un resumen fiel de ese tipo de gira?
Sí. Lo fue. Espero que la gente tenga ocasión de verla.

J. C.: ¿Por qué crees que tu música atrae a los indios americanos?
Desearía que atrajera a todo el mundo.

J. C.: Conozco a gente de los barrios residenciales que no puede soportarla.
Ya. Ojalá hubiera algo que pudiera hacer al respecto.

J. C.: Hace poco, tu disco sonaba en una elegante tienda de Nueva York como música de fondo para la gente que compraba.
H. T.: Pete Seeger me dijo que *John Wesley Harding* es perfecto para patinar. Dijo que algunos discos son buenos para patinar y otros no, y que ése es bueno.
Me alegra inmensamente que lo vea así.

J. C.: ¿Cómo es tu relación con los grupos estudiantiles, los militantes negros, los jóvenes de Columbia o Berkeley?
Si me encontrara con ellos lo haría a título individual. No tengo ninguna relación especial con ningún colectivo.

J. C.: ¿Sigues con atención los acontecimientos, aunque sea desde la distancia?
Como todo el mundo. Sé tanto del tema como la señora de enfrente, y es probable que ella sepa bastante. Con sólo leer el periódico, hablando con los vecinos y demás.

J. C.: Estos grupos se sienten más identificados contigo que con la señora de enfrente.
Puedo asegurarte que yo siento lo mismo. Hay personas que están implicadas en ello y otras que no. Mira. Para implicarte, casi basta con estar ahí. No se me ocurre otro modo de hacerlo.

J. C.: Alguien como Pete Seeger, que es distinto de los que estamos en esta habitación, es alguien que tiende la mano.
Pero, ¿hasta qué punto es él parte de aquello?

H. T.: ¿Contemplas la posibilidad de ir a tener que manifestar determinada postura?
No.

H. T.: ¿No crees que los acontecimientos te alcancen?
No se trata de que no me alcancen. Es más bien un tema de qué es lo que yo puedo alcanzar. Las decisiones que deba tomar son mis propias decisiones, del mismo modo que cualquier otra persona debe tomar las suyas. Y eso no significa necesariamente que deba asumirse determinada postura.

J. C.: Aunque haya sido yo quien te ha hecho esa pregunta, no es realmente una cuestión que me preocupe. Después de todo, si alguien me preguntara eso, lo único que podría decir es que hago lo que puedo, que canto mi propia música, y que si quieren escucharla, pues estupendo.
Sí. Pero no sé. ¿Cuál es la pregunta? Creo que no te sigo.

H. T.: Creo que cada día que pasa nos acercamos más a la necesidad de tomar una decisión.
¿Por qué?

H. T.: Creo que los acontecimientos del mundo están cada día más cerca. Tan cerca como el gueto más próximo.
¿Cómo de cerca está el gueto más próximo?

H. T.: Puede que pasada esta manzana. Los acontecimientos se mueven a escala góspel.
¿Qué acontecimientos?

H. T.: Guerra, problemas raciales, violencia en las calles...
J. C.: Hay aquí un aspecto curioso. Estamos hablando de todo esto y, de un modo extraño, Bob se ha acercado hasta allí mucho más que tú y yo. Le oí decir a Izzy Young que las canciones que se cantaban en Resurrection City eran «Blowin' in the Wind» y «The Times They Are A-Changin'». Así, en cierto sentido, al mantener su postura individual, Bob y sus canciones están en el gueto, y la gente de allí las canta. Para ellos significan acción.
H. T.: Bueno. Los chicos de Columbia University están asumiendo una postura específica en lo que ellos ven como los males actuales. Están tratando de tener su propia voz en el mundo y tratan de superar, a su modo, a la gente que les domina. Y se trata de gente poderosa. Lo mismo que la gente maneja el cotarro. Les podemos llamar el *establishment*. Son los mismos que hacen las guerras, que construyen misiles, que producen los instrumentos de muerte.
Ya. Y así es como va el mundo.

H. T.: Los estudiantes intentan hacerlo ir de otro modo.
Sin duda estoy con los estudiantes. Son ellos los que van a tener que quedarse con el mundo. La gente contra la que luchan son viejos, ideas viejas. No hace falta que luchen, pueden sentarse y esperar.

H. T.: Sin embargo, son estas viejas ideas las que tienen las armas.
J. C.: Quizá el desafío consista en asegurarse de que las jóvenes mentes se mantengan lo bastante abiertas para que no se conviertan en el *establishment* contra el que luchan.
Uno lee acerca de estos rebeldes en los tebeos. Personas rebeldes de los años veinte o treinta con hijos que son rebeldes, y se olvidan de que también ellos lo fueron. ¿Crees que los que participan en los alborotos hoy algún día no tendrán que contener a sus hijos para evitar que hagan lo mismo?

——■——

J. C.: Tus contactos actuales, ¿están formados por artistas, cruzados, ejecutivos o leñadores?
Por artistas y leñadores.

J. C.: ¿Cruzados?
Bueno. ¿Te refieres los que van de aquí para allá con largas túnicas marrones y marañas de hiedra en la cabeza? Conozco a algunos pero no tengo mucho contacto con ellos.

J. C.: ¿Y con los líderes de los grupos estudiantiles? ¿Conoces a Malcolm X o a los chicos del SNCC?
He conocido a algunos.

J. C.: ¿Defensores de causas sociales, como Norman Mailer?
No.

J. C.: ¿Y ejecutivos?
Recibo muchas visitas y veo a mucha gente, ¿cuántos de ellos son ejecutivos? Estoy seguro de que cantidad de ejecutivos han pasado por aquí en las últimas horas. Pero mi memoria de verdad que no llega a tanto.

J. C.: ¿Crees que tu *management* funciona como parachoques a la hora de convertir tu obra artística en negocio?

Yo estoy muy agradecido de que mi *management* esté ahí para hacer lo que debe hacer el *management*. Todo artista debe contar con eso hoy día.

■——■

J. C.: ¿Nos puedes decir algo positivo que ofrezcan las drogas? ¿En qué pueden haber afectado a tu trabajo?

No creo que tengan nada que ofrecer. Hablo de las drogas en el sentido cotidiano de la palabra. Por mi propia experiencia, no tienen nada positivo que ofrecer, pero no hablo en nombre de nadie. Puede que alguien considere que pueden ofrecer muchas cosas.

J. C.: Pero en cuanto a percepciones o nuevas combinaciones, ¿nunca te afectaron?

No. Al cabo de cierto tiempo, esas percepciones las tienes igualmente.

■——■

J. C.: Estuviste trabajando en un libro durante algún tiempo. Lo llamaron *Tarántula*. ¿Has intentado escribir alguna otra obra desde entonces? Y, ¿has aprendido algo del intento?

Sí. He escrito un libro y lo sacarán algún día. Lo publicará Macmillan.

J. C.: ¿Aprendiste algo del que rechazaste?

Aprendí a no hacer un libro como aquél. Ese libro era el tipo de cosa en la que el contrato se tiene que firmar antes de que el libro esté escrito, con lo que tienes que cumplir el contrato.

J. C.: Al repensar esta entrevista, hasta ahora, parece que eso te haya sucedido varias veces en los últimos años, no siempre de acuerdo con tu elección.

Sí. Es verdad. Pero también les pasa a otros y lo superan. Le pasó a Dostoievski, que tenía que redactar cierto número de palabras a la semana. Parece que a Frederick Murrey también, y John Updike debe... Para algunos puede que sea exactamente lo que siempre desearon.

J. C.: Al tratar de escribirlo, ¿encontraste dificultades de estructura o de concepto?
No. No hubo ninguna dificultad al escribirlo. Lo que pasa es que no era un libro, era más bien un engorro. No tenía la calidad que pienso que debiera tener un libro. No tenía ninguna estructura. Simplemente fluía. Un flujo de noventa páginas.

J. C.: Me lleva a pensar en un paralelismo. ¿Te acuerdas de esos viejos blues alocados? Duran y duran. El final de una frase conecta con la siguiente sin que los pensamientos estén relacionados. «Deslizarse arriba y abajo por la sima, los pies en un barreño de grasa, cerillas a la caza», etc. ¿Funcionaba tu libro de ese modo?
Más o menos. Eran frases cortas sin demasiada estructura. Por entonces ni siquiera podía ni plantearme el hacer algo con un gran armazón. Hacía otras cosas.

H. T.: ¿Crees que la escritura futura se servirá de la forma poética o de la novela?
Creo que lo incorporará todo.

—■—

J. C.: Escuchando la radio del coche, oí que ponían una canción tuya en las emisoras de country, «I'll Be Your Baby Tonight». No puedo recordar el nombre del cantante, pero tengo entendido que Burl Ives también la ha grabado.
Muchos las graban. Siempre hacen un buen trabajo.

J. C.: ¿Cuándo escuchaste a Burl Ives por primera vez?
Cuando era un renacuajo.

J. C.: Para ti, ¿aquello era música folk?
Sí. Creo que todo el mundo escuchó esos discos de Burl Ives editados por Decca, con una foto de él con una camiseta a rayas, sosteniendo una guitarra junto a la oreja, ululando.

J. C.: ¿Sabías que sus primeras grabaciones fueron para Moe Asch (de Folkway Records)? Alan Lomax lo había traído. ¿De quién son las primeras grabaciones en que apareces tú?
Grabé con Big Joe Williams.

J. C.: ¿De dónde salió eso con Blind Boy Grunt?

Alguien me dijo que fuera porque estaban haciendo un álbum. Así que fui allí y canté una canción que sólo tenía un par de versos. Y alguien de la cabina de control dice: «Haz algo más». Digo: «Bueno. No hay más. No puedo cantar más». Y va el tío y dice: «Si no puedes cantar, GRUÑE» [Grunt]. Y digo: «¿Que gruña?». Entonces una tipa sentada en una mesa a mi izquierda, dice: «¿Qué nombre habría que ponerle a este disco?», y yo digo: «Gruñido». Y ella dice: «¿Sólo Gruñido?». Entonces el tío de la cabina dice: «Gruñido». Alguien apareció entonces y dijo: «¿Ése era Blind Boy Grunt?», y la señora de la mesa dijo: «Sí. Era ése».

J. C.: Se trataba de Moe Asch y Marion Distler.

Puede ser.

J. C.: Mi última pregunta es su regreso a algo que ya hemos discutido: en el momento actual tus canciones no son tan política o socialmente significativas como lo fueron antes.

¿Cómo lo fueron antes? Podría ser que sean igualmente sociales o políticas, sólo que nadie se ocupa de… Repíteme otra vez la pregunta. [J. C. repite la pregunta.] Probablemente porque nadie se ocupa de verlo del modo en que lo veo yo ahora, mientras que antes yo lo veía del mismo modo que ellos.

H. T.: Se oye mucho la expresión «artistas comprometidos». Pintores, cineastas, actores, que están activamente comprometidos en los acontecimientos actuales a través de su arte.

Bueno. Incluso Miguel Ángel…

H. T.: Muchos artistas sienten que en este momento particular de la historia no pueden limitarse a dedicarse a lo suyo sin contemplar a gran escala lo que sucede a su alrededor.

El tema es si la escala se manifiesta a tu alrededor a partir de lo que tú creas. Eso está bien. Pero si tienes que salir físicamente y experimentarlo una y otra vez, entonces ya es otra historia.

H. T.: Quizá lo más apremiante ahora mismo desde el punto de vista político es la guerra. Y no estoy diciendo que un artista o un grupo de artistas

pueda alterar el curso de la guerra, pero siguen sintiendo la responsabilidad de decir algo.

Conozco a algunos artistas muy buenos que están a favor de la guerra.

H. T.: Ya. Pero estoy hablando de los que están en contra.

Eso es justamente de lo que estoy hablando: es en contra o a favor de la guerra. Y la cosa no va así. No es a favor o en contra de la guerra. Hablo de cierto pintor, y está completamente a favor. Casi está listo para irse él mismo para allá. Y puedo comprenderlo.

H. T.: ¿Por qué no puedes discutir con él?

Yo veo lo que hay en sus cuadros. ¿Y por qué habría de hacerlo?

H. T.: No entiendo qué tiene que ver eso con el hecho de si se debe o no adoptar una posición.

Ya. No hay nada de lo que nosotros podamos hablar realmente.

J. C.: Alguien me dijo que el poeta y artista William Blake dio refugio a Tom Paine cuando hacerlo era peligroso. Con todo, la obra de Blake era mística e introspectiva.
H. T.: Bueno. Separaba su trabajo de sus otras actividades. Mi impresión es que una persona que está a favor de la guerra y lista para ir allí... No creo que podáis compartir los mismos valores fundamentales.

Le conozco desde hace mucho tiempo. Es un caballero y le admiro. Es un buen amigo. Las personas tienen sus propias opiniones. Y de todos modos, ¿cómo sabes que no estoy a favor, como dices, de la guerra?

J. C.: ¿Se puede comparar? El pasado verano estaba construyendo una chimenea con un viejo albañil antes de ir a cantar a la New Politics Convention. Al regresar, estaba partiendo piedra con él, y va y dice: «Todos los problemas de hoy los causa gente como Martin Luther King». Y yo respeto a ese hombre, no por sus comentarios acerca del señor King, sino por su trabajo con la piedra, la consideración que tiene de su oficio, sobre el trabajo en general y la vida y los términos en que los contempla. Es un dilema.
H. T.: Creo que plantearlo así es el camino más fácil. Tienes que sentir tus ideas con fuerza, por más que puedas respetar las de otro. [A Bob] Yo no creo que haya tanta diferencia entre tu trabajo de ahora y el de antes. Puedo ver una continuidad de ideas, aunque no sean políticamente tan blan-

cas o negras como lo fueron. «Masters of War» era una canción en blanco o negro. No era ambigua. Se tomaba una postura.

Era fácil de hacer. Había miles y miles de personas que querían esa canción, de modo que la escribí. No es que lo que hago ahora sea más difícil, pero ya no tengo la facultad de nutrir a esa fuerza necesitada de todas esas canciones. Sé que esa fuerza existe pero mi atención pretende captar otra cosa. Podría encontrar a alguien ahora y puede que ocurriera lo mismo entre esa persona (y yo mismo) que solía ocurrir entre miles.

J. C.: Esto nos lleva a la última consideración de mi lista: en tu último álbum, el foco se ha centrado más en lo individual, axiomas e ideas acerca del vivir, que acerca de las cosas de la sociedad o acusaciones a determinados grupos sociales. En otras palabras, se trata más de cómo se supone que debe obrar cada cual.

Sí. En cierto modo. Diría que es así como vamos creciendo.

12

ENTREVISTA DE JANN S. WENNER, *ROLLING STONE* 29 DE NOVIEMBRE DE 1969

Dicen que Bob Dylan es la persona más secretista y esquiva en toda la esfera del rock & roll. Sin embargo, tras esta entrevista, creo que sería más acertado decir que Bob Dylan, al igual que John Wesley Harding, «un paso en falso jamás en su vida dio».

La preparación para la entrevista lo ilustra bien. Hace unos dieciocho meses, empecé a escribir a Dylan para pedírsela, a la vez que sugería las condiciones, preguntas y motivos para la misma. Hace algo más de un año, la noche antes de salir de Nueva York, la operadora del hotel me pasó un mensaje diciendo que había llamado un tal «señor Dillon».

Dos meses después, conocí a Bob en otro hotel de Nueva York: apareció caminando desgarbado, con un abrigo de piel de borrego, botas de cuero, bien plantado aunque no muy alto. Eran las diez de la mañana y salí de la cama en cueros —así es como duermo—. Hablamos una media hora acerca de la entrevista, para qué era y por qué resultaba necesaria. Bob estaba tanteando la situación, asegurándose de que todo iba a ir bien.

El encuentro fue a finales del otoño de 1968. Se necesitaron ocho meses —hasta finales de junio de 1969— para concretar finalmente la entrevista. El tiempo intermedio se pasó con un montón de llamadas, encuentros fallidos en Nueva York, viajes de Bob a California que no tuvieron lugar y esperas interminables en pos del momento justo para nuestra esperada reunión.

La entrevista tuvo lugar un jueves por la tarde en mi hotel de Nueva York, a la vuelta de la esquina de la funeraria donde diez mil personas inspeccionaron el cadáver de Judy Garland tras aguardar en colas que rodeaban varias manzanas. Nos abstrajimos de toda la algarabía, pero, en cierto modo, parecía apropiado que la entrevista coincidiera con el funeral de Judy Garland.

Bob se mostraba muy cauto en todo lo que decía, y se tomaba su tiempo entre pregunta y pregunta para enunciar exactamente lo que quería decir. Nada más y, en ocasiones, algo menos. Cuando no acababa de estar satisfecho con sus respuestas, formulaba las preguntas de otro modo. Con todo, Bob es un tío enrollado.

Más que editar la entrevista en preguntas escuetas y largas respuestas, dejé todas las pausas, apartes y risas. Así que, en buena medida, no es tan importante lo que se dice como la forma en que se dice. Creo que lo captarán mejor a medida que avanza la entrevista.

¿Por qué has estado tanto tiempo sin trabajar?
Bueno… Yo trabajo.

Digo de gira.
De gira… No sé. Trabajar en la carretera… Mira Jann. Estuve en la carretera durante casi cinco años. Me drogaba… Muchas cosas. Muchas cosas para seguir aguantando, ¿sabes? Y ya no quiero vivir de ese modo. Y esto… Sólo estoy esperando a que lleguen tiempos mejores, ¿sabes lo que quiero decir?

¿Qué harías para que la gira que tienes en mente fuera distinta de las que ya has hecho?
Bueno. Me gustaría bajar un poco el ritmo. La gira que hice… El próximo espectáculo va a ser muy diferente del último. El último, en su primera parte, que duraba cerca de una hora, sólo tocaba quizá seis canciones. Eran canciones largas, largas. Y así es como tuve que empezar a lidiar con distintos métodos para mantenerme despierto, alerta… Porque tenía que recordar la letra de todas esas canciones. Ahora tengo un saco de canciones nuevas. Las escribí para ir de gira. Así que ésas son las que interpretaré en la gira. Sonarán mucho mejor que en disco. Mis canciones siempre suenan mucho mejor en directo que en disco.

¿Por qué?
No lo sé. Pero es así.

En *Nashville Skyline*, ¿quién se ocupa de los arreglos? ¿Músicos de estudio o…?
Ojalá hubieras podido venir la última vez que grabamos. Seguramente

habrías disfrutado... Porque lo ves ahí mismo. Conoces cómo funciona. Cogemos una canción, yo la toco y el resto digamos que la completa de fondo. Tan pronto como está hecho y a la vez que lo estás haciendo, uno de la cabina de control se ocupa de esos diales para captar el sonido apropiado... Y ya está hecho. No hay más.

¿Con sólo ensayar? ¿Basta una toma?
Bueno. Quizá grabamos un par.

¿Cuándo vas a hacer otro disco?
¿Quieres decir que cuándo voy a sacar un álbum?

¿Ya has hecho otro disco?
No. No exactamente. Quería intentarlo y tener uno listo para otoño.

¿Otra vez en Nashville?
Bueno. Nosotros... Creo que sí. Vamos, que parece ser un sitio tan bueno como otro cualquiera.

En *Nashville Skyline*, ¿hay alguna canción que te guste particularmente? Por encima de las demás...
Eh... «Tonight I'll Be Staying Here With You». Me gusta «Tell Me That It Isn't True», aunque salió completamente distinta de como la había escrito. Salió lenta y suave. La había escrito como si fuera una sacudida, tipo polca. La compuse en fa. Muchas canciones de este álbum están en fa. Eso es lo que les da este nuevo sonido. Todas en fa... Bueno, no todas, pero bastantes. No hay muchas que no estén en fa. Tenía esos acordes... Que les da cierto sonido. Trato de ser un poco diferente en cada álbum.

Estoy seguro de que has leído las reseñas de *Nashville Skyline*. Todo el mundo señala tu cambio de estilo al cantar...
Mira, Jann. Te diré algo. No hay tanta variación en mi estilo de cantar, pero te diré algo que es verdad: he dejado de fumar. Y al dejarlo, mi voz cambió... De un modo tan drástico que no me lo creía ni yo. En serio. Ya te digo. Dejas de fumar esos cigarrillos [risas]... Y podrías cantar como Caruso.

¿Cómo hiciste el cambio… o por qué hiciste el cambio de productores, de Tom Wilson a Bob Johnston?

Pues, no lo recuerdo, Jann. No lo recuerdo… Sólo sé que estaba grabando un día, y que Tom siempre había estado ahí —no tenía motivos para pensar que iba a dejar de estar— y un día miro y quien estaba era Bob [risas].

Han salido algunos artículos sobre Wilson, y él dice que fue quien aportó tu sonido rock & roll… Que fue él quien te inició en el rock & roll. ¿Es verdad?

¿Dijo eso? Bueno. Si lo dijo… [risas] Más a su favor [risas]. Lo hizo hasta cierto punto. Eso es cierto. Él tenía un sonido en mente.

¿Has pensado alguna vez en hacer un álbum… Un álbum con muchos arreglos, muy orquestado, ya sabes, con chicas y…?

Bueno. Lo he pensado… Pienso en ello de vez en cuando. Sí.

¿Crees que podrías?

Hago cualquier cosa que venga con naturalidad. Me gustaría hacer un disco así. ¿Te refieres a utilizar mi propio material de esa manera?

Sí. Tu propio material con un fondo vocal y…

Me gustaría. ¿A quién no?

Cuando hiciste el cambio de John Hammond… ¿Qué provocó el cambio de John Hammond?

John Hammond… Me contrató en 1960. Firmé con él para Columbia Records. Creo que produjo mi primer álbum. Y creo que también el segundo.

Y Tom Wilson… ¿Estaba trabajando en Columbia por entonces?

Estaba… Ya sabes. No recuerdo cómo sucedió ni por qué se produjo el cambio. Recuerdo que en una ocasión estaba a punto de grabar para Don Law. ¿Conoces a Don Law? Estaba a punto de grabar para Don Law, pero no lo hice. Le conocí en Nueva York en 1962… Y de nuevo, hace poco, el año pasado cuando hice *John Wesley Harding*. Nos encontramos en su estudio. Vino… Es un gran productor. Produjo muchos de los primeros discos de Columbia y también trabajó para sellos que tenían antes (Okeh y cosas así). Creo que hizo los discos de Robert Johnson.

¿Qué hiciste en el año que transcurrió entre *Blonde on Blonde* y *John Wesley Harding*?

Bueno. Parte de aquel tiempo estuve de gira… Australia, Suecia… Una gira transatlántica. Luego regresé… Y en la primavera de aquel año, tenía programado salir. Estuve un mes fuera, tuve un mes de vacaciones y tenía que regresar a la carretera en julio. *Blonde on Blonde* estaba en lo alto de las listas por entonces. Fue cuando tuve un accidente de moto tremendo… Y eso me dejó fuera de combate por un tiempo… Y seguí sin sentir la gravedad de aquel accidente hasta al menos un año después de aquello. Me di cuenta de que había sido un accidente de verdad. En el sentido de que pensaba que me iba a levantar y volver a lo que había estado haciendo hasta entonces… Pero ya no podía.

¿Que qué hice aquel año? Ayudé en una película… Que se suponía que emitiría *Stage 67*, un programa de televisión que ya no existe… Me parece que no duró mucho.

¿Qué es lo que cambió aquel accidente de moto?

¿Qué cambió? Bueno. Me limitó. Es difícil hablar del cambio, ¿sabes? No es el tipo de cambio que uno pueda expresar con palabras… Más allá del cambio físico. Tenía una vértebra rota. Vértebras cervicales… Y no hay mucho más que decir. No quiero hablar de ello.

Oculto durante un año… Habrás tenido tiempo de pensar. ¿Fue entonces cuando se te ocurrió lo del programa de la ABC? ¿Qué pasó con las cintas de aquello? ¿Cómo es que nunca se emitió?

Bueno. Podría intentar responder a eso, pero… [risas]. Creo que mi mánager respondería mucho mejor.

¿Qué tal es tu relación con John Lennon?

Me encanta ver a John. Siempre. Es un tipo estupendo… Y estoy siempre encantado de verle.

Dijo una vez que la primera vez que os visteis, en Nueva York, después de un concierto o algo así, la situación resultó algo tensa.

Probablemente lo fue. Sí. Bueno. Ya sabes qué percal les tocaba. No podían salir de su habitación. Me decían que casi ni podías entrar para verles. Siempre rodeados de gente, no sólo en las calles, también en los pasillos del hotel. Es verdad que fue algo tensa.

¿Les has visto a menudo posteriormente?
No. No les he visto mucho recientemente.

¿Qué te parece lo de acostarse en favor de la paz? ¿Él y Yoko?
Bueno. Ya sabes… Todo el mundo hace lo que puede. No me importa
que lo haga, la verdad… Estoy siempre encantado de verle.

**¿Lees a los críticos actuales? ¿Los críticos musicales, llamados «escritores
de rock & roll»?**
Intento estar al día. Estar actualizado… Sé que no soy el mejor en la tarea de actualizarme, pero lo intento. No conozco a la mitad de los grupos
que tocan hoy día. No sé ni la mitad de lo que debería.

＊━━＊

**No quisiera resultar entrometido ni entrar en tu vida personal… Pero hubo
una serie de artículos recientemente en el *Village Voice* sobre tus años de
crecimiento, cómo vivías, el instituto. ¿Los leíste?**
Sí. Lo hice. Al menos leí algunos. Pero en cuanto a si me gustó o no, tengo que decir que ninguna de las dos cosas. O sea, que sólo es publicidad
del lugar de donde vengo. Así que si quieren dedicar seis o siete números
a escribir acerca de mí [risas]… Mientras sepan lo que dicen, ¿sabes?
Mientras lo pinten tal cual es, no puedo quejarme.

**Pero algo debes de sentir por el hecho de coger un periódico con una tirada
de cien mil ejemplares y ver que un tipo ha ido allí y ha hablado con tus
padres, con tus primos, con tus tíos…**
Bueno. Una cosa que… No me gustó el modo en que este escritor habló de mi padre, que acababa de morir. No me gustó que hablara de mi
padre y utilizara su nombre. Pero eso es lo único del artículo que no me
gustó. A pesar de todo, a este chaval le quedan varias lecciones que
aprender.

¿Qué es lo que dijo?
No importa lo que dijera. No tenía derecho a hablar de mi padre, que
acababa de morir. Si quiere escribir sobre mí, perfecto. No me importa lo
que quiera decir sobre mí. Me da la impresión de que se aprovechó
de alguna buena gente a la que yo conocí y de que se estaba choteando de
muchas cosas. Tengo la impresión de que se estaba cachondeando de al-

gunas cosas… Este tío, Toby. ¿Me explico, Jann? Así queeee… Bueno. Vamos a dejarlo estar.

He repasado todos los artículos que han aparecido, desde los primeros y las biografías de Columbia, que cuentan la historia de que te fugaste de casa a los once años y a los doce y a los trece… ¿Por qué sacaste esa historia?
¡Yo no saqué ninguna de esas historias!

Pues es la biografía «oficial» de Bob Dylan…
Bueno. Ya sabes cómo funcionan estas cosas, Jann… Si estás sentado en una habitación y se trata de hacer algo… Recuerdo que una vez estaba tocando en Town Hall, y el productor me vino con esa biografía… Ya sabes, soy un *cantautor*, no escribo biografías, y necesito algo de ayuda con estas cosas.

Así que si estoy sentado en un cuarto con gente y digo: «Venga, echadme una mano: dadme una biografía», puede que entre las tres o cuatro personas que haya acabe saliendo algo, una biografía. Así que lo escribimos. Queda bien y el productor del concierto está satisfecho. De hecho, le encanta. ¿Me comprendes?

Pero, a decir verdad, esto no fue escrito para cientos de miles de personas… No era más que un juego para los que fueran allí y pillaran una entrada, ¿sabes? También les pasa una de esas cosas. No es más que el negocio del espectáculo. Y haces eso, y enseguida hay un millón de personas que lo adoptan. Empiezan a pensar que fue escrito para ellos. Y no fue escrito para ellos: fue escrito para los que compraron la entrada para un concierto. Pero ya tienes a toda esta otra gente que se lo toma demasiado en serio. ¿Entiendes lo que digo? Muchas cosas se han inflado desproporcionadamente.

Cuando ya habían salido todos tus discos, estabas trabajando y todo el mundo escribía cosas sobre ti, dejaste que ésa se convirtiera en tu historia… Al ocultar a tus padres, a tus viejos amigos… de algún modo alejaste a la gente de ellos…
¿Lo hice?

Bueno. Ésa era la impresión que daba…
Mis mejores amigos, Jann… Estás hablando de viejos amigos y de buenos amigos… Si quieres hablar en esos términos, te puedo decir que no he visto a mis mejores amigos en quince años…

No soy de ésos que van ocultando las cosas. Si fuera de Nueva Jersey, podría esforzarme por enseñar a la gente mi viejo barrio. Si fuera de Baltimore, lo mismo. Pero bueno, soy del Medio Oeste. Chico, son dos mundos distintos.

Este tema de la Costa Este… Existen algunas similitudes entre la Costa Este y el Medio Oeste y, naturalmente, la gente es similar, pero es un buen salto. Así que yo salí del Medio Oeste, pero no me interesa llevar a nadie hacia allí. No juego a eso.

¿Por qué no publicaste *Tarántula*?

¿Por qué? Bueno… Es una larga historia. Todo empieza cuando de pronto empecé a vender bastantes discos, y comenzó a acumularse cierta publicidad en todas las grandes revistas acerca de esta «joven estrella emergente». Y, bueno, siendo esta industria como es, las editoriales empezaron a mandarme contratos, porque yo daba entrevistas antes y después de los conciertos, y los periodistas decían cosas como: «¿Qué otras cosas escribes?». Y tú decías: «Bueno. Poco más». Y ellos: «Va, venga. Seguro que escribes otras cosas. Dinos algo más. ¿Escribes libros?». Y yo soltaba: «Claro que escribo libros».

Cuando los editores vieron que escribía libros, empezaron a mandarme contratos… Doubleday, Macmillan, Hill and Range [risas]… Cogimos el más gordo, y después resultó que le debíamos un libro. ¿Me sigues?

Pero no había libro. Cogimos el contrato más grande. ¿Por qué? No lo sé. ¿Por qué lo hice? No lo sé. ¿Por qué me dijeron que lo hiciera? No lo sé. De todos modos, les debía un libro.

Así que me senté y me dije: «Bien. He hecho muchas cosas en mi vida. No será tan difícil lo de escribir un libro». Así que me senté y les escribí un libro en las habitaciones de hotel y otros sitios. Además tengo cantidad de papeles por ahí que fueron escritos por otros, así que lo junté todo en una semana y se lo mandé.

Y bueno. Poco tiempo después me lo devolvieron para corregirlo. Cuando lo tuve entre manos de nuevo me dije: «Dios, ¿yo he escrito esto? Yo no voy a sacar esto». ¿Entiendes? «No voy a sacar esto. La gente de mi pueblo no va a pillar nada.» Me dije: «Tengo que hacer algunas correcciones». Se lo dije y me puse a corregirlo. Les dije que lo estaba mejorando.

Tío. Estaban ansiosos por el libro. No les importaba lo que fuera. La gente de allí decía: «Es el nuevo James Joyce», «otro Jack Kerouac», o decían: «Vuelve Homero»… Y todos estaban ahí comiéndose la olla.

Sólo querían vender libros. No querían más que eso. No era por nada en particular... Yo lo sabía y suponía que ellos debían de saberlo. Es su negocio. Lo sabía y yo no era nadie. Si lo sabía yo, ¿de qué iban ellos? Pues que estaban jugando conmigo. Mi libro.

Así que escribí un nuevo libro. Cuando estuve mínimamente satisfecho con él, lo mandé. Bueno. Se lo miraron y dijeron: «Bien. Esto es otro libro». Y yo dije: «Ya. Pero es mejor». Y dijeron: «Vale. Imprimiremos éste». Lo imprimieron y lo devolvieron para corregir. Lo corregí —sólo me miré el primer párrafo— y supe que no podía dejarlo así. Así que me lo llevé de gira. Lo iba a reescribir todo. Me llevé una máquina de escribir por el mundo intentando cumplir con el plazo que me habían dado para sacarlo. Me tenían de cara a la pared. Un puñado de gente invisible. Así que tenía un plazo final. Estaba trabajando en ello justo antes del accidente de moto. Y estaba repasando todo tipo de tipografías distintas y cómo quería que lo imprimieran esta vez. También estaba leyendo a muchos poetas nuevos. Tenía libros que suponía que podían orientarme... Y me servía un poco de todo.

Sin embargo, aquello no era un libro. Sólo servía para satisfacer a los editores para publicar algo para lo que había un contrato. ¿Me sigues? Finalmente, tuve el accidente de moto y eso me liberó de aquello, porque ya no me importaba. Tal como están las cosas ahora, Jann, podría escribir un libro. Pero lo escribiré primero y luego lo entregaré. ¿Me sigues?

¿Tienes algún tema particular en mente, o un plan para el libro?
¿Y tú?

¿Para el tuyo o para el mío?
[Risas] Para cualquiera.

¿Qué escritores actuales te gustan? En el sentido de cuáles serían los que leerías si estuvieras escribiendo un libro. ¿Norman Mailer?
Todos. Se puede aprender de todos.

¿Qué me dices de los poetas? Una vez dijiste algo acerca de Smokey Robinson.
No quise decir Smokey Robinson, quería decir Arthur Rimbaud. No sé cómo pude confundir a Smokey Robinson con Arthur Rimbaud [risas]. Pero así fue.

¿Ves mucho a Allen Ginsberg?
Nada. En absoluto.

¿Crees que tuvo alguna influencia en tus letras?
Creo que así fue en un período determinado. El período de... «Desolation Row». Aquel período de Nueva York en que todas las canciones eran urbanas. La suya es poesía de ciudad. Suena como la ciudad.

Antes hablabas de ir de gira y tomar drogas. En aquel período salieron canciones como «Mr. Tambourine Man» y «Baby Blue», que muchos periodistas han relacionado con la experiencia narcótica, no en el sentido de que sea «música psicodélica» o de que sean canciones de droga, sino de que hubieran surgido a partir del consumo de drogas.
¿En qué sentido?

En términos de percepción. Las percepciones... La conciencia que destilan las canciones...
¿Te refieres a la conciencia del minuto?

La conciencia de la mente.
Así lo creo.

¿El consumo de drogas influyó en las canciones?
No. No en su escritura. Pero me mantuvo despierto para bombearlas.

¿Por qué abandonaste la ciudad y las canciones de ciudad por el campo y las canciones country?
¿Canciones country?

Las canciones... Has hablado de «Highway 61» como de una canción de la ciudad, y las canciones de Nueva York...
¿Estaba eso en el álbum?

¿«Highway 61»? «Desolation Row», «Queen Jane»...
Se trataba también de lo que el público quería oír, no lo olvides. Cuando tocas cada noche ante el público, sabes lo que quieren escuchar. Entonces es más fácil escribir canciones. ¿Sabes de qué hablo?

Mucha gente —escritores, universitarios, aspirantes— se sintieron tremendamente afectados por tu música y lo que cuentas en las letras. ¿Sí?

Sin duda. Sentían que todo eso tenía que ver con sus vidas... Quiero decir que tú debes de ser consciente del modo en que la gente se acerca a tu obra.
No del todo. ¿Por qué no me lo cuentas?

Creo que si lo reducimos a los términos más simples, la expectación de tu público, o de la parte de tu público con la que estoy familiarizado, se debe a que siente que tienes la respuesta.
¿Qué respuesta?

Como en la película *Don't Look Back*, la gente que te pregunta: «¿Por qué? ¿Qué es? ¿Dónde está?». La gente está tremendamente ávida de lo que escribes y dices. ¿Te produce alguna reacción todo eso? ¿Te sientes responsable ante ellos?
No quisiera que nadie se preocupara por eso... Pero chico, si pudiera aliviar la desazón de alguien, sería el primero en hacerlo. Aliviar cualquier carga. Descargar cualquier peso. No quiero que nadie se vuelva adicto... [risas] y menos a mí o a lo que yo haga. No se trata de eso.

Déjame que lo plantee de otro modo... A lo que voy es a que tú eres una figura extremadamente importante en la música y una figura extremadamente importante en la experiencia de madurar hoy día. Tanto si tú te sitúas en esa posición como si no, estás en una posición. Y habrás pensado en ello... Y tengo curiosidad por saber qué piensas al respecto...
¿Qué puedo pensar? ¿Qué puedo hacer?

¿Te preguntas si realmente eres esa persona?
¿Cuál?

Un gran «líder de la juventud».
Si pensara que soy esa persona, ¿no estaría allí ejerciendo? ¿No estaría...? Si pensara que me debo a eso, ¿no estaría haciéndolo? No tengo que ocultar nada. Ese Maharishi... Él piensa eso, ¿verdad? Está allí haciendo eso. Si yo pensara así, lo practicaría. Estás de acuerdo, ¿no? De modo que, claramente, no lo pienso.

¿Qué piensas acerca de ocupar involuntariamente esa posición?
Esa posición la podría ocupar otro. Yo me dedico a la música, tío. Escribo canciones. Mantengo cierto equilibrio respecto de las cosas, y creo que debería existir un orden en todo. Debajo de todo eso, también creo que hay gente formada para ese trabajo del que hablas —ese rollo de «líder de la juventud»— ¿sabes? O sea, tiene que haber gente formada para ese tipo de trabajo. Y yo no soy más que una persona que hace lo que hace. Que trata de ir tirando… Sin meterme con las cosas de los demás. Eso es todo.

Has sido muy reticente a hablar con los periodistas, la prensa y demás… ¿Por qué?
¿Tú por qué crees?

Bueno. Sé por qué no te metes en esas cosas.
Bien. Si sabes por qué, entonces se lo cuentas tú… Porque me resulta algo pesado hablar de ello. La gente no entiende cómo funciona la prensa. La gente no entiende que sólo te utilizan para vender periódicos. Y, en cierto modo, eso no es malo… Pero cuando te citan mal a cada paso y cuando te utilizan sólo para tener una historia y luego lo lees… No es nada de lo que imaginaste que pasó. Y bueno. Sabe mal. Sabe mal porque piensas que te están tomando por idiota. Y cuanto peor te sabe, menos ganas tienes de hacerlo. ¿No te parece?

¿Ha habido periodistas o escritores que te gustaran? Que creas que lo hicieron bien, que escribieron artículos ajustados…
¿Sobre qué?

Sobre ti. Por ejemplo, recuerdo dos trabajos… Uno era en el *New Yorker*, firmado por Nat Hentoff…
Sí. Me gustaron. En cierto modo, me gustan todos. Tanto si te hacen sentir mal como si no. En cierto modo me gustan todos. Raramente disfruto con ellos, Jann, pero… Quiero decir, no puedo pasarme el día leyendo lo que la gente escribe [risas]. No conozco a nadie que pueda, ¿tú?

¿Cuántas horas del día le dedicas a escribir canciones y a tocar la guitarra?
Bueno. Intento hacerlo cuando me apetece. Toco la guitarra allí donde encuentro una. Pero las canciones trato de escribirlas cuando me vienen. Trato de hacerlo todo… Porque si no te dedicas a todo ello, es imposible

que te salga. Y las mejores canciones que puedes escribir salen en habitaciones de motel y en el coche… Espacios que ocupas provisionalmente. Porque te ves forzado a hacerlo. De hecho, facilita el que te metas en ello.

Vas a la cocina, intentas escribir una canción, y no puedes escribirla. Conozco a gente que lo hace. Algunos escritores de canciones que van al trabajo cada día a las ocho y media y regresan a las cinco. Normalmente, se traen algo de vuelta… Y bueno, eso tampoco es ilegal. Todo depende de cómo lo hagas. En cuanto a mí, yo no tengo ese tipo de recursos, así que sólo las consigo cuando me vienen. Y cuando no vienen, no voy a por ellas.

¿A qué aspiras cuando haces un disco? O sea, ¿por qué cualidades lo juzgas cuando lo oyes?
Hummm… Por el espíritu. Me gusta escuchar algo que te acaricie la oreja de vez en cuando. Quizá sea el espíritu… ¿No te parece? Quiero decir que si no hay espíritu no importa lo buena que sea una canción.

¿Cuál fue el origen de esa recopilación de canciones conocida como *Basement Tapes*? ¿Escribiste la mayoría de aquellas canciones, aquellas maquetas, para ti mismo?
No. No se trataba de maquetas para mí mismo. Eran maquetas de las canciones. De nuevo me estaban apremiando… Para que concretara una serie de canciones. Ya sabes cómo van estas cosas.

¿Piensas en algún artista en particular para alguna de esas canciones?
No. Simplemente fue divertido hacerlas. Disfruté. De hecho, lo volvería a hacer. Ya sabes… Ése es precisamente el modo de hacer una grabación —en un ambiente plácido y relajado— en el sótano de alguien. Con las ventanas abiertas… Y un perro echado en el suelo.

¿Cómo es tu día a día?
Hummm… Me resultaría imposible explicarte eso, Jann. Cada día es distinto. Depende de lo que haga. Puede que esté dando vueltas con el coche o pintando una barca o puede que me dedique a limpiar las ventanas. Hago lo que tengo que hacer. Toco mucha música. Siempre trato de imaginar conciertos que nunca salen. No sé qué es, pero a veces nos reunimos y digo: «Vale. Vamos a coger seis canciones y las arreglamos». Así que hacemos seis canciones, las apañamos en, digamos, cuarenta minutos… Hay un cronó-

metro que calcula el tiempo de cada una. Pero, bueno, la cosa no sale.

Chico, me he estado dando prisa... Durante mucho tiempo. Y lamento haberlo hecho. Todo el tiempo en que te apresuras, no eres realmente consciente. Intentas que salgan las cosas en lugar de dejar que sucedan. ¿Me sigues?

Eso es lo extraño de esta entrevista.
Ya. Bueno. Yo no veo nada de extraño en ella. Creo que está yendo estupendamente.

El propósito de cualquier entrevista es permitir que la persona entrevistada descargue su mente.
Bueno. Eso es lo que estoy haciendo.

Y tratar de sacar eso es...
Chico, eso es un buen... Sería un título fantástico para una canción: «Descarga mi mente. Bajo a la tienda... Me acerco a la esquina para descargar mi mente». Voy a escribirlo cuando regrese [risas]. «Voy a Tallahassee a descargar mi cabeza.»

En una de tus canciones de *Highway 61* dijiste: «Necesito una mujer volquete para descargarme la cabeza». ¿Sigues necesitando un volquete o algo así? [risas]
¿En qué álbum era?

Era en *Highway 61*. Lo que quiero preguntarte es, ¿qué cambios se han producido entre la época en que hiciste *Highway 61* y *Nashville Skyline* o *John Wesley Harding*?
¿Cambios? Creo que no sé exactamente a qué te refieres.

¿De qué modo ha cambiado tu vida? Tu enfoque sobre... Tu visión de lo que haces...
No mucho. Sigo siendo el mismo. Sigo eeeh... Con la misma dedicación que antes. Haciendo lo mismo de siempre.

¿Crees que te has hecho sedentario y que has bajado el ritmo?
Eso espero. En la época de *Blonde on Blonde* iba a una velocidad endemoniada. A una velocidad brutal.

¿Cómo se produjo el cambio? ¿El accidente de moto?
Asimilé lo que vino. Así es cómo hice los cambios. Asimilé lo que vino.

¿De dónde vienen?
¿De dónde viene qué? Bueno. Los cambios vienen de las mismas fuentes que los de todo el mundo. No sé si vienen de dentro de uno más de lo que puedan venir de fuera o si son ajenos a uno mismo. ¿Comprendes? Quizá el interior y el exterior sean lo mismo. Pero yo lo siento del mismo modo que cualquier otro. Cómo era aquella antigua frase, una frase de una de esas viejas canciones… «Lo puedo reconocer en los demás, lo puedo sentir en mí». No puedes decir que es de fuera o de dentro. Es ambas cosas.

¿Hay algunos álbumes o temas que pienses ahora que son particularmente buenos?
¿En cualquiera de mis discos? ¿Como canciones o como interpretaciones?

Como canciones.
Sí. Bastantes.

¿Cuáles?
Bueno. Si tuviera que tocar ahora… Si diera un concierto… Sabrías cuáles porque las tocaría. ¿Sabes? Pero no sé cuáles tocaría ahora. Tendría que revolver y escoger. Está claro que no podría tocarlas todas. Me gusta «Maggie's Farm». Siempre me gustó «Highway 61 Revisted». Siempre me gustó ésa. «Mr. Tambourine Man» y «Blowin' in the Wind» y «Girl from the North Country» y «Boots of Spanish Leather» y «The Times They Are A-Changin'»… Me gustaba «Ramona».

¿Dónde escribiste «Desolation Row»? ¿Dónde estabas cuando la escribiste?
En el asiento trasero de un taxi.

¿En Nueva York?
Sí.

Durante el período en que grababas canciones con acompañamiento de rock, con toda una banda eléctrica, de esas canciones de rock & roll que hiciste, ¿cuáles te gustan?
Las mejores canciones de rock & roll… ¿Cuáles tenemos?

Eeeh... «Like a Rolling Stone».
Sí. Quizá ésa sea la que más me gusta.

Y ése fue el disco de Tom Wilson... ¿Cómo es que nunca volviste a tocar con aquel grupo de músicos?
Bueno. Michael Bloomfield estaba de gira con Paul Butterfield por aquel entonces... Y sólo podía dar con él cuando podía. De modo que no iba a esperar a Michael Bloomfield para hacer discos. Toca muy bien, no hay duda. Le echo de menos, pero, ¿qué podía hacer?

Si hablamos de las canciones como actuaciones, ¿cuál de las interpretaciones que has hecho, las que han llegado a grabarse...?
Me gusta «Like a Rolling Stone»... Puedo escucharla hoy mismo, ya que la has mencionado. Me gusta ese sonido. ¿Te refieres a interpretaciones grabadas?

Sí. En tu interpretación de la canción...
Me gustan algunas del último álbum, no sé. En el estudio tiendo a reconcentrarme. Nunca me noto lo bastante. Nunca sueno como yo me intuyo.

Hay un tipo llamado Alan Weberman que escribe en el *East Village Other*. Se autodenomina el mejor dylanólogo del mundo. ¿Le conoces?
No... Ah, sí. ¿Es el que despedaza mis canciones? Ya. Tendría que darse un respiro. Está un poco ido. Vi algo que escribió sobre «All Allong the Watchtower» y, chico, déjame que te diga: ese tío delira. No sólo se inventó una fantasía —ahí le influyó Allen Ginsberg— sino que ni siquiera oye bien la letra de la canción. No la escuchó bien. ¿Te lo puedes creer? O sea, este tío no podía oír la letra... Pero seguro que trabaja duro. Seguro que trabaja bien. Si pudiera encontrar algo que hacer... Lástima que se trate de mis canciones, porque no estoy seguro de que en mis canciones haya suficiente material para mantener a alguien que está destinado a hacer algo grande. ¿Me comprendes?

Vamos, que un tipo así estaría mucho mejor escribiendo sobre Tolstoi o Dostoievsky o Freud... Haciendo un gran análisis de alguien que tenga incontables volúmenes escritos. Pero es que yo sólo tengo unos pocos discos. Alguien que dedica tanto tiempo a esos pocos discos cuando existe tal cantidad de material que ni siquiera se ha tocado aún, o que ni se ha escuchado o leído... A mí se me escapa... ¿No se te escapa a ti?

Entiendo que se le dedique tiempo. Pero leí esto en el *East Village Other*. Lo leí... Y era agudo. Y disfruté leyéndolo [risas] en cierto sentido, pero tampoco quería que nadie se lo tomara tan en serio. ¿Me sigues?

Sólo representa a miles de personas que se lo toman en serio.
Bueno. Eso es cosa suya. ¿Por qué no verlo así? Es cosa de ellos y de él. Pero yo soy la fuente de todo eso y no sé si es cosa mía o no, pero soy la fuente. ¿Entiendes? Así que lo veo de una forma algo diferente de como lo hacen ellos.

Parte de tu público se lo toma obviamente muy en serio, y espera algo de ti...
No estaría donde estoy sin ellos. Así que les debo mi música.

La intensidad de ciertas respuestas, ¿te agobia?
No. No. Más bien la disfruto.

¿Cómo imaginas que son tus seguidores?
Bueno. Creo que de todo tipo. Probablemente sabes tanto como yo. Ya sabes, hay todo tipo de gente. Recuerdo que cuando daba conciertos no podías clasificarlos a todos. Todos los *road managers* y los porteadores e incluso los camioneros percibirían hasta qué punto las audiencias difieren, si hablamos en términos individuales. Incluso a veces tengo un concierto y aparece el mismo tipo de gente. O sea, ¿qué quiere decir eso?

¿Has votado en las presidenciales?
Llegamos tarde al colegio electoral [risas].

La gente siempre se pregunta por el significado de ésta o aquella canción... Y muchas de ellas parecen basarse en alguien real, como cualquier otra obra de ficción. ¿Hay canciones en particular que puedas relacionar con personas concretas, que inspiraran la canción?
No puedo. No.

¿Qué le dirías a alguien que te preguntara que de qué va «Leopard-Skin Pill-Box Hat»?
No es más que eso. Creo que es algo que saqué de un periódico. Puede que viera uno [un bonete de piel de leopardo] en el escaparate de unos

grandes almacenes. No hay mucho más. Sé que la cosa puede inflarse hasta crear una cierta ilusión. Pero en realidad, no hay más que eso. Sólo un bonete de piel de leopardo. Eso es todo.

◼—◼

¿Cómo entraste en contacto con The Band?
Bueno. Había una joven que trabajaba en el despacho de Al Grossman. Se llamaba Mary Martin y es de Canadá. Y era un alma notablemente perseverante, arriba y abajo por la oficina haciendo su trabajo. Era secretaria. Trabajaba como secretaria y conocía a todos los grupos y a todos los cantantes de Canadá. Era canadiense. Sea como fuere, el caso es que necesitaba un grupo para tocar canciones eléctricas.

¿Dónde les oíste tocar?
Nunca les oí tocar. Creo que el grupo que yo quería eran Jim Burton y Joe Osborne. Quería a Jim Burton, y que Joe Osborne tocara el bajo, y a Mickey Jones. Conocía a Mickey Jones, tocaba con Johnny Rivers. Pero estaban todos en California. Y había ciertas dificultades para juntar a todo ese grupo. Uno de ellos no quería volar y Mickey no podía participar inmediatamente, y creo que Jim Burton estaba tocando con un grupo de la televisión por entonces.

¿Tocaba con Ricky Nelson?
Creo que eso fue después. Tocaba con un grupo que se llamaba los Shindogs, y estaban en la televisión. Tenía ese trabajo. Así estaban las cosas y Mary Martin seguía insistiendo en este grupo que estaba en Nueva Jersey… Creo que estaban en Elizabeth, Nueva Jersey, o en Hartford, Connecticut, o alguna ciudad no muy lejos de Nueva York. Ella les iba insistiendo y consiguió que dos de ellos vinieran a la oficina para conocernos. Sólo les pregunté si podían hacerlo y dijeron que sí [risas]. Esos dos dijeron que sí. Y así empezó todo. Muy fácil. Ya ves.

¿Cómo es que nunca hiciste un álbum con ellos?
Lo intentamos. Grabamos un par de temas en los viejos estudios Columbia de Nueva York. Grabamos dos o tres y, justo después de «Positively 4th Street», grabamos algunos singles. Pero no acabaron de despegar. Deberías escucharlos. Se pueden encontrar. Pero no despegaron. Ni siquiera entraron en las listas.

Consiguientemente, no he vuelto a las listas desde los singles. Nunca me preocupé mucho por los singles, porque hay que prestarles mucha atención. A menos que hagas un álbum entero de singles. Los tienes que hacer por separado. Así que en realidad no los veía mucho de ese modo.

Pero tocar con The Band fue algo natural. Tenemos un sonido realmente diferente. Realmente diferente. Escuché uno de los discos recientemente... En un jukebox. «Please Crawl Out Your Window.»

¿Ése era uno? ¿Y los otros?
Hubo algunas canciones más en aquella sesión... «Sooner or Later», ésa era de *Blonde on Blonde*. Es una de mis canciones preferidas.

¿Qué papel jugaste en el álbum *Big Pink*, que grabaron por su cuenta?
Yo no hice nada en ese álbum. Lo hicieron con John Simon.

¿Tocaste el piano o algo así?
No.

¿Qué tipo de sonido escuchabas cuando te pusiste a hacer *John Wesley Harding*?
Escuchaba lo que estaba consiguiendo Gordon Lightfoot, con Charlie McCoy y Kenny Buttrey. Ya había utilizado a Charlie y Kenny con anterioridad, y pensé que si él podía conseguir ese sonido, yo también podría. Pero no pudimos [risas]. Hicimos la intentona, pero no salió. Sacamos un sonido diferente... No sé cómo podrías llamarlo... Es un sonido amortiguado.

En la cabina de control solía haber mucha fricción con los discos que hacía. Yo no lo sabía. No me enteré hasta hace poco. Uno quería aplicar un limitador de amplitud a esto y otro aplicar un eco a aquello y alguien más quería no sé qué. Y yo, que no me entero de nada de eso, lo dejo en el aire. En manos de otro.

La fricción se produjo entre el ingeniero y el productor...
No. Entre los mánagers, los consejeros y los agentes.

¿Normalmente tienes sesiones con todas estas personas allí o prefieres encerrarlas?
Bueno. A veces hay cantidad de gente. A veces ni siquiera te puedes mover, con tanta gente... En otras ocasiones, no hay nadie. Sólo los músicos.

¿Qué te resulta más cómodo?

Es mucho más cómodo cuando hay… Bueno. No sé. Podría ser de ambos modos. Depende del tipo de canción que vaya a hacer. Puede que haga una canción en la que prefiera a toda esa gente por ahí. Luego, puedo hacer otra en la que tenga que cerrar la luz, ¿sabes?

«Sad Eyed Lady of the Lowlands», ¿se planeó como una cara entera?

Empezó como algo modesto. «Sad Eyed Lady of the Lowlands.» Pero me dejé llevar en algún momento del proceso. Me senté a la mesa y empecé a escribir. En la misma sesión. Y me dejé llevar… Empecé a escribir y ya no pude parar. Pasado un tiempo, me olvidé de qué iba aquello, y traté de regresar al principio [risas]. Sí.

John Wesley Harding. ¿Por qué lo llamaste así?

Verás. Lo llamé así porque tenía esa canción, «John Wesley Harding». No significaba nada especial. Lo llamé así, Jann, porque tenía la canción «John Wesley Harding», que empezó como una balada larga. Iba a escribir una balada sobre… Quizá como una de esas viejas del oeste… Ya sabes, una balada realmente larga. Pero a la mitad del segundo verso, me cansé. Tenía una melodía y no quería desperdiciarla. Era una melodía simple y agradable, así que escribí un tercer verso rápido, y lo grabé.

¿Por qué escogiste el nombre del bandido John Wesley Harding?

Se ajusta al tempo. Se ajusta perfectamente al tempo. Es lo que tenía a mano.

¿Qué otros títulos barajabas para el álbum?

Para ése ninguno. Fue el único título que se me ocurrió para ése. Pero para _Nashville Skyline_, se me ocurrió _John Wesley Harding, Volume II_. Íbamos a hacer eso… La discográfica quería llamarlo _Love Is All There Is_. Yo no lo veía mal, pero creo que daba algo de miedo…

¿Qué me dices de _Blonde on Blonde_?

Bueno. No recuerdo exactamente cómo salió. Lo único que sé es que fue de un modo ingenuo. Tiene que ver únicamente con la palabra. Yo no sé quién pensó en eso. Te aseguro que no fui yo.

De todos los álbumes como tales, excluyendo los recientes, ¿cuál crees que es el más logrado en cuanto a sus pretensiones? ¿Cuál fue el más completo para ti?

Creo que el segundo. El segundo que hice.

¿Por qué?

Bueno. Me sentí realmente bien haciendo un álbum con material propio, y escogí algunas cosas, como la guitarra, que era una Gibson grande. Me sentí muy realizado con eso. «Don't Think Twice.» Tuve ocasión de hacer algo de eso. Tuve ocasión de usar una afinación abierta… «Oxford Town», creo que está en ese álbum. Eso es afinación abierta. Tuve ocasión de hacer un blues hablado. Tuve ocasión de hacer baladas, como «Girl from the North Country». Era más variado. Eso me gustó.

De entre las eléctricas, ¿cuáles son las que prefieres?

En cuanto al sonido, prefiero este último. Por el sonido que tiene. Es que ahora suelo escuchar en busca de sonido.

¿Y como conjunto de canciones?

¿Canciones? Este último álbum quizá signifique más para mí porque supuso una especie de reto. En cierto sentido. Y… Hay cierto orgullo en eso.

¿Fue más premeditado que otros? O sea, ¿sabías tras lo que ibas?

Exacto.

El nombre *Nashville Skyline*…

La verdad es que siempre me gusta vincular el nombre del álbum con el de alguna canción. Y si no es una canción, una cierta atmósfera general. Creo que ahí encajaba porque era menos intrusivo y menos específico que cualquiera de los otros.

Está claro que no podía titular el álbum «Lay, Lady, Lay». No me habría gustado llamarlo así, a pesar de que se apuntó la posibilidad. No obtuvo mi voto, pero se planteó. «Peggy Day»… «Lay, Peggy Day» también se planteó. Salieron muchas cosas. «Tonight I'll Be Staying Here with Peggy Day.» Ése fue otro. Algunos títulos simplemente no parecían encajar. «Girl from the North Country.» Ése fue otro título que no parecía encajar. Imagíname en la tapa sosteniendo una guitarra y la leyenda «Girl from the North Country» impresa encima [risas]. «Tell Me That It Isn't Peggy Day». No sé a quién se le ocurrió ése.

¿Qué pasaba, en términos generales, para que quisieras empezar a traba-jar con The Band en lugar de hacerlo solo?
Yo trabajaba solo porque no había mucha movida. No la había. Había por ahí alguna gente asentada... Sí. Los Four Seasons... Había algunos otros grupos asentados. Pero yo trabajaba solo porque era más fácil. Ade-más, toda la gente que conocía estaba trabajando sola, escribiendo y can-tando. No había grandes oportunidades para grupos o bandas por enton-ces. No las había. Ya lo sabes.

¿Cuándo decidiste hacerte con uno? La primera vez que tocaste con un gru-po fue en Forest Hills. ¿Por qué sentiste que había llegado el momento?
¿Para hacer qué? Bueno. Por entonces ya podía pagar a un grupo. Es que no quería que me pusieran un grupo de apoyo a menos que lo pudiera pagar.

¿Tienes ocasión de trabajar a menudo con The Band? ¿En el campo?
¿Trabajar? Trabajar es otra cosa. Claro que siempre andamos repasando material antiguo. Siempre tocamos. Repasamos cosas viejas. Material nuevo... Y distintos tipos de material. Haciendo pruebas con esto y aquello.

¿Te ves más como poeta, como cantante, como estrella del rock, como hom-bre casado...?
Como todo eso. Me veo como todo eso. Hombre casado, poeta, cantante, compositor, custodio, guarda... Todo ello. Lo seré todo. Me siento «con-finado» si tengo que escoger una cosa u otra. ¿Tú no?

13

ENTREVISTA DE A. J. WEBERMAN, *EAST VILLAGE OTHER* 19 DE ENERO DE 1971

Entrevista a Dylan realizada por A. J. Weberman, dylanólogo y ministro de Defensa del Frente de Liberación Dylaniano
Texto de (naturalmente) A. J. Weberman, dylanólogo

PREFACIO
La siguiente entrevista consiste en una serie de conversaciones que mantuve con Dylan a principios de enero de 1971. Como D no me dejó grabarlas, las tuve que reconstruir a partir de mis recuerdos. Cuando le mostré a Bob lo que me había salido, dijo: «Está plagado de mentiras y no es más que un mierda viscoso hablando con un tipo, que luego escribe sobre ello». Corregimos mis errores al teléfono y D me dio algunas citas (grabé la conversación y he incluido partes de la misma). Creo que capté el salto del alcance de D en la medida de lo posible.

NOTA
D = Dylan
EA = envoltorio actual

El día que conocí a Dylan estaba jodidamente agobiado. Cerdos. Puta mierda. Me estaba volviendo un puto loco. Conseguí llegar a la clase sobre Dylan que doy cada semana en la universidad alternativa y estuve soltando el rollo hasta que dije: «El trabajo de campo de hoy es una excursión a la cueva de D». Unos cincuenta nos dirigimos por la Sexta Avenida hasta la calle MacDougal. Cuando llegamos a la Calle 4, señalé la queli donde D vivía, en los números 62-64, y traté de explicar qué relación tenía con el single de D, POSITIVELY FOURTH STREET, pero un borracho no me dejaba articular palabra. Seguimos marchando y aparecieron un par de niños de la calle por el camino (eso es lo peligroso de hacer algo así; vamos, que puedo fiarme de la gente de mi clase, pero estos chicos rebosaban violencia mal orientada). Enseguida estuvimos frente a la casa de D. Empecé a gritar, EY BOBBY POR FAVOR ASÓMATE A LA VENTANA. También gritó alguien más: ABRE LA PUERTA BOBBY. Las luces empezaron a encenderse y a apagarse y uno de los críos de D apareció en la ventana y empezó a jugar con sus cuadernos en el alféizar, como construyendo una tapia contra nosotros. Dejamos de gritar. Invité a la clase al vestíbulo de D para mostrarles donde D «iba para hacer una llamadita», pero por entonces la clase ya se había partido en dos. Los Liberacionistas Dylanianos acérrimos se quedaron conmigo en el vestíbulo, mientras que la gente de rollo más fan permaneció al otro lado de la calle. Entonces, Eric Williams (FLD) dijo: «Ey, tío, he visto a alguien mirando desde lo alto de las escaleras por un instante». ¡Dylan estaba en casa!

Salimos y decidimos hurgar en la basura de D con la clase, así que formamos un círculo a mi alrededor. David Peel (FLD) señaló que sus bolsas de basura eran verdes, como su dinero. Mi «Artículo de la basura» ya había salido, así que no había nada interesante que encontrar, pero lo hicimos igualmente. Entonces uno de los niños de la calle decidió que iba a entrar en la casa por una ventana. Le estaba explicando lo que le íbamos a hacer si lo intentaba (todavía no estaba listo para una manifa ilegal) cuando Sharon (FLD tendencia rollo fan) viene y dice: «Hay alguien al otro lado de la calle que se PARECE A DYLAN UN HUEVO». «A la mierda —pensé—. ¿Qué coño voy a hacer? D me ha pillado con las manos en la masa hurgando en su basura. Se va a cabrear… Igual se pone violento. Puede que tenga que darle de hostias a ese chupón baboso ahora mismo.» Miré y vi a Bob justo frente a mí al otro lado de la calle. Vestía vaqueros, llevaba gafas sin montura y parecía que le salía humo de la cabeza. Me quedé donde estaba. David Peel vino hacia mí y me empujó hacia delante. Aquello parecía *Solo ante el peligro*. «No me abandones, oh, dylanología mía.» Por fin me encaminé hacia él. Se antojaba un cruce entre su «cáscara actual» y un estudioso del Talmud, y dije: «¿Qué pasa, tío?». «Apaga la grabadora» (llevaba una e hice lo que decía). Entonces D dijo: «Al, ¿por qué te traes a toda esta gente a mi casa?». «Es un trabajo de campo con mi clase sobre Dylan, tío… Pero de hecho es una manifestación contra ti y contra todo lo que has acabado representando en la música rock.» «Alan, vamos a hablar de esto», y me agarró del brazo (supe en aquel mismo instante que pretendía hacerme daño) y empezó a apretar y no tuve más opción que seguirle. «Tranqui, tío —grité—, eso duele de cojones. Nada de violencia, a no ser que quieras pelear ahora mismo y aquí.» «Al, ¿has escrito alguna vez algo sobre mis técnicas de kárate? ¿Has escrito tú algo sobre mi raza y lo has dejado en mi buzón?» «Sabía que practicabas kárate pero nunca he escrito nada al respecto... ¿Tu raza...?» «¿De qué raza eres tú, Alan?» «De la raza humana.» «¿Y de qué raza eran tus padres?» «Bueno. Yo creo que se consideraban judíos. Me parece.» «¿Estás seguro de que nunca has escrito nada sobre mi raza?» «No, tío, no es de tu raza de lo que estoy en contra, es de tu política y de tu estilo de vida.» «Ya. No pensé que fueras capaz de hacerlo, Al.» «Oye, Bob, ¿qué haces con todo tu dinero?» «Lo destino todo a los kibbutz en Israel y a Far Rockaway.» «Pero tú fuiste uno de los primeros judíos que menospreció Israel.» «¿Dónde?» «En las notas de *Another Side of Bob Dylan.*» «¡No lo recuerdo!... ¿Sabes, Al? Has estado en la ciudad demasiado tiempo. La ciudad afecta a tu capacidad de pensar. Sé lo que se siente.»

D se sentó en un umbral a unas manzanas de su casa y proseguimos la conversación: «¿Qué pasa con tu EA, Bobby?». Sacudió la cabeza e hizo algo que haría pensar a la gente que, de hecho, decía la verdad. Pero no a A.J. Lo que él dice: «Sobrevolaremos el océano TAL COMO SOSPE-CHAN ELLOS». («Sobrevolar el océano» es una metáfora para la EA de D tomada de otros contextos.) Más tarde, me dijo: «Todo el mundo me ha preguntado por tu escrito». EL RUMOR. «El hombre en Dylan haría prácticamente cualquier tarea en caso de serle solicitada retribución...» Eso fue lo que le aportó su cáscara actual. «De mis pies a mis talones.» ¿Pilláis lo que digo?

Algo retraído por la voluntad de D por cooperar, le dije: «Tío, pero está toda esa evidencia en tu poesía. Podría estarme aquí horas y horas repasándolo... Y además están todas las canciones que te escribieron otros poetas en tu propio lenguaje y en las que te degradan por tu EA». «Al, tienes que tener claro que mi poesía no refleja cómo me siento actualmente. Queda muchos años atrás.» «Ya. Y una mierda...»

Así que hablamos. D dijo que no entendía a los Panteras Negras por su postura ante la crisis de Oriente Próximo —«el pequeño Israel contra todos esos...»—. Me puse a contarle a D que los Panteras creen que todo el mundo tiene derecho a vivir: judíos, árabes y refugiados palestinos. Entonces aparece este chaval de mi clase y dice que quiere hablar con D. Le dije que muy bien pero que esperara hasta que termináramos... Tenía algo importante que decirle a Bob y no sabía a ciencia cierta si le volvería a ver. (Había que aprovechar la ocasión.) Y este tarado va y suelta: «Eres un fraude y la dylanología también». Así que le agarré del cuello y le grité: «¡ÁBRETE, GILIPOLLAS!» Se fue, pero al andar gritó con entonación de párvulo: «WEBERMAN ESTÁ PIRATEANDO TARÁNTULA» (la novela retirada de D). Dylan dijo que yo sólo tenía la mitad del libro —la otra mitad estaba en Calif.— y que jamás debería preocuparme sobre quedarme sin cosas por interpretar. Me dijo hace dos meses que me iba a invitar a su casa de Woodstock. Pregunté: «¿Cómo puede ser que no lo hicieras? ¿Cómo puede ser que tuviera que montar una manifestación enfrente de tu casa para negociar…? Sabes lo dedicado que soy y lo bien que conozco tu trabajo». «Lo sé, Al, y un día haremos una excursión juntos e interpretaré todas mis canciones para ti.» «No iremos a los muelles, supongo.» «No, Al. Asustas a mis vecinos gritando de ese modo.» «Perdona, tío. No pretendía fastidiar a gente inocente con eso… Pero estaba con estos dementes radicales en The Archives y les dije dónde estabas y se les ocurrió ir a destrozar tu casa pero yo les dije: NO LO HAGÁIS… No es justo para los hijos de Dylan.» «Al, conozco a mucha gente con ganas de lastimarte. Especialmente, después del tema "basura". Ya sabes, todos esos universitarios que acuden a mi basura y pillan cosas para llevarse a los dormitorios… Tampoco te gustaría que estos chicos…» «Hazte con un compresor de basura y vendré una vez a la semana a recogerla.» «No me gustan las máquinas… No. Eso no es verdad.» «Bob, tú no me harías liquidar, ¿verdad que no?» «¿Asustado?» «Claro, tío. Esto es una oligarquía. Cuanto más dinero tienes, más poder.» «No lo haría, Al, no te preocupes. Además, es demasiado tarde.» «Lo suponía, tío. Sería como si General Motors liquidara a Nader. Pero si lo haces, MEJOR que lo hagas bien.»

Proseguí y le dirigí a D una charla contra el imperialismo, el racismo y el sexismo (no parecía estar escuchando) y entonces le dije que NASHVILLE SKYLINE apestaba y que SELF PORTRAIT era un atraco, ya que mucha gente lo había comprado, lo había puesto una vez y lo había relegado en un estante. Ninguno de los dos tenía relación alguna con la realidad objetiva. Dylan respondió con calma: «Ya. Había un par de buenas canciones en S.P.: DAYS OF FORTY-NINE y KOPPER KETTLE… Y sin esos dos LPs no existiría NEW MORNING. De todos modos, y en cuanto a mi música, apenas estoy empezando a enderezarme de nuevo… Al, ¿tomas anfetaminas?». «No, tío. El motivo por el que tengo tanta energía es que estoy sintonizado con la fuerza vital que trata de afirmarse aquí en la tierra: ESTOY VIVO, TÍO.» «¿Por qué preocuparse tanto por la tierra cuando hay…?». «¿De qué quieres que me preocupe? ¿De si Marte nos invade?» «¿Qué drogas consumes, Al?» «Sólo maría y cafeína, ¿y tú?» «No tomo.» «¡Y UNA MIERDA!» Aunque debo admitir que la mirada de D parecía normal casi siempre que nos encontrábamos. «Bueno. Ya nos veremos, Al. Eres un tipo interesante. Te veo en unas semanas.» Le di un señor apretón y se abrió.

Cuando llegué a casa estaba agotado. Estaba perorando con Harvey, un amigo abogado, cuando sonó el teléfono: «Hola, Al, soy Bob». De pronto, el teléfono empezó a parecerse a mi tocadiscos. «¿Quieres pasarte mañana?» «Eso es como preguntarle a un yonqui si le apetece un pico.» «Al. Quería agradecerte que me hayas ayudado a vender un montón de discos. Tus artículos han ayudado a mantener la cosa.» «Sí. Ése es un aspecto de la dylanología que no pillo… Pero puede que lo cancele pronto.» «Al, ¿tienes carné de conducir?» «No. Nunca me lo saqué.» «Lástima. Hay una plaza de chófer vacante.» «¿Estás intentado comprarme, tío? PORQUE YA PUEDES OLVIDARTE. No tienes una puta chance.» «No. No estaba intentando comprarte. Sólo quería que me vieras desde otro asiento. Has pasado demasiado tiempo en la calle.» «Oye, Bob, ¿te acuerdas de la canción CHAMPAGNE, ILLINOIS que escribiste para Carl Perkins?» «Sí. Pensé que Carl necesitaba una canción.» «Algo necesitaba. De todos modos, ¿por qué no escribir una canción llamada CARBONDALE, ILLINOIS? Porque allí es donde los cerdos asesinaron a aquel hombre negro que iba a testificar contra ellos…» Dylan permaneció callado. «¿Estás ahí? Llámame mañana.» Y colgué.

Al día siguiente me llamó y me dijo que me pasara por su estudio en el centro con una pletina y un amplificador si quería escuchar algunas cintas curiosas de D, pues en el estudio sólo tenía un tocadiscos. Mi señora de siempre, Ann, me ayudó a llevar el material hasta allí y luego se abrió porque D había dicho que quería verme a solas. D empezó: «Te he visto mucho por ahí, Al.» «Bob, vamos a instalar el equipo, ¿vale?» Fui hasta el altavoz y le pedí que lo desconectara y empezó a destornillar el terminal sin cable. «Déjame hacerlo, tío», y lo hice. (Este poco de teatro y la milonga sobre no tener grabadora en el estudio era una astuta artimaña destinada a convencerme de que a D no le va lo de grabar conversaciones, pero no me lo tragué y mantuve el tipo cuando se me incitaba a soltar comentarios autoincriminatorios.)

Empezamos: «¿Qué piensas de Tim Leary?», preguntó Dylan. «Creo que es fantástico. O sea, estaba en el tema revolucionario del todo, pero sintió que podía atraer a mucha clase media si hablaba de ello en términos místicos. Es un héroe nacional de la Nación Woodstock. ¿Tú qué crees?» «No me interesa la política.» «¿Y cómo es que siempre encuentro periódicos en tu basura?» «No es mi basura… Podría ser de cualquiera del edificio. Todos mezclamos la basura.» «¡Ya, seguro! Oye, tío. Te diré algo sobre tu política: es jodidamente genocida, porque hablo con mucha gente cuando estoy en la calle vendiendo TARÁNTULA y la mayoría de la gente con la que hablo tiene la impresión de que en aquella entrevista para SING OUT! apoyas la guerra del Vietnam.» «Sólo lo hice para devolvérsela a los tarados que no me dejaban en paz y no me permitían ir a mis anchas en Woodstock: cada cinco minutos aparecía alguien a la puerta. Esto de la fama se ha salido de madre. Nunca esperé hacerme tan famoso. NO ME GUSTA. Adondequiera que vaya, tío, incluso si voy a un pueblo perdido, un puñado de tarados siempre se las arregla para encontrarme y se ponen como locos.» «Agénciate una peluca. Así nunca te reconocerán.» «¿Por qué no me la compras tú, Al…?» «Ey, tío, ¿cómo te da por relacionarte con Cash…? Ese lacayo era tan conservador cuando hicisteis cosas juntos que Nixon le invitó más tarde a cantar a la Casa Blanca & Cash todavía pierde el tiempo alabando la política genocida de Nixon en sus conciertos.» «Escucho a Cash desde que era niño… Me encanta.» «Bob, eres tan jodidamente conservador últimamente… Me sorprende que Nixon no te invitara a cantar para él.» «A mí también, tío.» «Tío, casi toda la otra gente del rock te menosprecia en sus canciones, en tu propio lenguaje, por tu política.» «Sólo reutilizan mi fraseo.»

«No, tío, entienden lo que dices del mismo modo que yo, estudiando tu poesía.»

«¿Por qué no les preguntas a ellos?» «Tío, lo negarían porque es un lenguaje secreto y por la naturaleza controvertida de tu EA de la que cantan. De todos modos, es poesía y le corresponde averiguarlo al oyente o al crítico.» «Niego que esté pasando y ellos también.» «Oye, Dylan tío. Todos vosotros podéis negarme el culo, pero mientras no planteéis un sistema que resulte más consistente, que tenga más sentido, etc., EL MÍO SIRVE, ¿PILLAS?» «NO.»

«Y, tío. Si de veras crees en tu cáscara actual y quieres seguir en ella, ¿cómo puede ser que renuncies a ti mismo en tu poesía? Y la poesía es lo suficientemente simple como para que mucha gente la entienda. ¿No es eso un indicativo de contradicción en tu personalidad?» Ya le tenía, a Dylan. De pronto se entristeció y calló. Parecía herido. Casi me dio pena. «Oye, Bob, ¿estás bien? O sea, muchos de estos tipos son una farsa. Menospreciándote por no hacer nada cuando ellos mismos no hacen una mierda.» «Recuerda, Al. Yo no soy como ellos… No acabo de salir de la universidad…» «Tío, le has dicho a todo el mundo que mis interpretaciones están "pa'llá"… Veamos cómo interpretas una de tus canciones. Luego la interpreto yo y veremos qué interpretación es mejor… ¿Qué te parece TONIGHT I'LL BE STAYING HERE WITH YOU?» «Vale. Pero me siento un idiota… Eché mi billete por la ventana… Así que estábamos en Nashville y el tren se iba y, como yo no quería marcharme, dije…» «Oye, tío, ¿no cantaste «la mano en el dinero» en lugar de "la mano en el billete" (de MR. JONES) en un concierto en Inglaterra?» «Sí.» «Entonces, ¿el billete no simboliza el dinero?» «Un billete es cualquier cosa que quieras que sea.» «¿O sea que tu simbolismo no es sólido?» «Tan sólido como yo.» «¿Así que no se trata de dinero?» «Podría.» Entonces, Dylan cambió de tema. «¿Estás seguro de que no has escrito tú ninguna carta sobre mi raza?» «No, tío, ¿cuántas veces tengo que repetirlo? Además, todas las cartas que te he escrito estaban en papel oficial de Archivos Dylan. ¿Lo estaba aquélla?» «Sí. La tengo justo aquí.» No la pudo encontrar. (En la medida en que «carta» simboliza «artículo» en la simbología de Dylan, quizá se estuviera refiriendo a mi «artículo basura» en EVO, en el que, después de encontrar postales y notas de agradecimiento de la familia de D, escribí: «Qué bueno ver que Dylan sigue siendo un Zimmerman». Lo que quise decir con eso era: «Qué bueno que D siga relacionándose con la clase media, mediocres, como su familia directa». Era un rollo en la tradición «no creas en Zimmerman» de Lenny Bruce LIMA OHIO & John Lennon, y no algo antisemita.)

«¿Alguna vez me escribiste una canción?» «Nunca.» «¿Qué me dices de «Dear Landlord»? ¿O se la dedicaste a Grossman?» «No pensaba en Grossman cuando la escribí. Sólo después, cuando la gente empezó a decir que la canción podría haber sido escrita para Grossman, pensé que quizá sí… Es una canción abstracta… Pero puedes estar seguro de que no se escribió para ti… Todavía no te conocía por entonces.» «¿Sigue Albert trabajando para ti?» «No.»

A lo largo de la conversación el teléfono no dejó de sonar y, en determinado momento, apareció alguien que le pasó a D la carta de un fan y un libro de poemas. Leyó la carta allí mismo y me pasó el libro de poemas. «Míratelo. Dime qué te parece. Aconséjame. Eres un tío razonable y algo de consejo me iría bien, incluso político.» «Y una mierda.» «Tendría que salir mi libro de poemas en un par de años y un libro con todas mis canciones también debería de salir pronto y tengo pensado sacar esa canción de la que tienes tú una curiosa cinta —SHE'S YOUR LOVER NOW— como single.» «Y una mierda... ¿qué te parece mi trabajo, tío?» «Tu enfoque es sincero.» «¿Sabes? Si hubiera vivido en otra época quizá habría sido un estudioso del Talmud.» «Yo también.» «Supongo que sí... Dices que soy "sincero"... ¿Por qué no lo dijiste en la entrevista de *Rolling Stone* en lugar de decir que se me iba la cabeza?» «Ya paso de eso. La única razón por la que concedí esa entrevista es porque llevaban años acosándome.» «¿Sigues de cerca la crítica de rock?» «No.» «¿Y cómo es que encontré todos esos periódicos musicales en tu basura?» «Sólo los leo cuando me los trae Al Kooper... ¿Quieres escuchar una cinta?» Puso una toma (era D cantando DON'T YE TELL HENRY, una canción que The Band toca a menudo en los conciertos). Eso apuntalaba mi teoría de que D trabajaba para The Band. «Tenemos una versión mejor de esa cinta en los Archivos.» Entonces D me ofreció un montón de material que me ayudaría en mi «carrera» como crítico de rock. Podría ir a las sesiones de grabación. Dijo que podía llamarle e informarme sobre sus nuevos discos para hacer así la reseña «directamente de la fuente», por decirlo de alguna forma. Casi me dio la impresión de que iba a gozar de todos esos privilegios si me comportaba. Y UNA MIERDA. «¿Quieres ver el resto del estudio?» Entramos en una habitación repleta de instrumentos del grupo y con pinturas de D. Eran cosas impresionistas. Como abismales. «¿Qué te parecen mis cuadros?» «Limítate a la poesía.» «Pinto lo que me viene a la cabeza.» «Sí. El vacío.» Por vez primera D se rió. NO ES FÁCIL que Dylan SE RÍA. Pero podía entender el tema del vacío. Entonces decidí dejar las cosas claras: «Dylan, tienes que asumir tus responsabilidades como héroe cultural. Tú eres Dylan, tío. A cualquier chalado se le ablanda el corazón por ti. Te quieren. Tú eres DYLAN, DYLAN, DYLAN». «Yo no soy Dylan. Tú eres Dylan.» «Ya sé que eres algún otro, ¿no?» Regresamos a la parte anterior del estudio. «¿Quieres unos discos, Al?» «No. Los pillo gratis de las discográficas.» «¿Quieres una foto rara de mí?» «Ya te dije que toda esa mierda en los Archivos... Volviendo al tema, ¿pensaste alguna vez en que quizá la riqueza te haya corrompido? Una vez dijiste que cuanto más te juegas en el sistema más conservador te vuelves: "Relaciones de propiedad susurran al cantar", etc. Y tío, utilizaste la lucha de los negros por una vida decente para hacerte famoso… Recuerda BLOWIN' IN THE WIND y, encima, les afanaste la música a los negros. LES DEBES MUCHO. ¿Hay algo de cierto en lo que digo, tío?» «Puede ser.» Entonces empecé a contarle a Bobby por qué siento lo que siento acerca de la liberación del tercer mundo y solté una parrafada sobre mi visita con un tipo muy pobre a México. «Escribamos una canción juntos acerca de tu viaje y nos partimos los royalties.» «Mándale mi parte a César Chávez, tío.» «Tú me dices lo que pasó y yo me ocupo de escribir.» «Estaba en Progreso, en Yucatán, y estuve con este trabajador. Típico rollo tercer mundo: pobreza, hambre, enfermedad —como nacer en una pesadilla, agonía de muerte interminable— en cualquier caso, el tipo se hizo "bracero"… Que rima con sombrero.» «Y el tipo piensa que los comunistas son "gente menuda" —le habían lavado el cerebro—. Su casa estaba junto a un vertedero. Entonces, hay que convencer a los americanos —con esta canción— de que deberían apoyar las guerras de liberación nacional.» Dylan dio con una canción que iba así: «Allí en Progreso vivía un bracero en un sombrero repleto de expreso». «¿De qué coño vas, tío? Nadie se va a convencer de nada si escribes tan abstracto.» «Así soy yo, Al.»

«¿Sabes algo de los otros libros que escriben sobre mí?» «Bueno. Robert Shelton, Tony Scaduto y Toby Thompson están escribiendo libros. Conozco a Tony. Dice que va por ahí hablando con tus viejos amigos (Jack Elliott, los McKenzie, etc.) y con tus antiguas amantes (Suzie Rotolo, Joanie Baez, etc.) recogiendo información sobre ti. Decía que habría querido estudiar tus letras pero que sabe que no conseguiría el permiso para reproducirlas.» «Ése no es el motivo. Jamás las habría entendido. El tipo sólo sacará unos cuantos rumores.» «Pero hizo un buen trabajo.»

«Tío. Pienso que eres jodidamente reaccionario. No utilizas tu influencia para salvar vidas. Mira toda la muerte que nos rodea. Mira lo que acaba de pasar en Pakistán. Eso es resultado del capitalismo. La gente era tan pobre que no podía lidiar con un desastre natural.» «Me pregunto por qué el buen Señor querría que toda esa gente muriera.» «¡Tú no crees en Dios…!» «Claro que creo…» «Y qué me dices de WITH GOD ON OUR SIDE… ¿Creías en Dios por entonces?» «Seguramente, también entonces.»

«¿Qué me dices de destinar parte de tus 5 millones de dólares para salvar vidas?» «No tengo tanto.» «Y una mierda. Tengo info de primera mano, cerdo multimillonario. En cualquier caso, ya te proclamaste millonario en el 65. Y nunca destinas nada a fines benéficos. Y luego están tus letras apolíticas… Todos los que escucharon NASHVILLE SKYLINE dijeron: "Dylan tiene el cerebro reblandecido. Le canta al amor". Te cortaste el pelo y sólo ayudas en las carreras de rockeros apolíticos. Eres un quinqui y yo y el FLD vamos a hacer un espectáculo sobre ti. Tienes alguna mierda entre manos que te va hacer estallar la cabeza. Y no sólo eso. Toda la escena del rock que tiene algo de conciencia política va a ir a por ti. Lennon ya ha empezado llamándote Zimmerman. McGuinn te ha rebajado.» «¿Dónde?» «En Creem.» «¿Cómo?» «Diciendo que escribiste BALLAD OF EASY RIDER a pesar de que le dijiste a él que no lo hiciera.» «¿Qué? Mira. Quiero saber quién va a hacer esto [enojándose] porque no estoy dispuesto a aceptarlo. Les voy a dar. Les voy a dar. Se lo comerán entero. Peor para ellos… ¡Colgados!» «Oye, Bob, ¿por qué no le muestras tu corazón a la gente y donas dinero para John Sinclair.» «No estoy por ayudar a Sinclair con un concierto ni estoy por hacer conciertos de ningún tipo ahora mismo, tío.» «No tienes más que aparecer, darle un poco a la guitarra y cien mil tarados saldrán de su casa para ir donde estés…» «Lo siento, Al. No puedo hacerlo. Pero escribiré una canción sobre los presos políticos en mi próximo álbum…» «No quiero promesas para de aquí a nueve meses, QUIERO ACCIÓN YA MISMO… Mira, Bob. Tú marcaste las pautas del rock y si te conviertes en algo parecido a un ser humano muchos otros intérpretes te seguirán…»

«Al. Mucho de lo que haces no es de buena ley. Pones micros en teléfonos y hurgas en la basura como un cerdo.» «Pero no vendí la basura a la revista LIFE.» «Te darán dinero por tus artículos.» «No soy como tú, tío. Los mando todos gratis… Todo debería ser gratis… El dinero es esclavitud. Estoy orgulloso de hacerlo así.» «No hay motivo para no estarlo, pero Al, voy a escribir una canción sobre ti.» «Me irá bien la publicidad.» «Ése es uno de los motivos por los que no lo haría… Pero tengo una buena canción llamada CERDO.» «No me lo podría tomar en serio viniendo de ti, un multimillonario que amasa pasta. No importa cómo lo pongas porque cuando tú tienes toda esa pasta y la mayoría de la población mundial tiene mierda, te conviertes en el enemigo: en EL CERDO. Bobby, no eres más que otro capitalista. Pero en lugar de producir coches, armas, etc., produces cultura.» «Ya es algo.» «Sí que lo es… "Blue moon, you left me standing alone"…» «Al. Si fuera un niño en fase de crecimiento iría con mucho ojo contigo… Mantendría los ojos bien abiertos. Me cambiaría de acera si me cruzara contigo. Al, ¿por qué no te compras una guitarra y empleas toda esa energía para un buen fin?» «Pero se necesita a gente como yo. Nadie hace lo que yo.» «Pero eres tan extremo…» «Gracias.» «Se te va mucho y no hay nada que equilibre en el otro extremo…» «¿Qué me dices de los críticos de rock mediocres?» «Están en el medio…» «Mira, Bob. Todos dicen que soy un farsante. Griel Mucus, Richie Goldstein, Christgau… son todos unos CORRUPTOS.»

EL SOL SE HABÍA PUESTO y la esposa de Dylan le había llamado para la cena un par de veces. Bob me dio su número de teléfono y me pidió que le llamara cuando fuera a la radio o cuando saliera algo. «¿Me has oído alguna vez en la radio, Bob?» «Un par de veces en el show de Alex Bennett. Me gustó cuando te preguntó si tenías algún mensaje personal para mí. ¿Qué piensas de Bob Fass?» «Es un hermano revolucionario pero se le olvida cuando te ataca porque eras un viejo amigo suyo.» «Bueno, Al. Ya nos veremos. Y otra cosa: no te vayas a meter en mi vida.» «¿Por qué?» «Si lo haces puede que me gane un alma.» «¿Es una amenaza?»

Hablar con Dylan fue como hablar con un espectro. El viejo Dylan, lleno de ideas y de historia, se había desvanecido. Había sido reemplazado por una cáscara. También fue como hablar con un estafador que se estuviera estafando a sí mismo. Sé que D sigue en su cáscara actual y que estuvo tratando de aplacarme sirviéndose de su carisma y ofreciéndome su «amistad». Tratando de camelarme a mí y al FLD. Pero seguiremos luchando hasta la victoria.

LIBERAD A BOB DYLAN
PODER PARA EL PUEBLO

14

ENTREVISTA DE JONATHAN COTT, *ROLLING STONE* 26 DE ENERO DE 1978

Conducíamos por Sunset Boulevard —Navidad en Los Ángeles— en busca de un sitio donde comer, cuando Bob Dylan vio a Santa Claus rodeado de cientos de animales de peluche abordando a la gente por la calle. «Santa Claus en el desierto —comentó con cierto desconcierto—, la verdad es que te come la moral.»

Unos minutos después, pasó bajo una marquesina que mostraba una foto de George Burns señalando un álbum de John Denver y alabándolo encarecidamente. «¿Has visto la película en la que salían juntos? —me preguntó Dylan—. La verdad es que George Burns casi que me gusta. ¿De qué hacía?»

«La vi en el avión que me trajo aquí. Hacía de Dios.»

«Qué pedazo de personaje», replicó Dylan.

Él lo debería saber mejor que nadie. Durante años ha sido adorado, y merecidamente. Sus canciones son milagros. Sus maneras son misteriosas e insondables. Con palabras y música, ha despertado de nuevo, alterando así nuestra experiencia del mundo. Tanto al afirmar («quien no anda ocupado en nacer, lo hace en morir») como al imaginar («Mis sueños son de hierro y acero / Con un gran ramo de rosas colgando / Desde los cielos al suelo») ha mantenido viva la idea del poeta y artista como aguijón (el ojo visionario de la sociedad), a la vez que ha seguido abierto a una concepción del arte que abraza y respeta por igual a Charles Baudelaire y a Charlie Patton, a Arthur Rimbaud y a Smokey Robinson.

«El misterio es un factor esencial de cualquier obra de arte —decía el director Luis Buñuel en un perfil reciente aparecido en el *New Yorker* y firmado por Penelope Gilliatt—. No suele abundar en el cine, que debería ser el arte más misterioso de todos. La mayoría de los cineastas se cuidan de no perturbarnos abriéndonos las ventanas de la pantalla a su mundo de poesía. El cine es un arma fantástica cuando la maneja un espíritu libre. De todos los medios de expresión, es el que más se acerca a la imaginación humana. ¿Qué bien puede hacer si se limita a remedar lo más conformista y sentimental que hay en nosotros? Resulta curioso que las películas puedan crear tales momentos de condensación ritual. El deslizamiento de lo cotidiano hacia el drama.»

Leí estas palabras durante mi vuelo hacia Los Ángeles —después de contemplar la película «convencional y sentimental» del avión— sin casi saber que, un día después, vería una película que encarnaba perfectamente la noción buñueliana de las posibilidades cinematográficas.

Renaldo y Clara —una película notable y audaz de cuatro horas que se estrenará en Nueva York y en Los Ángeles el 25 de enero y, poco después, en las salas de todo el país— es la segunda película de Bob Dylan. La primera, *Eat the Document*, era una especie de antidocumental. Un viaje nocturno a través de los paisajes inconexos de la gira mundial de Dylan y The Band en 1966. Un mágico barco arremolinado hecho de cortes repentinos, «listo para desvanecerse». Fue un trabajo fascinante, pero vino y se fue tras unas pocas proyecciones.

Permanecer en un determinado nivel, no importa lo elevado que éste sea, es un pecado, dijo una vez un maestro espiritual. Y del mismo modo en que es imposible que Bob Dylan «cante la misma canción de la misma manera dos veces» —tal como dice él mismo—, su nueva película es un desplazamiento de *Eat the Document*, y anuncia la llegada de un visionario espíritu libre cinematográfico.

Concebida a lo largo de diez años, y editada por Howard Alk y el propio Dylan a partir de cuatrocientas horas de metraje, *Renaldo y Clara* se filmó durante la Rolling Thunder Revue de 1975-76, cuyos participantes configuran un plantel que incluye a Bob Dylan (Renaldo), Sara Dylan (Clara), Joan Baez (la mujer de blanco), Ronni Hawkins (Bob Dylan), Ronee Blakley (señora Dylan), Jack Elliott (Longheno de Castro), Bob Neuwirth (la tortilla enmascarada), Allen Ginsberg (el padre), David Blue (David Blue) y Roger McGuinn (Roger McGuinn).

«¿Quién eres tú, Bob Dylan?» era el titular del periódico francés que lee Jean-Pierre Leaud en *Masculin-Feminin* de Jean-Luc Godard. Y el misterio de *Renaldo y Clara* es: «¿Quién es Bob Dylan?», «¿Quién es Renaldo?» y «¿Qué relación hay entre ellos?».

Decidí preguntárselo al propio Dylan.

«Está Renaldo —me dijo—. Hay un tipo con la cara blanca cantando en el escenario, y está Ronnie Hawkins, que interpreta a Bob Dylan. Bob Dylan aparece en los créditos como intérprete de Renaldo, pero Ronnie Hawkins aparece como Bob Dylan.»

«Así que Bob Dylan —supuse— puede que esté o no en la película.»

«Exacto.»

«Pero Bob Dylan hizo la película.»

«Bob Dylan no hizo la película. La hice yo.»

«Yo es otro», escribió Rimbaud, y tal afirmación queda sin duda demostrada en *Renaldo y Clara*, en la que los personajes con máscara y sombrero —a menudo intercambiables— se sientan en restaurantes y charlan, desaparecen, reaparecen, intercambian flores, discuten, visitan cementerios, tocan música, viajan en tren y en furgoneta y, en una estimulante escena, bailan al borde de una hermosa bahía, juntan sus manos y empiezan a entonar un canto indio con el acompañamiento de un animado coro. Una fusión de religión y rock & roll.

Para el ojo anagógico, no obstante, la película parece tratar de un hombre —que podría pasar por ser la jota de corazones: el intérprete principal de «Lily, Rosemary and the Jack of Hearts». Una carta entre cartas, una imagen entre imágenes— y de una mujer. Juntos se verán atenazados por una serie de encuentros románticos que son recreaciones del gran Misterio, y que culminan con la confrontación entre la mujer de blanco (Joan Baez), Clara (Sara Dylan) y Renaldo (Bob Dylan). Un encuentro en la frontera entre el mito y la realidad. Sirviéndose de su nombre y de su imagen física como materia prima de la película, Bob Dylan —como los reyes renacentistas de los espectáculos de danza y baile— se mueve osada y ambiguamente entre la ficción, la representación, la identificación y la participación.

Renaldo y Clara, naturalmente, es una película con metraje de conciertos espléndidamente filmados y grabados en que aparecen intensas interpretaciones por parte de Dylan de canciones como «It Ain't Me, Babe», «A Hard Rain's A-Gonna Fall» y «Knockin' on Heaven's Door», cuyo último solo instrumental, delicado y misterioso, hace que te sientas como si estuvieras entrando en las puertas del paraíso. Evitando todos los tópicos cinematográficos y la frenética estética de los reportajes televisivos sobre rock & roll, las cámaras coreografían sutilmente las canciones —revelando estructuras y sentimientos— o bien enfocan a un Dylan con el rostro blanqueado y a sus pintados músicos acompañantes en embelesados e intensos primeros planos.

Alrededor de estos episodios musicales, Dylan ha entrelazado una serie de escenas superpuestas —haciéndose eco inconscientemente de pasajes similares en obras de Cocteau, Cassavetes y, especialmente, Jacques Rivette—, cada una de las cuales arroja luz sobre las demás. Escenas y personajes se duplican y reflejan entre sí, se disocian y entremezclan; siempre, en palabras del director, «con motivo pero sin lógica». Así, cuando Clara (Sara Dylan) le dice a Renaldo: «Soy libre... Puedo cambiar», evoca las palabras pronunciadas anteriormente por la mujer de blanco (Joan Baez) a Renaldo: «No he cambiado tanto. ¿Y tú?». Y Renaldo replica: «Quizá».

Y luego están las correspondencias y los mundos duplicados. Las escenas del burdel —con Joan Baez y Sara Dylan interpretando a prostitutas y Allen Ginsberg a algo parecido a un putero budista— pasan a ser una imagen del infierno Vajra, la idea budista tántrica del infierno de diamante irrompible. El músico que le cierra el paso a uno en el *backstage* se convierte en el guardián de las puertas.

Lo más atrevido y misterioso de *Renaldo y Clara*, de todos modos, es la manera como contrapone música con acción, letras con diálogo, unas canciones con otras. En una escena, por ejemplo, Rodeo (Sam Shepard) trata de ganarse a Clara, y en la banda sonora escuchamos, casi subliminalmente, lo que parecen ser los acordes de «Oh, Sister», hasta que uno se da cuenta de que se trata de «One Too Many Mornings». Como si las propias canciones trataran de comunicarse entre ellas. Como si se estuvieran despidiendo la una de la otra:

> You're right from your side
> I'm right from mine
> We're both just one too many mornings
> An' a thousand miles behind

[Tú tienes tus razones / Y yo las mías / A ambos nos faltan mil millas / Y nos sobra una mañana]

En otra escena, miembros de la Rolling Thunder Revue se unen en un recibimiento a miembros de la tribu india de los Tuscarora, mientras oímos de fondo la evocadora versión de «People Get Ready» proveniente de una sesión de ensayo de Dylan. Y, por fin, en otra escena, Renaldo se apresura nervioso por la calle de una ciudad, adentrándose para entablar una especie de contacto furtivo con la tortilla enmascarada (Bob Neuwirth), bajo el acompañamiento de la versión dylaniana de «Little Moses», por encima de la cual oímos los poderosos versos de la poetisa Anne Waldman en «Fast Speaking Woman» («Soy la mujer druida / Soy la mujer Ibo / Soy la mujer budista / Soy la mujer vibrato»).

«Tus películas le hacen preguntarse a uno qué es lo que pasa con las mentes de las personas», le dice Penelope Gilliatt a Buñuel, a lo que él responde: «Sueños, y también las cuestiones más cotidianas: "¿Qué hora es?", "¿quieres comer?"». A pesar de la condensación y densidad de la mayoría de las escenas de *Renaldo y Clara*, existe también una inmediatez y claridad expositivas que acaban por fijar los episodios en tu mente. Como un sueño especial que deseamos recordar.

«Tengo la impresión de que ésta será una película modesta», dijo Buñuel durante el rodaje de *Ese oscuro objeto del deseo*, que bien podría haber sido el título de *Renaldo y Clara*. «Sólo se necesita un agujero para mirar afuera —prosiguió Buñuel—, como una araña que ha tejido su tela y recuerda cómo era el mundo exterior. Ese agujero es el secreto de las cosas. Un artista puede brindar un margen esencial de vigilancia.»

Renaldo y Clara es una película larga, pero también evanescente e íntima. «El arte es el movimiento perpetuo de la ilusión», dice Dylan en la entrevista posterior, y que tuvo lugar en Los Ángeles durante la Navidad. «El más elevado propósito del arte —prosigue Dylan— es inspirar. ¿Qué más puedes hacer? ¿Qué más puedes hacer por alguien aparte de inspirarle?»

Si alguien me preguntara de qué va *Renaldo y Clara* le diría: del arte y de la vida, de la identidad y de Dios, amenizada con cantidad de encuentros en bares, restaurantes, comedores, cabarets y estaciones de autobús.
¿Quieres volver a verla? ¿Te ayudaría volver a verla?

¿Crees que estoy muy confundido con la peli?
No. Para nada. No es sólo sobre estaciones de autobús y cabarets y música en vivo e identidad. Estos elementos intervienen, pero es, ante todo, sobre identidad. La identidad de todos. Es más, es sobre la identidad de Renaldo, así que superponemos nuestra propia visión sobre Renaldo: es su visión y es su sueño.

¿Sabes de qué va la película? Empieza con música. Ves a un tipo con máscara [Bob Dylan], pero puedes ver a través de la máscara que lleva, y está cantando «When I Paint My Masterpiece». Así que ya de entrada ves que hay una implicación con la música. La música se encara contigo.

También frases como «casi puedes pensar que estás viendo doble».
Exacto. También en cuanto a la letra. Pero sigues sin saber realmente… Y luego te sales de todo eso, y parece que hay una gira. Oyes cosas y ves gente… No es exactamente como una gira, pero hay una cierta energía… Como propia de una gira. Hay una lucha. Hay un periodista que más tarde aparece en las escenas de restaurantes.
Bien. Entonces viene David Blue, que está jugando al *pinball* y que parece ser el narrador. Es el narrador de Renaldo, el escriba de Renaldo. Pertenece a Renaldo.

Con todo, David Blue no habla sobre Renaldo sino sobre Bob Dylan y de cómo él, David Blue, le conoció en Greenwich Village a finales de los cincuenta.
Pasado un tiempo parecen ser la misma persona. Es algo que puedes sentir pero que no puedes llegar a saber con certeza. No más de lo que puedes saber si Willie Sutton asaltó todos esos bancos. Ni más de lo que puedes saber quién mató a Kennedy.
Y David Blue dice enseguida: «Bien. Lo que pasa es que, cuando me fui de casa de mis padres, compré *El mito de Sísifo*». Bien. El libro no era exactamente ése, pero se parecía bastante. De hecho, fue —dice él— *Existencialismo y emociones humanas*. Y eso es: esta película es postexistencialista. Estamos en el período postexistencialista. ¿Qué es? Eso es lo que es.

¿Qué podría ser más existencialista que jugar al millón? Es el juego existencialista por antonomasia.
Lo es. He visto hilera tras hilera de jugadores de millón alineados como patos. Es un gran igualador.

¿Qué me dices de las emociones en *Existencialismo y emociones humanas*?
Las emociones humanas son el gran dictador. En esta película y en todas… Luego te digo lo que pienso de las emociones. Pero volviendo a David Blue: se ha ido de casa, y enseguida te ves inmerso en algo como una triple dimensión. A los diez minutos de aparecer en la película dice:

«Subí al autobús, me fui a Nueva York, merodeé durante cuatro horas, regresé al autobús y volví a casa». Y eso es exactamente lo que mucha gente va a sentir cuando vaya al cine: subieron al autobús, merodearon durante cuatro horas y se fueron a casa.

Hay otro tipo, más tarde en la película, que camina de noche y le dice a una chica: «Esto ha sido un gran error».
Sí. Puedes coger cualquier frase de la película para resumir tu sentimiento al respecto. Pero no olvides que a ese tipo ya no lo vuelves a ver más… Ha desaparecido. Y eso significa que Renaldo ya no está siendo vigilado, ya que él estaba vigilando a Renaldo.

Hablando de errores y de ver doble: es fascinante lo loco que resulta confundir a los personajes en la película. Yo te confundí, por ejemplo, con el tío que lleva el carruaje (quizá fueras tú), con Jack Elliott e, incluso, contigo mismo.
La tortilla enmascarada [Bob Neuwirth] se confunde con Bob Dylan. Bob Dylan se confunde con Renaldo. Y… Bob Dylan es el que lleva puesto el sombrero. Bob Dylan es ése: el que lleva puesto el sombrero.

Casi todos los hombres de la película llevan puesto un sombrero.
Exacto.

¡Todos esos disfraces y máscaras!
La primera máscara, como he dicho, es una a través de la cual puedes ver. Pero todos son máscaras. En la película, la máscara es más importante que el rostro.

Todas las mujeres de la película parecen convertirse en una persona. Y muchas de ellas llevan sombrero. Me recuerda a «The Ballad of Frankie Lee and Judas Priest»:

> He stood there staring
> At that big house as bright as any sun
> With four and twenty windows
> And a woman's face in ev'ry one.

[Permaneció allí mirando / Aquella casona que brillaba más que el sol / Con veinticuatro ventanas / Y un rostro de mujer en cada una]

La película se hizo para ti. [risas] ¿Viste a la mujer de blanco convertirse en una mujer de blanco distinta? Una se confunde con la otra. Al principio ella no es más que una idea de sí misma. La ves en la calle, luego en el carruaje… Creo que las mujeres de la película son hermosas. Parece que hayan salido de un cuadro. Son vulnerables, pero de voluntad firme.

«Se desmorona como una cría.»
Ése es el niño que anida en todos nosotros. El niño en toda persona, y al que deben enfrentarse.

«Just Like a Woman» siempre me pareció que trataba en cierto modo sobre haber nacido: «No puedo quedarme aquí... Yo no encajo». Así que al enfrentarte al crío que hay en ti, al decir adiós a la infancia, naces como algo mayor... En cierto modo, es una canción que asusta.
Siempre lo fue. Pero ese sentimiento debe ser eliminado.

Pensaba en lo que parecía un cabaret yiddish repleto de ancianas escuchando atentamente a Allen Ginsberg que recita pasajes de «Kaddish», la gran elegía a su madre.
Esas mujeres son fuertes en el sentido en que conocen su propia identidad. Sólo es un aperitivo de lo que vamos a revelar en la próxima película, porque las mujeres son explotadas como cualquiera. Son igual de víctimas que los mineros.

El poeta Robert Bly escribió acerca de la imagen de la gran Madre como de la unión de cuatro campos de fuerza, consistente en la madre proveedora, como Isis (aunque tu Isis parece más ambigua); la madre muerte (como la mujer en «It's All Over Now, Baby Blue»); la madre extasiada (como la chica de «Spanish Harlem Incident»); y la madre piedra que te vuelve loco (como la dulce Melinda que te deja aullando a la luna en «Just Like Tom Thumb's Blues»). Parece que en la película también hay rastros de estas mujeres.
La madre muerte aparece caracterizada en la película, pero no sé lo qué debería decir o puedo decir o no debería decir acerca de quién es quién en la película. Por ejemplo, ¿quién es la anciana a la que todos llaman

mamá...? ¿La mujer que canta, toca la guitarra y lee las manos? Le lee la mano a Allen y dice: «Te has casado dos veces». Y a mí, más tarde, al contemplar la lápida con el epitafio ESPOSO, me pregunta Ginsberg: «¿Te sucederá también a ti?». Y yo respondo: «Quiero una lápida sin epitafio». Pero claro, eso lo digo como Renaldo.

En *Tarántula* escribiste tu propio epitafio:

> **Aquí yace bob dylan**
> **asesinado por un Edipo descartado**
> **que volvió**
> **la vista**
> **para examinar**
> **un fantasma**
> **y descubrió que**
> **el fantasma era más de una persona.**

Sí. Ya por entonces pensaba en esta película. He tenido esta imagen en mente durante largo tiempo. Años y años. Demasiados años... Renaldo está oprimido. Está oprimido porque nació. No sabemos realmente quién es Renaldo. Sólo sabemos lo que no es. No es la tortilla enmascarada. Renaldo es el del sombrero, pero no lleva sombrero. Te diré lo que es esta película: es la vida misma y no una simple imitación. Trasciende la vida, y no es como la vida.

La paradoja me está matando.
Te diré de qué va mi película. Trata de la alienación desnuda del ser interior contra el exterior. La alienación llevada al extremo. Y trata también de integridad. Mi próxima película será sobre obsesión. El héroe es un pirómano... Pero no es realmente un héroe.

Renaldo y Clara también me parece que trate de obsesión.
Es verdad. Pero sólo en el modo en que puede aplicarse a la integridad.

La idea de integridad aparece en muchas de tus canciones en versos como «para vivir fuera de ley hay que ser honesto» o «no tiene por qué decir que es leal, pero es auténtica como el hielo y el fuego».
Antes ya hablamos de emociones. No puedes ser esclavo de tus emociones. Si lo eres, dependes de ellas, y sólo estás tratando con tu mente cons-

ciente. Pero la película trata del hecho de que tienes que ser fiel a tu sub-
consciente, inconsciente y superconsciente, lo mismo que a la consciencia. La integridad es una faceta de la honestidad. Tiene que ver con conocerse a uno mismo.

Al final de la película, Renaldo se halla en una habitación con dos mujeres (la mujer de blanco —Joan Baez— y Clara —Sara Dylan—) y dice: «La ambigüedad sólo está en la mente, la verdad tiene muchos niveles [...] pregúntame lo que quieras y te diré la verdad». Clara y la mujer de blanco le preguntan «¿la quieres?», señalándose mutuamente, en lugar de «¿me quieres?».
La posesión, un asunto egocéntrico. Antes, una de las mujeres del burdel habla acerca de las cuerdas para la protección del ego que lleva alrededor del cuello. ¿Lo recuerdas?… En la escena que has mencionado, ¿te diste cuenta de que Renaldo estaba leyendo un periódico con un artículo sobre Bob Dylan y Joan Baez? Joan Baez y Bob Dylan son en aquel momento una ilusión. No se planificó así. Joan Baez sin Bob Dylan no acaba de ser una ilusión porque es una mujer independiente y su independencia se afirma por sí misma. Pero Joan Baez con Bob Dylan no es más que una ilusión.

Así que cuando tú abres el periódico, el arte y la vida se funden.
Exacto.

¿Y qué me dices del momento en que Joan Baez, mirando a Clara, dice: «¿Quién es esta mujer?» y apareces tú en pantalla para cantar «Sara»? ¡Hablando de arte y vida!
Eso es lo más lejos que puedes llevarlo. En el sentido personal y en el general. ¿Quién es esta mujer? Obviamente, esta mujer es un producto de la imaginación del mundo material. ¿Quién es esta mujer que no tiene nombre? ¿Quién es esta mujer?, dice… ¿Quién es esta mujer?, como si estuviera hablando consigo misma. ¿Quién es esta mujer?, es algo que se ha dicho antes, cuando la ves saliendo de la iglesia llevando una soga. Uno sabe que va a por algo. Que tiene un propósito.

Otra manera de plantearlo es: el personaje del cantante sobre el escenario siempre se convierte en Renaldo. Al cantar «Sara», el cantante se acerca a Renaldo tanto como puede. Lo aproxima todo al máximo sin que dos se conviertan en uno.

Resultó bastante asombroso verte aprovechar tu vida personal y el mito de tu vida de manera tan desnuda en la escena de Renaldo con las dos mujeres.
Sí. Pero ahora estás hablándome como director.

Sí. Pero esa escena tuya con Sara Dylan y Joan Baez sigue estando ahí.
Bueno. Sara Dylan trabaja aquí como Sara Dylan. Tiene el mismo apellido que Bob Dylan, pero puede que no estemos emparentados. Si no hubiera podido interpretar el papel de Clara, no lo habría hecho.

¿Habla ella de sus auténticos problemas o simula ser una aventurera?
Podemos convertir los problemas de cualquiera en los nuestros.

Algunas personas pensarán, sin duda, que esta película acabó con tu matrimonio o que pretende ser un hechizo para que tu matrimonio se recomponga.
Ninguno de los dos planteamientos es correcto. No tiene nada que ver con la ruptura de mi matrimonio. Mi matrimonio se acabó. Estoy divorciado. Esta película es una película.

¿Por qué te ofreciste de modo tan vulnerable?
Debes ser vulnerable para ser sensible a la realidad. Y para mí ser vulnerable no es más que otro modo de decir que uno ya no tiene más que perder. No tengo más que oscuridad por perder. Estoy mucho más allá. Lo peor que podría suceder es que la película sea aceptada y la siguiente fuera comparada desfavorablemente con ella.

La escena en la que las dos mujeres confrontan a Renaldo me recuerda a *El rey Lear*, cuando las dos hijas tienen que decir cuánto aman a su padre.
Tienes razón. Renaldo se ve a sí mismo como Cordelia.

Siempre he interpretado algunas de las *Basement Tapes* como si estuvieran relacionadas con ideas de *El rey Lear*: «Demasiado vacío provoca / Que un hombre maltrate a un rey»; «¿Qué hijita en este mundo / Trataría así a un padre / ¿Quién lo atiende en cuerpo y alma / Le dice siempre "no"?».
Exacto. En años posteriores cambió de «rey» a «payaso».

El rey Lear también tenía un bufón y, al irse éste, Cordelia regresa. Toma su lugar, y él el suyo.

Todos los roles son intercambiables.

Como en «Tangled Up in Blue» y como en tu película.

Así es.

¿Recibiste una influencia directa de *El rey Lear* cuando escribiste canciones como «Tears of Rage»?

No. Esas canciones se basaban en el concepto de que uno es uno.

«...y completamente solo y cada vez más».

Exacto. Lo que pasa en cada momento se va para siempre.

Pero *uno* es algo con lo que resulta difícil lidiar. Por eso los cristianos nos dieron la Trinidad.

Los cristianos no nos dieron nada. Fueron los griegos.

Jesús aparece como una figura muy poderosa en *Renaldo y Clara*. También tenemos esa canción tuya «What Will You Do When Jesus Comes?». Está la mujer en el restaurante que te dice: «No hay sitio adonde ir. Quédate, ponte como la cruz y te recibiré». Y luego están las tomas del inmenso crucifijo de cemento en la cripta católica.

Sí. Jesús es la figura más identificable de la cultura occidental, y es alguien que fue explotado. Utilizado y explotado. Todos lo hemos sido.

También tenemos esa otra escena, casi al final de la película, en la que Allen Ginsberg te lleva a ver las esculturas acristaladas del Via Crucis, y vemos a Jesús ejecutado por segunda vez y luego sepultado bajo el peso de la cruz. De algún modo, la película trata del Via Crucis, ¿verdad?

Sí. Tienes razón. Como la doble visión de que te maten dos veces. O sea, ¿por qué muere realmente Jesús?

¿Espiritual o políticamente?

En realidad... Porque es un sanador. Jesús es un sanador. Así que va a la India, averigua cómo ser un sanador y se convierte en uno. Pero mira, yo creo que exageró un poco sus funciones. Aceptó y asumió el mal karma de toda la gente a la que sanaba. Y estaba tan cargado de mal karma que la única salida era quemarle.

En mi película, vemos máscaras durante buena parte del tiempo. Y entonces cuando el sueño se solidifica tanto que debe ser trasladado al escenario de la realidad, entonces ves piedra, ves una estatua, que es incluso la extensión más extrema de la máscara: la estatua de María frente a la estatua de Jesús en la cruz en la cripta del Crucifijo.

A lo largo de la película, también noté la presencia recurrente de la rosa roja. Todas las mujeres tienen una rosa.
Tiene mucho que ver con lo que sucede en la película. ¿Recuerdas a la mujer en el carruaje? Le trae una rosa a Renaldo, que se la devuelve.

Pero luego reaparece en tu sombrero cuando cantas.
Para entonces ya todo se ha desmoronado. Se ha hecho pedazos. El sueño se ha desvanecido... Después de eso podría estar en cualquier parte.

Joan Baez lleva una cuando habla con mamá. Y luego el violinista Scarlet Rivera te la entrega en el camerino.
Así es. La rosa es símbolo de fertilidad.

También del alma. *El romance de la rosa* es la visión que del alma tiene un soñador.
Eso es... La figura más misteriosa de la película es el conductor del tren. ¿Le recuerdas?

Es el tipo que le explica a la tortilla enmascarada (cuando éste dice que va a una boda) que sólo ha estado en el tren cuatro horas (¡de nuevo esas cuatro horas mágicas!) y no los seis días que él imagina.
Sí. También le dice que se dirige a la que es posiblemente la mayor ciudad del Este.

Supuse que se refería a Nueva York.
¡No! ¡La mayor ciudad de Oriente!

¡Los Reyes Magos!
No es eso exactamente de lo que habla. Es más bien de las encrucijadas sagradas.

Hay otra escena como ésa en la que Mick Ronson le cierra a Ronnie Hawkins el paso a la zona de bastidores. Parece como si fuera un guardián.
Es el guardián de las puertas. Pero las escenas de ese tipo funcionan más bien en términos de sentimientos. Es como las cartas del Tarot. No tienes que liarte con lo que significan… Alguien que lo sepa las leerá por ti.

«Nada será revelado» cantas al final de «The Ballad of Frankie Lee and Judas Priest». ¿Se revela algo al final de *Renaldo y Clara*?
Sí. Te diré lo que la película revela. Esta película revela que queda mucho por revelar bajo la superficie del alma, pero eso es algo impensable.

[silencio]
Eso es exactamente lo que revela. Revela las profundidades que hay que revelar. Y eso es lo máximo que puedes pedir, porque las cosas son realmente invisibles. Y la película va lo más lejos que puede con el fin de revelar eso.

Bajo la estatua de Isis en la ciudad de Sais se halla la siguiente inscripción: «Soy todo lo que fue, lo que es, lo que será… Ningún mortal ha sido nunca capaz de revelar lo que hay bajo mi velo».
Es una cita fantástica. Es cierto. Exactamente eso. Una vez que ves qué hay bajo el velo, ¿qué te sucede? ¿Mueres? ¿Te quedas ciego?

Quisiera poner en relación dos cosas de las que ya hemos hablado: la idea de integridad y la idea de Jesús. En tu canción «I Want You», dices lo siguiente:

> **Now all my fathers, they've gone down**
> **True love they've been without it**
> **But all their daughters put me down**
> **'Cause I don't think about it**

[Todos mis padres mal han acabado / El verdadero amor les ha faltado / Pero sus hijas me menosprecian / Porque yo no pienso en ello]

Éstos son algunos de tus versos que más me gustan, y para mí sugieren el hecho de que el deseo real es más fuerte que la frustración o que la culpa.
Lo sé. Es increíble que lo vieras allí. Sé que es verdad. Y en *Renaldo y Clara* no hay culpa. Por eso es por lo que la gente puede ofenderse. Les ofen-

dería, en cualquier caso por la falta de culpabilidad en la película. No hay ninguna.

Esto nos lleva de nuevo a Jesús...
Jesús es... Bueno. No utilizo a Jesús tanto como el concepto de Jesús. La idea de Jesús como hombre. No su concepción virginal.

Pero, ¿qué me dices del concepto de masoquismo asociado con Jesús?
Es lo que le sucedió a Jesús. La gente se identifica con el masoquismo, con los clavos en las manos, con la sangre que mana, con el hecho de que le crucificaran. ¿Qué habría sido de él si no le hubieran crucificado? Eso es lo que arrastra a la gente hacia él. De todo eso sólo hay algunas señales en esta película. Como la cuchilla que se ve en determinado momento.

¿Qué me dices sobre la frase de «Wedding Song» «tu amor corta como un cuchillo»?
Es una sangría. Es lo que cura toda enfermedad. Ni la agresión ni la rabia me interesan. La violencia sólo es constructiva a nivel interpretativo. Sólo cuando es producto de la razón.

La gente se siente atraída por la sangre. Yo no me siento personalmente consumido por el deseo de beber sangre. Pero el derramamiento de sangre puede tener sentido en la medida en que ayude a curar la enfermedad. Sin embargo, no intentamos hacer una película de esa naturaleza. Esta película se ocupa del sueño. No hay sangre en el sueño. El sueño es frío. Esta película se ocupa sólo de la hondura del sueño. El sueño tal y como se ve en el espejo.

La próxima película quizá contenga algo de sangre... Estoy intentando localizar a Lois Smith para que salga en ella. Representaría la idea de inocencia. ¿Sabes quién es? Es la camarera de *Al este del Edén*. Estoy pensando en algunas personas para la película, pero a ella no puedo encontrarla... No sé por qué motivo acabo de pensar en mi cantante favorita.

¿Quién es?
Om Kalsoum. Una mujer egipcia que murió hace unos años. Era mi favorita.

¿Qué te gustaba de ella?
Su corazón.

Por cierto, ¿te gustan los derviches y el canto sufí?
Sí. De ahí es de donde vienen realmente mis canciones... Sólo que yo canto en Estados Unidos. He escuchado demasiado a Leadbelly como para que me influyan los derviches giradores.

Ahora que nos hemos metido en materia, ¿quiénes te gustan actualmente? ¿Algún grupo New Age?
No. No me interesan. Creo que Alice Cooper es un cantante minusvalorado. Me gusta Ry Cooder. Y me gusta la versión de Dave Mason de algo que se escucha últimamente en los jukebox.

Me pregunto qué te parece el tipo que pone fin a tu película cantando esa versión melódica algo empalagosa de «In the Morning», con aquellos versos memorables: «Estaré bostezando a la mañana de mi vida». ¿Qué hace ahí?
La película tenía que terminar con él porque representa el hecho de que Renaldo podría estar soñando. Y puede que esté cantando por Renaldo. Representándole. La oscuridad que representa la luz.

Se parece a lo que le pasó a una parte sentimental del rock & roll en los años setenta.
Él no es rock & roll.

El rock & roll ya no es rock & roll.
Tienes razón. Ya no hay rock & roll. Es una mera imitación. Mejor olvidarlo. El rock & roll se ha vuelto del revés. Yo nunca hice rock & roll. Sigo haciendo lo mismo que hice siempre.

¿Nunca has cantado una canción de rock & roll?
No. Nunca. Sólo espiritualmente.

Uno no puede bailar realmente con tus canciones.
Yo no podría.

Imagínate bailar con «Rainy Day Woman # 12 & 35». Parece alienante. Todo el mundo pensaba que el tema iba de un colocón, pero yo siempre pensé que iba de estar solo.
Yo también. Podrías escribir acerca de eso durante años... El rock & roll

terminó con Phil Spector. Los Beatles tampoco eran rock & roll. Ni los Rolling Stones. El rock & roll terminó con Little Anthony and the Imperials. Puro rock & roll.

¿Con «Going Out of My Head»?
La anterior... El rock & roll terminó en 1959.

¿Cuándo crees que empezó?
En 1954.

¿Y ahora qué tenemos?
Música programada. Mezclas con cuatro pistas.

¿Qué piensas de los setenta?
Yo los veo como un período de reconstrucción tras los sesenta. Eso es todo. De ahí que la gente diga que es aburrido y que nada sucede realmente. Eso es porque se están curando las heridas. En los ochenta, cualquiera que vaya a hacer algo tendrá que enseñar sus cartas. En los ochenta no podrá repetirse el mismo juego.

He encontrado algo que escribiste hace tiempo:

> **Desire... never fearful**
> **finally faithful**
> **it will guide me well**
> **across all bridges**
> **inside all tunnels**
> **never failin'**

[El deseo... nunca temeroso / por fin leal / me orientará con tino / por todos los puentes / en todos los túneles / sin desfallecer]

Recuerdo incluso cuando lo escribí. Lo escribí en New Hampshire. Creo que estaba solo.

Tengo otra cosa:

> **Mine shall be a strong loneliness dissolvin' deep**
> **t' the depths of my freedom**

**an' that, then, shall
remain my song**

[La mía ha de ser una firme soledad que se desvanece honda / hasta las profundidades de mi libertad / y ésa, pues, deberá / seguir siendo mi canción]

Parece que te has mantenido apegado a ese sentimiento.
No he tenido motivos para desviarme.

En «The Times They Are A-Changin'», cantas: «For he that gets hurt / Will be he who has stalled» [Pues al fin será arrollado / Quien haya quedado atrás]. ¿Qué ha impedido que quedaras atrás?
No lo sé. Principalmente, porque no creo en esta vida.

La tradición budista habla de ilusión, la judía de alusión. ¿A cuál de ellas te sientes más cercano?
Creo en ambas, pero quizá me incline por la alusión. No soy budista. Creo en la vida, pero no en ésta.

¿En qué vida crees?
En la real.

¿La has experimentado?
La experimento constantemente. Está más allá de esta vida.

**Quería leerte dos textos hasídicos que de algún modo me recuerdan tu trabajo. El primero dice que en el servicio a Dios, uno puede aprender tres cosas de un niño y siete de un ladrón: «De un niño puedes aprender a (1) ser siempre feliz; (2) no estar nunca ocioso; (3) llorar por todo lo que quieres. De un ladrón deberías aprender a (1) trabajar de noche; (2) intentarlo la noche siguiente si la anterior no conseguiste lo que querías; (3) amar a los compañeros de trabajo al igual que los ladrones se aman entre sí; (4) estar dispuesto a arriesgar la propia vida aunque sea por una pequeñez; (5) no darle demasiado valor a las cosas aunque uno haya arriesgado la vida por ellas —así como un ladrón revendería un artículo robado por una parte mínima de su valor real—; (6) soportar todo tipo de palizas y torturas para seguir siendo quien eres; (7) creer que tu trabajo vale la pena y renunciar a cambiarlo».
¿Quién escribió eso?**

Un rabino hasídico.
¿Cuál?
Dov Baer, el *mazid* de Mezeritch.
Es la crónica de comportamiento humano más alucinante que creo haber escuchado… ¿Cómo puedo conseguir una copia?

De hecho, te he traído una. La fotocopié de un libro llamado *The Wisdom of the Jewish Mystics* [La sabiduría de los místicos judíos].
Me lo colgaré en la pared. Ahí tienes a un hombre al que yo seguiría. Un auténtico héroe. Un héroe auténtico.

Otro rabino hasídico dijo una vez que siempre puedes aprender algo de cualquier cosa. Incluso de un tren, de un teléfono y de un telegrama. De un tren, dijo, puedes aprender que en un segundo se te puede escapar todo. De un teléfono puedes aprender que lo que dices aquí puede escucharse allí. Y de un telegrama puedes aprender que las palabras se cuentan y se pagan.
Es una declaración cósmica. ¿De dónde sacas todos estos dichos de rabinos? Son gente sabia de verdad. Ya te digo. He escuchado a gurús, yoguis, filósofos, políticos, médicos, abogados, maestros de todo tipo… Y estos rabinos saben de qué hablan.

Son como los sufíes. Pero hablan y enseñan con mayor emoción.
Como dije antes, no creo en la emoción. Éstos utilizan sus corazones. No son sus corazones los que les utilizan a ellos.

Que en un segundo se te escape todo con un tren… ¿Crees que quiere decir que se te puede escapar el tren o que se te puede escapar la posibilidad de ver algo por la ventana del tren?
Es una declaración reveladora. Creo que significa que en un instante se te puede escapar todo porque no estás allí. Lo miras, y sabes que se te escapa.

¿Qué opinas del teléfono? Lo que dices aquí se oye allí…
Eso quiere decir que nunca estás tan lejos del Dios definitivo.

¿Y sobre las palabras que se cuentan y pagan?
Eso también es muy cierto. Al final siempre salen las cuentas de todo lo que dices y piensas.

¿Cómo te va la cosa?

Bueno. Te diré. Me he estado conteniendo últimamente. He pasado por algunas escenas, y pienso: «Joder, no estoy solo». Nunca había tenido esa experiencia hasta estos últimos meses. He notado este sentimiento extraño y misterioso de no estar solo. Y más vale ser consciente.

¿Vigilas lo que dices?

Siempre mido lo que digo porque trato de no decir nada que no quiera decir.

Quizá Renaldo tenga ese problema al final de la película...

No. Renaldo está por encima de eso. Está por encima de las circunstancias. No dirá gran cosa porque sabe que no sabe mucho. En cuanto a mí, obviamente, hablo y digo cosas, y seguiré haciéndolo, pero eso es porque creo que lo digo de verdad... O por lo menos siento que lo digo de verdad. No me pongo a hablar para escucharme a mí mismo. Pero Renaldo no dice nada porque sabe que lo que dice es susceptible de ser escuchado y, por tanto, no sabe qué decir. Bueno. La verdad es que dice algunas cosas increíbles e importantes cuando se ve frente a frente con su alusión. Ya sabes. Dice: «¿Te amo como la amo a ella? No». «¿La amo como te amo a ti? No.» No puede decir más que eso... No hay que saber de él más que eso. Eso es todo lo que hay que saber de él. Todo lo que hay que saber de Bob Dylan.

En ese momento de la película, pasas a interpretar la canción «Catfish» («nadie puede lanzar la bola como Catfish»). Casi resulta jocoso tras una escena tan intensa.

La idea es más bien musical. Volviendo a la idea de que la música es veraz. Y la música es efectivamente veraz. Todo va bien, pones un disco, alguien toca un instrumento, la vibración cambia. La música atrae a los ángeles del universo. Un grupo de ángeles sentados a la mesa se sentirá atraído por eso.

Así que en la película siempre acabamos volviendo a la música. Teníamos claro que así sería. Como si tuviéramos que hacerlo. No verás la música en las películas del modo en que la ves en ésta. No hay nada de relleno. No ves puertas que se cierran ni tomas inversas que sirvan sólo para quemar tiempo hasta la toma siguiente. No queríamos ahorrarles tiempo a las tomas.

Muchos planos estáticos, aunque no los suficientes. Cuando la mujer va caminando por la calle con la soga, eso es un plano estático. David Blue aparece en un plano estático durante seis minutos la primera vez que le ves.

Ya sé que la película es demasiado larga. Quizá cuatro horas... No me importa. Para mí no es lo bastante larga. No me preocupa lo largo que sea algo. Quiero ver una toma fija. La siento. No me va toda esa agitación y ese estruendo. Podemos cortar cuando queramos. Pero el poder está en la capacidad de tener fe en que constituye una toma razonable.

¿Sabes quién lo entendió? Andy Warhol. Warhol hizo mucho por el cine americano. Se adelantó a su tiempo. Warhol y Hitchcock y Peckinpah y Tod Browning... Fueron importantes para mí. Me da que Godard jugaba con ventaja al hacer lo que hizo. Abrió brecha. Nunca había visto una película como *Al final de la escapada*. Una vez la ves, dices: «Sí, tío, ¿por qué no la hice yo? Yo podría haberla hecho». De acuerdo, la hizo, pero no podría haberla hecho en Estados Unidos.

Pero, ¿qué me dices de una película como *Cuarenta pistolas* de Sam Fuller o *El demonio de las armas* de Joseph Lewis?
Sí. Oí el nombre de Fuller el otro día. Creo que los cineastas americanos son los mejores. Pero también me gusta Kurosawa y mi director favorito es Buñuel. No me sorprende que dijera esas cosas tan sorprendentes que me citaste antes del *New Yorker*.

No sé qué decirte. Por una parte, no me considero un cineasta en absoluto. Por otra, sí. Para mí, *Renaldo y Clara* es mi primera auténtica película. No sé a quién le gustará. La hice para un tipo específico de personas y para mí, y eso es todo. Así escribí también «Blowin' in the Wind» y «The Times They Are A-Changin'». Se escribieron para un cierto tipo de personas y para ciertos artistas. ¿Quién sabía que iban a ser grandes canciones?

La película, en cierto modo, es la culminación de muchas de tus ideas y obsesiones.
Puede que eso sea cierto, pero espero que también tenga sentido para otras personas que no están familiarizadas con mis canciones, y que esa otra gente pueda verse a sí misma en ella, porque no me siento tan aislado de lo que pasa ahí fuera. Hay mucha gente que irá a ver la película sin saber quiénes son los que salen en ella. Y así la verán de manera más pura.

Eisenstein hablaba del montaje en términos de atracción —tomas que atraen a otras tomas—. Luego en términos de impacto y, por fin, en términos de fusión y síntesis, y también de guiños. Tú pareces ser muy consciente de los guiños en la película, ¿sabes a qué me refiero?

Sí. Claro.

Eisenstein escribió una vez: «El arte moscovita es mi enemigo mortal. Es la antítesis exacta de lo que yo hago. Hilvanan sus emociones para producir una ilusión continua de realidad. Yo tomo fotografías de la realidad y las voy cortando para producir emociones».

Lo que hicimos nosotros fue cortar la realidad y hacerla más real... Todos, desde el cámara al mozo de los recados, de los de guardarropía a los ingenieros de sonido... Todos fueron igual de importantes en la confección de la película. No había roles muy bien definidos. El dinero llegaba por la puerta principal y salía por la puerta trasera. Fue la gira Rolling Thunder lo que financió la película. Y yo tenía fe y confianza en las personas que me ayudaron a hacer la película, y ellos tenían fe y confianza en mí.

En la película, hay un hombre tras el mostrador de una cantina que habla mucho de la verdad. Casi parece el coro griego de la película.

Sí. Nos sentábamos a menudo a hablar de ese tipo. Es el coro.

En un momento dado, ese tipo habla de que el Movimiento se está descarriando y de cómo todo el mundo fue comprado. ¿Por qué no te vendiste para hacer una película comercial?

No tengo una visión cinematográfica que valga para venderse. Todo esto es para mí, así que no puedo venderme. No trabajo para nadie. ¿Qué había que pudiera venderse?

Bueno. Películas como *Bienvenido a Los Ángeles* y *Buscando al Sr. Goodbar* son obras de explotación moralista, y muchas personas creen hoy día que se trata de declaraciones significativas. Te podrías haber vendido a la visión de los tiempos.

Ya. Yo tengo mi punto de vista y mi visión, y nada lo puede sobornar porque es lo único que tengo. No tengo nada que vender.

Renaldo y Clara muestra ciertas similitudes con las últimas películas de Jacques Rivette. ¿Conoces su trabajo?

No. Pero ojalá hicieran algo así en este país. Me sentiría mucho más seguro. Vamos, que no me toparía con tanta resistencia y hostilidad. No me puedo creer que la gente piense que cuatro horas son demasiadas para una película. Como si la gente tuviera tanto que hacer. Puede ver películas de una hora que parece que duren diez. Creo que la visión es lo bastante fuerte como para abrirse camino entre todo eso. Pero puede que nos echen de Hollywood después del estreno y que tengamos que regresar a Bolivia. En India dan películas de doce horas. Los americanos están estropeados. Piensan que el arte debe ser como papel pintado, sin mayor esfuerzo que el de estar ahí.

Tendría que habértelo preguntado antes, pero, ¿en qué medida la película es improvisada y en qué medida estaba ya prevista de antemano?

Como una tercera parte es improvisada, una tercera parte prevista y otra tercera parte no es más que suerte.

¿Y qué me dices, por ejemplo, de la escena en que Ronnie Hawkins trata de convencer a una campesina para que se vaya de gira con él, diciéndole algo así como: «Dios no está sólo en el campo, también está en la ciudad, también... Dios está en todas partes, así que aprovechemos el momento»?

En esa escena, Ronnie tenía cinco temas por cubrir. Podía decir lo que quisiera en la medida en que se ocupara de esos cinco puntos. Naturalmente, Dios era un tema significativo para la película. Entonces habló del Padre. Y mira... En la película está el personaje del Padre interpretado por Allen Ginsberg. Pero en la escena de Ronnie, la hija del granjero habla de su padre. Es el mismo padre.

Otra escena medio improvisada es aquella en la que Ramone —el amante muerto de la señora Dylan [interpretado por Ronee Blakley]— aparece como un espectro en el baño, y se ponen a discutir ante el espejo.

¿Cómo sabe el público que ésa es la señora Dylan?

Porque así se la identifica luego. Es como Hitchcock. Hitchcock introduce algún elemento y se averigua una hora después. Si quieres saber, esperas y lo averiguas luego. No se te sirve en bandeja.

Hitchcock aparece en cada una de sus películas, una sola vez. Tú apareces cientos de veces y en cientos de sitios.
Sí [risas]. He intentado aprender de su osadía.

¿Las películas de John Cassavetes te influyeron en escenas como las del baño?
No. Para nada. Pero creo que todo viene de lo mismo. Probablemente me interesan las mismas cosas que a Cassavetes.

¿Cuáles?
La duración y el tiempo oportunos, por ejemplo. Y la lucha por reducir la complejidad a simplicidad.

¿El tiempo en las relaciones?
Las relaciones de la razón humana. Todo es cuestión de tiempo, duración y oportunidad. La película crea y agarra el tiempo. Eso es lo que debería hacer. Debería agarrar ese tiempo, respirar en ese tiempo y detener el tiempo al hacerlo. Es como si miraras un cuadro de Cézanne: te pierdes en el cuadro durante el rato que lo observas. Y respiras. Sin embargo, el tiempo va pasando y no te enteras, porque estás embelesado.

En Cézanne, hay cosas que uno pensaría como decorativas que, de hecho, resultan sustanciales.
Eso es exactamente lo que sucede con *Renaldo y Clara*. Cosas que aparecen como meramente decorativas, más tarde devienen sustanciales. Un poco de experiencia con la película basta para captarlo. Por ejemplo, Allen Ginsberg. Primero, oyes su nombre, sólo su nombre...

Y luego lo vislumbras en esa extraña y monomaníaca lectura poética.
No es tan extraña como debiera ser. La extrañeza es exactitud.

Una pregunta de pasada acerca de Hurricane Carter, al que muestras en la película. ¿Crees que fue culpable?
—Personalmente, no lo creo. Metí esa secuencia en la película porque es un hombre que no se diferencia de los otros que aparecen en ella. Es un hombre honrado. Un hombre muy filosófico. No es el típico ladrón de bancos, ni un inclemente. No merece lo que le pasó.

Me has dicho que planeas hacer otras doce películas, pero entiendo que no vas a renunciar a componer o a salir de gira...

Tengo que volver a tocar música porque si no lo hago no me siento vivo. No me parece que pueda ser un cineasta a tiempo completo. Tengo que tocar ante los demás para poder seguir tirando.

En «Wedding Song» cantas: «I love you more than ever / Now that the past is gone» [Te amo más que nunca / Ahora que el tiempo pasó]. Pero en «Tangled Up in Blue» cantas: «But all the while I was alone / The past was close behind» [Pero siempre estuve solo / Y el pasado me iba a la zaga]. Entre esos versos hay una distancia notable.

Permitimos que nuestro pasado exista. Nuestra credibilidad se basa en nuestro pasado. Pero en el fondo de nuestras almas no tenemos pasado. No creo que tengamos pasado más de lo que tenemos nombre. Puedes decir que tenemos un pasado si tenemos un futuro. ¿Tenemos un futuro? No. Así, ¿cómo puede existir nuestro pasado si el futuro no existe?

Entonces, ¿de qué tratan las canciones de *Blood on the Tracks*?

Del presente.

¿Por qué dijiste «Te amo más que nunca / Ahora que el tiempo pasó»?

Eso es ilusorio. Ya no existe.

¿Y qué me dices de «Pero siempre estuve solo / Y el pasado me iba a la zaga»?

Ilusorio también. La ilusión te pisa los talones.

Cuando el dueño del restaurante habla sobre el movimiento que se está vendiendo, pasas a un plano en que apareces cantando «Tangled Up in Blue» que trata, en parte, acerca de lo que sucedió en el pasado.

Pero sólo lidiamos con el pasado en términos de su capacidad para curarnos. Podemos comunicarnos únicamente porque ambos reconocemos que esto es un vaso y eso un tazón y aquello una vela y allí hay una ventana y tenemos luces encendidas en la ciudad. Podría ser que yo no estuviera de acuerdo con eso. Vuelve este vaso del revés y pasará a ser otra cosa. Ahora lo escondo en una servilleta. Míralo ahora. Ni siquiera sabes que está aquí. Es el pasado... Ya no trato con él. Yo no pienso seriamente en el pasado, el presente o el futuro. He pasado bastante tiempo pensando en estas cosas y no he llegado a ninguna parte.

¿Pero no lo hacías al escribir *Blood on the Tracks*? ¿Por qué es tan intenso?
Porque hay sangre real en el alma, y esa humanidad carnal te lo está retratando. El poder de la voluntad. El poder de la voluntad es lo que lo convierte en un álbum interesante… Pero, sin duda, nada que tenga que ver con el pasado o el futuro. El poder de la voluntad te dice que estamos de acuerdo en qué es qué.

¿Qué me dices de «Idiot Wind»?
El poder de la voluntad.

¿Cómo es que has sido tan capaz de seguir en contacto con tu ira a través de los años, tal como revelan canciones como «Can You Please Crawl Out Your Window?» y «Positively 4th Street»?
El poder de la voluntad. Con fuerza de voluntad puedes hacer lo que sea. Con el poder de la voluntad puedes decidir tu destino.

¿Puedes saber realmente adónde te lleva tu destino?
Sí. Cuando controlas el juego… La ira y el sentimentalismo van de la mano, y ambos son superficiales. Chagall hizo cantidad de cuadros sentimentales. Y Voltaire escribió cantidad de libros airados.

¿Qué es «Idiot Wind»?
Es un poco de ambas cosas porque recurre a todas las texturas de filosofía estricta. Pero fundamentalmente es una filosofía hecha añicos que no tiene título, y que se ejecuta con el poder de la voluntad. El poder de la voluntad es ante lo que respondes.

En tu película muestras a un poeta barbudo con un atuendo hasídico que habla con acento irlandés y que lleva un arma. Nos dice que no le importa ser rápido sino preciso. ¿Es así como te sientes ahora?
Sí. Todo el mundo admira al poeta, sin importarle que sea un leñador, un futbolista o un ladrón de coches. Si es un poeta será admirado y respetado.

Solías decir que eras un trapecista.
Bueno. Veo al poeta que hay en todo hombre y mujer.

La lápida de Rimbaud ni siquiera menciona que fuera poeta, sino que fue un aventurero.
Exacto. Pero yo no trato de adoptar o imitar a Rimbaud en mi trabajo. No me interesa la imitación.

Siempre te he asociado con Rimbaud. Iluminaciones y fuegos artificiales. ¿Crees en la reencarnación?
Creo en esto: si quieres afrontar la reencarnación como tema, digamos que un niño es concebido en el vientre de una mujer mediante la intervención de un hombre. Nueve meses antes de que se plantara esa semilla, no había nada. Diez, doce, trece meses... Dos años antes de que se plantara la semilla, quizá se diera la germinación de esa semilla. Eso es por los alimentos que llegan a la sangre. El alimento puede ser un tajo de carne o una zanahoria en un estante. Pero eso es lo que hace que suceda.
En otra vida... Estás en un supermercado y hay un paquete de zanahorias... Y ése podrías ser tú. Ese tipo de reencarnación... ¿Y cómo llegó la zanahoria hasta allí? Lo hizo por entre la tierra. Creció en la tierra con la ayuda de mierda animal. Tiene que ver con la creación y la destrucción del tiempo. Lo que quiere decir que es inmenso. Cinco millones de años no son nada: una gota en un cubo. No creo que haya tiempo suficiente para la reencarnación. Se necesitarían miles o millones de años luz para cualquier tipo real de reencarnación.
Creo que uno puede ser consciente de distintas vibraciones en el universo, y que pueden captarse. Pero la reencarnación del siglo XII al XX, yo digo que es imposible.

Así que tomas la reencarnación a nivel celular, y cuando yo digo «Rimbaud y tú», lo tomas como una afinidad.
Quizá mi espíritu pasó por los mismos lugares que el suyo. Todos somos viento y polvo, en cualquier caso, y podríamos haber superado muchas barreras en momentos diferentes.

¿Qué me dices de tu frase: «Sweet Godess / Born of a blinding light and a changing wind» [Dulce diosa / Nacida de una luz cegadora y un viento tornadizo], en la canción «Tough Mama»?
Eso es la madre y el padre, el ying y el yang. Es el advenimiento común del destino y el cumplimiento del mismo.

George Harrison dijo una vez que tus versos:

> **Look out kid**
> **It's somethin' you did**
> **God knows when**
> **But you're doin' it again**

   [Cuidado, chico / Es algo que hiciste / Dios sabe cuándo / Pero lo vuelves a hacer]

de «Subterranean Homesick Blues», le parecían una hermosa descripción del karma.

El karma no es reencarnación. No existe prueba de la reencarnación y no la hay del karma, pero existe una sensación de karma. Ni siquiera tenemos pruebas de que el universo exista. No tenemos pruebas de estar sentados aquí. No podemos probar que estemos vivos. ¿Cómo podemos probar que estamos vivos por medio de otra gente que dice que lo estamos?

Todo lo que tengo que hacer es pegarle una patada a una piedra.

Sí. Entonces dices que estás vivo, pero la piedra no te lo dirá. La piedra no lo siente.

Si tomas la realidad como irreal, entonces haces real la irrealidad. ¿Qué es real para ti? ¿El arte?

El arte es el movimiento perpetuo de la ilusión. El más elevado propósito del arte es inspirar. ¿Qué más puedes hacer? ¿Qué más puedes hacer por alguien aparte de inspirarle?

¿Cómo son tus nuevas canciones?

Mis nuevas canciones me resultan nuevas. Y logran lo que yo quería que consiguieran cuando empecé a pensar en ellas. Muy raramente terminas algo y luego lo abandonas, y muy raramente abandonas algo con la actitud de que has conseguido lo que querías de entrada. Normalmente piensas: bueno. Se ha hecho muy grande… Y te consumes en el proceso en algún punto. Y la cosa se arrastra… Y lo que tienes es lo que tienes y con ello haces lo que puedas hacer. Pero muy raramente sales con lo que empezaste. Y creo que lo he conseguido por primera vez desde que yo escribía dos canciones al día hace no sé cuánto tiempo. Mi experiencia con el cine me ayudó a escribir las canciones. Probablemente no habría escrito más canciones si no hubiera hecho esta película. Me habría visto fuera. No habría sido capaz de hacer lo que sé que podía hacerse.

Ya sé que resulta nostálgico, pero me encantó escucharte cantar «Little Moses» en *Renaldo y Clara*.
Solía tocarla cuando actuaba en Gerde's Folk City. Es una vieja canción de la familia Carter, y dice algo así como:

> **Away by the waters so wide**
> **The ladies were winding their way**
> **When Pharaoh's little daughter**
> **Stepped down in the water**
> **To bathe in the cool of the day**
> **And before it got dark,**
> **She opened the ark,**
> **And saw the infant so gay**

[Junto a las aguas caudalosas / Las damas iban paseando / Cuando la hijita del faraón / Se metió en el agua / Para bañarse al fresco del día / Y antes de oscurecer, / Abrió el arca / Y vio tan alegre al niño]

Entonces el pequeño Moisés crece, acaba con los egipcios, conduce a los judíos. Es una gran canción. Y pensé que encajaba bien en la película.

En la película sale todo el mundo: la familia Carter, Hank Williams, Woody Guthrie, Beethoven. ¿Quién entenderá la película? ¿Dónde están los que serán capaces de entender esta película? ¿Una película que no necesita comprenderse?

¿Quién es capaz de comprender «Sad-Eyed Lady of the Lowlands»?
Yo... Es extraño. Finalmente me siento en la posición de alguien a quien la gente quiere entrevistar lo bastante como para ponerle un avión que lo lleve donde sea, pagarle un hotel y los gastos y darle una vuelta por la ciudad. Estoy finalmente en esa posición.

Una vez fui al sur de Francia a ver al rey de los gitanos. Este individuo tenía doce esposas y cien hijos. Se dedicaba a la chatarra y tenía un depósito, pero tuvo un infarto antes de que llegara yo. Todas sus esposas e hijos se habían ido. Y el clan gitano sólo le había dejado con una esposa, un par de críos y un perro. Lo que sucede es que después de que muere regresan todos. Huelen la muerte y se van. Eso es lo que sucede en la vida. Y me afectó mucho ver todo eso.

¿Has sentido algo como eso en los últimos cinco años?
¿Hablas de 1973? Ni siquiera recuerdo 1973. Hablo de la primavera de 1975. Por entonces había una alarmante falta de objetivos. Pero no recuerdo lo que pasó la semana pasada.

Pero quizá sí que recuerdes tu infancia con claridad...
Mi infancia está tan lejos... Es que ni siquiera me recuerdo siendo niño. Creo que fue otro quien fue niño. ¿Alguna vez has pensado así? No estoy seguro de que lo que me pasara la semana pasada fuera cierto.

Pero pareces seguro de ti mismo.
Estoy seguro de mi yo onírico. Vivo en mis sueños. No vivo realmente en el mundo real.

> *Te dejaré estar en mis sueños*
> *si puedo estar en los tuyos,*
> eso dije.

BOB DYLAN, 1963

15

ENTREVISTA DE RON ROSENBAUM, *PLAYBOY*
MARZO DE 1978

Fue en marzo de 1966 cuando *Playboy* publicó su primera entrevista con Bob Dylan. En los años que han pasado desde entonces, Dylan ha hablado muy raramente con periodistas. Antes de terminar su primer largometraje ha accedido a conversar con nosotros. Le pedimos al escritor Ron Rosenbaum, que creció escuchando las canciones de Dylan, que atendiera al esquivo artista. Su informe:

Llámenlo un mero vuelco del destino, por emplear la expresión dylaniana, pero quizá «vuelco vidente del destino» resulte más ajustado. Porque en los diez días de conversaciones se produjo algo parecido a una revelación en el momento en que intercambiamos confidencias sobre médiums. Hasta ese momento, las cosas no habían ido ni mucho menos sobre ruedas. Dylan rara vez se ha mostrado muy comunicativo en sus respuestas. Es notoria su tendencia a cuestionar las preguntas en lugar de responderlas, replicándolas con ficciones y fábulas, a la vez que envolviendo sus sentimientos de misterio y circunloquios. Procedíamos en círculos. A veces en círculos metafísicos fascinantes, de modo que alcanzaba a captar algo de su intelecto, pero poco de su corazón. No había concedido una entrevista en años pero, tras mi excitación inicial por haber sido el elegido, empecé a preguntarme si Dylan deseaba realmente estar allí. Probablemente, huelga explicar por qué conseguir respuestas de Bob Dylan ha pasado a significar tanto para tanta gente. Uno sólo tiene que recordar cómo Dylan, nacido Robert Zimmerman en 1941 en Duluth, Minnesota, eclosionó en la escena musical folk de principios de los sesenta con una voz áspera y una intensidad explosiva. Cómo creó canciones tales como «Blowin' in the Wind» y «The Times They Are A-Changin'», que pasaron a ser himnos de los derechos civiles y de los movimientos contra la guerra. Cómo él y su música recorrieron la década de los sesenta a velocidad de vértigo, rezagando a sus seguidores folk y desplazando a sus seguidores políticos con exploraciones electrizantes y elípticas de ignotos estados mentales. Cómo, en canciones como «Mr. Tambourine Man», «Desolation Row», «Like a Rolling Stone» y «Just Like a Woman», elaboró hojas de ruta emocionales para una generación entera. Cómo, en mitad de su cada vez más frenética gira interminable de rock and roll, Dylan siguió envolviendo los detalles de su vida personal de misterio y ofuscación propios del más listo. Un misterio que se vio intensificado ominosamente tras su casi fatal accidente de moto en 1966. Y cómo, tras un largo período de bucólico apartamiento, dedicado a la paternidad, a la familia y a la música country, regresó de pronto al escenario con giras por todo el país en 1974 y, más recientemente, en 1976 con un conjunto de rock and roll plagado de estrellas, conocido como The Rolling Thunder Revue. Cómo sus últimas canciones, sobre todo los álbumes *Blood on the Tracks* y *Desire*, nos conducen a renovadas búsquedas, a menudo dolorosas, de amor y lujuria, dolor y pérdida, que sugieren las angustias emocionales de los años setenta de un modo que muy pocos pueden alcanzar. En las antologías que relatan todo eso, se desparraman los cuerpos de todos los entrevistadores a los que embaucó, rebajó o anonadó. Me estaba preguntando si yo iba camino de convertirme en otra estadística cuando dimos con la conexión parapsicológica. Una tarde, Dylan empezó a decirme algo acerca de Tamara Rand, una adivina de Los Ángeles a la que había estado visitando, porque cuando el mundo se te viene encima, dijo, «necesitas a alguien que te diga cómo salir. Qué dirección tomar». Presumí que estaba refiriéndose oblicuamente al desmoronamiento de su matrimonio de doce años con Sara Dylan. (En la medida en que la batalla por la custodia de los hijos estaba en liza mientras hablábamos, el abogado de Dylan le impidió tratar ese tema directamente). Dylan parecía genuinamente interesado en que yo entendiera que Tamara no era una farsante. Que tenía facultades adivinatorias auténticas. Le aseguré que le creía porque mi hermana, además de ser una escritora de talento, tiene notables facultades adivinatorias y goza de gran demanda en Nueva York por sus proféticas lecturas. Dylan me preguntó su nombre (es Ruth) y cuando se lo dije, pareció impresionado. «He oído hablar de ella», dijo. Creo que eso lo cambió todo pues, tras ese intercambio, Dylan se volvió más comunicativo. Algunas de las primeras dificultades de la entrevista podrían explicarse también por el hecho de que Dylan se hallaba física y mentalmente agotado tras un intenso carrerón de tres meses para acabar de editar y doblar *Renaldo y Clara*, la película que había escrito, dirigido y ayudado a montar durante dos años. Estaba pálido, fumaba como un carretero y parecía inquieto. El último paso del proceso cinematográfico —la mezcla de sonido— iba al ralentí, en buena medida a causa de su nervioso perfeccionismo. La mayor parte de nuestras charlas tuvieron lugar en un barracón, a modo de camerino, en el exterior de un estudio de sonido de los Burbank Studios. A menudo, se producían interrupciones para que Dylan acudiera al estudio para ver por enésima vez uno de las dos docenas de rollos de película a fin de comprobar si sus detalladas instrucciones se habían ejecutado debidamente. Recuerdo en especial una ocasión en que lo acompañé. En pantalla, Renaldo, interpretado por Bob Dylan, y Clara, interpretada por Sara Dylan (la película se rodó antes del divorcio, aunque no mucho antes), se ven interrumpidos en mitad de sus jueguecitos maritales por alguien que llama a la puerta. Entra entonces Joan Baez, vestida de blanco de los pies a la cabeza, llevando una rosa roja. Dice que viene a por Renaldo. Cuando Dylan, como Renaldo, ve quién es, se queda boquiabierto. En la mesa de mezclas, uno de los expertos de sonido detuvo la película en el momento en que Dylan abría la boca y le preguntó: «¿Quieres que quite el ruido de pasos que se oye de fondo, Bob?». «¿Qué ruido?», preguntó Dylan. Cuando entra Joan y pasamos a Renaldo, hay como ruido de pasos de fondo. Quizá detrás de la puerta.» «Eso no son pasos —dijo Dylan—. Son los latidos del corazón de Renaldo.» «¿Cómo estás tan seguro?», le preguntó el de sonido, bromeando. «Le conozco bien —dijo Dylan—, le conozco de corazón.» «¿Así que lo dejo ahí?» «Lo quiero más alto», dijo Dylan. Entonces se volvió hacia mí, «¿Has leído aquello de Poe, *The Tell-Tale Heart*?». Me sorprendió la predisposición de Dylan para explicar los detalles de la película. Nunca se había mostrado así de accesible con las canciones. Aunque es verdad que había dedicado dos años y algo más que parte de su corazón a esta epopeya de cinco horas y parece evidente que quisiera que lo tomaran en serio como un cineasta con auténtica ambición artística. En los *Proverbios del Infierno*, William Blake (uno de los poetas preferidos de Dylan), escribió: «La senda del exceso conduce al palacio de la sabiduría». Hace once años, la moto de Dylan patinó en aquella carretera y casi lo mata. Pero a diferencia de la mayoría de las figuras dionisíacas de los sesenta, Dylan sobrevivió. Quizá no haya alcanzado el palacio de la sabiduría (de hecho, el curioso palacio de piedra y mármol que se está construyendo en Malibú, parece estar deslizándose hacia el mar). Pero más allá de sus pesares, se le ve pletórico de euforia y confianza con la posibilidad de poder seguir creando arte explosivo sin necesidad de morir en la deflagración.

Hace exactamente 12 años, publicamos una larga entrevista contigo, y hay mucho de lo que hablar. Pero nos gustaría empezar por el principio. Además de cantante, poeta, y ahora cineasta, también te han llamado visionario. ¿Recuerdas alguna experiencia visionaria en tus años de juventud?
De niño experimentaba ciertas proyecciones sorprendentes, pero desde entonces ya no. Y esas visiones eran lo bastante intensas como para haberme mantenido vivo hasta hoy.

¿Cómo eran esas visiones?
Eran como una sensación de maravilla. Me proyectaba hacia lo que yo podría hacer personal y humanamente en términos de crear distintas realidades. Yo nací y crecí en un lugar tan remoto que tendrías que estar allí para imaginártelo.

¿Hablas de Hibbing, Minnesota?
De todo el norte de Minnesota.

¿De qué naturaleza eran esas experiencias visionarias?
Bueno. En el invierno todo se estaba quieto. Nada se movía. Ocho meses así. Imagínate. Uno puede pasar por experiencias alucinógenas asombrosas con sólo mirar por la ventana. Luego está el verano. Cuando el ambiente se pone caluroso y húmedo y el aire se hace metálico. También hay mucho espíritu indio. La tierra allí no es normal. Va cargada de hierro. Así que hay algo que resulta difícil de definir. Existe una atracción magnética. Quizá hace miles y miles de años, algún planeta cayó por allí. En todo el Medio Oeste se da una gran cualidad espiritual. Muy sutil, muy fuerte, y ahí es donde crecí. Nueva York no era más que un sueño.

¿Por qué te fuiste de Minnesota?
Bueno. Llega un momento en que las cosas deben dejarse atrás.

Y, más específicamente, ¿por qué el sueño de Nueva York?
Era el sueño de los bienes cosmopolitas de la mente.

¿Los encontraste allí?
Era un sitio espléndido para mí para aprender y para conocer a otros que se hallaban en un viaje similar.

Gente como Allen Ginsberg, por ejemplo.
No necesariamente él. Ya estaba muy establecido cuando llegué allí. Pero fueron Ginsberg y Jack Kerouac quienes me inspiraron de entrada. Y de donde vengo, no había los sofisticados transportes de hoy día. Para ir a Nueva York, tenías que hacerlo a dedo. En cualquier caso, eso eran los viejos tiempos, de cuando John Denver tocaba como acompañante. Una gran cantidad de gente surgió de aquellos días: actores, bailarines, políticos… Mucha gente tiene que ver con aquella época.

¿De qué época hablas?
De principios de los sesenta.

¿Qué lo hizo tan especial?
Creo que fue la última ocasión para gravitar hacia Nueva York. La gente había estado yendo a Nueva York desde principios del siglo XIX. Para mí fue fantástico. Vamos que… Era como… Había un café —¿cómo se llamaba?—, no recuerdo el nombre, pero eran las viejas caballerizas de Aaron Burr. ¿Sabes? El mero hecho de estar en esa zona… Aquella parte del mundo te iluminaba.

¿Por qué dices que fue la última ocasión?
Creo que dejó de pasar después de aquello. Pienso que se terminó. Nueva York murió después de eso, a finales de los sesenta.

¿Qué la mató?
La comunicación de masas la mató. Se volvió una gran barraca de feria. Eso es lo que sentí y de lo que me salí cuando empezaba a pasar. La atmósfera de creatividad y aislamiento cambió cuando se prestó más atención al elemento espectacular. La gente leía sobre sí misma y se lo creía. No sé cuándo sucedió. Más o menos cuando Peter, Paul, and Mary se hicieron famosos. Sucedió por entonces. Durante mucho tiempo, yo sólo era famoso en algunos círculos de Nueva York, Filadelfia y Boston, y ya me parecía bien. Soy testigo ocular de aquel tiempo. Soy uno de los supervivientes. Sabes tan bien como yo que mucha gente no lo superó. No vivieron para contarlo.

¿Por qué crees que no sobrevivieron?

La gente seguía lidiando con delirios e ilusiones por entonces. Los tiempos cambian y no cambian. Entonces había distintos tipos de personaje y había cosas que aún estaban por desarrollar que ahora ya están desarrolladas. Pero por entonces, había espacio, espacio. Bueno. No había presión. Tenías todo el tiempo del mundo para conseguirlo. No había presión, porque nadie la conocía. Ya sabes, quiero decir que la gente de la música era como un puñado de recolectores de algodón. Te ven junto a la carretera recogiendo algodón, pero a nadie le importa un huevo. Quiero decir que no era tan importante. Así que Washington Square era un lugar donde la gente que conocías se congregaba cada domingo y resultaba como un mundo musical. Ya sabes como es Nueva York. Vamos, que podrían estar pasando veinte cosas diferentes en la misma cocina o en el mismo parque. Podría haber doscientos grupos tocando en un parque de la ciudad. Podría haber quince bandas tradicionales, cinco de bluegrass, un viejo grupo de cuerda atroz, veinte grupos de irlandeses confederados, una banda montañesa del sur, cantantes folk de todos los colores cantando canciones de John Henry. Había cuerpos amontonados hasta el cielo haciendo lo que se les antojara. Bongos, congas, saxofones, xilófonos, percusionistas de todas las naciones y nacionalidades. Poetas que peroraban desde las estatuas. Todo eso ya no pasa. Pero entonces era lo que sucedía. Todo estaba en la calle. Los cafés abrían toda la noche. Era como algo europeo que nunca acabó de despegar. Nunca ha formado parte de este país en realidad. Así era Nueva York cuando yo llegué.

Y crees que los medios de comunicación de masas, como *Time*, que pone a Joan Baez en la cubierta de la revista...

La comunicación de masas acabó con todo. La simplificación extrema. No sé de quién fue la idea, pero poco después de eso, la gente empezó a marcharse.

Para seguir con el tema, ¿qué hizo que te decidieras por la canción folk? De hecho, empezaste en Minnesota tocando la guitarra eléctrica con un grupo de rock, ¿no es así?

Sí. La primera cosa que me movió hacia la canción folk fue Odetta. Oí uno de sus discos en una tienda, cuando podías escuchar los discos en las tiendas. Fue en el 58 o algo así. En ese mismo momento, fui y cambié mi guitarra eléctrica por una acústica, una Gibson.

¿Qué te resultó tan especial del disco de Odetta?
Algo vital y personal. Me aprendí todas las canciones del disco. Era el primero de ella y las canciones eran «Mule Skinner», «Jack of Diamonds», «Water Boy», «Buked and Scorned»…

¿Cuándo aprendiste a tocar la guitarra?
Ahorré el dinero que había ganado trabajando con el camión de mi padre y compré una guitarra Silverton en Sears Roebuck. Tenía 12 años. Compré un libro de acordes y me puse a tocar.

¿Cuál fue la primera canción que escribiste?
La primera fue una que dediqué a Brigitte Bardot.

¿Recuerdas cómo iba?
No mucho. Sólo tenía un acorde. Bueno. Está todo en el corazón. De todos modos, de Odetta pasé a Harry Belafonte, el Kingston Trio, abarcando cada vez más a medida que avanzaba. Finalmente, acabé por no hacer más que canciones de la familia Carter y de Jesse Fuller. Más tarde llegué a Woody Guthrie, que me abrió todo un mundo nuevo. Sólo tenía 19 o 20 años por entonces. Era bastante fanático acerca de lo que quería hacer, así que después de aprender unas doscientas canciones de Woody, fui a verle y esperé el momento oportuno para visitarle en el hospital en Morristown, Nueva Jersey. Cogí un bus en Nueva York, me senté con él y canté sus canciones. Le seguí visitando mucho y nos hicimos amigos. A partir de ahí, la cosa se vuelve algo nebulosa.

El estilo folk se consideraba bastante raro por entonces, ¿no es así?
Sin duda. *Sing Out!* era la única revista que existía sobre aquella gente. Eran gente especial y lo mejor era guardar las distancias con ellos.

¿Qué quieres decir?
Bueno. Era el tipo de gente a la que observabas para aprender, pero mejor no acercarse. Yo no lo hice. Recuerdo que era demasiado tímido. Pero me llevó mucho tiempo darme cuenta de que el personal de Nueva York no era tan distinto de los cantantes que había visto en mi ciudad. Estaban allí, en el circuito secundario. Gente como los Stanley Brothers, tocando unas pocas noches. Si hubiera sabido entonces lo que hago ahora, probablemente me habría largado a los 12 años para seguir a Bill Monroe. Porque podría haber llegado al mismo sitio.

¿Habrías llegado antes?

Quizá me habría ahorrado mucho tiempo y agobios.

Ahora me gustaría que me aclararas algo: para cuando llegaste a Nueva York, ya habías cambiado tu nombre de Robert Zimmerman por el de Bob Dylan. ¿Fue a causa de Dylan Thomas?

No. No he leído tanto a Dylan Thomas. Cambiar tu nombre es algo habitual. No es tan increíble. Mucha gente lo hace. La gente cambia de ciudad, de país... Nuevas apariencias, nuevas peculiaridades. Algunas personas tienen muchos nombres. Yo no escogería un nombre a menos que pensara que soy esa persona. A veces puedes verte frenado por tu nombre. Y a veces tener cierto nombre puede ser muy ventajoso. Los nombres son etiquetas para que podamos referirnos unos a otros. Pero en el fondo de nosotros no tenemos nombre. No tenemos un nombre. Yo simplemente escogí ése y se quedó.

¿Sabes lo que significa Zimmerman en alemán?

Mis ancestros eran de Rusia. No sé cómo llevaban un apellido alemán siendo de Rusia. Quizá lo adoptaron al bajar del barco o algo así. No sé. Buscarle las vueltas al nombre de alguien... Uno acaba siendo susceptible de hacer lo mismo con cualquier nimiedad. Pero volviendo a Dylan Thomas, la cosa no fue que me inspirara leyendo su poesía y dijera, «Eureka», para cambiar mi apellido por el de Dylan. Si pensara que era tan bueno, habría cantado sus poemas y cambiado mi apellido por el de Thomas.

¿Bob Thomas? Habría sido un error...

Bueno. Ese nombre me cambió. No me entretuve pensando mucho en ello. Ése es quién yo creía que era.

¿Niegas haber sido el *enfant terrible* en aquellos días? ¿Niegas la locura de todo lo que se ha representado?

No. Es verdad. Así es como fue. Pero... Tampoco me puedo quedar en el mismo lugar para siempre.

¿El accidente de moto de 1966 tiene algo que ver con que te calmaras y te relajaras un poco?

Bueno. Acabas de saltar a otro período distinto... ¿Qué es lo que hacía?

No sé. Fue el momento. ¿Coincidió con lo del accidente? Mira. Estaba apurando mucho y no podía seguir así por mucho tiempo. El hecho de que saliera de aquello resulta bastante milagroso. Pero ya sabes, a veces te acercas demasiado a algo y tienes que alejarte para ser capaz de ver. Y algo así es lo que me sucedió por entonces.

En un libro que publicaste por entonces, *Tarántula*, escribiste tu propio epitafio, que empieza: «Aquí yace Bob Dylan / asesinado / por la espalda / por carne temblorosa...».
Eso me sucedía cuando estaba más pasado; era poco natural. Me alegro de que esos sentimientos desaparecieran.

¿Cómo fue esa época?
[pausa] No lo recuerdo. [pausa prolongada]

Recientemente, la prensa apuntaba que tú iniciaste a los Beatles en la hierba. Según cuentan, le ofreciste una calada a Ringo en el aeropuerto JFK y que ésa fue la primera vez para ellos. ¿Es cierto?
Me sorprende que Ringo dijera eso. No parece muy propio de él. No recuerdo haber ido a buscarle al JFK.

¿Quién te inició a ti?
La hierba era omnipresente en los clubes. Siempre había en los clubes de jazz y en los de folk. Había hierba y los músicos solían disponer de ella por aquel entonces. También en las cafeterías de Minneapolis. Así es como la conocí, estoy seguro. No recuerdo cuándo ni dónde.

¿Por qué les gustaba tanto a los músicos?
Ser músico significa —dependiendo de lo lejos que llegues— sondear las profundidades de donde te encuentras. Y la mayoría de los músicos intentaría cualquier cosa para alcanzar esas profundidades, por que interpretar música es algo inmediato, a diferencia de pintar un lienzo, que es algo calculado. Tu espíritu vuela cuando interpretas música. Así, con la música, tiendes a mirar más y más al fondo de ti mismo para hallar la música. Esa es la razón, creo, por la que la hierba circulaba en aquellos clubes. Sé que el panorama ha cambiado ahora. Vamos, que la maría es algo casi legal. Pero por entonces sólo la consumía alguna gente.

¿Las sustancias psicodélicas producen ese mismo efecto en ti?
No. Las sustancias psicodélicas jamás me afectaron. No sé. Creo que Timothy Leary tuvo mucho que ver en el tiro de gracia a la escena neoyorquina de la que estábamos hablando. Cuando surgieron las sustancias psicodélicas, todo pasó a ser irrelevante. Porque aquello no tenía nada que ver con hacer música, con escribir poesía o con tratar de verte a ti mismo en aquel momento y período.

Pero la gente cree que estaba haciendo precisamente eso: encontrarse a sí misma.
La gente se creó la ilusión de pensar que era algo que no era, como pájaros, aviones, bombas de agua, lo que sea. La gente iba por ahí pensado que era una estrella.

En cuanto a tu música, ¿hubo un momento en concreto en que tomaste la decisión consciente de trabajar con un grupo eléctrico?
Bueno. Había que llegar ahí. Era la dirección que debía tomar. Porque ahí es donde empecé y, finalmente, la cosa retomó ese cauce. No podía seguir siendo el folkie solitario del lugar, ya sabes. Rasguear «Blowin' in the Wind» tres horas cada noche. Yo siento mis canciones como parte de la música, del acervo musical.

Cuando escuchas tus canciones en tu cabeza, no se trata sólo de ti rasgueando, ¿es eso?
Bueno. No. Lo es de entrada. Pero entonces siempre oigo otros instrumentos. Cómo deberían sonar. Lo más cerca que estuve del sonido que oigo en mi cabeza fue en los surcos del álbum *Blonde on Blonde*. Es ese tenue y salvaje sonido voluble. Es metálico y dorado, más allá de lo que eso evoque. Ése es mi sonido particular. No he sido capaz de lograrlo siempre. Básicamente, me he orientado hacia una combinación de guitarra, armónica y órgano. Pero ahora me encuentro yendo hacia un terreno con más percusión y [pausa] ritmos del alma.

¿Se daba ese salvaje sonido voluble en «I Want You»?
Sí, y en otros temas de ese álbum, y del anterior también.

¿*Highway 61 Revisited*?
Sí. También en *Bringing It All Back Home*. Ése es el sonido que he escuchado siempre. Con el tiempo, el sonido se definió mejor, pero no hizo

necesariamente más potentes a las canciones. El sonido era cualquier cosa que estuviera disponible por aquel entonces. Tengo que regresar al sonido, al sonido que lo devuelva todo a través de mí.

¿No puedes volver a reunir a los mismos músicos?
No del todo. La gente cambia, ya sabes. Se desperdigan por todas partes. Las vidas de las personas se complican. Tienden a verse más distraídos, y no pueden centrarse en ese gran y estricto fin.

¿Buscas a gente?
No. No es que la busque. La gente existe. Pero no he prestado la atención que debiera. No me he sentido cómodo en un estudio desde que trabajé con Tom Wilson. El siguiente paso que tengo que dar es el de contar con una banda permanente. Ya sabes, normalmente sólo grabo lo que está disponible en el momento. Así funciono, ¿sabes? Y es… Es legítimo. Quiero decir que lo hago porque lo tengo que hacer así. No quiero seguir haciéndolo porque me gustaría ordenar un poco mi vida. Pero hasta ahora mis sesiones de grabación han tendido a ser temas de última hora. Además no suelo utilizar toda la movida técnica de estudio. Mis canciones se graban en vivo en el estudio. Siempre ha sido así y siempre lo será. Por eso están vivas. No importa qué otra cosa se pueda decir de ellas. Están vivas. Ya sabes, lo que hace Paul Simon o Rod Stewart o Crosby, Stills y Nash… Hacer un disco no me resulta algo tan colosal. No es más que un disco de canciones.

Volviendo a tu transición del folk al rock. El período en que sacaste *Highway 61* debió de ser estimulante.
Fue una gran época. Hicimos aquello antes de que nadie supiera que lo haríamos, o que podíamos hacerlo. No sabíamos lo que iba a acabar siendo. Nadie lo entendía como folk-rock en aquel entonces. Ya había alguna gente metida en eso, como The Byrds, y recuerdo a Sonny y Cher y a los Turtles y los primeros Rascals. Empezó a sonar en la radio. O sea, yo tuve un par de éxitos seguidos. Es lo más que había tenido seguido: dos. Las listas de éxitos iban repletas de ese tipo de sonido —y de los Beatles también—, y resultaba estimulante. La época lo fue. Era el sonido de las calles. Sigue siéndolo. Simbólicamente, lo sigo oyendo allí donde estoy.

¿Oyes el sonido de las calles?
La etérea luz crepuscular, ya sabes. Es el sonido de las calles con los rayos del sol. El sol que ilumina a una hora determinada un cierto tipo de edificio. Un cierto tipo de personas que caminan por un cierto tipo de calle. Es un sonido al aire libre que se desliza incluso por las ventanas abiertas. El sonido de campanas y trenes lejanos y discusiones en las casas y el repiqueteo de la vajilla y los cuchillos y tenedores y la golpiza con correa de piel. Está todo. Está todo allí. Sólo falta el martillo hidráulico, ya sabes.

Quieres decir que si un martillo hidráulico fuera...
Sí. Nada de sonido de martillos hidráulicos, ni de aviones. Sólo bonitos sonidos naturales. El agua, ya sabes. Agua deslizándose por el arroyo. La luz que fluye a través de...

¿Luz del atardecer?
No. Normalmente es al romper del día. La música se me filtra al romper el día.

¿El «tintineo de la mañana»?
Eso es.

¿Tras pasar la noche en vela?
A veces. Uno está un poco p'allá cuando ha pasado toda la noche levantado, así que no tienes capacidad de formarlo. Pero ése es el sonido que trato de captar. No me quedo ahí recreando viejas melodías de blues o tratando de inventar una rapsodia surrealista.

Ése es el sonido que quieres...
Sí. El sonido y las palabras. Las palabras no interfieren con ello. Lo... Lo puntúan. Ya sabes. Le proporcionan una razón de ser. [Pausa] Y todas las ideas para mis canciones, todas las influencias, provienen de ahí. Todas las influencias, todos los sentimientos, todas las ideas vienen de ahí. No lo hago para ver lo bien que puedo sonar, o lo perfecta que puede ser la melodía, o cómo de complicada puede ser la trama de los detalles ni lo perfecto que puede estar escrito. No me importan esas cosas.

¿Te resulta el sonido tan absorbente?
Ajá.

¿Cuándo lo oíste o sentiste por vez primera?
Creo que empezó ya de jovencito.

¿No fue en Nueva York?
Bueno. Digamos que me lo llevé a Nueva York. Yo no nací en Nueva York. Allí capté alguna pista, pero lo llevé para allí, también. No creo que pudiera haberlo hecho en Nueva York. Habría estado demasiado hecho polvo.

¿Viene de los sonidos de la cuenca minera de Minnesota?
O de la falta de sonido. En la ciudad, no hay sitio adonde ir donde no escuches un sonido. Nunca estás solo. No creo que pudiera haberlo hecho allí. El mero hecho de crecer allí habría sido inmenso y habría distorsionado las cosas para un aspirante a artista. Bueno… O quizá no. De Nueva York sale cantidad de gente creativa. Pero no sé si alguien como yo… Conozco a mucha gente de Nueva York con la que me llevo estupendamente, y compartimos las mismas ideas, pero en mi alma hay algo distinto. Es como ser de las Smoky Mountains o de los páramos de Misisipi. Eso te convierte en una persona determinada. Si te pasas veine años en un sitio…

Con lo que te gusta el campo, ¿qué te hizo abandonar Woodstock en 1969 para regresar al Village?
La cosa se vició y fue una desilusión. Se llenó de gente, con las personas equivocadas que impartían órdenes. Y los ancianos tenían miedo de salir a la calle. Se disipó el arco iris.

Pero el Village, Nueva York, tampoco era la respuesta.
El estímulo se había desvanecido. Todo el mundo andaba algo mustio. Se había acabado.

¿Crees que la vieja escena de la que has hablado puede estar regresando a la ciudad?
Bueno. Estuve allí el verano pasado. Y no me lo pareció. Hay muchos clubes de rock y de jazz y clubes de poesía puertorriqueña, pero en cuanto a aprender algo nuevo, aprender a enseñar… Nueva York está plagada de profesores, eso es obvio, pero resulta bastante deprimente. Para tener éxito en las calles, uno casi tiene que ponerse a pedir.

Así que ahora estás en California. ¿Hay algún tipo de ambiente en el que te puedas integrar?
Aquí sólo me dedico a trabajar durante la mayor parte del tiempo, así que no sé muy bien de qué va la ciudad. Me gusta San Francisco. Me parece una tragicomedia. Pero si quiero ir a una ciudad de este país, me sigo quedando con Nueva York. Hay ciudades adonde ir en el mundo entero. No sé. Quizá ya sea perro viejo, así que puede que sienta que ya he dado muchas vueltas y busco algo nuevo por hacer que no está ahí. Estaba buscando un espacio para crear lo que quiero hacer. Es lo único que me interesa estos días. No me importa mucho lo de salir y eso.

¿Te sientes más viejo que cuando cantabas, «I was so much older then, I'm younger than that now» [Entonces era más viejo / Ahora soy mucho más joven]?
No. No me siento viejo. No me siento viejo para nada. Pero siento que hay ciertas cosas que ya no me atraen y ante las que solía sucumbir muy fácilmente.

¿Como cuáles?
Los vicios cotidianos.

¿Crees que has logrado resistir a la obligación de crecer o has encontrado un modo de hacerlo que difiere de como se crece convencionalmente?
Yo no pienso realmente en términos de crecer o no crecer. Pienso en términos de ser capaz de realizarte. No te olvides… Mira. He estado haciendo lo que he estado haciendo desde que era pequeño, así que no he conocido otra cosa. Nunca tuve que dejar mi trabajo para hacer esto. Esto es todo lo que he hecho en mi vida. Así que no pienso en términos económicos o de estatus o de lo que los demás piensan de mí de un modo u otro.

¿Dirías que todavía tienes algo de rebelde, punk, hacia el resto del mundo?
¿Algo punk?

Bueno. Sigues llevando gafas de sol, ¿no?
Sí.

¿Es para que la gente no te vea los ojos?
De hecho ya se ha convertido en un hábito. Las sigo llevando. No hay motivos profundos para ello, creo. Cierta inseguridad, no sé. Me gustan las gafas de sol. ¿Las he llevado puestas en todas las sesiones de la entrevista?

Sí. Todavía no te hemos visto los ojos...
Bueno. El lunes seguro [día en que debían tomarse las fotos para la primera página de la entrevista].

Aparte de las gafas de sol, ¿hay algo en la cualidad punk o gamberra de Elvis o de James Dean que te haría vestir de cierto modo o actuar de determinada manera?
No. Eso es algo de principios de los sesenta. Elvis estaba presente. Estaba allí cuando allí no había nadie. Él era Elvis y todo el mundo sabe lo que hizo Elvis. Me lo hizo a mí como a todo el mundo. Elvis estaba en ese grupo de edad y yo le seguí directamente desde «Blue Moon in Kentucky». Y había otros. Yo admiraba mucho a Buddy Holly. Pero Elvis no fue jamás un punk. Tampoco lo fue James Dean.

¿Qué cualidad representaba James Dean?
Dejaba que hablara su corazón. Era su insignia. Resultaba eficaz para gente de esa edad. Pero a medida que creces pasas a tener diferentes experiencias y tiendes a identificarte con artistas que tuvieron significados distintos para ti.

Hablemos un poco más acerca de tus influencias. ¿A qué músicos escuchas actualmente?
Sigo escuchando el mismo blues negro y desolado. Tommy McClennan, Lightnin' Hopkins, la familia Carter, los primeros Carlyles. Escucho a Big Maceo, Robert Johnson. De vez en cuando, vuelvo a escuchar a Woody Guthrie. Entre algunos más recientes están Fred McDowell y Gary Stewart. Me gusta mucho Memphis Minnie. Blind Willie McTell. Me gusta la música bluegrass. También escucho música extranjera. Me gusta mucho la música de Oriente Próximo.

¿Como quién?
Om Kalsoum.

¿Quién es?
Fue una gran cantante egipcia. La oí por primera vez cuando estuve en Jerusalén.

¿Una cantante egipcia que era popular en Jerusalén?
Creo que es popular en todo Oriente Próximo. En Israel también. Se dedica sobre todo a canciones de amor y plegarias, con acompañamiento de violín y percusión. Su padre cantaba esas plegarias y supongo que ella era tan buena cuando trataba de cantar a sus espaldas que le permitió cantar profesionalmente. Ya está muerta pero no la han olvidado. Es fantástica. De verdad. Fantástica.

¿Y algo popular?
Bueno. Nana Mouskouri.

¿Qué me dices de los Beatles?
Siempre me ha gustado cómo toca la guitarra George Harrison. Sin excesos... Es bueno. En cuanto a Lennon... Bueno. Su libro [*In His Own Write*] me resultó alentador. O fueron los editores quienes me alentaron porque me pidieron que yo escribiera un libro y así es como salió *Tarántula*. John ha llevado la poesía bastante lejos en la música popular. Buena parte de su trabajo se pasa por alto, pero si lo estudias, se pueden encontrar expresiones clave que nunca antes se dijeron para manifestar su punto de vista. Cosas que simbolizan cierta realidad interior y que probablemente nunca volverán a decirse.

¿Escuchas tu propia música?
No mucho.

¿Qué me dices de tus influencias literarias? Has mencionado a Kerouac y a Ginsberg. ¿A quién lees ahora?
Rilke. Chejov. Chejov es mi escritor favorito. Me gusta Henry Miller. Creo que es el mayor escritor americano vivo.

¿Le conoces?
Sí. Le conocí hace años. Jugué al ping-pong con él.

¿Leíste *El guardián entre el centeno* cuando eras jovencito?
Seguramente. Sí. Me parece que sí.

¿Te identificaste con Holden Caulfield?
Eh… ¿Qué le pasaba?
Es un chico solitario que se escapa de un colegio convencido de que todos son unos falsos y de que él es una persona sensible.
Entonces, debí de identificarme.

Hemos estado hablando de arte y, en el proceso, tú te has visto inmerso en la fase de montaje de tu primera película, *Renaldo & Clara*. ¿Qué crees que puedes hacer en películas que no puedas hacer en canciones?
Puedo dar mayor fuerza a las canciones. La película para mí es más un cuadro que música. Es una pintura. Una pintura que cobra vida fuera de la pared. Esa es la razón por la que la hacemos. Los pintores pueden contener su alboroto artístico. En otra época, los cineastas habrían sido probablemente pintores.

Aunque *Renaldo & Clara* es la primera película que has producido, dirigido y en la que has actuado, hay un documental de 1966 que señala tu primera aparición cinematográfica: *Don't Look Back*. ¿Qué opinión te merece?
Don't Look Back fue… La película de otro. Fue un trato acordado con una compañía, pero la verdad es que yo no participé en ello. Cuando la vi en el cine, me impactó lo que habían hecho. Fue después cuando supe que me habían estado filmando todo el tiempo. Aquella película la hizo un tipo que lo sacó todo de contexto. Estaba documentada desde su punto de vista personal. Era un documental deshonesto, una película propagandística. No creo que fuera fidedigno en términos de mostrar mis años de formación. Sólo mostraba una cara. La cosa parecía como si yo no hubiera hecho más que vivir en hoteles, darle a la máquina de escribir y mantener ruedas de prensa para los periodistas. Todo eso es verdad. También hay algo acerca de la vida en la película. Joan Baez aparece. Pero es parcial. No hace falta que hablemos mucho de ello. Sólo que no es representativo de lo que estaba sucediendo en los sesenta.

¿No crees que captaba el frenesí de tu gira, aunque te retratara como a una estrella?
Yo no era realmente una estrella por entonces, no más de lo que lo soy

ahora. Por entonces, se me confundía tranquilamente con lo que se suponía que debía de ser mi propósito. Era bastante en los inicios, ya sabes. «The Times They Are A-Changin'» estaba en las listas inglesas, así que tenía que ser en los primeros tiempos.

¿De modo que no sabías realmente lo que estabas haciendo?
Bueno. Mira lo que hice después de aquello. Mira lo que hice después. No empecé a desarrollarme de verdad hasta después de aquello. O sea, sí pero no. *Don't Look Back* fue prematuro. Me tendrían que haber dejado en paz en aquella fase.

Por aquel período, en 1966, estabas en otra película que nunca llegó a estrenarse, llamada *Eat the Document*. ¿Cómo fue eso?
Eso empezó como especial de televisión. Yo tampoco fui el que se encargó de esa película. Yo fui... fui la víctima. Ya habían filmado, pero por entonces, naturalmente, yo... Tuve, eh... Si no hubiera tenido el accidente de moto, lo habrían emitido, y todo habría acabado ahí. Pero yo, de algún modo, me salí de la foto, ya sabes. Y... Creo que fue en otoño de aquel año. Tenía algo más de tiempo para, ya sabes, concentrarme en lo que me estaba sucediendo y en lo que había pasado. En cualquier caso, lo que había pasado es que habían hecho otro *Don't Look Back*, sólo que esta vez era para la televisión. Y no tenía nada mejor que hacer que ver la película. Toda ella, incluido el metraje desechado. Y sólo con verla resultaba evidente que era basura. Eran kilómetros de basura. Así fue mi introducción al mundo del cine. Mi concepto de película se formó en aquellos primeros años cuando contemplaba ese metraje.

¿Recabaste tu concepto del cine contemplando esos kilómetros de basura?
Sí. Se trataba básicamente de metraje descartado, en el que aprecié cierta belleza. Lo que probablemente te diga más... El hecho de que veo belleza donde otros no.

Eso nos recuerda un poema que escribiste para la cubierta de uno de los primeros discos de Joan Baez, en el que apuntabas que siempre habías pensado que las cosas tenían que ser feas antes de encontrarlas hermosas. En el poema, describías el acto de escuchar cantar a Joan y decidir, en cambio, que la belleza no tenía por qué empezar siendo fea...

Estaba muy colgado de Joan por entonces [pausa]. Creo que trataba de decirme a mí mismo que no lo estaba.

Bien. ¿Podrías abundar acerca del concepto fílmico que recabaste del metraje descartado?
Bueno. Hasta entonces, la cosa se había ocupado de un desarrollo lineal. Sólo existía en un plano y en una dimensión. Y cuanto más miraba esa película, más me daba cuenta de que en una película se podía introducir más de una corriente de pensamiento. Mi cabeza funciona así. Tendimos a trabajar a varios niveles. Y en ese metraje vi muchos de esos niveles. Sin embargo, técnicamente no sabía cómo hacer lo que mi cabeza me decía que podía hacerse.

¿Qué sentías que podía hacerse?
Bueno. Mira. El cine es una serie de acciones y reacciones, ¿sabes? Y es engañoso. Juegas con la ilusión. Lo que parece ser un asunto más bien simple, es de hecho bastante artificioso. Y cuánto más sólido sea tu punto de vista, más sólida será tu película.

¿Podrías entrar más en detalle?
Uno trata de comunicar un mensaje y hay muchas maneras de hacerlo. Digamos que tu mensaje es: «Blanco es blanco». Bergman diría «Blanco es blanco» en el espacio de una hora, o lo que parece ser una hora. Puede que Buñuel dijera: «Blanco es negro, y negro es blanco, pero blanco es efectivamente blanco». Y todo acaba siendo el mismo mensaje.

¿Y qué diría Dylan?
Dylan probablemente ni lo diría [risas]. Él… Asumiría que ya lo sabes [risas].

Te escabulliste de ésa.
Yo diría que la gente siempre creerá en algo si siente que es verdad. Saber que es verdad no basta. Si sientes en tus adentros que es verdad, bien, entonces puedes consolarte con que es verdad.

Así que, una película hecha por alguien que siente en sus adentros que blanco es blanco dará la impresión al público de que blanco es blanco sin tener que decirlo.
Sí. Exacto.

Hablemos del mensaje de *Renaldo & Clara*. Nos parece que se trata de una película personal aunque ficticia, en la que tú, Joan Baez y tu ex esposa, Sara, interpretáis los roles protagonistas. Tú interpretas a Renaldo, Baez interpreta a una «mujer de blanco», y Sara interpreta a Clara. También hay un personaje llamado Bob Dylan interpretado por otra persona. Consta de metraje proveniente de la gira Rolling Thunder Revue y de escenas ficticias interpretadas por vosotros como actores. ¿Nos podrías decir de qué va esencialmente la película?

Trata de la esencia del hombre alienado y cómo, a fin de liberarse, de renacer, tiene que salirse de sí mismo. Casi podrías decir que muere para poder mirar los tiempos, y por fuerza de voluntad puede regresar a su mismo cuerpo.

Puede regresar por fuerza de voluntad al mismo cuerpo... ¿y Clara?

Clara representa para Renaldo todo lo que hay en el mundo material que siempre deseó. Las necesidades de Renaldo son escasas. Aunque él no lo sabe en aquel preciso momento.

¿Cuáles son sus necesidades?

Una buena guitarra y un callejón oscuro.

La guitarra porque ama la música, pero, ¿y el callejón oscuro?

Básicamente, porque necesita esconderse.

¿De quién?

De su demonio interior. [pausa] Pero todos sabemos que no puedes esconderte en un callejón oscuro del demonio interior. Y ahí tienes la película.

¿Renaldo lo averigua en la película?

Intenta escapar del demonio interior, pero descubre que el demonio es, de hecho, una imagen en el espejo del propio Renaldo.

Bien. Teniendo en cuenta las personalidades implicadas, ¿cómo definirías la relación entre tú, tu vida personal y la película?

No es distinta de la que tendría Hitchcock al hacer una película. Yo soy el supervisor.

¿Supervisas distintas versiones de ti mismo?
Bueno. Ciertas verdades que conozco. No necesariamente yo mismo sino una cierta acumulación de experiencia que se me ha hecho real, y un conocimiento que he adquirido yendo de gira.

¿Y cuáles son esas verdades?
Una es que si tratas de ser cualquier otro que no seas tú, fracasarás. Si no eres leal a tu propio corazón, fracasarás. Aunque también, no hay ningún éxito como el fracaso.

Y el fracaso no es éxito en absoluto.
Bueno. Tampoco buscamos tener éxito. El mero hecho de estar vivo y obrar en consecuencia es un éxito. Sólo fracasas cuando dejas que la muerte te aceche y te arrebate parte de tu vida que debería estar viva.

¿Cómo puede acecharte la muerte?
La muerte no aparece llamando a la puerta. Está ahí por la mañana cuando te levantas.

¿Cómo es eso?
¿Alguna vez te has cortado las uñas o el pelo? Ahí ya experimentas la muerte.

En la película, Joan Baez se dirige a ti en un determinado momento y dice: «Nunca das respuestas claras». ¿Es así?
Se está encarando con Renaldo.

El carácter esquivo no sólo está en la mente. También puede aparecer en una entrevista.
No hay respuestas sencillas para este tipo de preguntas…

¿No estás jugando con el público cuando presentas escenas interpretadas por Baez y Sara, personas reales en tu vida, y esperas que los espectadores dejen de lado sus prejuicios respecto a la relación de ambas contigo?
No. No. Ni siquiera deberían pensar que conocen a nadie de la película. Todo queda en el contexto de Renaldo y Clara y no hay motivo para devanarse los sesos sobre quién es quién en la película.

¿Qué me dices de escenas como aquélla en la que Baez te pregunta: «¿Y si nos hubiéramos casado entonces?»

Parece muy real, ¿verdad?

Sí.

Parece muy real. Al igual que, en una película de Bergman, esas cosas parecen reales. Hay mucha espontaneidad ahí. Normalmente, las personas en sus películas se conocen, pueden relacionarse más. Hay vida y energía en cada plano porque todos se conocen entre sí.

De acuerdo. Otra pregunta: en la película, Ronnie Hawkins, un cantante de rock canadiense de 140 kilos, se llama Bob Dylan. ¿Hay un Bob Dylan real?

¿En la película?

Sí.

En la película, no. Ni siquiera aparece en la película. Está su voz, se oyen sus canciones, pero Bob no está en la película. Sería una idiotez. ¿Has visto alguna vez un cuadro de Picasso en el que salga Picasso? Sólo ves su trabajo. Vamos, que no estoy interesado en poner una imagen mía en la pantalla, porque eso no le haría ningún bien a nadie. Incluido yo mismo.

Entonces, ¿qué necesidad hay de utilizar el nombre de Bob Dylan?

Para legitimar la película. Es algo que consideramos de entrada: el personaje de Bob Dylan está en la película para poder desembarazarnos de él. Ya no debería de haber ningún misterio acerca de quién o qué es. Él está ahí, hablando en varias lenguas, y hay alguien más que dice ser él. Así que está cubierto. Esta película es obvia, en serio. Nadie esconde nada. Está todo ahí. Los conejos se han caído de la chistera antes de que la película empiece.

¿De verdad crees que es una película accesible?

Del todo. Una película muy abierta.

Incluso si el señor Bob Dylan y la señora de Bob Dylan son interpretados por personas distintas...

Completamente.

¿Y no sabes con seguridad quién es él?

Claro. Podríamos hacer una película y tú podrías ser Bob Dylan. No importaría.

Pero si hay dos Bob Dylan en la película y Renaldo está siempre cambiando...
Bueno. Podría ser peor. Podrían ser tres o cuatro. En general, es una película sencilla.

¿Cómo decidiste hacerla?
Como te dije, tenía la idea para hacer mi propia película en el año 1966. Y la sepulté hasta 1976. Mi abogado solía decirme que había futuro en el cine. Yo dije: «¿Qué futuro?». Me dijo: «Bueno. Si puedes presentarte con un guión, una pauta, y pillar dinero de un gran distribuidor». Pero yo sabía que era incapaz de trabajar de ese modo. No puedo traicionar mi visión sobre un pedacito de papel con la esperanza de pillar dinero de alguien. A la postre, resultó que tuve que hacer toda la película por mi cuenta, con otra gente que trabajaba conmigo, que confiaba en mí. Salí de gira en el 76 para recaudar el dinero necesario para la película. Las dos últimas horas eran para recaudar ese dinero.

¿Cuánto de tu dinero te has jugado?
Mejor no lo digo. Es bastante, pero no tuve que pasar por el banco. El presupuesto era de unos 600.000 dólares. Pero gastamos más.

¿Te resultó placentero el proyecto?
Siento que es una historia que significa mucho para mí, y he hecho lo que siempre quise: una película. Cuando sucede algo así, es como detener el tiempo, y puedes hacer que la gente viva en ese momento. No hay muchas cosas en tu vida cotidiana que consigan ese efecto. Hay muchas cosas que pueden distraerte. Pero lo principal es que le resulte valioso a alguien. Toma *Raíces Profundas*, por ejemplo. Me conmovió. *La ley del silencio* me conmovió. Cuando voy a ver una película, espero que me conmueva. No quiero ir a ver una película sólo para matar el tiempo o para que se limite a mostrarme algo de lo que no estoy al corriente. Quiero que me conmueva, porque eso es lo que se supone que debe hacer el arte según todos los grandes teólogos. Se supone que el arte tiene que hacerte levantar de tu silla. Se supone que debe desplazarte de un espacio a otro. *Renaldo y Clara* no está hecha para ponerte bajo presión. Es una película que debe disfrutarse como película. Yo no sé nada de cine. No soy un cineasta. Pero, por otra parte, me considero cineasta porque he hecho esta película. Así que no sé... Si no te conmueve, pues es un lastre, y se hizo con la idea de «muy bien. Si todos vosotros queréis hablar de Dylan, que rompió con su esposa y de su aven-

tura con Joan Baez, pues pongo a esos tres en la película y os restriego el cotilleo por las narices porque, ¿sólo yo conozco la verdad?».

No es completamente cierto, porque eso no es de lo que trata la película. No estoy seguro de cuánto de Bob Dylan y de Joan Baez puede preocupar a nadie. Para mí no es importante. Son noticias viejas, así que no creo que sea de mucho interés para nadie. Y si lo es. Pues vale. Pero no me parece que sea una cuestión relevante. La película no trata de nada actual. Es de hace dos años. Soy lo bastante listo como para saber que no debería lidiar con temas actuales a nivel emocional, pero lo normal es que no dure. Se necesita experiencia para escribir, cantar o actuar. No te levantas y simplemente dices que vas a ponerte a hacerlo. Esta película agarra la experiencia y la convierte en algo más. No es una película de cotilleos.

Empezamos este debate sobre tu película comparando cineastas con pintores. ¿Estabas tan interesado en la pintura como en la música rock en tu adolescencia?
Sí. Siempre he pintado. Siempre me he dedicado a ello de un modo u otro.

¿Crees que utilizas los colores del mismo modo en que utilizas notas o acordes?
Claro. Puedes recabar mucha información acerca del significado de los colores. Cada color tiene cierto humor o sentimiento. Por ejemplo, el rojo es un color muy vital. Hay muchos rojos en esta película, y muchos azules. Mucho azul cobalto.

¿Por qué azul cobalto?
Es el color de la disensión.

¿Estudiaste pintura?
Muchas de mis ideas se vieron influidas por un hombre mayor que tiene ideas muy claras sobre la vida, el universo y la naturaleza. Sobre las cosas que cuentan.

¿Quién es?
Sólo un hombre mayor. Su nombre no te diría nada. Vino a este país desde Rusia a mediados de los años veinte. Empezó como boxeador y acabó pintando retratos de mujeres.

No quieres mencionar su nombre, ¿ni siquiera para hacerle propaganda?
Su nombre era Norman. Cada vez que menciono el nombre de alguien, parece como si en sus vidas se introdujera una enorme dosis de distracción e insignificancia. Por ejemplo, está esta señora en Los Ángeles a la que respeto mucho y lee la mano. Su nombre es Tamara Rand. Es auténtica. No se trata de una adivina gitana. ¡Acierta! Te mira la mano y te dice cosas que sientes pero que no entiendes realmente acerca de adónde te diriges, que pinta tiene tu futuro... Es una persona sorprendentemente esperanzadora.

¿Estás seguro de que quieres saber si hay algo malo en tu futuro?
Bueno. A veces, cuando el mundo se te cae encima, sabes que hay maneras de salir, pero quieres saber qué salida te conviene. Normalmente, hay alguien que puede decirte cómo deslizarte afuera. Qué camino tomar.

Volviendo a los colores y a los acordes... ¿Existen notas musicales en particular que tengan personalidades o humores del mismo modo que los colores?
Sí. Si mayor y si bemol.

¿Cómo los describirías?
[pausa] Una por una resultan difíciles de definir. Considera la característica que es válida para ambas y verás que no estás seguro de si les estás hablando a ellas o a su eco.

¿Qué evoca para ti generalmente una nota mayor?
Creo que cualquier nota mayor tiene que ver con los amores.

¿Y las menores?
Con lo sobrenatural.

¿Qué me dices de otras notas?
Creo que do mayor es la nota de la fuerza, pero también la del pesar. Mi mayor es la nota de la confianza. La bemol es la nota de la renuncia.

Ya que hemos regresado a la música, ¿qué nuevas canciones tienes planeadas?
Tengo canciones nuevas que no se parecen a nada que haya compuesto antes.

¿En serio?
Sí.

¿Cómo son?
Bueno. Ya lo verás. De verdad. Como nada que haya hecho antes. Ni siquiera podrías decir que *Blood on the Tracks* o *Desire* iban a llevar a esto. Hasta ese extremo. Mejor que no hable más del tema hasta que haya salido.

Cuando el personaje de Bob Dylan en tu película dice «el rock and roll es la respuesta», ¿qué está queriendo decir?
Está hablando del sonido y del ritmo. La percusión y el ritmo son la respuesta. Métete en su ritmo y te perderás en él. Te olvidarás de la brutalidad de todo. Entonces perderás tu identidad. Eso es lo que está diciendo.

¿Te sucede eso a ti? ¿Al Bob Dylan real?
Bueno. Es muy fácil. Cuando estás tocando y la cosa va bien, pierdes tu identidad. Tu ser pasa a someterse completamente a la música que interpretas.

¿Te sientes poseído?
Es peligroso, porque el efecto te hace creer que puedes trascenderlo todo y lidiar con todo. Que eso es la vida real. Que has dado con el corazón mismo de la vida y que estás en la cima de tu sueño. Y que no hay vuelta atrás. Pero luego, en el *backstage*, tienes otro punto de vista.

Cuando estás sobre el escenario, ¿sientes la ilusión de que la muerte no puede alcanzarte?
La muerte no puede alcanzarte en absoluto. La muerte no está aquí para alcanzar a nadie. Es la apariencia del diablo, y el diablo es un cobarde, así que el conocimiento lo superará.

¿Qué quieres decir?
El diablo es todo aquello que es falso. El diablo llegará tan lejos como le dejes. Puedes mantenerte abierto a eso. Si entiendes de qué va todo, puedes apartarte con facilidad. Pero si te inclinas por la confrontación de entrada... Bueno. Hay tanta como quieras. Aunque, nuevamente, si crees que tienes un propósito y una misión, y no mucho tiempo para realizarlos, ya no te ocupas de esas cosas.

¿Tú crees que tienes un propósito y una misión?
Claro.

¿Cuáles?
Henry Miller lo dijo: el rol del artista consiste en inocular el mundo de desilusión.

Para crear música rock uno tenía que estar contra el sistema, ser un forajido. ¿Asentarse es enemigo del rock?
No. Puedes ser un sacerdote y estar metido en el rock and roll. Ser un cantante de rock no es distinto de ser pintor de brocha gorda. Subes tan alto como quieras. ¿Me estás preguntando si el rock, el estilo de vida del rock es incompatible con el estilo de vida de la sociedad en general?

Sí. ¿Necesitas, de algún modo, estar fuera de la sociedad? Como fuera de la ley, en cierto modo...
No. El rock and roll forma su propia sociedad. Es un mundo en sí mismo. Del mismo modo en que lo es el mundo del deporte.

Sin embargo, ¿no sentiste tú que resultaba valioso el hecho de vagabundear por ahí?
Sí. Pero no necesariamente, porque puedes dedicarte a vagabundear por ahí y acabar siendo abogado, ¿sabes? No hay nada definitivo. Ni un anteproyecto determinante.

Así que, las estrellas rock del futuro, ¿podrían tranquilamente ir a la facultad de derecho?
Para algunos podría funcionar. Pero volviendo a lo de antes, tienes que creer en algo. Tienes que tener un propósito. Debes crees que puedes atravesar paredes. Sin esa creencia, no serás nunca un buen cantante de rock o de pop o de folk, ni tampoco serás un gran abogado. Ni un buen médico. Debes saber por qué haces lo que haces.

¿Por qué haces tú lo que haces?
[pausa] Porque no sé hacer otra cosa. Soy bueno haciéndolo.

¿Cómo describirías esa «cosa»?
Soy un artista. Trato de crear arte.

¿Qué te hacen sentir tus canciones cuando las interpretas años después? ¿Crees que tu arte ha perdurado?
¿Cuántos cantantes se sienten del mismo modo diez años después de que escribieran su canción? Espera hasta que pasen veinte años... Ahora bien, siempre puedes hacer algo de teatro e ir tirando, pero tiene que haber algo que sea real... Y no únicamente del momento. Y muchas de mis canciones no funcionan. Escribí muchas de ellas por puro instinto. Mi instinto me dijo que las escribiera, y no suelen funcionar tan bien a medida que pasan los años. Otras muchas sí que funcionan. Todas ésas presentan cierta dosis de verdad. Y no creo que yo siguiera cantando si no escribiera... No habría motivo ni propósito para estar ahí afuera cantando. Vamos, que yo no me considero... La alegría de la huerta [risas].

A algunas canciones les has insuflado nueva vida en interpretaciones recientes, tales como «I Pity the Poor Immigrant» durante la gira de Rolling Thunder Revue.
Bueno. Sí. Les he dado nueva vida a muchas de ellas. Ante todo, porque creo en ellas. Por eso les doy vida nueva. Y eso puede hacerse siempre. También reescribí «Lay, Lady, Lay». Nadie lo ha mencionado.

La has convertido en algo más atrevido. En algo menos amable.
Exacto. He cambiado muchas de las palabras. Originalmente, la grabé junto con un puñado de canciones del álbum *Nashville Skyline*. Ese fue el tono de la sesión. Una vez que estuvo dispuesto todo, así es como salió. Y para la ocasión estaba muy bien, pero siempre tuve la impresión de que en esa canción había algo más que eso.

¿Es verdad que, inicialmente, te encargaron «Lay, Lady, Lay» para la película *Midnight Cowboy*?
Así es. Acabaron por utilizar la melodía de Freddy Neil.

¿Qué sensación tuviste interpretando «Blowin' in the Wind» en las dos últimas giras, después de todos estos años?
Creo que siempre seré capaz de hacerla. Hay algunas canciones que siempre podré hacer. Siempre tendrán tanto o más significado, a medida que pase el tiempo.

¿Qué me dices de «Like a Rolling Stone»?

Sí. Ésa es una gran composición. Sí. Es la dinámica del ritmo la que conforma «Like a Rolling Stone» y toda la letra. Tiendo a basar todas mis canciones en temas antiguos, como las viejas canciones folk, las viejas melodías de blues. Son siempre buenas. Siempre tienen sentido.

¿Nos hablarías un poco sobre cómo te salen ciertas canciones en particular?

Me vienen cuando más aislado estoy en el espacio y en el tiempo. Rechazo cantidad de frases inspiradas.

¿Demasiado buenas?

Rechazo muchas. Supongo que me conozco lo bastante bien como para saber que el verso debe de ser bueno y es el primero el que marca tu inspiración. Entonces, pasa a ser como montar un potro salvaje. Eso es todo el resto. O bien te apegas a ello o no lo haces. Y si crees que lo que haces es importante, entonces seguirás con ello sin más.

¿Hay versos que son como montar en potros salvajes?

Los hay. Muchos versos que estarían mejor sobre una página impresa, como meros poemas. Me olvido de muchos. A lo largo del día, me vienen muchas frases que se me antojan bastante extrañas y no tengo nada mejor que hacer. Trato de no prestar mucha atención a esas frases oscuras, alocadas.

Dices que coges un verso y entonces lo cabalgas. ¿La melodía viene después de escribir la canción entera?

Normalmente, tengo la melodía antes que la canción.

¿Y está ahí al acecho? ¿Esperando al primer verso?

Sí.

¿Te resulta fácil oírla?

¿La melodía? A veces. En otras ocasiones tengo que encontrarla.

¿Trabajas de manera regular? ¿Te levantas cada mañana y practicas?

Tengo que tocar cada día durante un tiempo.

¿Se ha hecho más complejo tu modo de tocar?

No. Musicalmente, no. Ahora puedo oír más y mis melodías son más rítmicas de lo que lo fueron nunca pero, la verdad, sigo con los mismos tres acordes. Bueno. Yo no soy Segovia ni Montoya. No practico doce horas al día.

¿Empleas la voz al practicar?

Normalmente, sí. Cuando ensayo, especialmente, o cuando estoy escribiendo una canción, también la canto.

Alguien dijo que, cuando dejaste de fumar, tu voz cambió. Ahora, que vuelves a fumar, ¿se está volviendo ronca de nuevo?

No. Mira. Puedes hacer lo que quieras con tu voz si te concentras en ello. O sea, puedes convertirte en ventrílocuo o en imitador. Normalmente, yo me limito a mi propia voz, aunque puedo hacer las voces de alguna otra gente.

¿Qué voces puedes imitar?

Richard Widmark. Sidney Greenstreet. Peter Lorre… Me gustan esas voces. Hay voces realmente distintivas en el primer cine sonoro. Hoy día, vas al cine y no puedes distinguir una de otra. Jane Fonda suena como Tatum O'Neal.

¿Ha cambiado mucho tu actitud hacia las mujeres en tus canciones?

Sí. En la primera época escribía más sobre objeción, obsesión o rechazo. Proyectaba mi realidad en aquello que no parecía tener realidad propia.

¿Cómo cambió esa opinión?

Por negligencia.

¿Por negligencia?

A medida que pasan los años, las cosas no te afectan tanto como cuando todavía te estabas formando una idea.

¿Quieres decir que es más difícil herirte?

Te hieren cosas distintas a las que lo hacían cuando tenías 17 años. La energía del sufrimiento no basta para crear arte.

Pero si las mujeres de tus canciones se han hecho más reales, si hay menos diosas...

Las diosas no son algo real. Una mujer hermosa, a modo de diosa, no hace más que estar en su pedestal. Es la flor lo que realmente nos ocupa. La apertura y la clausura, el crecimiento, el desconcierto... Uno no siente lascivia por una flor.

Así que, ¿tu consideración sobre las mujeres ha cambiado?

Las personas son personas para mí. No individualizo a las mujeres como algo de lo que colgarse.

¿Pero en el pasado?

En el pasado, fui culpable de ese delito vergonzoso.

¿Pretendes estar completamente rehabilitado?

No tengo problemas serios en ese aspecto.

Hay una frase en tu película en la que alguien le dice a Sara: «Te necesito porque necesito tu magia para protegerme».

Bueno. La auténtica magia de las mujeres es que, a lo largo de los tiempos, han tenido que hacer todo el trabajo y, con todo, pueden mantener el sentido del humor.

Eso ha sido a lo largo de los tiempos. ¿Qué me dices de las mujeres hoy?

Bueno. Tenemos ya a la nueva mujer, ¿no? Hoy día, está el concepto de la mujer nueva. Pero la mujer nueva no es nada sin un hombre.

¿Qué respondería la nueva mujer a eso?

No sé lo que diría la mujer nueva. La mujer nueva es la mujer impulsiva...

Hay otra frase en la película acerca de la «mujer definitiva». ¿Qué es la mujer definitiva?

Una mujer sin prejuicios.

¿Hay muchas?

Hay tantas como puedas ver. Tantas como puedan tocarte.

¿Y te has topado con muchas mujeres definitivas?
¿Yo personalmente? No suelo toparme con mucha gente. Estoy casi siempre trabajando. La verdad es que no tengo tiempo para intrigas de este tipo.

Camus dijo que la castidad es una condición esencial para la creatividad. ¿Estás de acuerdo?
Él se refería a desembarazarse del fingimiento.

¿No estaba hablando de castidad sexual?
¿En el sentido de que hay que ser célibe para crear?

Es una interpretación...
Bueno. Puede que anduviera en algo de eso. Puede que le funcionara.

Cuando piensas en el rock y en los latidos del corazón, ¿crees que está vinculado de algún modo al amor?
El latido del corazón... ¿Has estado alguna vez con alguien cuyo corazón latiera al mismo ritmo que el tuyo? Eso es amor de verdad. Un hombre y una mujer que se acuestan con los corazones batiendo al unísono son verdaderamente afortunados. Entonces, has estado enamorado de verdad, chico. Sí. Eso es amor de verdad. Puede que veas a esa persona una vez al mes, una vez al año, una vez en toda tu vida, pero tienes la garantía de que vuestras vidas van a caminar acompasadas. Es todo lo que necesitas.

Teniendo en cuenta que algunas de tus canciones recientes tratan de amor y amoríos, ¿qué piensas sobre la tendencia de alguna gente a dividir tu obra en períodos? ¿Te parece justo que se divida tu trabajo, por ejemplo, en un período político y en otro no político?
Esas personas desatienden el hecho básico de que soy un compositor de canciones. Yo no puedo evitar lo que otros hagan con mis canciones. En qué las conviertan.

Pero en cierto momento estuviste más comprometido políticamente. Se supone que escribiste «Chimes of Freedom» en el asiento trasero de un coche mientras visitabas a algunos miembros del SNCC en el Sur.
Eso es lo que hacíamos en aquellos días. Escribir en los asientos traseros

de los coches y escribir canciones por las esquinas o en un columpio del porche. Buscábamos las zonas incendiarias de la vida.

¿Una de las cuales era la política?
La política fue siempre una de ellas porque había gente que estaba intentando cambiar las cosas. Estaban implicados en el juego político porque ésa era la manera de cambiar las cosas. Pero yo siempre he considerado la política como parte de la ilusión. No me implico mucho en política. No tengo ni idea acerca de aquello en lo que se apuntala el sistema. Por ejemplo, hay personas que tienen ideas claras o que han estudiado los distintos sistemas de gobierno. Muchas de esas personas, con bagaje universitario, solían acudir y utilizar a los demás para los propósitos que tuvieran en mente. Y, naturalmente, recurrían a la música, porque la música era accesible, y nosotros habríamos participado y escrito esas canciones y las cantaríamos tanto si había política de por medio como si no. Nunca renuncié a ningún papel en política, porque jamás lo tuve. Sería cómico pensar que jugué un papel en eso. Gurdjieff considera que es mejor trabajar a diario en tu movilidad.

¿Tuviste muchas experiencias en la carretera?
Sigo teniéndolas.

¿Conduciendo por ahí?
Me interesan todos los aspectos de la vida. Las revelaciones y los apercibimientos. El pensamiento lúcido que puede traducirse en canciones, analogías, información nueva… Ahora lo hago mejor. Todavía no he escrito nada que me haga dejar de escribir. Vamos, que no he llegado ahí donde Rimbaud decidió dejarlo para dedicarse al tráfico de armas en África.

Jimmy Carter ha dicho que, escuchando tus canciones, aprendió a contemplar bajo una luz nueva la relación entre casero e inquilino, granjero y bracero, y ese tipo de cosas. También dijo que eras su amigo. ¿Qué piensas de todo eso?
Soy amigo suyo.

¿Amigo personal?
Le conozco personalmente.

¿Te cae bien?
Sí. Creo que tiene el corazón en su sitio.

¿Qué sitio dirías que es ése?
El sitio del destino. Oye. Espero que la revista no agarre esto y suelte algo como «el corazón de Carter está en el justo lugar del destino», porque la verdad es que va a sonar...

No. Se perdería el sentido de la conversación. La revista suele hacer bien estas cosas.
Carter tiene el corazón donde debe tenerlo. Es consciente de quién es. Bueno. Eso es lo que sentí yo cuando le conocí.

¿Le has visto muchas veces?
Sólo una.

¿Estuviste en su casa?
No. Pero cualquiera que sea gobernador o presidente del Senado o esté en un puesto de poder y encuentre tiempo para invitar a un cantante de folk-rock y a su banda a su casa... Tiene que tener... Sentido del humor... Y cierto sentido del pulso de la gente. ¿Por qué iba a hacerlo? La mayoría de las personas que ocupan esos puestos son incapaces de conectar con la gente del mundo de la música, a menos que sea por motivos egoístas.

¿Hablasteis de música o de política?
De música. Poca política. La conversación discurrió en términos bastante generales.

¿Tiene alguna canción de Dylan favorita?
No le pregunté si había alguna que prefiriera. No lo dijo. Creo que le gustaba «Ballad of a Thin Man».

¿Llegaste a pensar que Carter podía estar utilizándote al invitarte allí?
No. Creo que es un hombre decente. Sin corromper. Y que sólo pretendía saber quién era yo. De hecho, en cuanto a presidentes, me gustaba Truman.

¿Por qué?

Me gustaba su modo de actuar y las cosas que decía y a quién se las decía. Había en él un sentido común que no es muy habitual en un presidente. Quizá no era tan raro antaño, pero hoy día lo es. Era un hombre corriente. Daba la impresión de que uno podía hablar con él.

Uno tiene sin duda la impresión de que se puede hablar con el presidente Carter.

Tienes la impresión de que puedes hablar con él, pero el hombre está tan ocupado y saturado de trabajo que sientes… Bueno. Quizá sea mejor dejarle en paz, ¿sabes? Y está lidiando con asuntos tan complejos y cuestiones sobre las que la gente se encuentra dividida. Y en la época de Truman no estábamos divididos.

¿Hay algo por lo que estés enojado? ¿Algo que te haría plantarte ante Carter y decirle: «Mira, capullo. ¡Haz esto!»?

Ya. [Pausa] Probablemente está encadenado al sistema como cualquier otro.

¿Incluido tú?

Soy parte del sistema. Tengo que vivir con él. Desde el mismo momento en que pagas impuestos, pasas a formar parte del sistema.

¿Hay algún santo o héroe en estos días?

Santo es la persona que se da entera y libremente. Sin ataduras. No es sordo ni ciego. Pero es ambas cosas. Es amo de su propia realidad. La voz de la simplicidad. El truco consiste en alejarse de nuestra imagen en el espejo. Los únicos espejos auténticos son las charcas.

¿En qué difieren los espejos de las charcas?

La imagen que tú ves en una charca se consume en la profundidad. Una imagen que veas en un pedazo de cristal no tiene profundidad ni estremecimiento vital. Naturalmente, puede que uno quiera comprobar el nudo de su corbata. Y, naturalmente, quizá quieras ver si el maquillaje está en orden. Así va. La vanidad vende mucho.

¿En qué sentido?

Bueno. Los artículos del mercado. Cualquier cosa desde neumáticos nuevos a pastillas de jabón. La necesidad... La necesidad se pasa completamente por alto. Nadie parece preocuparse de las necesidades de la gente. Todos ahí tras un único objeto. Una sepultura a ras de suelo.

¿Quieres tú una tumba sin epitafio?
¿Es una frase de la película?

Sí.
Bueno. Hay muchas cosas que pueden hacerse con tus huesos, ¿sabes? [pausa] Se hacen collares y los entierran. Los queman.

¿Cuál sería tu última preferencia?
Eh... Ponerlos en una cáscara de nuez.

Hablabas antes de la vanidad y de las necesidades auténticas. ¿Qué necesidades? ¿Qué nos falta?
No es que nos falte nada. Sólo que hay cantidad de escasez.

¿Escasez de qué?
De abundancia inspiradora.

¿De modo que no se trata de una crisis energética sino de una crisis imaginativa?
Creo que es una crisis espiritual.

¿En qué sentido?
Bueno. Ya sabes. La gente pisotea demasiado a los demás. Se meten en los asuntos de otro. Enseguida se inquietan. Pero vamos, que tampoco le quiero dar más importancia. No es que pretenda echar un sermón. Así es la vida.

Hablábamos de héroes y de santos y hemos empezado por los santos, ¿qué me dices de los héroes?
Un héroe puede ser cualquiera que vaya contra su propia corriente.

¿No debería la gente fijarse en otros para ser héroes?
No. Cuando la gente se fija en los demás por su heroísmo, buscan el heroísmo de un personaje imaginario.

Quizá eso explique por qué tantos se agarraron a ti como a ese personaje imaginario.
Pero yo no soy un personaje imaginario.

Tienes que ser consciente de que la gente se monta películas contigo...
Sé que solían hacerlo.

¿No crees que sigan haciéndolo?
Bueno. Al menos, ya no soy consciente de ello.

¿Qué me dices de la gira de 1974? ¿O de la gira Rolling Thunder de 1976?
Bueno. Sí. Ya sabes. Cuando toco, viene gente. Soy consciente de que no me han olvidado.

Además, la gente sigue pensado que tú tienes respuestas, ¿no crees?
No. Mira. Si yo no fuera Bob Dylan, probablemente yo mismo pensaría que Bob Dylan tiene muchas respuestas.

¿Estarías en lo cierto?
No creo. Quizá tendría muchas respuestas para él, ¿pero para mí? Quizá sí, quizá no. Bob Dylan no es un gato, no tiene siete vidas, así que sólo puede hacer lo que puede hacer. Ya sabes: no hundirse bajo la presión. Si necesitas a alguien que encumbre a otro a un nivel que resulta irreal, entonces es problema tuyo. En el fondo no está más que enfrentándose a su yo superficial. Estoy seguro de que se darán cuenta.

¿Pero no tuviste que pasar por un período en el que la gente presumía de que les habías dejado tirados?
Sí. Pero no presto mucha atención a eso. ¿Qué puedes decir? Te deje tirado. Vaya. Muy bien. No hay más. Búscate a otro, ¿vale? Eso es todo.

Has hablado de crisis espiritual. ¿Te parece que Jesucristo es una respuesta?
¿Qué es lo que atrae a la gente de Jesús? El hecho de que fuera una gran tragedia. Ésa es la razón. ¿En qué se convierte Cristo cuando vive dentro de cierta persona? Mucha gente dice que Cristo vive en su interior. Bien, ¿qué significa eso? He hablado con muchas personas para las que Jesucristo vive en su interior. No he conocido a ninguna que hubiera cambiado

su lugar por el de Jesús. Ninguno de los suyos arriesgó su vida cuando llegó la hora final. ¿Qué sería Jesús actualmente si regresara? ¿Qué sería? ¿Qué sería para cumplir con su función y propósito? Tendría que ser un líder... Supongo.

De niño, ¿creciste pensando en el hecho de que eras judío?
No. Nunca me sentí judío. No me considero ni judío ni no judío. No tengo mucho bagaje judío. No soy patriota de ningún credo. Creo en todos y en ninguno. Un cristiano o musulmán devotos pueden ser tan efectivos como un judío devoto.

Dices que no te sientes judío, ¿pero qué me dices de tu sentimiento hacia Dios?
Siento un Dios muy sincero. No creo en verdad que Dios pretenda que piense en Él todo el tiempo. Creo que eso sería una carga tremenda para Él, ¿sabes? Ya hay bastante gente que le pide favores. Tiene ya a muchos pidiéndole que maneje los hilos. Recuerdo un número de la revista *Time* que vi en un avión hace años y que mostraba un gran titular de portada: «¿HA MUERTO DIOS?». No sé. Eso es... ¿Te parece que es eso responsable? ¿Qué piensa Dios de eso? Vamos, que si tú fueras Dios, ¿te gustaría que escribieran eso de ti? Creo que el país se ha estado yendo al garete desde entonces.

¿De verdad?
Aha.

¿Desde que se formuló esa pregunta en concreto?
Sí. Creo que en aquel momento, alguna gente muy irresponsable pasó a tener demasiado poder, como para poner algo tan irrelevante como eso en la portada de una revista cuando podrían estar hablando de problemas reales. Desde aquel día, creo que debes dedicarte un poco a ti mismo y nada más.

¿Y cómo nos va obrando así?
La verdad es que nacemos y morimos. Nos preocupa en esta vida el camino que va del punto A al punto Z, o de lo que creemos que es el punto A y el punto Z. Pero resulta bastante engañoso, si crees que eso es todo lo que hay.

¿Y qué hay más allá de Z?

¿Te refieres a qué es para mí la «gran incógnita»? [pausa] Sonidos, ecos de risas.

¿Crees que existe cierto sentido de equilibrio kármico en el universo? ¿Que acabas sufriendo por acciones malintencionadas?

Naturalmente. Creo que todo el mundo sabe que es verdad. Cuando has vivido ya algunos años, te das cuenta de que es así. Puedes librarte de cualquier cosa por un tiempo. Pero es como el cuento de Poe *El corazón delator*, o como *Crimen y Castigo*. Antes o después, en algún momento, vas a tener que pagar.

¿Crees que has pagado por aquello de lo que te libraste antaño?

Ahora mismo, voy empatado.

¿No es eso lo que dijiste tras tu accidente de moto: «La cosa tenía que igualarse»?

Sí...

¿Y querías decir...?

Quería decir que debía nivelarse la rueda trasera [risa].

Adentrémonos por última vez en el mundo material. ¿Qué me dices de la relación entre el artista y el dinero?

El mito del artista hambriento no es más que un mito. Lo difundieron los grandes banqueros y las damiselas renombradas que compran arte. No quieren más que mantener al artista bajo su cetro. ¿Quién dice que un artista no puede tener dinero? Mira a Picasso. El artista hambriento suele morirse de hambre por la gente que le rodea que se muere de hambre. No hay que morirse de hambre para ser un buen artista. Basta con albergar amor, tener percepción y un punto de vista sólido. Y tienes que repeler la depravación. La voluntad de no transigir es lo que hace a un buen artista. No importa si tiene dinero o no. Mira a Matisse que era banquero. En cualquier caso, hay otras cosas que conforman la riqueza y la pobreza, aparte del dinero.

A lo que aludíamos era a la cuestión de esta costosa residencia donde vives, por ejemplo.

¿Qué pasa con ella? No hay nada tremendo ni definitivo acerca de donde vivo. La casa no esconde visión alguna. No son más que árboles y cobertizos.

He leído en los periódicos que te habías construido una gran cúpula de cobre.
No sé lo que lees en los periódicos. No es más que un sitio donde vivir por ahora. La cúpula de cobre es así para que pueda reconocerla cuando llego a casa.

Bien. Volvamos a cuestiones menos mundanas... Tú no crees en la astrología, ¿verdad?
No me lo parece.

Se te citó recientemente diciendo algo así como que tenías una naturaleza Géminis...
Bueno. Quizá hay ciertas características de personas nacidas bajo determinado signo que son compartidas. Pero no lo sé. No sé hasta qué punto tiene importancia.

¿Podría ser que hubiera un mellizo o doble escondido de Bob Dylan?
En algún lugar del planeta hay un doble mío caminando por ahí. Es muy posible que sea así.

¿Algún mensaje para él?
El amor lo conquistará todo. Supongo.

16

ENTREVISTA DE KAREN HUGHES,
ROCK EXPRESS
1 DE ABRIL DE 1978

A veces, cuando hablas, parece como si las palabras fueran energía y un exceso de palabras resultara un malgasto de energía que estaría mejor aprovechado en tus canciones. ¿Es así como lo sientes?

En efecto. Así es. Raramente hablo. Raramente me gusta hablarle a nadie porque es falso, porque cuando hablas no haces más que eso. Y tiene que ser directo. No puedo hacerlo de otro modo a menos que sea directo. Y la mayoría de la gente no quiere ser directa... Y te dejas llevar.

¿Respecto de las convenciones sociales de comunicación?

Sí. Con ideas y opiniones. No me importan esas cosas... [pausa]... Me importan y no.

¿O quizá te importan si hay sentimientos que las respalden?

Bueno. Sentimientos, sí. Y experiencia. Si cuentan con experiencia para respaldarlas. Es igual que si alguien te cuenta algo acerca de Australia... O vas tú en persona y lo ves por ti mismo. No me gusta que me cuenten las cosas.

¿Consideras que hay que ser egoísta y aislarse de todo para escribir?

Así lo creo, ¿no te parece?

Sí. ¿Pero no te parece paradójico?

¿Respecto a qué?

Respecto a la comunicación.

Bueno. Necesitas algo para poder comunicarte y... No. De hecho no lo veo así.

¿Qué tipo de salida te procura ir de gira?
Es difícil de explicar a alguien que no se dedica a ello. Desde que no era más que un niño, un crío, solía ir a ver los grupos de gira que pasaban por mi ciudad. Siempre me pareció que allí es donde debía ir. Y la única salida era ir a pillar el autobús...

¿Y ahora?
Es lo mismo.

Ray Davis dijo acerca de salir de gira: «Cuando salgo de gira me doy cuenta de que debo comunicarme con el exterior. Si no tengo un público y me limito a escribir, mi mente no cesa de darle vueltas a la cuestión. Pero cuando soy consciente de que debo comunicarlo a la gente, voy directo al tema. Por eso me gusta salir de gira». ¿Estarías de acuerdo?
Estaría de acuerdo. Me gusta cantar a la gente. Pero no me gusta cantarle a un micrófono de estudio.

Mucha gente que va a tus conciertos aquí lo ve como si fuera una peregrinación. A la mayoría le gustaría conocerte. ¿Qué sientes que tienes que ofrecer a tus fans a ese nivel individual?
En la India hay hombres que viven en el Himalaya y hay personas que hacen largos viajes para sentarse a sus pies. ¿Y qué sucede cuando se sientan a sus pies? Nada. No pasa nada. Les suelen administrar una buena dosis de silencio.

Esa respuesta es única. ¿Me la estás devolviendo?
No sé si es una respuesta. A veces es mejor estar callado que hacer mucho ruido, porque cuando callas sueles estar mejor sintonizado con los pájaros, las abejas y los fantasmas de la vida.

¿Haces meditación?
Sé algo de todo eso. Pero no sigo ningún ritual diario.

¿No ves ninguna relación entre los fans que aspiran a una audiencia privada contigo y aquel lejano período en que visitabas a Woody Guthrie en un hospital de Nueva Jersey?
No. Cuando iba a visitarle no había mucha gente que lo hiciera. Estaba enfermo. Nadie sabía de él por entonces salvo unos pocos dedicados a la música folk. Así que fui a verle. Y no era como ver al rey, ya sabes.

¿Qué tipo de sensación te ha ido produciendo el público australiano?
[pausa prolongada] Que comprenden sin que haya necesidad de contarles de qué va. De qué va la música. El porqué soy diferente de grupos que tocan por ahí. Quiero decir… Quiero decir que yo llevo en esto mucho tiempo. Lo que normalmente sucede es que te mantienes hasta que viene otro. Y yo sigo aquí. Y voy a seguir en ello hasta que venga otro.

Pero seguro que nunca viene nadie que sea exactamente lo mismo.
Ya. Eso es cierto. Aunque normalmente la cosa va de que alguien aparece, de entre la multitud, con una notable capacidad para hacer lo que tú haces y llevarlo más allá… [pausa] Cuando el fuego se extinga… Yo seguiré haciendo esto hasta que el fuego se extinga. Muddy Waters sigue tocando, tiene sesenta y cinco… Sesenta y seis.

¿Crees que soportarás las giras hasta ese punto?
Si esa gente puede hacerlo, no veo por qué yo no.

¿No te desgasta mucho físicamente?
Bueno. Desgasta más cuando eres joven porque no te conoces tan bien. Si lo ves en su conjunto, sin perderte en sus partes, no veo por qué no puedes durar tanto como quieras. No es tan inusual tener sesenta y cinco o setenta. Muddy Waters… Sigo volviendo a Muddy Waters porque… Lightnin' Hopkins era muy viejo. No sé qué edad tiene porque no lo dice, pero tendrá más de cincuenta. Bill Monroe sigue ahí y está en los cincuenta.

¿Cómo reacciona el público aquí en Australia, si lo comparas con Japón, Nueva Zelanda y Estados Unidos?
De Estados Unidos no puedo decirte nada porque no he estado con esta gira, aunque haya estado muchas veces. En Japón fueron muy reservados, como si algo se destruyera. No sé qué. Bueno. Ya sabes qué. Yo lo sé. Todos saben qué era. Sí. Eran muy reservados, pero quizá se trataba de la barrera lingüística. Probablemente. No podía ser de otro modo. Pero fueron fantásticos, y con cada nuevo concierto resultaban mejores.

¿Qué me dices de Nueva Zelanda?
Nueva Zelanda fue un concierto al aire libre. Tocamos al aire libre y el público nos dio mucho apoyo.

¿Te gusta como país?
Bueno. Sólo estuve en Auckland, pero el cielo era profundo y…

Tienen el mar y la montaña muy próximos…
Sí. Las flores son extrañas y las aves interesantes. Nunca las había visto de ese tipo.

¿Consideras que salir de gira te proporciona una comunicación más directa y, por tanto, acelera el proceso creativo?
Una cosa alimenta la otra.

Decías que salir de gira era un modo de escapar de Minnesota.
Bueno. Era una huida. Era como estar todo el día sentado… Como cuando un tren atravesaba la ciudad y siempre veías esas caras que miraban por las ventanas.

Sí. Como cuando estás sentado en un aeropuerto y ves todo ese ajetreo de gente.
Sí. Así era. Era eso.

¿Qué sientes actualmente por Minnesota? ¿Algún tipo de atracción?
Sí. Sigo yendo de vez en cuando.

Porque tienes un terreno allí, ¿verdad?
Sí. Todavía conozco a alguna gente, y regreso de vez en cuando.

¿Vas a encuentros de antiguos alumnos?
No. A eso no.

¿Has ido alguna vez?
Fui a uno en eh… Fui a uno. Fui al décimo encuentro.

¿Que fue en el 63?
Fue en 1969. Sólo me asomé. Asomé la nariz.

¿Sigues dibujando?
No.

¿Por qué?
Por falta de tiempo.

¿Te gustaría?
Sí.

¿Qué tipo de satisfacción te produce?
Hubo una época en Nueva York en que me pasé dos meses dedicándome
a ello día y noche. De eso hace un par de años. Fue en 1974 o 1975. Lo
hacía cada día desde las ocho hasta las cuatro con alguna pausa, y era algo
que me encerraba en el momento presente más que cualquier otra cosa que
haya hecho. Más que cualquier experiencia que haya tenido, más que cualquier iluminación. Porque me veía constantemente entremezclado conmigo mismo y con todos los diferentes yoes que había allí, hasta que uno
abandonaba, luego aquel otro, y por fin me quedaba con el único con
quien estaba familiarizado.

¿Quiénes son tus amigos actualmente?
Tengo los mismos amigos de siempre. Gente que me es afín. Ninguno de
mis amigos me contempla admirado. A nadie de mi entorno le da por
pensar que soy el líder. Es difícil explicar quiénes son. Son sólo personas.
Como tú y como yo.

Estás trabajando mucho. ¿En qué estás metido?
Intento sacar otro álbum.

¿Podrías decirme algo acerca de las canciones y las ideas que incluye?
Son difíciles de definir. Algunas son baladas, otras son baladas narrativas
y algunas no. No escribo realmente sobre nada. No sé de dónde vienen
estas canciones. A veces pienso en que quizá vengan de otra era que expe-
rimenté. Debo de haber tenido la experiencia de todas estas canciones,
porque a veces no sé de qué escribo hasta que, años después, lo entiendo.

**¿Crees que como compositor eres más como un médium? ¿Que sintonizas
con algo más vasto?**
Creo que le pasa a cualquier compositor. Nadie en su sano juicio pensaría que eso proviene de él. Que es él quien lo ha inventado. Es algo que
se filtra a través de él.

¿Qué tipo de fuerza te impele a escribir?
Bueno. Cualquier desvío, por ejemplo de mi yo tradicional, lo pone en marcha.

¿Cómo funcionas al componer estas canciones? ¿Cómo las trabajas?
Bueno. Normalmente, consigo la melodía. Las melodías se presentan mientras toco y, después de eso, va llegando la letra. A veces, la letra aparece antes.

¿Es un proceso rápido o debes trabajar en ello?
A veces no es muy rápido y otras lo es mucho. He escrito canciones completas en cinco minutos. Otras las he tenido fermentando durante meses.

¿Tiene eso relación con algún factor externo?
No. Se trata sólo de tener tiempo para terminarla, o inspiración o lo que sea necesario para terminarla.

Anteriormente, cuando grababas, te bastaba con ir al estudio y en una toma ya estaba. Grababas cada pista entera. Sin mezclas posteriores.
Sigo haciéndolo. [En ese momento, Dylan vio mi ejemplar de *Gypsies of Britain* de Brian Vesey-Fitzgerald sobre la mesilla. Lo agarró, se ensimismó con él, hojeándolo y asimilando el material con velocidad asombrosa. Ocasionalmente, se detenía en pasajes significativos, al tiempo que seguía con la entrevista, para examinarlos y comentarlos más atentamente.] Sí. En el estilo de vida gitano, la muerte es algo alegre.

Es bonito. Pasa con muchas culturas nómadas.
Sí. Puedo entender ese punto de vista.

¿No visitaste una vez a un rey gitano en el sur de Francia?
Sí. Por entonces ya era un anciano y la persona con quien fui a visitarle le había conocido de joven. Bueno. No tan joven. Diez años antes, cuando aún tenía vitalidad y estaba activo. Y por entonces tenía quizá dieciséis o veinte esposas y unos cien hijos. Cuando le visitamos nosotros, acababa de tener un ataque al corazón y ya se olía la cosa, así que casi toda la familia le abandonó. Quince o dieciséis de sus esposas le dejaron y se fueron y sólo se quedaron dos o tres hijos. Estaba bastante solo. De todos modos, el hombre seguía con su negocio. Comerciaba con antigüedades y chatarra.

Volviendo al álbum... ¿Hay algo más que puedas decirme?
¿Este libro es tuyo? No lo trajiste para mí, ¿verdad?

No. Pero te lo puedes quedar... ¿Te gustaría?
Mucho. Me encantaría.

¿Qué tipo de arreglos piensas utilizar?
Bueno. Son canciones nuevas. Arreglos muy simples.

¿Parecidos a los que has hecho en el pasado?
Sí. Los arreglos son...

¿No vas a cambiar radicalmente, como Joan Baez en su último disco, más hacia lo funk?
A mí no me pareció tan funky. Quizá lo fuera para ella... [pausa]... El funk no es algo que puedas capturar en un disco... El funk es un modo de vida. Es un modo de sentirse. Uno no puede hacer un disco que suene funk. Pero ya sé qué quieres decirme. Funk es algo que tiene que ver con arrojar monedas al ataúd. Con ese tipo de cosas.

¿Arrojar monedas al ataúd?
Sí. Lo funk tiene que ver con diversas creencias.

¿Crees que sigue habiendo mucho que decir sobre la gente que no se haya dicho todavía?
Sobre los individuos sí, pero no sobre la gente en general. Pero sí que puedes hablar sin parar sobre individuos debido a la diferencia de características y actitudes de las personas. Y luego, claro, una vez que dos personas se juntan, se dan distintos tipos de relación entre distintas clases de personas. Hay toda una variedad de niveles en cómo la gente se relaciona. Los hay informales, los hay de negocios, aventureros, románticos...

¿En cuál escogerías implicarte?
Bueno. Sólo soy consciente de las distintas áreas de relación.

¿Crees que las películas son un medio ideal para explorar eso?
Sí. Lo creo.

¿Qué significado tiene el título *Renaldo y Clara*?

La gente no deja de preguntarlo. No va más allá que el que pueda tener «Queen Jane», el porqué de ese nombre. Tolstoi escribió una novela llamada *Ana Karenina*, ¿y qué significado podía tener ese nombre? Renaldo es un zorro y Clara es, supuestamente, la comprensión meridiana del futuro que no existe.

¿Qué tipo de relación mantienes con las mujeres?

¿Qué tipo de relación?

¿Cómo ves a las mujeres? ¿Qué sacas de tus relaciones con ellas? ¿Crees que son iguales o...?

Bueno. Creo que todos somos iguales. Pero las relaciones de atracción se me pasan enseguida. Ya no tengo tiempo para eso.

¿Y entonces?

¿Cuántas relaciones puedes tener realmente en la vida y de qué tipo serían?

El motivo por el que he planteado la cuestión es que la otra noche decías lo difícil que te resultaba tener novias porque siempre tenían que adaptarse a tu vida. Y me preguntaba si, dada tu creencia en la igualdad, ¿es eso lo que deberías esperar?

No. Pero cualquiera que entre en mi vida respeta eso. El hecho de no volver a casa cada noche.

En tus canciones parece que tengas la capacidad para amar a muchas mujeres. ¿Te gustaría tener muchas esposas como el rey gitano?

Bueno. Sí. Me gustaría tener una esposa para cada grado.

¿Tienes un hogar?

¿Un hogar? No tengo mis posesiones en ningún lugar concreto. Mi ropa está repartida por todas partes, pero prospero en sitios distintos. En términos ideales, me encantaría tener un hogar en algún sitio.

Puede ser una persona o un sentimiento o...

¿Conoces ese viejo dicho cursi que dice «un hogar está donde está el corazón»?

¿Es eso cierto?
[Asiente.]

Una vez dijiste que, después de visitar a Rubin Carter en la cárcel, supiste que «la filosofía de este hombre y la mía van por la misma senda, y que raramente conoces a muchas personas así». Bien. ¿Cómo te sientes acerca de los fans que compran tus discos? Seguramente habrá cierto tipo de empatía.
No estoy seguro de que piensen como yo. Quizá sientan como yo, ¿pero pensar como yo? No creo que podamos hablar de pensamiento. Sólo nos podemos ceñir al sentimiento. Sólo trato el lado emocional. Sólo trato con sentimientos que parecen irrompibles y las personas que me siguen y lo sienten así. Lo sienten. Y eso es lo que creo que lo aúna todo.

¿Crees que de algún modo el público y la prensa te han convertido en algo que no eres?
No. No creo que el público sea tan voluble. Si no estuviera haciendo lo que sea que crean que hago, estoy seguro de que ni toda la prensa del mundo tendría la bastante fuerza como para decir que lo estoy haciendo. ¿Qué te parece esta camisa?

Me gustan los pingüinos. ¿Dónde la has comprado?
En la calle.

¿Aquí?
Sí.

¿La llevarás esta noche en el escenario?
¿Esta camisa con pingüinos? No. Ya no me pongo la ropa de calle para los conciertos.

¿Tienes un diseñador?
Alguien pergeñó toda esa ropa. Me acabó deprimiendo lo de llevar siempre mi ropa de calle.

¿Cómo se llama tu diseñador?
Es un tipo de Los Ángeles que se llama Billy. Él diseñó esta ropa.

Me preguntaba si haces ejercicio. ¿Te mantienes en forma?
Eso creo… Voy tanto de aquí para allá, ¿sabes? Que supongo… No sé. No me acuerdo.

En las canciones que has escrito, ¿has escrito algo acerca de tu experiencia en Australia?
No. No como viajero. No he tenido tanto tiempo como para experimentar mucho.

¿Has podido ver algún grupo de música o algún cantante durante tu estancia?
No. Sólo en la televisión. Pero dos de los chicos fueron a ver a este tío, Dave Warner, y alguien consiguió un casete y sonaba bastante bien.

¿Has escuchado a Richard Clapton?
Sí. Escuché a Richard Clapton en Auckland. Me gustó mucho. De hecho, traté de que se incorporara al espectáculo en Australia, porque ya sabes lo que dice la ley acerca de tener un telonero australiano.

Siempre te cita como influencia.
Sólo pensé que era bueno de verdad. Sin artificios.

¿Le has conocido personalmente?
No. Sólo escuché sus discos. Me gusta el arpa…

¿Qué crees que caracteriza al australiano que tú has conocido?
Bueno. En Brisbane me di cuenta de que todo el mundo mostraba gran facilidad para reír.

¿Y en otras partes?
En otras partes, considero… Es muy… [pausa]… No me parece que sea una tierra para exploradores.

¿Quieres decir que no la consideras una tierra para exploradores porque no hay mucho que descubrir?
No. Creo que tienes que tener permiso para todo.

¿Creativamente?

No. No es más que una mera sensación. Algo en el aire que no puedo explicar. Es como una sensación. Como cuando todas las ventanas están cerradas y no puedes abrirlas. Y no puedo explicarlo. Pero también parece ser muy vasto. He visto mucho más y tengo mejor impresión esta vez que la última que vine. Y probablemente regresaré.

¿Cuándo crees que volverás?

Bueno. Cuando toque.

¿No tienes idea de cuándo será eso?

Cuando llegue el momento. Me gusta Australia. Me gustan todas las ciudades en las que he tocado y me ha gustado toda la gente para la que hemos tocado.

¿Crees que la sensación de tener que pedir permiso para las cosas está relacionado con el complejo de inferioridad que supuestamente tienen los australianos? Como, «no. No puedes hacer eso, porque esto es Australia»... ¿Y que remite a la época en que aquí se confinaba a los convictos?

Sí. Porque tenemos buenos amigos... Tengo un buen amigo que quería venir a un concierto, que quería acudir a este espectáculo y no podía conseguir visado. Venía desde Singapur. No pudo conseguir un visado y se portaron fatal. Vamos, que no podían entender por qué quería venir únicamente por unos pocos días.

Si pudieras pensar en una imagen que resumiera cómo te ves a ti mismo, ¿cuál sería?

¿En los últimos cien años o en los próximos?

Ambas cosas.

No lo sé. En general, sólo tengo características comunes. Me siento primitivo en muchos sentidos y en otros me siento adelantado, y ninguna de esas dos sensaciones me importa realmente. Puedo imaginar todas las situaciones de la vida como si hubiera pasado por ellas, sin importar de qué se trate. Puede tratarse tanto de autolesionarse como de casarse con mi hermanastra. Vamos, que puedo imaginar... Puedo sentir todo eso por algún motivo. No sé por qué.

Escribiste en «Idiot Wind», «What's good is bad, what's bad is good, you'll find out when you've reached the top / You're on the bottom» [Lo bueno es malo, lo malo es bueno, verás cuando alcances la cima / Que estás en la sima]. ¿Resume eso cómo te sientes acerca de las vueltas que da la vida?
Sí. Todo lo que va, viene. Lo siento así. ¿Tú no? No creo que se me deba poner en cuarentena por pensar eso. Es un modo de pensar muy habitual. Y tampoco resulta tan irreal. Resulta ser cierto. Las cosas sencillas que son ciertas suelen asombrar a la gente. «Lo que es bueno es malo, lo que es malo, bueno.» Parece realmente muy sencillo.

Sí. Me impactó por ser muy cierto. Por eso lo he señalado.
Exacto. Es la verdad pura y dura.

Frank Zappa dijo una vez que le parecía que el universo se basaba en una cinta de Möbius.
Sí. Bueno. Puedo imaginármelo. También me parece muy equívoco. Tuve una visión brutal sobre el tema del universo una vez que vi a un hombre quemando un violín en un tejado. Pero no sabría explicarte lo que sentí.

¿Qué otros artistas del momento te interesan musicalmente?
¿Quieres decir actuales?

Sí. Que sigan actuando ahora mismo.
Bueno. Cualquiera puede ser interesante en una determinada noche.

Pero, ¿para ti?
¿Para mí? Normalmente los mayores son los que más resultan interesantes musicalmente. De mi quinta, Eric Clapton siempre es muy interesante. Pero lo normal es que escuche discos más antiguos.

Alguna vez has mencionado a Joan Armatrading...
Me gusta. Sí. Sólo he escuchado sus discos. No la he visto en persona. Me gustaba.

¿Qué me dices de Roy Harper? ¿Le has escuchado?
No es un inglés… Eh… Hace muchos, muchos años, escuché sus discos y me gustaron.

¿Ray Davies?
Creo que es un genio. Nunca nadie me pregunta por él. Siempre he sido un fan de Ray Davies. Desde siempre. Siempre me han gustado él y su hermano y el grupo.

¿Qué te gusta de los Kinks?
Bueno. Cada vez que te sale algo es como si fueras un químico. Cuando te sale algo nuevo, has creado algo nuevo y yo admiro a cualquiera que sea capaz de eso. Y esa canción… Aunque ya te digo que no sé en qué anda hoy día. Pero hizo esas canciones… «You Really Got Me» y la que hizo después. Aquello era nuevo, era distinto. Era nuevo y nunca se había hecho antes. De modo que admiro que cuando lo escucho y lo aprecio… [pausa]… Sí. Estaba pensando en ponerme en contacto con él la próxima vez que vaya para allá, para ver en qué anda ahora.

¿Te resultan interesantes las personas que trabajan en otros ámbitos, como los científicos por ejemplo?
Bueno. No podría reconocer a muchas de esas personas así que… Bueno, sí. La gente que trabaja en la investigación del cáncer. No voy a desconsiderar eso.

¿Hasta qué punto eres autosuficiente?
¿En qué sentido?

Mentalmente. Supongo.
Bueno. No estoy bajo los efectos de las drogas.

No quería decir eso…
¿Qué querías decir entonces?

Me refería más bien al tiempo que puedes vivir aislado sin necesitar a los demás…
¿Sin tener que beber cicuta?

Sí.
No lo sé. De verdad que no lo sé. O sea, yo tengo que salir y ver gente, pero también sigo necesitando bajar las persianas por la noche.

Con cada paso que das, ¿sientes que te vas acercando a tu propio destino?
Sí. El 99 por ciento del tiempo lo veo así.

¿Crees en la reencarnación?
De un modo informal. Sin grandes aspavientos.

¿Puedes recordar otras vidas?
No. Personalmente no puedo.

¿Ni siquiera fogonazos?
El fogonazo sin el deseo de... Ocasionalmente... No. No puedo decirlo.
No puedo simular haber vivido en algún otro tiempo, aunque admito
que puede ser posible.

¿Crees que la mayoría de las cosas viene de dentro?
La mayoría de las cosas sucede por correr riesgos.

¿Y siempre corres muchos?
Sí.

17

ENTREVISTA DE JONATHAN COTT, *ROLLING STONE* 16 DE NOVIEMBRE DE 1978

En la víspera del 15 de septiembre, los Red Sox de Boston se hallaban en Nueva York para tratar de recuperar la primera plaza. En Nueva Orleans, justo antes de la reaparición de Muhammad Ali, el locutor televisivo Howard Cosell presentó al púgil citando la canción «Forever Young»: «May your hands always be busy / May your feet always be swift / May you have a strong foundation / When the winds of changes shift» [Que tus pies nunca desmayen / Que tus cimientos sean fuertes / Cuando soplen nuevos vientos]. Mientras, en Augusta, Maine, el compositor de esa canción, estaba iniciando una gira de tres meses por Estados Unidos y Canadá con sesenta y cinco conciertos en sesenta y dos ciudades.

De acuerdo con la reseña de Associated Press del concierto inaugural, Bob Dylan «consiguió arrancar aullidos extasiados a una sala repleta con 7.200 espectadores. El cantante de folk-rock de treinta y siete años mezcló canciones antiguas y recientes. El público del Civic Center de Augusta era una mezcolanza de personas que habían conocido a Dylan como un joven poeta airado a principios de los sesenta y estudiantes de secundaria más habituados al punk rock. Dylan satisfizo a ambos, aunque sus fans más veteranos parecían ser los más felices.»

Tras una muy exitosa serie de conciertos por Japón, Australia, Nueva Zelanda y Europa occidental a principios de año, podría antojarse peculiar concebir la última gira de Dylan por tierras americanas como una especie de regreso. Al menos en este país, Dylan ha sido objeto de críticas especialmente negativas, tanto por su película *Renaldo y Clara* (que, curiosamente, fue calurosamente acogida en el festival de Cannes), como por su último álbum, *Street-Legal*. Además, han sido en su mayoría los «fans veteranos» de Dylan quienes han sido más duros con él. En el *Village Voice*, siete críticos —algo parecido a un pelotón de fusilamiento—

impartió justicia para la película con una descarga cerrada de improperios. Los dos números de agosto de *Rolling Stone*, por su parte, llevaban una columna y una reseña que ridiculizaban el disco.

Con todo, *Street -Legal* me parece, personalmente, uno de los discos de Dylan más apasionados, críticos e indagatorios. Presenta dos canciones de explicaciones y resoluciones irónicas y agridulces («True Love Tends to Forget» y «We Better Talk This Over»); una canción de espera y de búsqueda («Señor»); una canción de magia negra («New Pony»); una canción sobre necesidad («Is Your Love in Vain?»); una canción de súplica («Baby Stop Crying»); otra sobre despojarse completamente de la personalidad («No Time to Think»); una más sobre pérdida y encuentros («Where Are You Tonight?»); y un tema que combina amoríos de tono medieval, Tarot, sueños y un palacio de espejos en el que cada imagen se ve como si se proyectara en un piso distinto («Changing of the Guards»). *Street Legal* refleja las caras nocturna y diurna del arte así como la personalidad de Dylan. Las tres últimas canciones mentadas se cuentan entre los más complejos paisajes lunares del cantante (iluminados con imaginación, intuición y magia), al tiempo que las dos primeras irradian los atributos solares del intelecto y la objetividad. El resto planea como satélites misteriosos.

Dylan grabó el álbum en una semana y por más que a mí me guste su sonido crudo y desprovisto de artificio, el LP apenas da idea de la brillantez, destreza e inventiva de su nueva banda, a la que se ha llevado a todas sus giras recientes y que incluye al primer guitarra Billy Cross; al guitarra rítmico Steve Soles; al bajista Jerry Scheff; al teclista Alan Pasqua; al batería Ian Wallace; a David Mansfield (guitarra metálica, violín y mandolina), a Bobbye Hall (percusión), a Steve Douglas (instrumentos de viento), y a las coristas Carolyn Dennis, Jo Ann Harris y Helena Springs.

Vi a Bob Dylan y a su grupo en su segundo concierto, el 16 de septiembre, en el Civic Center de Portland. La cosa empezó con la banda —vestida de negro, terciopelo blanco y satén— interpretando una versión instrumental cadenciosa y sutil de «My Back Pages». Cuando terminó, Dylan —con zapatillas blancas, tejanos negros ornados con estrellas de diamante, una cazadora negra de piel y una bufanda morada— hizo acto de presencia para dirigir al grupo en una reelaboración sensual del «I'm Ready» de Muddy Waters, que incluye los versos: «I'm ready as I can be / I'm ready for you / I hope you're ready for me.» [Estoy tan listo como puedo / Listo para ti / Espero que lo estés para mí.] (Una apertura notablemente diferente del «Most Likely You Go Your Way and I'll Go Mine», [Lo más probable es que tú tomes un camino y yo otro] que abría su gira de 1974 con The Band.)

Vino después una versión inquietante, intensa y estridente de «Is Your Love in Vain?», que combinaba inflexiones vocales de James Brown y Little Anthony con el propio tono de Dylan en *Highway 61 Revisited*. Imprimió un nuevo sonido melódico, desarraigado y romántico a «Shelter from the Storm». Estaba repleto de cadencias no resueltas y la cantó en una suerte de estilo evocador que recordaba a Kurt Weill.

Tras una versión de sabor calypso de «Love Minus Zero» —que introdujo su primer solo de armónica de la noche—, Dylan ofreció una versión conmovedoramente sentida de «Tangled Up in Blue» acompañado por un saxo tenor y un sintetizador Yamaha, como si se hallara en un café concierto parisino. Siguieron «Ballad in Plain D», «Maggie's Farm» y «I Don't Believe You»; la primera ofrecida con modos irónicamente faranduleros; la segunda con un impetuoso *riff* al estilo *Stax*; y la tercera, insinuándose de modo artero y felino. En «Like a Rolling Stone», Dylan ofreció un extasiado fraseo de la letra contra un palpitante muro de sonido, tras lo cual cambió de marcha y cantó «I Shall Be Released», con el timbre vocal que llegó a emplear en *Nashville Skyline*. Terminó la primera mitad del espectáculo con una versión de «Going, Going, Gone», levemente alterada en su letra.

Inició la segunda mitad con una versión sardónica y provocadora de «I Threw It all Away». Luego, después de que la banda se retirara, el público empezó a vitorear la única interpretación acústica de la noche: una versión desnuda de «It Ain't Me Babe». A la luz de la presencia y sonido continuamente cambiantes de Dylan, aquel momento testimoniaba tanto cierta nostalgia cultural como vulnerabilidad artística.

La banda regresó para acompañar a Dylan en uno de sus recientes temas de R&B, «You Treat Me like a Stepchild», al que sucedió una acelerada versión tipo Bo Diddley de «One More Cup of Coffee», así como una hermosa y lenta «Blowin' In the Wind» de embrujo evangélico. Al igual que con «Tangled Up in Blue», Dylan cantó «I Want You» como una balada de amor. Uno casi podía imaginar a Edith Piaf interpretándola con ese mismo espíritu. Tras una poderosa versión de «Señor» («Escribí esta canción en un tren rumbo a San Diego desde Monterrey», anunció), Dylan cantó «Masters of War» a modo de canto de guerra reggae que concluyó en algo así como un incendio psicodélico. Vino entonces un «Just Like a Woman» que te quitaba el resuello: vals grave, claudicante, de rechazo, erótico, con solos de saxo tenor y armónica final.

Una apasionada versión de «Baby Stop Crying» condujo hacia «All Along the Watchtower», una marcha rítmica, satánica, que acabó con un *tour-de-force* demoníaco al violín de David Mansfield. A una versión amablemente sincopada y rítmica de «All I Really Want to Do» le sucedió una interpretación prácticamente orquestal de «It's Allright Ma». «Que lleguéis bien a casa y nos vemos en la próxima, ¿de acuerdo?», dijo a la audiencia, y terminó el espectáculo con una versión doméstica de «Forever Young». El bis fue una interpretación viva y liviana de «Changing of the Guards».

Dylan y su grupo cuentan con setenta canciones en su repertorio. Además, han estado ensayando algunas melodías recién estrenadas, cinco de las cuales —canciones de amor intensas y desnudas— pude escuchar durante una prueba de sonido antes del concierto en New Haven, Connecticut. En un concierto posterior, en Nueva York, Dylan cantó una de ellas, «I Love You Too Much», pero, a grandes rasgos, el concierto de Portland es el modelo de concierto que el público escuchará a lo largo de esta gira.

Me crucé con Dylan en el pasillo de su motel de Portland el 17 de septiembre al mediodía. Una hora antes de que el séquito partiera para New Haven. Se dirigía a desayunar y no se le veía con ganas. «Me topé anoche con una chica —me dijo mientras nos dirigíamos al comedor— a la que conocí en el Village en 1964. Suponía que la comida no iba a ser muy buena por aquí, así que dijo que traería algo por la mañana. Pero no la he visto.»

—Puede que su amor sea en vano.

—Puede —se rió Dylan.

Pero justo después de sentarnos y de que nos dijeran que ya no se servían desayunos, una encantadora mujer se presentó junto a nosotros con el festín prometido en una cesta. Comimos, guardamos las madalenas para entregárselas más tarde al grupo, y salimos a buscar el autobús que nos iba a conducir al aeropuerto para el vuelo —en un jet Bac III alquilado— hacia New Haven, donde la banda tocaba aquella noche en el Veterans' Memorial Coliseum.

Dylan y yo nos sentamos al fondo del autobús al tiempo que los músicos y los organizadores de la gira —la gente más organizada y cordial que he conocido en años— escuchaban una grabación de Ray Charles y las Raelettes. Mientras el autobús se ponía en marcha, traté insensatamente de interesar a Dylan en mi teoría acerca de «Changing of the Guards». Esto es, que la canción podía estar dotada de un subtexto en clave revelado por los personajes representados por las distintas cartas del tarot: la luna, el sol, la suma sacerdotisa, la torre y, naturalmente, el rey y la reina de picas, que son las dos que Dylan cita específicamente. Mi idea consistía en que los atributos asociados con estas imágenes constituyen la «trama» de la canción.

«No estoy excesivamente familiarizado con ello», me advirtió. (¿Qué hacía esa carta del Tarot en la funda de *Desire*?, me preguntaba.) Inasequible al desaliento, mencioné que, según algunos, los adivinos del Tarot descubren el futuro por intuición, con «imágenes proféticas extraídas de las criptas del subconsciente». ¿No pensaba Dylan que una canción como «Changing of the Guards» despertaba en nosotros imágenes del subconsciente? Sin duda. Proseguí. Canciones como ésa y «No Time to Think» sugerían una idea de los espíritus que manifiestan su destino como los personajes de nuestros sueños.

Dylan no parecía muy feliz con la deriva que asumía el debate y se sumió en el silencio. «Supongo —dije— que no tiene sentido preguntarle a un mago cómo resuelve sus trucos.»

«¡Exacto!», respondió animadamente.

«Bien —dije—, tenemos que empezar por algo. ¿Qué me dices del primer verso de «Changing of the Guards»? ¿"Dieciséis años" tiene algo que ver con el número de años que llevas en la brecha?»

«No —replicó Dylan—, a dieciséis le faltan dos para dieciocho. Dieciocho es un número de años mágico para asignarlo al tiempo. He averiguado que los treses y los sietes… Las cosas vienen en sietes… ¿Qué estoy diciendo? O sea, ¿qué estoy diciendo?»

Empecé a divagar acerca de la posible significación mística de los números (dieciséis equivale a uno más seis, que suma once, «amor menos cero», etc.), pero por entonces me di cuenta de que sólo el autobús estaba yendo a alguna parte. Era hora de poner la entrevista en marcha.

EN EL AUTOBÚS

Cuando cuente en *ROLLING STONE* de qué hemos estado hablando no van a creerlo.
Tuvieron la osadía de publicar las reseñas que hicieron de *Street-Legal*. Ni siquiera sé por qué debería concederles la entrevista.

¿Me vas a echar del autobús?
No. Es tu entrevista. Todo bien. Pero si la hiciera para otra revista, también estaría bien.

¿Crees que la debería mandar a otra?
Sí. A *Business Week*.

[La cinta de Ray Charles y las Raelettes que había estado contrapunteando nuestra sorna ha cedido ahora ante «Mad Dogs and Englishmen» de Joe Cocker.] Es curioso, pero me he dado cuenta de que, en tus dos últimos conciertos, tu timbre y tu fraseo se asemejan en determinados momentos a los de Little Anthony, Smokey Robinson y Gene Chandler. ¿Eres consciente de eso?
No. Cuando tu entorno cambia, tú cambias. Tienes que seguir, haces nuevos amigos. Un día te das la vuelta y te ves en un escenario distinto. Con un nuevo plantel de personajes.

En tu nueva canción, «No Time to Think», aportas un elenco de cualidades y conceptos como soledad, humildad, nobleza, patriotismo, etc.
¿Aparece el embarazo?

No aparecía la última vez que la escuché. Pero pensaba que son ese tipo de conceptos los que, a un tiempo, liberan y atenazan a una persona. ¿Qué piensas de eso?
Nunca tengo tiempo de pensar.

Debería haber sabido que dirías algo así. Quizá la entrevista debiera de hacerla otra persona... Otro personaje...
Alguien que no tuviera tantos conocimientos. Tú tienes demasiados.

Quería formularte las preguntas de «A Hard Rain's A-Gonna Fall»: ¿Dónde has estado? ¿Qué has escuchado? ¿A quién conociste? ¿Qué harás ahora?
[Risas] Me quedaré aquí para el resto de mis días hablando contigo… Mira los cercados y los pinos. Los otoños de Nueva Inglaterra son preciosos, ¿no te parece? Mira a esos dos chavales jugando junto a las vías del tren. Me recuerdan a mí. Los dos.

¿Alguna vez te tendiste sobre las vías?
Yo no. Pero conocí a alguien que lo hacía.

¿Qué sucedió?
Le perdí la pista… En tu entrevista deberías describir el pueblo por el que estamos pasando, Jonathan. Es realmente especial. Venga. Descríbelo.

Hay un pequeño estanque al lado de la carretera…
… y ahí está la iglesia baptista Stroudwater. Acabamos de dar la vuelta y nos dirigimos… Te lo diré en un minuto. ¿Cómo llamarías a este tipo de arquitectura?… Mira los patos allí…

… y la pequeña cascada.
Esto es la calle Garrison. Acabamos de pasarla. Probablemente nunca volveremos a pasar por ella.

¿No volverás nunca?
Seguro que sí.

Ropa tendida detrás de la casa…
Sí. Ropa tendida. Están friendo pollo. ¿No dijo Kristofferson algo así? Esto es imposible verlo en Nueva York… Bueno, quizá en McDonald's [El autobús llega al aeropuerto.] Ésta puede que sea nuestra última oportunidad de hablar, Jonathan. Espero que esta vez lo hayas anotado como Dios manda.

EN EL AVIÓN

Pensemos en algo de qué hablar.

Quizá debería formular una pregunta que Jann Wenner, el editor de *ROLLING STONE*, quisiera hacerte.
Dispara.

¿Por qué te has embarcado en esta gira?
Bueno. ¿Por qué me embarqué en la última? Lo hago por la misma razón por la que hice aquélla.

¿Y la razón fue?
Fue por la misma por la que hice la anterior a ésa. Hago esta gira por un motivo u otro, pero ya no recuerdo qué razón era. Los artículos que aparecen sobre la gira dicen siempre que lo haces por el dinero. Siempre lo dicen. En el mundo hay cosas más importantes que el dinero. Eso significa que para los que escriben esos artículos lo más importante del mundo es el dinero. Podrían decir que lo hago para conocer chicas o para ver mundo. De hecho, es lo único que sé hacer. Pregúntale a Muhammad Ali por qué vuelve a pelear. Ve y pregunta a Marlon Brando que por qué hace otra película. Pregúntale a Mick Jagger por qué sale de gira. Verás el tipo de respuestas que consigues. ¿Resulta tan sorprendente que salga de gira? ¿Qué otra cosa debería estar haciendo en esta vida? ¿Meditar en la montaña? Sea lo que sea aquello que una persona encuentra satisfactorio, sea cual sea su objeto… Eso es todo lo que hay.

Dijiste recientemente que haces nuevas versiones de tus viejas canciones porque crees en ellas… Como si creer en algo lo hiciera real.
Son reales. Y ése es el motivo por el que sigo haciéndolas. Como dije antes, el motivo de estas nuevas versiones es que yo he cambiado. Conoces gente nueva en la vida, te implicas con ella a distintos niveles. El amor es una fuerza, así que cuando una fuerza aparece en tu vida, y el amor te envuelve, puedes hacer cualquier cosa.

¿Es eso lo que te sucede ahora?
Algo parecido. Sí.

Cuando presentas a las cantantes en el escenario como tus novias de infancia, tu novia actual y tu antigua novia... ¿Es eso cierto?
Hombre, claro.

¿Puedo dar la lista de los temas que encontré en «Street-Legal»?
Sí.

Supervivencia, ausencia de hogar, confianza, traición, sacrificio, exilio, tiranía y abuso.
Bien. Esos temas son recurrentes en todas mis canciones porque siento todas esas cosas. Y esos sentimientos me afectan. De modo que es natural que aparezcan en mis canciones.

Tengo veintidós o veintitrés álbumes únicamente en Columbia y unos setenta y cinco discos piratas por ahí, así que llega un momento en que ya no importa. Quieres que cada nuevo disco sea el mejor, pero sabes que vas a escribir más canciones y que vas a hacer otro disco más. La gente que se cruza con el disco nuevo por vez primera... Les sorprende. Les llega de algún lugar y puede ser que no hayan pensado las cosas de ese modo. Pero no soy yo quien debe decirlo. Esa es mi vida, y si puede llegar a identificarse, bien. Si no es así, pues también está bien.

Una canción como «No Time to Think» suena como si proviniera de un sueño muy profundo.
Puede ser. Porque todos estamos soñando, y estas canciones parece como si se introdujeran en ese sueño. Todo es un sueño, en cualquier caso.

Y, al igual que en un sueño, versos de una canción parecen conectar con los de otra. Por ejemplo: «I couldn't tell her what my private thoughts were / But she had some way of finding them out» [No pude decirle a ella lo que en el fondo pensaba / Pero se las arregló para saberlo] en «Where Are You Tonight?» y «The captain awaits above the celebration / Sending his thoughts to a beloved maid» [El capitán asiste a los festejos / Y envía sus pensamientos a una doncella amada].
Soy yo la persona que te lo plantea pero también soy el último que te lo explicaría. Esas preguntas pueden responderse de doce maneras diferentes, y seguro que son todas legítimas. Todos vemos en el espejo lo que vemos. No hay dos personas que vean lo mismo.

Normalmente, no identificas exactamente a las personas en tus canciones. No sabemos quiénes son Marcel y san Juan en «Where Are You Tonight?» ni quiénes son los «compinches» en esa misma canción.
¿Quién *no* es tu compinche?

Por contra, en una canción como «Sara» pareces bastante literal.
He oído decir que Dylan nunca fue tan sincero como cuando escribió *Blood on the Tracks*, pero no se trataba tanto de «verdad» como de perspicacia. O cuando la gente dice que «Sara» fue escrita para «su esposa Sara». No tiene por qué ser necesariamente ella sólo porque el nombre de mi esposa resultara ser Sara. De todos modos… ¿Era la Sara real o la Sara del sueño? Yo sigo sin saberlo.

¿Se debe entender literalmente «Is Your Love in Vain»? Se te ha acusado de sexismo en esa canción. Sobre todo por la frase «can you cook and sew, make flowers grow?» [¿puedes cocinar y coser, hacer que crezcan las flores?].
Esas críticas provienen de personas que creen que las mujeres deberían ser instructoras de kárate o pilotos de avión. No lo estoy desestimando —cada cual debería conseguir lo que desea—, pero cuando un hombre va tras una mujer, no va a por un piloto. Busca a una mujer que le ayude y que le apoye, que sostenga un extremo mientras él sostiene el otro.

¿Es ése el tipo de mujer que buscas?
¿Qué te hace pensar que busco a una mujer?

Puedes decir que la canción no es necesariamente sobre ti, pero algunas personas piensan que cantas acerca de ti y de tus necesidades.
Ya. Bueno. Yo soy como todos, en cualquier caso.

Se habla mucho de magia en *Street-Legal*: «I wish I was a magician / I would wave a wand and tie back the bond / That we've both gone beyond» [Ojalá fuera un mago / Hubiera agitado mi varita y anudado de nuevo el lazo / Que hemos dejado atrás] en «We Better Talk This Over»; «But the magician is quicker and his game / Is much thicker than blood» [Pero el mago es más veloz y su juego / Es más denso que la sangre] en «No Time to Think».

Son cosas que me interesan de verdad, y me ha llevado un tiempo el volver a ellas. Durante la época de *Blonde on Blonde* sucedía inconscientemente. Entonces, un día, me encontraba envuelto por todo aquello y se fundieron los plomos. Desde aquel momento, tuve más o menos amnesia. Ahora bien, puedes tomarte la afirmación tan literal o metafóricamente como necesites, pero eso es lo que sucedió. Me llevó mucho tiempo llegar a hacer conscientemente lo que solía ser capaz de hacer inconscientemente.

Le sucede a todo el mundo. Piensa en las épocas en las que la gente no hace nada, o se les va y deben recuperarlo, o se les va y dan con otra cosa. Y a mí me ha llevado todo este tiempo. Los discos que hice entretanto eran como atisbos... Trato de figurarme si era de este modo o de ese otro. Simplemente de qué se trata. Cuál es la manera más sencilla en que puedo contar la historia y hacer que resulte real.

Así que ahora vuelvo a estar conectado, y no sé cuánto tiempo voy a seguir porque no sé cuánto tiempo viviré. Pero lo que pasa ahora va en serio y proviene de un lugar... No lo sé, ni me importa a quién más le pueda importar.

John Wesley Harding fue un álbum temible... Que trataba sólo del temor [risas], pero trataba con el diablo casi de un modo arrojado. Todo lo que yo pretendía hacer era encontrar las palabras justas. Fue valiente hacerlo porque también podría no haberlo hecho. De todos modos, en *Nashville Skyline* tenías que leer entre líneas. Estaba intentando captar algo que me impulsara hacia delante, donde pensaba que debía estar, y la cosa no fue a ninguna parte. No hizo más que venirse abajo. Yo no podía ser nadie más que yo mismo... Y en aquel momento no lo sabía o no quería saberlo.

Estaba convencido de que no iba a hacer nada más, y tuve la suerte de conocer a un hombre en Nueva York que me enseñó a ver. Armonizó mi cabeza, mi mano y mis ojos de un modo que me permitió hacer conscientemente lo que sentía de un modo inconsciente. Y no sabía cómo acometerlo. No estaba seguro de que pudiera hacerse en canciones porque nunca había escrito una canción así. Pero cuando empecé a hacerlo, el primer álbum que realicé fue *Blood on the Tracks*. Todo el mundo está de acuerdo en que aquello fue bastante diferente, y lo que lo hace diferente es que hay un código en las letras y no hay sentido del tiempo. No se respeta: tienes ayer, hoy y mañana en el mismo espacio, y hay poco de lo que puedas imaginar que no suceda.

En *Tarántula* escribes acerca de una mujer llamada Justine que te cuenta que «sólo Dios puede estar en todas partes en el mismo tiempo y espacio».
Es cierto. Pero aquello fue inconsciente. Y me dejó seco. Hacerlo inconscientemente fue hacerlo como un primitivo, y eso me dejó sin nada. Me despojó. Estaba consumido. Averigüé más tarde que era mucho más inteligente hacerlo a conciencia. Y eso también permitía que las cosas fueran más fuertes. De hecho, incluso puede que vivas más, pero no estoy seguro.

De ahí pasé a *Desire*, que escribí con Jacques Levy. No recuerdo quién escribió qué. Y entonces desaparecí por un tiempo. Seguí con la gira Rolling Thunder, hice *Renaldo y Clara*, en la que también recurrí a esa cualidad de no-tiempo. Y creo que ese concepto de creación es más real y auténtico que el que cuenta con el tiempo.

Cuando sientes por dentro lo que eres y entonces vas a por ello de un modo dinámico, sin retirarte ni ceder, acabarás desconcertando a cantidad de gente. Algunos dicen: «Ya no me gusta». Pero sigues gustando a otros, y mi público crece cada vez más. Pero, ¿a quién le importa realmente [risas]? Si caes y te haces daño, te preocupa la situación inmediata. Si es que tienes suficiente energía como para preocuparte. ¿A quién le importa realmente? Es como ese lema... ¿Cómo era?: «Propaganda, ¿a quién le importa realmente?...».

Quería preguntarte algo sobre el amor.
Adelante, pero no estoy muy cualificado para el tema. El amor viene del Señor. Nos hace tirar adelante. Si lo quieres, lo tienes.

En «Love Is Just a Four-Letter Word», escribiste:

> After waking enough times to think I see
> The Holy Kiss that's supposed to last eternity
> Blow up in smoke, its destiny
> Falls on strangers, travels free
> Yes, I know now, traps are only set by me
> And I do not really need to be
> Assured that love is just a four-letter word

[Tantas noches en vela, ahora veo / El santo beso que se supone eterno / Disipado como el humo, su destino / Viaja sin freno en manos de extraños

/ Sí, ahora lo sé, soy yo quien pone las trampas / Y en realidad ya nadie me ha de asegurar / Que «amor» es sólo una palabra soez]

Describías y comunicabas la idea de dos aspectos del amor: el amor que anhela compromiso y el amor que anhela ser libre. ¿Cuál es para ti más auténtico?
Todo ello. Todo es amor todo lo que necesita ser amor.

A menudo cantas acerca de tener una gemela, una esposa/hermana, una amante de ensueño para la propia vida...
Todo el mundo tiene esos sentimientos. La gente no quiere admitir que así es como son las cosas, porque resulta demasiado confuso.

Un famoso poema de William Blake dice: «Aquel que se ata a una dicha / Destruye la vida alada / Mas quien besa la dicha en vuelo / Vive en el alba de la eternidad».
Allen Ginsberg me lo citaba constantemente. Blake fue también una gran influencia para Kristofferson.

¿Qué me dices de las almas gemelas?
¿Qué pasa con ellas?

¿Existen?
Sin duda. Pero a veces no se encuentran nunca. Un alma gemela... ¿qué quieren decir con alma gemela? Todos tenemos algo de masculino y de femenino... ¿No es eso lo que se dice? Así que supongo que el alma gemela sería la pareja física del alma. Pero eso significaría que presuntamente debamos estar sólo con una única persona. Alma gemela, ¿es una noción romántica o hay una verdad auténtica en ello, *señor*?

Eso es lo que te preguntaba...
¿Cómo podría saberlo?

Bueno. Muchas de tus canciones se ocupan de eso... Alguien dijo una vez que los auténticos sentimientos aparecen cuando uno está separado de alguien a quien ama.
¿Quién lo dijo?

Nietzsche.
Supongo que tiene razón. Tus sentimientos auténticos aparecen cuando eres libre para estar solo. La mayoría de las personas trazan una frontera que no quieren cruzar. Eso es lo que sucede en la mayoría de las relaciones mezquinas.

En una canción como «Like a Rolling Stone» y ahora en «Where Are You Tonight?» y «No Time to Think» parece que desgarras y suprimes los estratos de la identidad social —incineras las «cortezas» de la realidad dada— y nos devuelves a la condición original.
Es verdad. «Despojado de toda virtud mientras te arrastras por el lodo / Puedes dar pero no recibir.» Pues eso. Lo he dicho.

[El piloto anuncia que aterrizaremos en cinco minutos.]
Unas pocas preguntas rápidas antes de aterrizar. Volviendo a «Changing of the Guards»...
Significa algo distinto cada vez que la canto.

Los versos, «She's smelling sweet like the meadows where she was born / On midsummer's eve, near the tower» [Ella huele tan dulce como las praderas donde nació / Cuando mediaba el estío, junto a la torre] son muy serenos y puros.
¿Ah sí?

Esos versos parecen remontarse a mil años atrás.
Es así. «Changing of the Guards» tiene mil años de antigüedad. Woody Guthrie decía que se limitaba a pescar las canciones en el aire. Eso quería decir que ya estaban allí y que él contactaba con ellas. «Changing of the Guards» puede ser una canción que quizá haya estado ahí durante miles de años, surcando la niebla, y un buen día conecté con ella. Como «Tupelo Honey», que estuvo flotando por ahí hasta que apareció Van Morrison.

Se ha dicho que la canción de los Stones «Some Girls» trata un poco de ti.
Yo nunca he vivido en Zuma Beach.

Sin embargo, Jagger imita tu fraseo.
Lo hace siempre... También imita el de Ottis Redding y el de Riley Puckett y el de Slim Harpo.

En «One More Cup of Coffee» cantas acerca de una hermana que ve el futuro, y en «Changing of the Guards» cantas acerca de «brujitas traicioneras»...
Suelo conocer a mujeres tipo bruja. De algún modo las atraigo. Ojalá me dejaran en paz.

Bueno. También hay algunas brujas buenas, aunque la chica vudú de «New Pony» te daba ciertos quebraderos de cabeza...
Es verdad. Por cierto. La Miss X de esa canción es Miss X, no *ex-*.

En «We Better Talk This Over», la frase, «estoy exilado, no puedes convertirme», ¿tiene algo que ver con tu condición de judío?
Mira. No sé hasta qué punto soy judío, porque tengo los ojos azules. Mis abuelos eran rusos, y si nos remontamos hasta entonces ¿cuál de aquellas abuelas no fue violada por los cosacos? Así que hay mucho de ruso en mí. De eso estoy seguro. Si no, no sería como soy.

¿Estás de acuerdo con la idea de Octavio Paz de que «todos estamos solos porque todos somos dos»?
No puedo estar en desacuerdo, pero debo pensar que hay más de dos. ¿No cantó Leonard Cohen algo así como, «Soy el que va de nada a dos»? No lo recuerdo bien.

Hemos vuelto a los números...
Leonard Cohen estaba realmente interesado en los números: «Soy el que va de nada a uno».

Tú eres Geminis, y los Géminis fueron vistos por un escritor, Marius Schneider, como símbolos de la «armoniosa ambigüedad de paraíso e infierno, amor y odio, guerra y paz, nacimiento y muerte, alabanza e insulto, claridad y oscuridad, rocas abrasadoras y marismas rodeando las fuentes y aguas

salvíficas». Me parece una buena descripción de algunas de tus nuevas canciones.

Sí. Pero uno no puede escoger el mes del año en que nace.

«Sacrifice was the code of the road» [el sacrificio era la ley de la carretera], cantas en «Where Are You Tonight?». Morir antes de morir, cambiar de piel, hacer nuevas canciones a partir de las viejas.

Esa es mi misión en la vida… «Aquél que no anda ocupado naciendo lo está muriendo». ¿Te has traído el paracaídas?

¿Tan mala ha sido la entrevista?

[Hablándole a un amigo.] Tráete un paracaídas para Jonathan.

Prefiero la senda que conduce a las estrellas.

EN EL VESTIDOR

[Me crucé con Dylan media hora antes de la prueba de sonido en el Veterans' Memorial Coliseum de New Haven. Me invitó a su camerino, donde terminamos nuestra charla.]

Cuando esperaba para recoger mi entrada para tu concierto en Portland, la pasada noche, me dio por preguntarle a la mujer del mostrador que de dónde venían todos esos chicos. Y dijo: «Por Bobby Dylan, del cielo. Por Black Sabbath, quién sabe».

Ya. Yo me lo creo, ¿tú no? ¿De dónde si no podría venir mi público?

Yo ya he encontrado a dos tipos angelicales: uno en tu camerino, aquí en New Haven, y el otro, la chica a la que conocías de quince años atrás que te trajo el desayuno en Portland.

Son ángeles… Pero quería preguntarte algo que Paul Wasserman [encargado de la publicidad de Dylan] dijo que tú le dijiste, y es esto: «Un genio no puede ser genio únicamente por instinto».

¿Eso dije? Quizá. Pero debía de ser muy tarde.

No estoy de acuerdo. Creo que es el instinto lo que hace genio a un genio.

¿Qué piensas de las críticas a *Street-Legal*?
Leí algunas. No las entendí. No creo que esas personas hayan tenido las experiencias que yo tuve para escribir esas canciones. Las reseñas no me sorprendieron como algo particularmente interesante o como adecuadas a mi mundo particular. No sé quiénes son esas personas. De todos modos, no viajan en el mismo tren. Sería como si yo me pusiera a criticar a Pancho Villa.

Las críticas en este país sobre *Renaldo y Clara* tampoco fueron buenas. Los periodistas no se abstuvieron de llamarte presuntuoso, pretencioso y egocéntrico.
A esa gente, probablemente, no le gusta comer lo que a mí me gusta. Probablemente no les gustan las mismas cosas que a mí ni la misma gente. Mira. Por una sola vez, me gustaría ver a cualquiera de esos gilipollas intentar hacer lo que yo hago. Por una sola vez, que uno de ellos escribiera una canción para mostrar cómo se siente y la cantara ante diez, por no decir 10.000 o 100.000 personas. Sólo querría verles intentándolo esa única vez.

Algunos de esos críticos han sugerido que necesitas una producción discográfica más sofisticada...
Probablemente. La verdad es que puedo oír los mismos sonidos que a otra gente le gusta escuchar también. Pero no me gusta pasar el tiempo tratando de conseguir esos sonidos en el estudio.

¿Así que no eres de mucha producción?
No. No lo soy. A algunos músicos les gusta pasar mucho tiempo en el estudio. Pero es que mucha gente trata de hacer algo de la nada. Si no tienes una buena canción, puedes ir al estudio y hacer que parezca buena. Pero la cosa no dura.

Has tenido como productores a Tom Wilson, Bob Johnson, Don DeVito...
Pero todo eso no era tan sofisticado. Vamos, que John Hammond produjo mi primer disco y de lo que se trataba era de cantar al micro. Decía: «A mí me suena bien», y seguías con la siguiente canción. Y así es como lo sigo haciendo.

Hoy día empiezas con cualquier cosa menos con la canción: la pista de la batería, por ejemplo, y te pasas una semana tratando de que todos los instrumentos suenen como debieran. Incorporan la pista rítmica o el sonido que quieran escuchar en las pistas fantasma. Si tienes una buena canción, no importa lo bien o mal producida que esté. De acuerdo, mis discos no presentan una gran producción. Lo admito.

Personalmente, adoro el sonido «primitivo» de las maquetas de Buddy Holly o de los primeros discos de Chuck Berry.
Pero, en aquella época, grababan con otro tipo de equipo y los vinilos eran más gruesos. Si compras uno de mis primeros discos —y hoy no podrías— no eran papel de fumar, como actualmente. Se apreciaba una calidad... Y la maquinaria era distinta y los equipos eran distintos. Los Beach Boys hacían cosas en dos pistas en su garaje.

¿Pero crees que ahora necesitas un productor?
Sí lo creo. Mira. En los últimos tiempos, mi método, cuando ya tenía las canciones, consistía en meterme, grabarlas y sacarlas. Ahora vuelvo a escribir las canciones seguidas. Les tengo mucho aprecio a las canciones que hago ahora, y luego puedo perfeccionarlas. De modo que, si puedo mantener el tiempo al margen, aquí y allá, puedo trabajar en un álbum como lo hacen los Eagles. He sacado tantos discos que no importa cuándo saco otro. Podría publicar uno al año desde ahora mismo. Empezar a trabajar en enero y contar con una buena producción.

¿Cuánto es lo máximo que has tardado en grabar una canción?
Unas seis o siete horas. Nos llevó una semana hacer *Street-Legal.* Lo mezclamos a la semana siguiente y lo sacamos a la otra. Si no lo hubiéramos hecho tan deprisa no habríamos hecho el disco, porque ya estábamos listos para salir de gira otra vez.

Tienes un sonido más potente ahora —en disco y en vivo— del que jamás tuviste.
Así es... Y puede que contrate a dos chicas más y a un elefante. Pero no importa lo potente que sea el sonido mientras esté detrás de mí dando énfasis a la canción. Es bastante sencillo. No hay nada de eso en Las Vegas... Da igual lo que te hayan dicho. Y no tiene nada de disco. No es rock & roll. Mis raíces se remontan a los años treinta y no a los cincuenta.

En esta gira, has vuelto a cambiar de nuevo algunas de las versiones radicalmente nuevas de canciones que te había oído interpretar en Europa el verano pasado.

Sí. Las hemos cambiado un poco. Es otra gira y otro espectáculo. El grupo tiene que volver a aprender las canciones, pero son rápidos. Los mejores en eso.

¿Escribes ahora canciones con el grupo en mente?

He tenido este sonido conmigo desde que era un niño… Apela a mi corazón. Tuve que tocar solo durante mucho tiempo, y estuvo bien, porque al tocar solo tuve que escribir canciones. Eso es lo que yo no hacía cuando empecé. Me limitaba a tocar canciones que estuvieran a mano con un grupo de cantina en mi pueblo. Pero cuando me fui a vivir a Nueva York… ¿Te acuerdas del viejo Madison Square Garden? Bien. Pues allí solían dar conciertos de gospel cada domingo, y podías ver a todos… Desde los Five Blind Boys, los Soul Stirrers y los Swan Silvertones, a Clara Ward y Mighty Clouds of Joy. Iba todos los domingos. Escuchaba eso y a Big Bill Broonzy. Luego escuché a los Clancy Brothers y salí con ellos… Todas sus baladas borrachuzas, sus canciones revolucionarias y de señorita en apuros. Y escuchaba a Jean Ritchie, Woody Guthrie, Leadbelly…

¿Qué me dices de los grupos de du-duá?

Tocaban en algunos espectáculos, y no tenían que estar en el escenario más de veinte minutos. Entraban y salían. Y eso nunca fue lo que yo quise hacer. Solía ir a menudo al Brooklyn Fox. Pero el grupo que más me gustaba por entonces era Bobby Blue Band's. Les vi una vez en el Apollo. De todos modos, la gente en cuya casa me quedaba a dormir estaba toda muy metida en los Country Gentlemen, Uncle Dave Macon, los Stanley Brothers, Bill Monroe. Así que también escuchaba eso.

Parece que te gusta la música auténtica e incorrupta, más allá de cuál sea su tradición. Pero a algunos de los seguidores de tu música folk no les interesaron mucho tus cambios musicales.

No te olvides de cuando toqué la versión eléctrica de «Maggie's Farm» en Newport. Eso es algo que había hecho años antes. Pensaban que no sabía lo que estaba haciendo y que me había pasado de raya, pero la verdad es… Kooper y Michael Bloomfield recuerdan muy bien el momento. Y lo que los periódicos dicen que pasó no sucedió realmente de ese modo.

No hubo toda esa animadversión entre el público. No olvides que los de sonido no estaban equipados para lo que estábamos haciendo. Pero tenía todo el derecho del mundo a hacer aquello.

Por otra parte, los Beatles y los Rolling Stones ya eran populares en este país por entonces.
Recuerdo haber salido con Brian Jones en 1964. Podía tocar blues. Era un guitarrista excelente. Por algún motivo tenía miedo a cantar... Pero podía tocar nota por nota lo que tocaban Robert Johnson o Son House.

En canciones como «Buckets of Rain» o «New Pony», pareces entrar y salir de las tradiciones musicales, coger lo que quieres y necesitas, transformarlo como te apetece...
Eso es fundamentalmente lo que hago. Pero es lo mismo que hacen los Stones. Mick y Keith conocen toda esa música. Estados Unidos está plagado de todo tipo de músicas.

Cuando cantaste «Baby Stop Crying» la otra noche en Portland, recuerdo que pensé que tu voz sonaba como si combinara las siguientes cualidades: ternura, sarcasmo, inocencia airada, indignación, malicia despreocupada y recelo.
El hombre de esa canción tiene su mano tendida y no teme que se la muerdan.

Él suena más fuerte que la mujer a la que canta y sobre la que canta.
No necesariamente. Los roles podrían invertirse en cualquier momento. ¿No recuerdas «To Ramona»? «And someday maybe, who knows baby, I'll come and be cryin' to you» [y tal vez algún día, quién sabe nena, vendré a llorar junto a ti].

En «Baby Stop Crying», suena como si el cantante estuviera siendo rechazado... Como si la mujer estuviera enamorada de otro.
Es probable que lo esté.

También hay un «hombre malo» en la canción. Casi parece que tuvieran lugar tres o cuatro películas en una sola canción, todas ellas hilvanadas por el coro. Y lo mismo parece suceder en «Changing of the Guards» y en algunas de tus otras canciones nuevas. ¿De qué va todo eso?
Dios sabe.

¿Cómo es que escribes de ese modo?

No lo haría a menos que un poder más elevado que yo mismo me orientara. No me hubiera mantenido así tanto tiempo. Déjame decirlo de otro modo… ¿Cuál era la pregunta?

Existen todos esos niveles diferentes en muchas de tus canciones recientes…

Es cierto. Y es así porque mi mente y mi corazón trabajan a todos esos niveles. Mierda. Yo no quiero que me encadenen siempre al mismo plano.

Te he visto decirle a gente que no te conocía que tú eras la persona que estaba a tu lado…

Sí. Claro. Si aparece un fantoche a la caza del auténtico Bob Dylan, le mando a paseo. Pero no se me puede responsabilizar por ello.

Una poetisa y crítica llamada Elizabeth Sewell escribió una vez: «El descubrimiento, en ciencia y en poesía, es una situación mitológica en la que la mente se une con una figura de su propia concepción como medio hacia la comprensión del mundo». Y parece como si tú hubieras creado una figura llamada Bob Dylan…

Yo no creé a Bob Dylan. Bob Dylan siempre ha estado ahí… Siempre lo estuvo. Cuando yo era un crío, ya estaba Bob Dylan. Y antes de que naciera, ya estaba Bob Dylan.

¿Por qué tuviste que interpretar ese papel?

No lo sé. Quizá estaba mejor preparado para ello.

El compositor Arnold Schönberg dijo una vez eso mismo: que alguien tenía que ser Arnold Schönberg.

Algunas veces tus padres no saben siquiera quién eres. Nadie lo sabe salvo tú mismo. Dios, si tus propios padres no lo saben… ¿Quién más en el mundo puede saberlo salvo tú mismo?

Entonces, ¿por qué los niños siguen deseando cosas de sus padres que éstos no pueden darles?

Simples malentendidos.

En contraposición con la idea de ser fiel a uno mismo, existe una idea de la personalidad —sugerida por Yeats— que asegura que «el hombre no es nada hasta que se une a una imagen». Tú parece que tengas un pie en cada lado.

No lo sé. A veces pienso que soy un espectro. ¿No tiene uno que tener cierto sentido poético para implicarse en la conversación que estamos manteniendo? Es como lo que decía acerca de la gente que ha despreciado mi disco. No me podría importar menos, pero... No sé... ¿Quiénes son? ¿Qué cualificación tienen? ¿Son poetas? ¿Son músicos? Encuéntrame algún músico o poeta, y entonces hablamos. Quizá esa persona sabrá algo que yo desconozca y lo pueda entender. Podría suceder. No soy todopoderoso. Pero mis sentimientos vienen del instinto, y no voy a ocuparme demasiado de alguien cuyos sentimientos vienen de la cabeza. Eso no me interesa para nada.

Estas críticas duran ya desde hace mucho. Es como un amante: te gusta alguien y luego ya no le quieres más porque temes admitir que te gusta tanto... No sé. Uno tiene que intentarlo. Intentar hacer algún bien a alguien. El mundo está repleto de maledicientes y desafectos, gente que hace leña del árbol caído. Pero también está lleno de gente que te quiere.

Hay versos en tus nuevas canciones acerca de la dificultad de reconocer a la persona que amas, o sobre sentirse desplazado y en el exilio. Parece como si la tiranía del amor hiciera a la gente infeliz.

Esa es la tiranía del amor hombre-mujer. Esa es mi idea del amor.

¿Cuál es tu idea del amor?

[Pausa] El amor es como un volante. Esa es mi idea del amor.

¿Qué me dices de Cupido con su arco y la flecha apuntando a tu corazón?

Cupido lleva barba y bigote, ¿lo sabías? Cupido es moreno.

18

ENTREVISTA RADIOFÓNICA DE BRUCE HEIMAN, KMEX (TUCSON, ARIZONA) 7 DE DICIEMBRE DE 1979

Bien. Me llamo Bruce Heiman, de la KMEX en Tucson. Hemos recibido un comunicado de prensa de la sección de Tucson de los Ateos Americanos y, en respuesta a tu reciente incorporación al movimiento de los cristianos renacidos, dicen que planean invadir tu próximo concierto con sus folletos. Dicen que reconocen la necesidad de informar al público de que la nueva causa de Dylan representa a una ideología represiva y reaccionaria. Además pretenden llamar la atención sobre las contradicciones entre el contenido de tu arte de antaño y el mensaje que exponen ahora tus canciones...
Todavía no capto lo que dices o quien lo dice o...

Sí. Son los Ateos Americanos de Tucson.
¿Se trata de un grupo?

Sí. De hecho, los Ateos Americanos son un grupo extendido por el mundo entero y encabezado por Madalyn Murray O'Hair, y tienen una sección aquí en Tucson. Creo que, básicamente, están hablando de tu posición en el pasado y el tipo de música que tocabas y el mensaje que tratabas de comunicar respecto a la música que tocas hoy y ese otro mensaje que quieres comunicar.
Bueno. Fuera cual fuera el antiguo mensaje, la Biblia dice: «Todas las cosas se renuevan. Las viejas desaparecen». Supongo que este grupo no lo cree así. ¿Contra qué están protestando exactamente?

Creo que están en contra... Han hecho otra declaración que dice...
¿Están en contra la doctrina de Jesucristo o de que muriera en la cruz o de que el hombre nazca en el pecado? ¿Contra qué están protestando exactamente?

Bueno. Los ateos están en contra de cualquier forma de religión, ya sea el cristianismo...

Bueno. Cristo no es una religión. No estamos hablando de religión... Jesucristo es el camino, la verdad y la vida.

Hay otra declaración que hicieron sobre la que quizá podrías arrojar algo de luz. Dijeron que querrían recordar a los fans y al público de Dylan que el derecho de alguien a decir algo no concede de por sí validez alguna a tal afirmación. Así que, fundamentalmente, lo que dicen es que tienes seguidores que van a ir al concierto y van a escuchar el mensaje de tu música.

Claro. Yo sigo a Dios, así que si mis seguidores me siguen a mí, indirectamente van a seguir a Dios también. Porque yo no canto ninguna canción que no me haya sido dada por el Señor para cantarla.

Bien. Ellos creen que toda forma de religión es represiva.

Bueno. La religión es represiva hasta cierto punto. La religión es otra forma de atadura que el hombre inventa para acercarse a Dios. Pero ése es el motivo de la llegada de Cristo. Cristo no predicaba una religión. Predicaba la verdad, el camino y la vida. Dijo que había venido para dar vida. Una vida más abundante. Hablaba de vida y no necesariamente de religión...

Dicen que tus canciones actuales exponen la aceptación pasiva del destino. ¿Estás de acuerdo? Yo no estoy muy seguro de lo que quieren decir con eso.

Yo tampoco estoy muy seguro de lo que quieren decir con eso. Pero no me parece que sea cierto. Ni estoy seguro de qué significa eso: «aceptación pasiva del destino». ¿Cuál es el destino del hombre?

No lo sé. Ésa no es mi ideología. Son sólo un grupo de ateos.

Ya. Esa ideología tampoco es la mía. Mi ideología actual provendría de las Escrituras. Mira. Yo no inventé todo eso... Estas cosas únicamente me han sido mostradas. Y me mantengo en la fe de que son ciertas. Creo que son ciertas. Sé que son ciertas.

¿Sientes que el mensaje de tu música ha cambiado con los años, desde la música que hablaba de la guerra a la música que habla de cristianismo?

No. Habrá guerra. Siempre hay guerra y rumores de guerra. Y la Biblia habla de la guerra que vendrá para acabar con todas las guerras. El espíritu del ateo no prevalecerá. Eso te lo puedo asegurar. Es un espíritu engañoso.

¿Por qué sostienes que no prevalecerá?
¿Va contra Dios? ¿Está el ateo contra Dios?

Sí. Déjame que piense... Entrevisté a Madalyn Murray O'Hair hace un par de semanas y dijo que está contra la religión y contra Dios. Creo que decía que cualquiera que crea en un ser supremo es —utilizando su expresión— estúpido. Así que están en contra de cualquier cosa que tenga que ver con la religión.
Ajá.

A veces no me resulta fácil captar lo que dicen.
Bueno. Una religión que dice que tienes que hacer determinadas cosas para conseguir un Dios... Probablemente hablan de ese tipo de religión, que es una religión que existe por las acciones: puedes entrar en el reino según lo que hagas, lo que vistas, lo que digas, cuántas veces al día reces, cuántas buenas obras hagas. Si eso es a lo que se refieren cuando hablan de religión, ese tipo de religión no te llevará al reino. Eso es cierto. En cualquier caso, existe un Creador supremo. Un ser supremo en el universo.

Bien. En otra de sus afirmaciones dicen que: «Durante años, Dylan gritó contra los amos de la guerra y la élite del poder. El nuevo Dylan proclama ahora que debemos servir a un nuevo amo. Un amo cuyos vagos orígenes fueron la ignorancia, la insensatez, la estupidez y la fe ciega. El Dylan que nos inspiró para trascender el manual y las ideologías dadas, nos implora que nos encerremos en las páginas de la Sagrada Biblia, un libro plagado de contradicciones, inexactitudes, atrocidades y absurdos». Eso es lo que dicen.
Bueno. La Biblia dice: «El insensato ha dicho de corazón: "No hay Dios"...».

Dicen que el movimiento es un fraude evasivo...
Bueno. No sé qué movimiento. ¿De qué movimiento hablan? ¿De los Ateos Americanos?

No. Del movimiento de Jesús.
Pues no es un fraude. No hay nada fraudulento en él. Todo es verdad. Siempre lo ha sido. Es verdad y será verdad.

Advierten a tus admiradores, a la gente que te apoya, a los que asistirán a tu concierto, que acudan y valoren tu arte, pero que eviten los riesgos psicológicos y sociales —son sus palabras— o los abusos de tu nueva fantasía religiosa.

Pero no pueden hacerlo. No puedes separar la letra de la música. Conozco gente que trata de hacerlo. Pero no pueden. Es como separar el pie de la rodilla.

Dices que todo es uno.

Así es. Todo es uno.

Muy bien, Bob. Agradezco el tiempo que nos has concedido. De verdad.

19

ENTREVISTA DE KAREN HUGHES, *THE DOMINION* (WELLINGTON, NUEVA ZELANDA) 21 DE MAYO DE 1980

Bob Dylan alargó la mano y alcanzó un cigarrillo del paquete medio vacío que había sobre la mesa. «Habría sido más fácil —suspiró— si me hubiera convertido en budista o en cienciólogo, o si me hubieran internado en Sing Sing.»

Le pregunté si muchos de sus amigos le habían abandonado.

«¿Mis verdaderos amigos?», respondió de modo elocuente, soplando lejos de mi cara el humo del cigarrillo, en una pequeña habitación de hotel en Dayton, Ohio, donde hablamos en un momento en que su gira repasaba el cinturón Bíblico americano para replegarse de regreso a Los Ángeles, el hogar de Dylan en los últimos nueve años.

«En cada momento de mi vida he tenido que tomar decisiones por aquello en lo que creía. A veces he terminado hiriendo a personas a las que quería. En otras ocasiones, he terminado amando a gente a la que jamás pensé que querría.

»Me preguntas sobre mí —dijo Dylan tras una intensa sesión de preguntas—, pero es que yo me voy desdibujando cada vez más a medida que Cristo se va definiendo más y más.

»El cristianismo —explicó— no es Cristo y Cristo no es el cristianismo. El cristianismo convierte a Cristo en el señor de tu vida. Ya estamos hablando de tu vida y no únicamente de parte de ella. No hablamos de un rato cada día. Hablamos de convertir a Cristo en amo y señor de tu vida. En el rey de tu vida. Y también hablamos de Cristo, el Cristo resucitado que es el señor de tu vida.

»Es ÉL a través de TI. "Está vivo —dijo san Pablo—. He sido crucificado con Cristo. Sin embargo, vivo. Pero no soy yo, sino Cristo quien vive en mí." Mira. Cristo no es uno cualquiera que sale de la nada. Servimos al Dios vivo. No a monumentos muertos ni a ideas muertas ni a filosofías muertas. Si hubiera sido un dios muerto, estarías llevando un cadáver en tu interior.»

Dylan habla de mantener un diálogo constante con Cristo, de rendir su vida a la voluntad de Dios, de modo parecido a como lo hicieron Juana de Arco o san Francisco. Es, dice, lo único que importa. Cuando le preguntas acerca de su banda, responde: «Creo que Jim Keltner y Tim Drummond son la mejor sección rítmica que Dios haya inventado nunca».

Su visión acerca de la política americana es que «Dios estará con América en la medida en que América esté con Dios. Mucha gente, quizá incluso el presidente, quizá numerosos senadores, cuando hablan, hablan de los atributos de Dios. Pero ninguno de ellos habla sobre ser un discípulo de Cristo.

»Hay una diferencia entre saber quién es Cristo y ser un discípulo de Cristo y reconocer a Cristo como una personalidad y ser de Dios. Soy más consciente de eso que de ninguna otra cosa y ello dicta mi propio ser. Así que no tengo mucho que ofrecer a nadie que pretenda saber de política o historia o arte o nada de eso. En cualquier caso, siempre he sido bastante extremista en todos esos campos.»

Tanto si está de gira como si no, Dylan rinde culto siempre que puede en la Asamblea de Dios, una denominación evangélica fundamentalista pentecostal que cree literalmente en lo que dice la Biblia y en la facultad de hablar en lenguas desconocidas. Vino a Cristo a través de una revelación, una experiencia personal con Jesús.

«Jesús me tendió la mano. Fue algo físico. Lo sentí. Lo sentí en todo mi ser. Sentí que mi cuerpo entero temblaba. La gloria del Señor me derribó y me recogió.

»Renacer es algo duro. ¿Has visto alguna vez a una mujer dando a luz? Duele. No nos gusta abandonar esas viejas actitudes y traumas.

»La conversión lleva tiempo porque tienes que aprender a gatear antes de caminar. Tienes que aprender a beber leche antes de poder comer carne. Eres un renacido, pero como un bebé. Un bebé no sabe nada de su mundo y así son las cosas cuando eres un cristiano renacido. Eres un extraño. Tienes que aprenderlo todo de nuevo. Dios te mostrará lo que necesites saber.

»Supongo que siempre ha estado llamándome —dijo Dylan con delicadeza—. Sin duda. Pero, ¿cómo habría podido saberlo? Que Jesús me llamaba… Siempre pensé que era una voz que resultaría más identificable. Pero Cristo llama a todo el mundo, sólo que le rehuimos. No queremos escuchar. Pensamos que nos va a desgraciar la vida, ¿sabes qué quiero decir? Pensamos que va a hacer que hagamos cosas que no queremos hacer. O impedir que hagamos cosas que queremos hacer.

»Pero Dios tiene su objeto y momento para todo. Él sabía cuándo respondería a Su llamada.»

20

ENTREVISTA DE ROBERT HILBURN, *THE LOS ANGELES TIMES* 23 DE NOVIEMBRE DE 1980

Bob Dylan ha confirmado finalmente en una entrevista lo que ha estado diciendo con su música durante los últimos dieciocho meses: que es un cristiano renacido.

Dylan dijo que aceptó a Jesucristo en su corazón en 1978 después de una «visión y un sentimiento» durante los cuales la habitación se movió: «Había una presencia en la habitación que no podía ser otra que la de Jesús».

Inicialmente, se mostró reticente a confiarlo a sus amigos o a exponer sus sentimientos en canciones, pero a finales de 1979 ya estaba tan comprometido con su música evangélica que no interpretó ninguna de sus viejas canciones durante una gira. Dijo que temía que pudieran ser contrarias a Dios.

Convencido ya de que las canciones nuevas son compatibles con las viejas, Dylan canta temas rock tan incendiarios como «Like a Rolling Stone» junto con tratados de renacido tales como «Gotta Serve Somebody» en una gira que incluye una parada el próximo miércoles en el Golden Hall de San Diego.

En una habitación de hotel, antes de un concierto, Dylan, cuya familia es judía, se sentaba en un sofá y fumaba un cigarrillo al tiempo que charlaba de su experiencia religiosa por vez primera en una entrevista.

«Lo gracioso es que mucha gente cree que Jesús entra en la vida de una persona sólo cuando está deprimida o hecha polvo o vieja y marchita. No es así como fue para mí.

»Todo me iba bien. Había avanzado mucho el año en que salimos de gira [1978]. Estaba relativamente satisfecho. Pero un amigo íntimo me mencionó un par de cosas y una de ellas era Jesús.

»Bueno. Toda la idea de Jesús me era ajena. Me dije, "No puedo meterme en eso. Quizá más adelante". Pero a continuación pensé que yo confiaba en esa persona y que no tenía nada que hacer en los dos días siguientes. Así que le llamé y le dije que estaba dispuesto a saber más sobre Jesús.»

A través de un amigo, Dylan se encontró con dos sacerdotes.

«Era algo escéptico, pero también estaba abierto. No me mostraba cínico en absoluto. Formulé muchas preguntas. Preguntas como, "¿Qué es el hijo de Dios?", "¿Qué quiere decir todo eso?" y, "¿Qué significa morir por mis pecados?".»

Paulatinamente, Dylan empezó a aceptar que «Jesús es real y que deseaba aquello... Sabía que no iba a aparecer en mi vida y amargarla, así que una cosa llevó a la otra... Hasta que tuve este sentimiento, esta visión y sensación».

Dylan, el cantautor más aclamado de la era del rock, se había mostrado reticente a conceder entrevistas desde la salida, el pasado año, del álbum *Slow Train Coming*, de cariz evangélico, a la vez que sugería que cualquiera que quisiera saber qué pensaba no tenía más que escuchar su obra.

Aunque el álbum se convirtió en uno de los más vendidos de Dylan, muchos de sus fans se sintieron confundidos, incluso traicionados. El hombre que antaño les apremiaba a cuestionar todo, estaba abrazando, de pronto, lo que algunos consideraban el más simplista de los sentimientos religiosos. Además, apuntaron algunos críticos, la actitud de Dylan resultaba petulante. Está claro, insistieron muchos, que aquello no era más que otro peculiar giro del personaje siempre cambiante de Dylan.

Incluso cuando regresó la pasada primavera con otro álbum evangélico, el poco exitoso *Saved*, corrió el rumor de que había abandonado sus creencias de cristiano renacido. Sin embargo, sus conciertos en San Francisco en esa gira refutaron las especulaciones. Diez de las diecisiete canciones en la noche inaugural fueron de sus dos últimos discos.

En la entrevista, Dylan enfatizó que sus creencias estaban bien arraigadas: «Está en mi sistema».

Al mismo tiempo, Dylan demostró que no ha perdido su espíritu crítico.

Al ser preguntado por el activismo político de grupos cristianos fundamentalistas como la Mayoría Moral, replicó: «Creo que la gente tiene que ser cuidadosa con todo eso... Es realmente peligroso. Puedes encontrar lo que quieras en la Biblia. Puedes darle la vuelta del modo que quieras. Y, de hecho, mucha gente lo hace. Yo creo sinceramente que no puedes legislar la moralidad… Lo básico, creo yo, es ponerte en contacto con Cristo por ti mismo. Te guiará. Cualquier predicador que lo sea de verdad te lo dirá: "No me sigas a mí, sigue a Cristo"».

Dylan no parecía muy seguro de querer tratar sus creencias religiosas cuando empezó la actual gira en el Warfield el 9 de noviembre. En una reducida conferencia de prensa en el *backstage* tras el concierto inaugural, se dedicó a eludir las preguntas sobre el tema. Sin embargo, una vez que tratamos la cuestión durante la entrevista en el hotel, habló libremente.

La entrevista se centra en su nueva orientación musical, porque ésa era la cuestión que yo pretendía acometer en el tiempo de que disponía él antes del concierto. Sería injusto inferir de ahí que Dylan se haya convertido en un estereotipo de «pirado por Jesús», interesado únicamente en tratar ese tema. Durante la entrevista, y en otras charlas más informales, habló con el mismo entusiasmo acerca de diversas cuestiones, incluyendo su decisión de interpretar de nuevo su material de antes.

Hay gente a la que le encantaría que te subieras al escenario y te limitaras a cantar las viejas canciones, como si se tratara de una «beatlemanía» viviente. ¿No es un peligro obrar así? Eso es lo que acabó haciendo Elvis.
Elvis cambió. El espectáculo de Elvis del que la gente habla siempre es el de 1969 en televisión. Pero no acaba de ser lo mismo que cuando interpretaba esas canciones en sus inicios. Cuando hizo «That's Alright Mama» en 1955… Allí había sensibilidad y poderío. En 1969, era poder a toda máquina sin nada más que fuerza detrás. Yo también he caído en esa trampa. Mira la gira de 1974.

Tienes que caminar por una línea muy fina para mantenerte en contacto con algo una vez lo has creado… O ves que se sostiene o no lo ves. Muchos artistas dicen: «Ya no puedo cantar esas viejas canciones»… Y lo puedo entender porque has dejado de ser la persona que las escribió.

De todos modos, realmente sigues siendo aquella persona en algún lugar muy adentro. Tu sistema no puede desprenderse de todo eso. Así que todavía puedes cantarlas si logras ponerte en contacto con la persona que eras cuando las escribiste. No creo que ahora pudiera volver a escribir «It's Alright Ma». No sabría ni por dónde empezar. Pero todavía puedo cantarla y me alegro de haberla escrito.

¿Por qué no interpretaste ninguna de tus viejas canciones en la gira de 1979?

Tuve verdaderamente una experiencia de renacimiento. Si lo quieres llamar así. Es una palabra manida, pero es algo con lo que la gente puede identificarse. Sucedió en 1978. Siempre supe que había un Dios o un creador del universo y un creador de las montañas y los mares y todo eso. Pero no pensaba en Jesús ni en qué tenía eso que ver con el creador supremo.

Después de tener la visión, creo que asististe a un curso trimestral sobre la Biblia en una iglesia en Reseda.

En primer lugar, me dije: «Es imposible que pueda dedicarle tres meses a esto. Tengo que volver a la carretera pronto». Pero estaba durmiendo un día y me senté en la cama a las siete de la mañana y me vi impulsado a vestirme y a conducir hasta la escuela bíblica. No me podía creer que estuviera allí.

¿Pero ya habías aceptado a Jesús en tu corazón?

Sí. Pero no se lo había contado a nadie porque pensé que dirían: «Hala. Venga ya». La mayoría de las personas que conozco no creen que Jesús resucitara, que Él está vivo. No era más que otro profeta, una de entre tantas personas buenas. Eso ya no era así para mí. Siempre había leído la Biblia, pero la contemplaba como mera literatura. Nunca me instruyeron en ella de un modo que tuviera un sentido real.

Yo suponía que estos sentimientos te invadieron en un momento de crisis vital, un momento en el que necesitabas desesperadamente otra cosa en la que creer...

No. Había ido tan lejos que ni siquiera pensaba que quedara algo. Pensé: «Bueno. Todos tienen su propia verdad». Lo que funciona para alguien está bien en la medida en que funciona para él. Había dejado de mirar y de buscarlo.

¿Pero no fuiste a Israel? Parecía que estuvieras buscando...

En realidad no. Si estaba buscando, era sólo para... Llegar a la realidad básica del modo en que las cosas son realmente... Para arrebatarle la máscara. Mi tendencia siempre fue la de quitarle la máscara a lo que fuera que estuviera pasando. Es como la guerra. La gente no contempla la guerra como un negocio. La contemplan como algo emocional.

Cuando te acercas a ella, sin embargo, la guerra —a menos que un pueblo necesite la tierra de otro— es un negocio. Si lo miras así, puedes entenderlo. Existen determinadas personas que hacen cantidad de dinero con la guerra, del mismo modo que otra gente hace dinero con las prendas vaqueras. Decir otra cosa es algo que siempre me irritó.

¿Empezaste a contarlo a los amigos cuando acudiste a las clases bíblicas?
No. No quería pillarme los dedos. No quería apoyarme en el Señor, porque si se lo decía a la gente y luego no continuaba, iban a decir: «Bueno. Supongo que ha sido una de esas cosas que no funciona». No me conocía lo suficiente como para saber si podría ir durante tres meses. Pero empecé a contárselo a algunas personas pasados los primeros dos meses y muchas de ellas se enfadaron conmigo.

¿Te lo repensaste cuando eso sucedió?
No. Por entonces ya estaba metido en ello. Cuando creo en algo, no me importa lo que los demás piensen.

¿Te has planteado el hecho de que lo que ahora dices pueda volverse en tu contra en cinco años...? En el sentido de que no estés plenamente comprometido...
No lo creo. Si hubiera sentido algo así, creo que ya habría salido a la superficie a estas alturas.

Hemos visto a muchas estrellas del rock implicarse con gurús y maharishis para luego seguir a lo suyo.
Ya. Pero esto no es un viaje maharishi para mí. Definitivamente, Jesús no es eso para mí.

¿Cuándo empezaste a escribir las canciones de *Slow Train Coming*?
Al cabo de unos dos meses. Ni siquiera quería cantarlas. Iba a dárselas a Carolyn Dennis [cantante de la gira actual] para que las cantara ella. Pensé que quizá podía producir un disco.

¿Por qué no querías cantarlas?
Todavía no quería meterme en eso.

¿Qué pensaste acerca de algunas reseñas hostiles hacia el disco?
No hay que leerlas.

¿Entiendes que algunas personas pensaran que algunos de los mensajes del álbum resultan algo radicales?
No pretendía asestar un martillazo. Puede que saliera de ese modo, pero yo no trato de matar a nadie. No puedes cargarte a la gente que no cree. Cualquiera puede tener la respuesta que yo tengo. Es gratis.

¿Qué me dices de tu decisión de 1979 de cantar sólo canciones nuevas?
Había perdido el contacto con las viejas canciones.

Pero las vuelves a cantar ahora...
Como ya he dicho, el espectáculo de ahora evolucionó a partir de la última gira. Es que las canciones no son... ¿Cómo decirlo? Esas canciones no iban contra Dios en absoluto. Y yo no estuve seguro de eso durante un tiempo.

¿Tus canciones de antes siguen teniendo sentido para ti o sólo las tocas porque la gente quiere escucharlas?
Me encantan esas canciones. Siguen siendo parte de mí.

¿Hay alguna forma de que nos puedas hablar de los cambios en tu vida? ¿De qué modo la experiencia religiosa te hace sentir o actuar de otra manera?
Está en mi sistema. No tengo tiempo suficiente para hablar de ello. Si alguien quisiera realmente saberlo, podría explicárselo, pero hay otras personas que podrían hacerlo igual de bien. No me siento apremiado a hacerlo. El pasado año lo hice un poco sobre el escenario. Decía cosas que pensaba que la gente necesitaba saber. Pensé que le daba a la gente una idea de lo que había detrás de las canciones. Ahora ya no creo que sea necesario.

Pero cuando camino por alguna de las ciudades a las que vamos, me convenzo plenamente de que la gente necesita a Jesús. Mira los yonquis, los borrachos y la gente desesperada. Es una enfermedad que puede sanarse en un instante. Los poderes interesados no dejarán que suceda. Esos poderes dicen que debe sanarse políticamente.

¿Qué me dices de las nuevas canciones? Algunas sólo parecen remotamente religiosas.

Han evolucionado. Hice mi declaración y no creo que pueda hacerla mejor que en algunas de esas canciones. Una vez he dicho lo que necesitaba decir en una canción. Ya está. No quiero repetirme.

¿Así que ahora trabajas desde una perspectiva más amplia?

Sí. Pero eso no significa que no siga cantando estas canciones.

¿La música sigue siendo importante para ti?

La música me ha dado un propósito. De niño, estaba el rock. Luego, estuvo la música folk y el blues. No es algo que escuche de forma meramente pasiva. Siempre ha estado en mi sangre y nunca me ha fallado. Gracias a eso, soy ajeno a muchas de las presiones de la vida. Te desconecta de lo que la gente piense de ti. Ciertas actitudes no pueden importar mucho cuando puedes subirte al escenario y tocar la guitarra y cantar canciones. Es algo natural para mí. No sé por qué fui escogido para hacerlo. Ya casi tengo cuarenta años y todavía no me he cansado.

ENTREVISTA DE KURT LODER,
ROLLING STONE
21 DE JUNIO DE 1984

En un desastre de día propio del lluvioso mes de marzo neoyorquino, Bob Dylan, con vaqueros negros, botas de motero, abrigo blanco sobre camiseta blanca, se sentó encorvado en un taburete en el extremo de un pequeño estudio en el centro de la ciudad. La multitud de camarógrafos, técnicos de luces, maquilladores y productores se había retirado un momento para valorar el equipo, dejando solo a Dylan canturreando y rasgueando la guitarra. Al tiempo que sus largas uñas punteaban las cuerdas de su guitarra Martin, empezó a resoplar suavemente en la armónica dispuesta alrededor de su cuello. Una melodía familiar invadió enseguida el ambiente. ¿Es posible? Me acerqué más para prestar atención mientras Dylan arrancaba el coro. No había duda: Bob Dylan se estaba empleando en la primera versión folk de «Karma Chameleon». El éxito de Culture Club.

Pronto volvió a verse rodeado por el personal técnico. Los de audio pusieron la cinta de «Jokerman», tema del último álbum de Dylan, *Infidels*, y al tiempo que las cámaras de vídeo filmaban, la estrella, obediente, movía sincronizadamente los labios. Dylan había estado registrando tomas de la canción durante toda la mañana y buena parte de la tarde sin quejarse. «Jokerman» iba a ser el segundo vídeo de *Infidels* y sabía que tenía que salir bien. El primero, de la deliciosa balada «Sweetheart Like You», había sido un bochorno átono y sin vida. Por ello, se llamó a dos de los amigos más fiables de Dylan a fin de que ayudaran. Se trataba de Larry «Ratso» Sloman, autor del libro sobre la gira Rolling Thunder Revue de 1975, y George Lois, un brillante publicista neoyorquino que había conocido a Dylan durante los malhadados conciertos para recaudar fondos destinados a la defensa del púgil Rubin «Hurricane» Carter diez años atrás.

Lois ideó un formato de vídeo afín al talante algo rígido y renuente de Dylan ante la cámara. El rostro de Dylan sólo aparecería en pantalla durante los coros. Los versos estarían ilustrados por reproducciones pictóricas provenientes de la propia biblioteca de Lois: pinturas de Miguel Ángel, Durero, Munch y, en un guiño irónico, *El infierno de los músicos* de El Bosco. El concepto más innovador, no obstante, consistía en sobreimponer la letra apocalíptica de la canción a las ilustraciones. Una técnica que Lois bautizó con regocijo como «poesía en tu puta cara». El resultado, como luego se vería, hacía que los vídeos de rock más manidos se antojaran como los anuncios de refrescos de cola que suelen ser exaltados.

¿Puede un solo, reflexivo, vídeo de Bob Dylan reasignarle nuevamente relevancia entre los jóvenes? El hombre ha representado cosas distintas con los años. Fue la voz de la juventud en los sesenta. La voz de la juventud madura en los setenta y en los ochenta...

Sin duda, sigue siendo un carácter impredecible, como pude ver cuando nos encontramos unas horas después en un café griego de la Tercera Avenida. Encadenando un Benson & Hedges tras otro («nada puede perjudicar mi voz, con lo mala que es...»), así como tazas de café con leche. Se mostró cauto a la par que cortés, dulce y, por momentos, mordaz. En absoluto fue la joven estrella arrogante que apabullaba verbalmente a un periodista de *Time* en el documental de 1966, *Don't Look Back*, pero no tiene un pelo de tonto.

Había mucho de qué hablar. El hombre que había transformado el mundo del folk con su estimulante y crudo debut acústico en 1962, y que luego se enajenó a tantos amantes del género al aparecer en el festival de Newport de 1965 con una banda de rock electrificada, seguía siendo, en 1984, igualmente capaz de suscitar controversia. Hace trece años, para sorpresa de casi todos, apareció en el muro de las lamentaciones de Jerusalén, tocado con una kipa, presuntamente en busca de su «identidad judía». Tiempo después, estuvo estudiando en la hermandad cristiana de Vineyard, una escuela bíblica en California, y dejó atónitos a muchos de sus seguidores al sacar tres discos de rock evangélico fundamentalista. (El primero, en 1979, *Slow Train Coming,* fue disco de platino. Los dos siguientes, *Saved* y *Shot of Love,* no alcanzaron la categoría dorada). Posteriormente, se le asoció con una secta judía ultraortodoxa, los hasidim de Lubavitch, y el pasado año regresó a Jerusalén para celebrar el bar mitzvah de su hijo Jesse. Entonces apareció *Infidels.* Aunque proseguía con el cariz bíblico de los tres álbumes anteriores de Dylan (con una mano añadida de lo que algunos críticos consideraron conservadurismo gruñón), *Infidels* es uno de sus discos mejor producidos, gracias a los cuidados del guitarrista Mark Knopfler en la consola de grabación. Con un modesto y precioso empuje promocional por parte de Dylan, el LP ya llevaba vendidos casi tres cuartos de millón de copias. Ahora el autor no sólo se despachaba con un vídeo excelente, sino que hacía una rara aparición televisiva en el programa *Late Night with David Letterman*, un evento algo desastrado pero fascinante en el que Dylan, respaldado por una joven banda de tres, apenas preparada, presentó dos de sus temas de *Infidels* así como su versión de «Don't Start Me Talking» de Sonny Boy Williamson. (Podría incluso haber sido más curioso: en los ensayos había probado con la perla del rock «Treat Her Right» de Roy Head.) Bob Dylan volvía a escena. Mientras el promotor Bill Graham seguía reservando fechas, el bardo estaba listo para embarcarse en una gran gira europea con Santana, cuyo inicio se preveía para el 28 de mayo, cuatro días después de su cuadragésimo tercer cumpleaños.

Así que ahí le tenemos de nuevo. Pero, ¿a quién? Padre divorciado con cinco hijos (uno es el hijo de su ex-mujer Sara, al que adoptó), Dylan reparte su tiempo entre California, donde posee una casa enorme y estrafalaria; Minnesota, donde tiene una granja, y el Caribe, donde va de una isla a otra en su barco de un cuarto de millón de dólares. Durante su estancia en Nueva York —ciudad en la que espera instalarse de nuevo muy pronto—, asistió a una actuación de su antiguo teclista Al Kooper. Se dejó caer por una sesión de grabación para el antiguo cantante de J. Geils Band, Peter Wolf, y departió con los viejos colegas Keith Richards y Ronnie Wood de los Rolling Stones. Más allá de sus preocupaciones espirituales, insiste en que no es ningún mojigato («creo que me tomé una cerveza hace poco») y en que su peripecia religiosa ha sido tergiversada por la prensa. Aunque sostiene que no posee los derechos de edición de sus canciones anteriores a 1974, año de *Blood on the Tracks* («el favorito de Keith», dice), su situación económica es probablemente del todo desahogada —«Unos años son mejores que otros», es todo lo que nos dirá al respecto— y se sabe que es extraordinariamente generoso con los buenos amigos necesitados. No parece contemplar el retiro. Al preguntarle si creía que ya había pintado su obra maestra, dijo: «Espero que eso no suceda». Su vida amorosa —se le ha vinculado tiempo atrás con la cantante Clydie King, entre otras— es un libro cerrado.

Mientras hablábamos, un joven borracho se acercó a la mesa para pedir un autógrafo que Dylan accedió a firmar. Unos minutos después, una desdentada anciana en bermudas se presentó ante nosotros con un negro borrachín. «¡Tú eres Bob Dylan!», graznó. «Y tú Barbra Streisand, ¿no?», replicó Dylan, sin grosería. «Me lo preguntaba —dijo la bruja—, porque hay un tío ahí enfrente que está vendiendo tu autógrafo.» «¿Sí? —dijo Dylan—. Bien. ¿Y cuánto pide?»

Buena pregunta, pensé. ¿Cuánto podría costar ese recuerdo en estos tiempos de decadencia?

La gente te ha asignado diversas etiquetas en los últimos años: «Es un cristiano renacido», «un judío ultraortodoxo»... ¿Te parecen ajustadas?
La verdad es que no. La gente te llama esto o aquello. Pero no puedo responder a eso, porque entonces parece que me pongo a la defensiva y, ya sabes, ¿qué importancia tiene?

Sin embargo, tres de tus discos —*Slow Train Coming*, *Saved* y *Shot of Love*—, ¿no se inspiraron en cierta experiencia de renacimiento religioso?
Yo no lo llamaría así. Nunca he dicho que sea un renacido. No es más que un término mediático. No creo haber sido nunca agnóstico. Siempre pensé que había un poder superior, que éste no es el mundo real y que existe un mundo por venir. Que las almas no mueren. Todas las almas están vivas, bien entre llamas o en santidad. Además, hay mucho terreno intermedio.

¿Cuál crees entonces que es tu postura espiritual?
Bueno. Yo no creo que esto sea todo. Esta vida no es nada. No hay modo de que me convenzas de que esto es todo lo que hay. Nunca jamás lo creí así. Creo en el Apocalipsis. Los líderes del mundo acabarán por jugar a Dios, si es que no lo están haciendo ya, y al final llegará un hombre del que todos pensarán que es Dios. Hará determinadas cosas, y dirán: «Bien. Sólo Dios puede hacerlo. Debe de ser Él».

¿Crees literalmente en la Biblia?
Sí. Sin duda.

¿Son el Antiguo y el Nuevo Testamentos igualmente válidos?
Para mí sí.

¿Perteneces a alguna iglesia o sinagoga?
No realmente. Bueno. A la Iglesia de la Mente Envenenada [risas].

¿Crees realmente que el final está cerca?
No creo que esté cerca. Creo que todavía tenemos por lo menos doscientos años. Y el nuevo reino que vendrá, quiero decir… La gente ni siquiera puede imaginarse cómo va a ser. Hay cantidad de gente por ahí que piensa que el nuevo reino llegará el año próximo y que ellos van a estar allí entre los elegidos. Se equivocan. Creo que cuando eso suceda, habrá gente que estará preparada para ello. Pero si el nuevo reino sobreviniera mañana y tú estuvieras sentado allí y yo estuviera sentado aquí, ni siquiera me recordarías.

¿Puedes conversar y compartir puntos de vista con judíos ortodoxos?
Sí. Sin duda.

¿Y con cristianos?
Sí. Claro. Con todos.

Suena como una síntesis nueva.
No es eso. Si creyera que el mundo necesita una religión nueva, empezaría una. Pero también hay muchas otras religiones. Religiones hindúes, religiones orientales, el budismo, ya sabes. Y también tienen algo que decir.

Cuando te encuentras con ortodoxos, ¿puedes sentarte con ellos y comentar: «Oye, creo que el cristianismo podría interesaros»?
Bueno. Sí. Si alguien pregunta, se lo comento. Pero mira, yo no me dedico a dar sólo mi opinión. Yo soy más de interpretar música, ¿sabes?

Tus puntos de vista parece que resultaron obvios para muchos compradores. ¿Te decepcionó la reticencia comercial —tanto en disco como en gira— hacia tu música de influjo fundamentalista?
Bueno. Después de la gira evangélica del año 78, quise seguir de gira en el 79. Pero sabía que habíamos estado en todas partes el año anterior, así que, ¿cómo vas a tocar en el 79? ¿Regresas a los mismos sitios? Así que ante aquella tesitura, me dije: «No me importa si ya no atraigo a las masas». Y en muchos de los sitios donde estuvimos en la última gira sólo completamos la mitad del aforo.

¿Y no crees que eso pudo deberse al material que interpretabas?

No lo creo. No creo que tuviera que ver con nada. Creo que cuando te ha tocado, te ha tocado, y no importa lo que hagas. Te llegó la hora o no te llegó. Y yo no sentí que en los últimos años me hubiera llegado. Pero eso no es motivo para que yo emita un juicio definitivo sobre lo que va a suceder. La gente que reaccionó de una determinada manera ante el material evangélico, lo habría hecho del mismo modo si yo no hubiera compuesto, no sé, «Song to Woody».

¿Tú crees?

Sí. Lo sé. Normalmente puedo anticipar esas cosas. Qué es lo que pasa, qué aire se respira. Hay cantidad de jóvenes músicos. Y tienen buena pinta. Se mueven bien y dicen cosas que son inquietantes. Hay que reconocerlo. Hay mucho material que se hace y que se destina a chavales de doce años. Comida para niños.

Tú último disco, *Infidels*, no podría clasificarse como forraje preadolescente. Algunos críticos han detectado incluso un nueva clave conservadora en algunas de las canciones, hasta un cierto patrioterismo en «Neighborhood Bully», en la que el sujeto metafórico se dice que es «un hombresolo» cuyos «enemigos dicen que está en sus tierras». Eso es una clara afirmación sionista, ¿no te parece?

Me lo tendrías que señalar… ¿Qué verso es el que pronuncia eso específicamente? No soy un cantante político. Joe Hill fue un cantante político. Merle Travis escribió ciertas canciones políticas. «Which Side Are You On?» es una canción política. Pero «Neighborhood Bully» no es para mí una canción política, porque si lo fuera yo quedaría dentro de cierta adscripción política. Si te refieres a ella como a una canción pro israelí… En Israel hay quizá una veintena de partidos políticos. Y no sé a cuál de ellos pertenecería.

Bien. ¿Crees que sería justo denominar la canción como una sentida declaración de principios?

Quizá sí. Pero sólo porque alguien sienta de determinada manera, no puedes ir y asignarle determinado lema partidista. Si la escuchas atentamente, podría tratar de otras cosas. Lo más fácil es definirla. Así uno ya la tiene etiquetada y puede lidiar con ella de esa manera específica. Pero yo no lo haría. Porque no conozco la política israelí. No la conozco.

De modo que no tienes clara, por ejemplo, la cuestión palestina.

La verdad es que no, porque vivo aquí.

¿Vivirías en Israel?

No lo sé. Es difícil especular sobre lo que pasará. Suelo vivir donde me encuentro.

En otro pasaje de la canción, dices: «He got no allies to really speak of» [no puede decirse que tenga aliados], al tiempo que «He buys obsolete weapons and he won't be denied... no one sends flesh and blood to fight by his side» [compra armas obsoletas y nadie lo repudia... nadie envía carne y sangre para pelear a su lado]. ¿Crees que Estados Unidos debería mandar tropas?

No. La canción no dice eso. ¿Quién debería? ¿Quién no? ¿Quién soy yo para decir nada?

Bueno. ¿Crees que Israel debería obtener más ayuda de la comunidad judía americana? No quiero seguir insistiendo, pero es que parece...

Lo que pasa es que lo estás haciendo específico. Y lo haces específico a partir de lo que sucede hoy día. Pero lo que sucede hoy día no va a durar, ¿sabes? La batalla de Armagedón está explicada en detalle: dónde se librará y, si quieres abundar en detalles técnicos, cuándo. Y la batalla de Armagedón se librará definitivamente en Oriente Medio.

¿Sigues la política o mantienes alguna postura sobre lo que hablan los políticos en este año electoral?

Creo que la política es un instrumento del Diablo. Así de claro. Creo que la política es lo que mata. No reaviva nada. La política es corrupta. Vamos, todo el mundo lo sabe.

¿Así que no te importa quién sea presidente? ¿Da igual una cosa que otra?

Más o menos. O sea, ¿cuánto tiempo va a ser Reagan presidente? Yo ya he visto cuatro o cinco. Y he visto a dos morir durante la legislatura. ¿Cómo puede hablarse de Reagan seriamente cuando el hombre ya no va a estar allí cuando entendamos de qué va?

¿Así que no crees que haya diferencia entre, digamos, Kennedy y Nixon? ¿No importa en absoluto?

No lo sé. ¿Quién fue mejor presidente? Pues me has pillado. No sé qué errores cometieron. Nadie es perfecto, sin duda. Pero pienso que Kennedy —ambos Kennedys—... Me gustaban. Y me gustaban Martin... Martin Luther King. Creo que esas fueron personas benditas, especiales, ¿sabes? El hecho de que las mataran no cambia nada, porque plantaron cosas buenas. Y esas semillas perviven.

¿Sigues teniendo esperanza en la paz?

No va a haber paz.

¿No crees que valga la pena trabajar por ello?

No. Sería una paz falsa. Puedes recargar tu rifle y el intervalo en que lo estás recargando, eso es la paz. Puede durar unos años.

¿No vale la pena luchar por eso?

No. Nada de eso importa. Escuché a alguien en la radio hablando acerca de lo que está pasando en Haití, ¿sabes? «Debemos preocuparnos por lo que está sucediendo en Haití. Ya somos una comunidad góspel». Y están inculcando a todos ese marco mental. Vamos, que ya no somos Estados Unidos. Somos góspeles. Pensamos en términos del mundo entero, porque las comunicaciones nos lo llevan directamente a casa. Bueno. De eso es precisamente de lo que trata el Apocalipsis. Y es fácil saber que el primero que aparece hablando de paz no está por la paz.

¿Y si alguien estuviera verdaderamente por la paz?

Bueno. No puedes estar por la paz y ser góspel. Es como la canción «Man of Peace». Pero nada de eso importa si crees en otro mundo. Si crees en éste, estás atascado, estás perdido. Te volverás loco porque no le verás el sentido. Quizá quieras quedarte, pero no podrás. A otro nivel, no obstante, puede que veas este mundo. Podrás mirar atrás y decir: «Así que iba de eso. ¿Cómo que no lo pillé?».

Es una visión muy fatalista, ¿no te parece?

Creo que es realista. Si es fatalista, sólo lo es a este nivel, y este nivel acaba muriendo. Así que, ¿dónde está la diferencia? Eres fatalista. Pues bueno.

Hay unos versos en «License to Kill»: «Man has invented his doom / First step was touching the moon» [El hombre ha forjado su ruina / El primer paso fue tocar la Luna]. ¿Lo crees realmente?

Sí. Lo creo. No tengo ni idea de por qué escribí eso, pero en cierto sentido, es como una puerta abierta a lo desconocido.

¿No se supone que el hombre progresa? ¿Que tira adelante?

Bueno… Pero ahí no. Vamos a ver, ¿qué sentido tiene ir a la luna? Para mí no tiene ninguno. Ahora van a plantar una estación espacial allí, y va a costar seiscientos o setecientos mil millones de dólares. ¿A quién le va a beneficiar eso? A las farmacéuticas que van a poder fabricar medicamentos mejores. ¿Tiene algún sentido? ¿Es eso algo por lo que alguien debería alegrarse? ¿Es eso progreso? No creo que vayan a conseguir medicinas mejores. Van a conseguir medicinas más caras.

Ahora todo está computerizado, todo son ordenadores. Eso me parece ya el principio del fin. Puedes ver que todo deviene góspel. Ya no hay nacionalidades, ya no es yo soy esto o aquello: «Todos somos lo mismo, todos trabajamos por un mundo en paz, bla, bla, bla».

Va a tener que venir alguien para averiguar qué es lo que sucede con Estados Unidos. ¿Es esto únicamente una isla a punto de estallar o forma realmente parte de las cosas? No lo sé. Ahora mismo parece que sigue contando. Pero más adelante, tendrá que ser un país autócrata, que pueda arreglárselas sin tantas importaciones.

Ahora mismo parece que en Estados Unidos, y en tantos otros países, hay una gran presión para convertirlo en un país góspel —un gran país—, donde puedas obtener todos los materiales en un lugar y montarlos en otro para venderlos en un tercero. Y el mundo entero es sólo uno, controlado por la misma gente, ¿sabes? Y si todavía no es así… Pues ahí es donde se está intentando llegar.

En «Union Sundown», el Chevrolet que conduces está «montado en Argentina por un tipo que cobra treinta centavos al día». ¿Estás diciendo que estaría mejor sin esos treinta centavos?

¿Qué son treinta centavos al día? Treinta centavos al día no te sirven de nada. Vamos a ver, la gente ha sobrevivido 6.000 años sin tener que trabajar por salarios de miseria para que una persona venga y… Bueno. No es más que colonización. Pero mira. Yo ya lo había pillado de antemano porque, de donde vengo, se lo montaron realmente bien con el mineral de hierro.

¿En Minnesota? ¿En el cinturón de hierro donde creciste?
Sí. Todo el mundo estaba trabajando ahí en un determinado momento. De hecho, el 90 por ciento del hierro de la Segunda Guerra Mundial provenía de aquellas minas. De donde vengo yo. Y, por fin, dijeron: «Oye, sacar esto cuesta demasiado dinero. Tendríamos que poder sacarlo de otro sitio». Y ahora sucede lo mismo, me parece, con otros productos.

¿Cómo fue la experiencia de crecer en Hibbing, Minnesota, en los años cincuenta?
Allí te gobiernas en buena medida por la naturaleza. Tienes que ponerte de acuerdo con eso, más allá de cómo te sientas aquel día o lo que desees hacer con tu vida o lo que pienses. Y sigue siendo así, creo.

Cuando eras crío, ¿percibiste algún tipo de antisemitismo?
No. Nada me importaba realmente salvo aprender otra canción u otro acorde o encontrar otro sitio donde tocar. Años después, cuando ya había grabado algunos discos, empecé a ver cosas como «Bob Dylan es judío», y así. Me dije: «Señor, nunca lo supe». Pero siguieron insistiendo. Parece que era importante para la gente el decirlo. Era como decir: «El tullido cantante callejero». Así que, pasado un tiempo, me dije: «Bueno. Yo qué sé. Ya me lo miraré».

No sé. Nunca me pareció que les ocurriera a otros artistas. Vamos, que nunca lo vi con Barbra Streisand o con Neil Diamond. Pero me ocurrió a mí. De niño, sin embargo, nunca sentí nada de eso. Nunca sentí que tuviera que abrirme paso en el patio a puñetazos, ¿sabes? Mientras tuviera una guitarra, era feliz.

¿Era Hibbing un lugar opresivo? ¿De los que te hacen desear largarte ya?
No tanto. Allí no conocía nada salvo, eh…, Hank Williams. Recuerdo haber escuchado a Hank Williams uno o dos años antes de que muriera. Y eso, de algún modo, me llevó a la guitarra. Y una vez tuve la guitarra dejó de haber problemas. Todo se solucionó.

¿Tuviste ocasión de ver a las primeras estrellas del rock como Little Richard o Buddy Holly?
Sí. Claro. Vi a Buddy Holly dos o tres noches antes de que muriera. Le vi en Duluth, en el arsenal. Tocó con Link Wray. No recuerdo a Big Bopper. Quizá ya se había ido para cuando yo llegué. Pero vi a Ritchie Valens. Y

a Buddy Holly, sí. Era fantástico. Era increíble. Nunca olvidaré la imagen de ver a Buddy Holly allí, en el quiosco de música. Y murió quizá una semana después. Fue increíble.

Por la noche solía escuchar a Muddy Waters, John Lee Hooker, Jimmy Reed y Howlin' Wolf aullando desde Shrevenport. Era un programa de radio que duraba toda la noche. Solía quedarme despierto hasta las dos o las tres de la madrugada. Escuchaba todas aquellas canciones, y luego trataba de hacerlas mías. Y empecé a tocar.

¿Cómo empezaste con la guitarra?

Primero me compré un manual de Nick Manoloff. No creo que pasara del primero. Y tenía una guitarra Silvertone comprada en Sears. En aquellos días, costaban treinta o cuarenta dólares y sólo tenías que dar cinco de paga y señal. Y así conseguí mi primera guitarra eléctrica.

Tuve un par de grupos en el instituto, quizá tres o cuatro. Lo que pasa es que siempre venían cantantes y se llevaban mi banda, porque tenían contactos del tipo que su padre conocía a alguien y así podían conseguir una actuación en la ciudad de al lado para tocar en el pabellón durante un picnic dominical o lo que fuera. Y siempre perdía al grupo. Así era siempre.

Aquello debía de amargarte un poco.

Sí. Así es. Y luego tuve otro grupo con mi primo de Duluth. Tocaba, ya sabes, rock & roll, rhythm & blues. Entonces la cosa se fue apagando en el último año de instituto.

Después de eso, recuerdo que escuché un disco —quizá era el Kingston Trio o puede que Odetta o algo así— y de algún modo me metí en la música folk. El rock & roll parecía acabado en buena medida. Cambié mi guitarra por una Martin de la que ya no se venden, una 0018 quizá, era marrón. La primera guitarra acústica que tuve. Estupenda. Entonces, no sé si en Minneapolis o en St. Paul, escuché a Woody Guthrie. Y cuando lo escuché, se acabó el resto.

¿Qué te impresionó de él?

Bueno. Escuché sus viejos discos donde toca con Cisco Houston, Sonny [Terry] y Brownie [McGhee] y gente así, y luego sus propias canciones. Me sorprendió como un personaje independiente. Sin embargo, nadie hablaba de él. Así que repasé todos sus discos que pude encontrar. Los conseguí por todos los medios a mi alcance. Y cuando llegué a Nueva

York, cantaba ante todo sus canciones y temas folk. Por entonces, me veía con gente que tocaba eso mismo, pero yo combinaba elementos de música montañesa sureña con bluegrass y baladas inglesas. Podía escuchar una canción e identificarla. Así que cuando llegué a Nueva York, podía interpretar cosas muy variadas. Pero, cuando llegué aquí, nunca pensé que volvería a ver rock & roll.

¿Lo echabas en falta?

La verdad es que no, porque me gustaba la escena folk. Era una auténtica comunidad, un mundo conectado por diferentes ciudades de todo el país. Podías ir de aquí a California y siempre encontrabas un sitio donde quedarte. Un sitio donde tocar y conocer a gente. Hoy día vas a ver a un cantante folk y, ¿a qué se dedica? Canta sus propias canciones. Eso no es un cantante folk. Los cantantes folk cantan viejas canciones. Baladas.

Conocí a muchos cantantes folk en Nueva York, y había muchos en St. Paul-Minneapolis. En Inglaterra, conocí a algunas personas que conocían realmente esas canciones. Martin Carthy, y otro tipo llamado Nigel Davenport. Martin Carthy es increíble. Aprendí mucho de él. «Girl from the North Country» se basa en una canción que le oí cantar (la de «Scarborough Fair», que creo que se quedó Paul Simon).

¿Crees que el folk podría volver a tener un impacto?

Sí, podría. Pero la gente tiene que volver atrás y encontrar las canciones. Ya no lo hacen. Le estaba diciendo a alguien eso de que ahora los cantantes folk cantan sus propias canciones y me dijo: «Bueno. Eso lo empezaste tú». Y en cierto modo, es cierto. Pero yo nunca habría escrito una canción si antes no hubiera interpretado los temas antiguos. Nunca se me hubiera ocurrido escribir una, ¿sabes? Actualmente, no existe dedicación a la música folk. No se aprecia la forma artística cn sí.

¿Te das cuenta de que has influido en muchos cantantes a lo largo de los años?

Es por el fraseo. Creo que lo he fraseado todo de un modo que no se había hecho antes. No trato de alardear ni nada. O quizá sí [risas]. Pero sí. Escucho cosas en la radio, no importa de qué genero, y sé que si te remontas atrás, verás que alguien escuchó a Bob Dylan en algún lugar, por el fraseo. Incluso el contenido de las melodías. Hasta que empecé a hacerlo, nadie hablaba de eso. Para que la música tenga éxito, a cualquier nivel... Bueno. Siempre tendrás la movida pop radiofónica. Pero los que pueden tener éxito en serio son los que dicen algo que les ha sido dado decir. Es evidente que no le puedes dar muchas vueltas a «Tutti Frutti».

¿Como el revival actual del rockabilly?
El revival rockabilly no era más que capricho y chulería.

¿Fuiste consciente del advenimiento del punk rock? Sex Pistols, Clash...
Sí. No lo escuchaba muy a menudo, pero parecía un paso lógico y todavía lo es. Creo que la industria de la moda lo ha perjudicado notablemente.

Creo que llegaste a ver a los Clash.
Sí. Los conocí en 1977 o 1978. En Inglaterra. Creo que eran fantásticos. De hecho, pienso que lo son más ahora que entonces.

¿Quieres decir desde que Mick Jones se fue?
Sí. Es interesante. Se necesitaron dos guitarristas para reemplazar a Mick.

¿Qué me dices de Prince? ¿Te lo has encontrado alguna vez por Minneapolis?
No. Nunca.

¿Has conocido a Michael Jackson?
No. No creo. Conocí a Martha and the Vandellas.

¿Te cuentan tus hijos algo acerca de los nuevos grupos? ¿Algo así como «tienes que escuchar a Boy George»?
Bueno. Solían hacerlo hace años. En parte, me gusta todo.

¿Tienen tus hijos inclinaciones musicales?
Sí. Todos tocan algo.

¿Les alentarías a meterse en el mundo de la música?
Nunca les presionaría ni les alentaría. O sea, que yo no me metí en ello como en un negocio. Me metí en ello como cuestión de supervivencia. Así que a nadie le diría que se introdujera en él como negocio. Como negocio es feroz. Lo he visto.

¿Qué les cuentas a tus hijos acerca de cosas como el sexo y las drogas?
Bueno. La verdad es que no preguntan mucho al respecto. Creo que quizá ya aprenden bastante rondando junto a mí, ¿sabes?

Tú tuviste un período de drogas, ¿no es así?
Nunca me enganché a ninguna. No se puede hablar de ello en el sentido de: «Ah, Eric Clapton: su período de drogas».

¿Has tomado alguna vez LSD?
No quiero decir nada que alentara a nadie, pero… Bueno. ¿Quién sabe? ¿Quién sabe lo que la gente pone en tu bebida o qué tipo de cigarrillo estás fumando?

Cuando personas como Jimi Hendrix y Janis Joplin empezaron a desplomarse, ¿te pareció un desperdicio?
Jimi, pienso, fue un gran desperdicio… Vi a Jimi… tío. Qué triste verle así. Estaba en el asiento trasero de una limusina en la calle Bleecker… Ni siquiera podía decir si estaba vivo o muerto.

¿Tus viejas canciones significan lo mismo para ti que cuando las escribiste?
Sí. Aquí sentado resulta difícil imaginarlo, pero sí. Si repasas aquel material, parece que se hubiera escrito ayer. Cuando lo canto, a veces me digo: «¡Vaya! ¿De dónde salió esta letra?». Es asombroso.

¿Te sigue pareciendo canción protesta? ¿O lo viste alguna vez como canción protesta?
Creo que todo mi material es de protesta, en cierto modo. Siempre me pareció que mi lugar venía después de aquella primera ola, o quizá segunda ola, del rock & roll. Y siento que nunca habría hecho las cosas que hice si me hubiera limitado a escuchar la radio comercial.

En determinado momento, ¿no te apartaste de la forma contestataria?
Bueno. Mira. Lo que pasa es que yo nunca la llame protesta. Protesta es cualquier cosa que va contra lo regular y lo establecido. ¿Y quién es el fundador de la protesta? Martin Luther.

¿Es verdad que «Like a Rolling Stone» se grabó en una sola toma?

Sí. Una toma. Es asombroso. Parece muy bien conjuntada. Eso fue en la época en que solíamos… Tío, seis, ocho, diez canciones en una sesión. Íbamos al estudio y salíamos al día siguiente.

¿*Another Side of Bob Dylan* no fue también fruto de una sola sesión nocturna?

Ésa también salió bastante deprisa. Pero fue más fácil. Estaba solo yo. Aunque solíamos hacer lo mismo cuando iba con la banda. No creo que una canción como «Like a Rolling Stone» pudiera haberse hecho de otro modo. ¿Qué vas a hacer? ¿Dibujarla?

¿Cómo mantienes el equilibrio entre los requisitos del estudio moderno y el hecho de que buena parte de tu mejor material se hizo muy deprisa?

Actualmente, estoy cambiando mi visión al respecto. Pero tengo pensado hacer algo más de material acústico en el futuro. Creo que en mi próximo álbum vamos a ser únicamente yo, mi guitarra y la armónica. No todo lo que haga será así, pero algunas canciones sí. Lo sé.

¿Cómo es tu último material?

Las compongo tal como vienen. No son sobre nada distinto de otras cosas que haya escrito, pero quizá están conjuntadas de un modo en que otras no lo están. Puede que parezca algo nuevo. No creo que haya encontrado nuevos acordes o nuevos progresos ni nuevas palabras que no se hayan dicho antes. Creo que son, en buena medida, más de lo mismo, sólo que reelaborado.

He escuchado una toma eliminada de las sesiones de *Infidels* llamada «Blind Willie McTell». ¿Saldrá alguna vez? Es una canción estupenda.

No creo que la grabara bien. Pero no sé por qué me descartan estas tomas. No sé. No me da la impresión de que se las descarten a otros.

Afuera hay un gran interés. Podrías poner todo tu material inédito en un pack de veinte volúmenes o algo así.

Sí. Como *The Basement Tapes*. Pero no me da por sacarlo. Si escribí una canción hace tres años, raramente se me ocurre volver atrás para recuperarla. La dejo estar.

Nunca me gustó realmente *The Basement Tapes*. No sé. No eran más que canciones que habíamos hecho para la editora, tal como lo recuerdo. Eran otros artistas los que grababan esas canciones. Yo no las habría sacado, pero, ya sabes. Columbia quería sacarlas. ¿Qué puedes hacer?

¿No te parece que ese álbum produce una impresión especial? Ese material tiene sin duda un aura que lo rodea...
Ni siquiera lo recuerdo. La gente me ha dicho que es algo auténticamente americano todo eso. No sé de qué hablan.

Así que tampoco se te ocurriría sacar las cintas del concierto de 1966 en el Royal Albert Hall de Londres. Otro gran inédito.
No. Para nada. No las sacaría porque no me parecen de calidad.

Ese material es fantástico. Me sorprende que no quieras verlo grabado debidamente.
Ya. Pero mira. Columbia nunca se ofreció a hacerlo. Lo hicieron con *The Basement Tapes* y con el álbum de *Budokan*. Pero nunca se ofrecieron a sacar aquél como disco histórico o como se llame. Y, créeme. Si quisieran lo harían.

Hablando del disco de *Budokan*...
Se suponía que aquel disco sólo tenía que ser para Japón. Me forzaron a hacer un disco en vivo para Japón. Era el mismo grupo con el que hice *Street-Legal*, y empezamos a ver la luz en aquella gira cuando lo grabaron. Nunca lo vi como una representación de mi material o de mi banda o de mis conciertos.

Ahí fue cuando los críticos empezaron a decir que te estabas poniendo en plan Las Vegas, ¿no?
Bueno. Creo que las únicas personas que podrían decir algo así son las que nunca han estado en Las Vegas.

Creo que era la ropa que llevabas por entonces. Decían que hacía que parecieras Neil Diamond.
Bueno. Eso demuestra cómo han cambiado los tiempos desde 1978. Si se ponían a criticarte por lo que vestía... Vamos, que ahora casi te puedes poner de todo. Ves a un tío vestido con un delantal sobre el escenario y dices: «Pues muy bien». Ya te lo esperas.

Se ha escrito cualquier cosa sobre mí. La gente debe de estar loca. Quiero decir gente responsable. Especialmente, sobre la gira de *Street-Legal*. El grupo se reunió por entonces. No creo que se vuelva a repetir. Era un gran conjunto. ¿Y qué dijo la gente? Quiero decir gente responsable que se supone que sabe de qué habla. Todo lo que vi es «Bruce Springsteen» porque había un saxofonista. Y también era «disco»… Pues no había nada «disco» allí.

Siempre me pareció que eras como un ser infalible en tu carrera ascendente hasta *Self Portrait*, en 1970. ¿Cuál es la historia que hay detrás de aquel álbum?

Por entonces, estaba en Woodstock y estaba cosechando un alto grado de notoriedad por no hacer nada. Luego tuve el accidente de moto, que me dejó fuera. Entonces, cuando desperté y recobré el sentido, me di cuenta de que estaba trabajando para todas esas sanguijuelas. Y no quería. Tenía una familia, y sólo quería ver a mis hijos.

También vi que estaba representando todas esas cosas de las que no sabía nada. Se suponía que iba de ácido. Era un ambiente de vamos a por ellos, Abbie Hoffman en las calles, y parecía que yo tenía que ser el cerebro de todo aquello. Me dije: «Un segundo. No soy más que un músico. Y mis canciones hablan de esto y aquello. ¿Y qué?». Pero la gente necesita un líder. La gente necesita un líder más de lo que un líder necesita a la gente, de verdad. Quiero decir que cualquiera puede dar el paso y ser un líder, si tiene a la gente que desea uno. Pero yo no quería eso.

Entonces llegaron las grandes noticias sobre Woodstock, sobre músicos que acudían, y fue como una oleada de desvarío que se desató alrededor de la casa día y noche. Ibas a casa y te encontrabas a gente allí. Gente que aparecía de entre los bosques, a todas horas del día y de la noche, llamando a tu puerta. Era sombrío y deprimente. Y no había modo de responder a todo eso, ¿sabes? Me decía: «No puede ser. Éstos no pueden ser mis fans. No pueden serlo». Y seguían viniendo. ¡Tuvimos que salir de allí!

Esto sucedió por la época del festival de Woodstock, que fue la suma de todas estas chorradas. Y parecía que tenía algo que ver conmigo: el tema de la nación Woodstock, y todo lo que representaba. No podíamos respirar. No podía conseguir espacio para mí y para mi familia. Y no había ayuda disponible. Me volví muy resentido con todo aquello, y nos fuimos de allí.

Nos trasladamos a Nueva York. Volviendo la vista atrás, fue una idiotez hacerlo. Pero había una casa disponible en la calle MacDougal y tenía un buen recuerdo de aquel lugar. Así que la compré sin verla. Pero ya no era lo mismo. La nación Woodstock dominaba también la calle MacDougal. Había multitudes fuera de mi casa. Y dije: «A la mierda. Ojalá que esta gente se olvide de mí. Quiero hacer algo que no les pueda gustar. Algo con lo que no puedan conectar. Lo verán, lo escucharán y dirán: «Vayamos a por otro. Ya no habla de aquello. No nos da lo que queremos». Que vayan a por otro». Pero la idea fracasó. Salió el disco, y la gente dijo: «Esto no es lo que queremos», y se volvieron más resentidos. Entonces hice este retrato para la cubierta. No había título para el álbum. Conocía a alguien que tenía algunas pinturas y lienzos, e hice la portada en cinco minutos. Y me dije: «Bueno. Este disco se va a llamar *Self Portrait*».

Que fue debidamente interpretado por la prensa como «Éste es quien es...»
Exacto. Y para mí no era más que una broma.

Pero, ¿por qué duplicaste la broma con un álbum doble?
Bueno. No se habría aguantado como disco sencillo. En ese caso, no habría sido tan malo, ¿sabes? Vamos, que si vas a ofrecer un montón de mierda, hazlo de verdad.

En los años sesenta, había una sensación de que la sociedad estaba cambiando. Volviendo ahora la vista atrás, ¿crees que cambió tanto?
Creo que sí. Muchas veces la gente lo olvida. Esta modernidad que conocemos, en la que puedes coger un avión y volar donde quieras sin escalas, directo. Eso es reciente. Eso es desde... ¿Cuándo? ¡1940? Ni siquiera. Es de después de la guerra. ¿Y los teléfonos? Olvídate. O sea, cuando yo era un crío, recuerdo que teníamos un teléfono en casa, pero era de disco.. Y también recuerdo que era una línea compartida con otras seis personas. Y cuando te ponías al teléfono siempre había alguien hablando. No crecí con la televisión. Cuando llegó la televisión, se podía sintonizar como a las cuatro de la tarde, y hacia las siete ya no emitía. Así que había más tiempo para... Supongo que para pensar. No puede volver a ser como entonces, pero todo empezó a cambiar en los cincuenta y sesenta.
Mis hijos conocen la tele y conocen los teléfonos. No piensan en ello, ¿sabes? Incluso los aviones. Yo no me monté en un avión hasta 1964 o algo así. Hasta entonces, si querías atravesar el país, tomabas un tren o te

subías a un autobús de la Greyhound, o hacías dedo. No sé. No me veo tan viejo ni creo haber visto tanto, pero…

¿Tienes la MTV en casa?
No. Ésa no la pillo. Tengo que bajar a la ciudad para ver la MTV. Y cuando encuentro un monitor que la sintoniza, la miro el tiempo que mis ojos pueden mantenerse abiertos. Hasta que se me salen de las órbitas. Me dedico a mirarla.

¿Qué piensas de los vídeos? ¿Crees que son tan importantes?
Para vender discos lo son. Pero los vídeos siempre han estado ahí. David Bowie los hizo desde que empezó. Hay algo que vi en un vídeo y me pareció estupendo. Luego escuché el disco en la radio y no valía nada, ¿sabes? El vídeo te da algo con qué conectar.

La otra noche estaba hablando con Ronnie Wood. Había ido al concierto de Duran Duran en el Garden, y dijo que había sido muy divertido, porque tenían una gran pantalla sobre el escenario que ofrecía planos inmensos de los miembros del grupo. Y cada vez que se mostraba uno de esos primeros planos, el público enloquecía. Se volvía loco. Mientras daban un primer plano de alguien del grupo, el guitarrista estaba interpretando un lick. Y pensó que enloquecían por eso. Luego lo tocó otra vez para obtener la misma reacción… Y no pasó nada.

Recuerdo que la otra noche te ibas a reunir con Ronnie y Keith [Richards]. ¿Cómo fue?
Fue bastante apagado, de hecho. Pero siempre me gusta ver a Keith o Woody o Eric o… Hay unas cuantas personas a quienes me gusta ver siempre que puedo. Gente que toca así. Tiene que ver con cierto estilo de música, ¿sabes?

¿Colaboráis alguna vez?
Sí. Pero no suele salir nada. La cosa va más bien como «vale, estupendo, la retomamos después y la acabamos». Pero nunca se acaba nada.

¿Tus mejores amigos son mayoritariamente músicos?
¿Mis mejores amigos? A ver… Déjame pensar en uno… [risas].

Habrá algunos...
¿Mejores amigos? Dios. No sé... Eso es...

Pero, tendrás un mejor amigo.
¡Chico! Ahí tienes una pregunta para pensarla. ¿Mejor amigo? Dios. Creo que caería en una honda y oscura depresión si tuviera que ponerme a pensar en quién es mi mejor amigo.

Habrá uno o dos por ahí, ¿no?
Bueno. Lo habrá... Debe de haberlo... Tiene que haberlo. Pero mira. El mejor amigo es alguien que moriría por ti. O sea, ése sería tu mejor amigo. Sí. Menuda desgracia ponerse a pensar en quién es mi mejor amigo.

¿Qué haces durante el año aparte de tu disco y de, quizá, una gira?
Bueno. Estoy feliz sin hacer nada [risas].

¿Pasas mucho tiempo en Minnesota?
Voy cuando puedo. Sí. Compré unos terrenos fuera de St. Paul en 1974. Una especie de granja.

¿También trabajas en la granja?
Bueno. Hay patatas y maíz. Pero yo no me siento al tractor, si eso es lo que quieres decir. Normalmente estoy aquí o en la Costa Oeste o en el Caribe.

Yo y otro tipo tenemos un barco allí. «Jokerman» se me ocurrió en esas islas. Es muy místico. Allí las formas y las sombras parecen muy antiguas. La canción se vio inspirada por esos espíritus que denominan *jumbis*.

¿Todavía conservas aquella casa tan grande y extraña en California?
Esa es una historia de la que podrías escribir una novela barroca. Tenía cinco hijos y no podía encontrar una casa adecuada. Me gustaba la zona porque había una escuela pública en el barrio. Los niños podían montar en bicicleta hasta allí. Así que compré esta casa con casi un acre de terreno. Más allá de Malibú. Y mi esposa la miró y dijo: «Bueno. Está bien pero necesita otro dormitorio». Así que conseguí a alguien para que me diseñara otro dormitorio. Tienes que presentar planos y deben aprobarse... Así son los trámites allá abajo. Así que vinieron los arquitectos y di-

jeron: «¿Bob Dylan? Bien. Vamos a hacer algo realmente espectacular aquí». En cualquier caso, tardaron seis meses en aprobar los planes. Para añadir un dormitorio. O sea: una sola habitación. ¡Dios! Así que un día me fui para allá a ver cómo progresaba el trabajo… Y habían derribado la casa. ¡La habían derribado! Pregunté a los chicos que estaban trabajando: «¿Dónde está la casa?». Y dijeron que habían tenido que derribarla para reestructurarla por lo del dormitorio de arriba.

Parece que alguien ganó cantidad de dinero a tus expensas.

¿No te parece? Siempre ha sido así. De modo que una cosa llevó a la otra y me dije que como la habían derribado, pues que se añadieran más habitaciones. Y cada vez que un artesano pasaba —en autoestop camino de Oregón o de regreso hacia Baja California—, le decíamos: «Oye, ¿quieres trabajar un poco en esta casa?». Así que hacían carpintería, alicataban, lo que fuera. Y, por fin, se terminó. Pero luego cerraron la escuela, los niños se fueron, Sara se fue y…me quedé plantado en el lugar. De hecho, ni siquiera he acabado el suelo de la sala. Es puro cemento.

Puesto que pasas tanto tiempo en el Caribe, debes de estar familiarizado con los rastafaris.

No mucho. Conozco a muchos rastas. Sé que es gente que cree en la Biblia, y para mí es fácil relacionarme con personas que creen en la Biblia.

¿Qué me dices de alguien nacido en un lugar donde no hay biblias? El Tíbet, por ejemplo. ¿Podría salvarse?

No lo sé. La verdad. Allen Ginsberg es budista, o algo así. No estoy lo bastante familiarizado con eso para hablar al respecto.

Hablando de Allen Ginsberg, ¿no dice la Biblia que la homosexualidad es una abominación?

Sí. Lo dice. Dice eso.

Pero Ginsberg es un buen tipo, ¿no?

Sí. Bueno. Es que eso no es motivo para que yo condene a nadie, porque beben o son corruptos de manera ortodoxa o llevan la camiseta del revés. Es su vida. A mí no me importa. A mí ni me va ni me viene.

¿Estabas en Minnesota cuando trataron de aprobar la ley antiporno en Minneapolis? La causa era que la pornografía suponía una violación de los derechos de la mujer. ¿Qué piensas al respecto?

Bueno. La pornografía está bastante enquistada. Vamos, que está en todas partes, ¿no? Ves anuncios en la tele en los que se han gastado millones de dólares… Y me parecen muy sexys. Parece que te cuelen el sexo de una forma u otra.

En cierto modo, eso es pornografía porque no se trata de encenderte sexualmente, sino de hacerte comprar algo.

Sí. Consiste en fijar la idea en tu cerebro. Pero no puede ser. Quiero decir, que si empezamos a hacer leyes contra las revistas porno y esas cosas… Bueno. ¿Dónde pones el límite? Primero habría que prohibir los programas en horario estelar.

¿Qué piensas del aborto?

¿El aborto? Personalmente, no creo que el aborto sea tan importante. Creo que se trata únicamente de una cuestión para eludir otras que hacen que la gente piense en el aborto.

Bueno. Me refería al aborto como medio de control de natalidad…

Pienso que el control de natalidad es otro gol que las mujeres no deberían haberse dejado colar, pero lo hicieron. Quiero decir que si un hombre no quiere hacerle un hijo a una mujer, es *su* problema, ¿sabes lo que quiero decir? Es interesante: arrestan a las prostitutas pero nunca a los clientes. Todo es muy desigual. Y lo mismo sucede con el control de natalidad. ¿Por qué les hacen tomar píldoras a las mujeres y joderse de ese modo? La gente ha utilizado anticonceptivos durante años y años. De pronto unos científicos inventan una píldora y se convierte en una industria billonaria. De modo que estamos hablando de dinero. Cómo hacer dinero a partir de una idea sexual. «Sí. Ya puedes salir y follarte a quien quieras… Pero tómate esto.» ¿Sabes? Y la mente de esa persona ya piensa así: «Sí. Si me tomo la píldora…». Pero quién sabe lo que esas píldoras le hacen a la gente. Creo que pasarán de moda. Pero han hecho mucho, mucho daño.

¿Así que es responsabilidad del hombre? ¿La vasectomía sería el mejor método?

Así lo creo. Si un hombre no quiere dejar embarazada a una mujer, entonces tiene que responsabilizarse. En caso contrario, se trata plenamente de un abuso, ¿sabes?

Pero el problema no es el aborto. El problema es todo el concepto que está detrás del aborto. El aborto es el resultado final de salir y tirarte a alguien. Eso para empezar. Sexo fortuito.

Pero la cuestión del aborto consiste en decidir si se trata de arrebatar una vida o si debe ser estrictamente una decisión de la mujer.
Bueno. Si la mujer quiere asumir eso, supongo que es su problema. Vamos que, ¿quién va a ocuparse del bebé? ¿Los que están en contra del aborto?

Respecto de esas simpatías feministas...
Yo creo que las mujeres gobiernan el mundo y que ningún hombre ha hecho jamás nada que una mujer no le hubiera permitido o alentado a hacer.

En ese sentido, hay una canción en *Infidels*, «Sweetheart Like You», en que dices: «A woman like you should be at home» [Una mujer como tú debe quedarse en casa].
De hecho, esa parte no salió exactamente como yo quería. Pero, eh... Podría fácilmente haber cambiado ese verso para no hacerlo tan abiertamente tierno, ¿sabes? Pero el concepto habría sido el mismo. Cuando ves a una mujer guapa por la calle, piensas: «Pero, ¿qué estás haciendo en la calle? Eres estupenda ¿Qué más quieres?».

Muchas mujeres te dirían que están en la calle porque van camino de sus trabajos.
Ya. No es el tipo de mujer del que hablaba. No estoy hablándole a Margaret Thatcher ni nada de eso.

¿Estás enamorado actualmente?
Siempre lo estoy.

¿Te volverías a casar? ¿Crees en la institución del matrimonio?
Sí. No creo en el divorcio. Pero creo firmemente en el matrimonio.

Una última pregunta. Creo que muchas personas te consideran un personaje

bastante sombrío actualmente, a juzgar por tus fotos. ¿Por qué reforzar esa imagen titulando el último disco *Infidels*?

Bueno. Había otros títulos. Quería llamarlo *Surviving in a Ruthless World*. Pero alguien señaló que mis últimos discos empezaban todos con la letra *s*. Y me dije: «Pues no quiero quedarme encasillado en la letra *s*». *Infidels* me vino a la cabeza un día. No sé qué significa ni nada.

¿No crees que cuando la gente vea ese título, con esa especie de foto huraña, se preguntará: «¿Se refiere a nosotros?».

No lo sé. Podría haber titulado el álbum *Animals*, y la gente habría dicho lo mismo. Vamos que, ¿cuál sería el término que a la gente le gustaría escuchar sobre ella misma?

¿Qué te parece *Sweethearts* [enamorados]?

Sweethearts. Se podría hacer. *Sweethearts*.

¿Con una gran foto sonriente?

Sí.

22

ENTREVISTA RADIOFÓNICA
DE BERT KLEINMAN Y ARTIE MOGULL,
RADIO WEST ONE
17 DE NOVIEMBRE DE 1984

BERT KLEINMAN: ¿Es cierto que aprendiste a tocar la guitarra y la armónica por tu cuenta?

Bueno. Cuando de entrada no sabes nada, lo primero que haces es pillar un libro o un manual. Recuerdo que aprendí un par de acordes de algunos libros y luego iba a observar a alguna gente, ya sabes, para ver cómo lo hacían. No vas tanto a escucharlos… Vas sólo a ver cómo hacen lo que hacen, aproximarte al máximo, ver lo que hacen sus dedos. En esa fase inicial se trata de aprendizaje, y eso a veces puede llevar… Años, muchos años. Pero yo lo pillé bastante rápido. No tocaba con mucha técnica, la verdad. Y la gente no acabó de entusiasmarse conmigo por eso mismo, porque no me sacrificaba para aprender tanta técnica como otros… O sea, conozco gente que se pasó la vida aprendiendo acordes de John Lee Hooker, dándole sin parar a la cuerda del mi, y eso era todo. Pero podían tocar tan bien que parecían bailarines. Cada cual tenía su estilo, estilos y técnicas, especialmente en la música folk, tenías tu banjo sureño, luego técnicas de punteo en bemol, y todas esas modalidades, estilos distintos de baladas. La música folk era un mundo muy fragmentado… Y además existía una vertiente purista. La gente del folk no quería escuchar la canción a menos que la tocaras exactamente como… La tocaba Aunt Molly Jackson. Y yo casi que pasé como un rayo por todo eso [risas]. Escuchabas a alguien haciendo algo y llegado un cierto punto te preguntabas qué es lo que querías de eso. Y lo que querías era entender el estilo en que tocaban… No sé. Podía estar despierto día y noche lidiando con todo aquello. Entonces, un día escuché a Woody Guthrie y todo cobró sentido…

B. K.: ¿Recuerdas el primer disco de Woody Guthrie que escuchaste?

Sí. Creo que la primera canción de Woody Guthrie que escuché fue «Pastures of Plenty». Y «Pretty Boy Floyd» y otra canción... Escribía muchas de sus canciones a partir de melodías previas, ya sabes, «Grand Coulee Dam». Me impresionaban.

B. K.: ¿Te llegaban?
Completamente. Porque eran originales. Tenían una marca de originalidad. La letra la tenía. Escuché todas aquellas canciones y me las aprendí de los discos. Todas las canciones de Woody Guthrie que pude encontrar, cualquiera que tuviera un disco de Woody Guthrie o que supiera una canción suya. En St. Paul, por entonces, había gente que no sólo tenía sus discos, sino que se sabía sus canciones. Así que me las aprendí. Algunos de los mejores discos que hizo eran los del sello Stinson, con Cisco Houston y Sonny Terry. No sé si Leadbelly estaba también allí. También me aprendí material de Leadbelly y conseguí tocarlo. Pero una de las mayores emociones que he tenido nunca fue cuando llegué a Nueva York, cuando fuera, y tuve ocasión de tocar con Cisco Houston. Creo que toqué con él en una fiesta no sé dónde. Solía observarle. Tocaba a menudo en Folk City. Tenía una pinta fabulosa. Se parecía a Clark Gable... A una estrella de cine.

Artie Mogull: De hecho, me recordaba un poco a Tennessee Ernie.
Sí.

A. M.: También un inédito.
Totalmente. Era uno de esos héroes no cantados. Una de las grandes figuras americanas de todos los tiempos, y nadie... Puedes preguntarle a la gente por él y nadie sabe nada.

B. K.: ¿Cuándo crees que empezaste a desarrollar algo que fuera genuinamente tuyo? Hablabas de tocar cosas de Woody Guthrie...
Bueno. Cuando llegué a Nueva York eso era todo lo que tocaba: canciones de Woody Guthrie. Entonces, unos seis meses después, dejé de tocarlas. Solía tocar en un local llamado Cafe Wha?, que abría a mediodía y cerraba a las seis de la madrugada. Era un flujo incesante de personas. A menudo aparecían turistas que buscaban a los beatniks del Village. Había quizá cinco grupos que tocaban allí. Yo solía tocar con un tipo que se llamaba Fred Neil, que escribió la canción «Everybody's Talking» de *Midnight Cowboy*. Fred era de Florida, creo, de Coconut Grove, Florida, y

solía contar una historia: de Coconut Grove a Nashville a Nueva York. Tenía una voz fuerte, poderosa, casi de bajo. Y un gran sentido del rit-mo… Tocaba sobre todo ese tipo de canciones que Josh White podría cantar. Yo tocaba la armónica para él y, de vez en cuando cantaba algo. Ya sabes, cuando él se tomaba un respiro. Era su número. Tocaba durante una media hora y luego aparecía un grupo de conga llamado Los Con-gueros, con veinte percusionistas de conga y timbal metálico. Tocaban y cantaban otra media hora. Entonces una chica, creo que se llamaba Judy Rainey, cantaba baladas de los Apalaches, con guitarra eléctrica y un pe-queño amplificador. Y otro tipo llamado Hal Waters también cantaba. Parecía un cantante melódico. Y había un cómico, un imitador. Y así era el espectáculo. Un no parar. Y te daban de comer… Eso era lo mejor.

A. M.: ¿Cuánto duraba tu actuación?
Tocaba… Una media hora. Si no les gustabas no podías seguir, te abu-cheaban. Si gustabas, tocabas más, si no, no tocabas. Tocabas una o dos canciones y la gente te abucheaba o silbaba…

B. K.: ¿No era tu material el que tocabas allí?
No. No empecé a tocar mis cosas hasta… Mucho después.

B. K.: ¿Y cuándo empezaste a tocar tu material?
La verdad es que fui derivando hacia ello. Empecé a escribir. Casi siem-pre había escrito mis canciones, pero no las tocaba. Nadie lo hacía por entonces. El único era Woody Guthrie. Y un día escribí una canción. La primera canción que escribí e interpreté en público fue la que había de-dicado a Woody Guthrie. Una noche me vinieron ganas de cantarla, y la canté.

B. K.: ¿Escribir era algo que siempre habías querido hacer?
No del todo. No era algo que me hubiera planteado. Sólo quería cancio-nes para cantar, y llegó un momento en que no podía cantar nada. Así que tuve que escribir lo que quería cantar, porque nadie escribía lo que yo deseaba cantar. No podía encontrarlo. Si hubiera podido, quizá nunca me habría puesto a escribir.

B. K.: ¿Te resultaba fácil escribir canciones? Porque es un arte en que te empleas muy bien y hablas de ello muy despreocupadamente.

Bueno. Sí. Me resulta fácil. Pero luego… Después de tantos discos ya no sabes si… ¿Hago esto porque quiero o porque se supone que debo hacerlo? ¿Sabes lo que quiero decir? En cualquier caso, empiezas a decirte que bueno, que es hora de escribir una canción. Escribiré una canción. Y tratas de hacerlo aunque a veces no salga nada. En tales ocasiones, siempre es mejor dedicarte a cantar las canciones de otro.

B. K.: ¿La escritura resultaba muy trabajosa? ¿Un gran esfuerzo?

No. Era algo que me tocaba hacer. Pasabas la noche en vela y escribías una canción o… En aquella época solía escribir mucho en los cafés. O en casa de alguien que tuviera una máquina de escribir. «A Hard Rain's A-Gonna Fall»… Ésa la escribí en el sótano del Village Gate. Toda, en lo de Chip Monck, que tenía un rincón en la sala de calderas donde dormía… cerca del Greenwich Hotel. Y allí escribí «A Hard Rain's A-Gonna Fall». Escribía canciones en la casa de la gente, apartamentos… Donde fuera.

B. K.: ¿Corregías mucho? Quiero decir, ¿escribías y luego repasabas a conciencia?

Casi las dejaba como salían… [pausa]

Bueno. No sé por qué me abrí de aquel programa [el de Ed Sullivan de 1963]. Podría haber tocado cualquier otra cosa, pero habíamos ensayado la canción muchas veces y todo el mundo la había escuchado. La habían escuchado durante los ensayos cada vez que la cantaba y todos habían reaccionado favorablemente, y yo estaba con ganas de cantarla. Incluso parecía gustarle a Ed Sullivan. No sé quién se opuso, pero justo antes de salir a cantarla, vienen y, bueno, estamos hablando de un directo. Vinieron. Había toda una peña y la gente hablaba de algo. Yo ya estaba listo para empezar… Y entonces apareció alguien y dijo que no podía cantar esa canción. Querían que cantara algo de los Clancy Brothers, y para mí no tenía ningún sentido cantar una canción de los Clancy Brothers para la televisión a escala nacional. Así que me fui.

A. M.: ¿Recuerdas cuando estuviste en San Juan de Puerto Rico, en la convención de la CBS? Se celebraba en el San Juan Hilton, creo… Una convención discográfica enorme, y era justo cuando Bob empezaba a pegar fuer-

te. Y el presidente de CBS de por entonces era un tipo fabuloso, Goddard
Lieberson. Y... No dejaban entrar a Bob en el hotel porque no llevaba corbata o chaqueta...

Sí. O camisa...

**A. M.: Y Lieberson, cabe decir en su honor, le dijo al gerente del hotel que
si tú no entrabas retiraba la convención entera. ¿Lo he contado bien?**

Sí. Era un gran valedor mío. Goddard Lieberson. Y también John Hammond. Sin gente así no creo que hubiera tirado adelante. Si tuviera que
abrirme camino ahora, en estos días, con el tipo de gente que gestiona
ahora las discográficas, me... Cerrarían las puertas. Pero por entonces
tenías a gente que confiaba más en la individualidad.

A. M.: Y cuyo trabajo estaba mejor asegurado.

No. Éstos eran jefes. Decidían y se les respetaba. Actualmente, no sé.
Parece que todos tienen que hablar con alguien más. Es como: te lo digo
mañana, llámame después, sí, ya casi está... Cosas así.

B. K.: ¿Te entendías con Lieberson?

Sí. Era estupendo... Incluso había llegado a venir a alguna de mis sesiones. Pasaba por allí para saludar...

**B. K.: ¿Te presionaban? Quiero decir que algunas personas consideraban tu
música prácticamente subversiva. Aunque yo siempre la consideré muy
americana.**

Supongo que sí que me presionaron... No lo sé. Pero, como ya he dicho,
ellos tenían las riendas. Otras personas quizá hablaban entre dientes o a
sus espaldas. Pero en aquel momento, sus grandes artistas eran Mitch
Miller, Andy Williams, Johnny Matthis... Yo no empecé a vender muchos discos hasta el segundo... Y «Subterranean Homesick Blues», que
alcanzó las listas de éxitos.

**B. K.: Fue un single asombroso. Teniendo en cuenta cómo eran los singles
por aquel entonces...**

Hacían algunos discos buenos por entonces. Discos pop que sabías que
eran buenos. Pero no en Columbia. Phil Spector trabajaba mucho en la
época. Y Jerry Leiber y Mike Stoller...

B. K.: ¿Escuchabas mucho pop por entonces?

Sí. Escuchaba mucho pop, pero nunca influyó en lo que yo hacía. Al menos en gran medida. Lo había hecho antes. El material primerizo de cuando el rock & roll estalló con Elvis, Carl Perkins, Buddy Holly... Esa gente. Chuck Berry, Little Richard... Todo eso me influyó... No sé. La nostalgia para mí no es el rock & roll. Porque, como adolescente, la música que yo escuchaba era Fankie Laine, Rosemary Clooney, Dennis... ¿Cómo se llama? ¿Dennis Day? Y ya sabes, Dorothy Collins... Mills Brothers... Todo eso. Cuando escucho esas cosas me toca una fibra distinta que el material de rock. El rock & roll coincide con un período en que ya tenía una mente consciente. Pero diez años antes de aquello, el rollo era «Mule Train» y... Johnnie Ray me impresionó. Johnnie Ray fue la primera persona que me impresionó realmente.

B. K.: ¿Cómo era? ¿Qué crees que tenía Johnnie Ray?

Bueno. Era muy emotivo, ¿no crees? Me crucé con él en un ascensor en Australia... Era como uno de mis ídolos, ya sabes. Me quedé sin palabras... ¡Ahí estaba yo en un ascensor con Johnnie Ray! ¿Qué puedes decir?

B. K.: Cuando empezaste a desplazarte del folk puro hacia un estilo más eléctrico, ¿te resultó difícil?

Nos adentramos en terreno delicado [risas].

B. K.: Bueno. Parece que hoy día subes a un escenario y ambos estilos cohabitan. Nadie se lo piensa dos veces.

Sí. Siempre cohabitaron...

B. K.: No hablo mucho de eso, pero no sé. Al menos desde fuera, parecía como si la gente tratara de decirte cómo tenías que hacer tu música.

Bueno... Siempre hay gente que quiere decirte cómo tienes que hacerlo todo en tu vida. Si de verdad no sabes qué hacer y no te importa, entonces pide la opinión de alguien. Tendrás un millón de opiniones distintas. Si no quieres hacer algo, pide la opinión de alguien y lo verificarán por ti. La forma más fácil de hacer las cosas consiste en renunciar a la opinión de los demás. Quiero decir, si realmente crees en lo que haces... Cuando he pedido la opinión de los demás, ha resultado un gran error. En distintas cuestiones. En mi vida personal, le he pedido a gente que qué creía que habría que hacer y me dijeron: Bueno... Ya sabes. Y acabas no haciendo caso o haciéndolo, pero mal.

A. M.: De hecho, creo que el artista tiene que tomar la decisión innata acerca de...
Sí. Sabes lo que te conviene. Cuando pasan estas cosas, sabes lo que está bien. En muchas ocasiones, puede que estés tanteando sin saber lo que está bien y puede que cometas alguna idiotez, pero eso es porque no sabías lo que hacías. Pero si sabes lo que está bien y te sale así en un determinado momento, entonces normalmente pasas a creer en ese instinto. Y, si sigues con ello, tendrás éxito. Sea lo que sea.

B. K.: Grabar es algo muy diferente a cantar en vivo. Y tú, por lo que he oído, grabas del modo más espontáneo posible...
Lo hacía. Sí. Lo hacía. Pero ya no tanto. Solía hacerlo... Porque grabar canciones me aburre, ¿sabes? Es como trabajar en una mina. Bueno. No es tan grave como eso. No andas tan sumergido. No en un sentido literal, pero... Podría estar sin salir durante meses. Y lo que tú piensas realmente es que sólo escuchas sonidos y todo tu mundo no es más que trabajar con cintas y cosas. Yo no... Nunca me gustó esa parte del trabajo. Además, nunca me metí en esas movidas. Cuando grabé por primera vez, me limité a ir allí y grabar mis canciones. Así es como la gente grababa por entonces. Pero ya no se hace así. Ni siquiera yo puedo hacerlo porque la gente ya no funciona así. Para hacerlo como yo solía, o como todo el mundo solía, tendrías que pasar en el estudio mucho más tiempo para hacerlo bien. Porque la tecnología lo ha embarullado todo.

B. K.: ¿Lo ha embarullado?
Sí. Lo ha embarullado. La tecnología da una imagen falsa. Si escuchas cualquiera de los discos que se hacen ahora, todos ellos están hechos de manera tecnológica. Y se trata de una modalidad algo manipulada. Puedes soñar lo que quieres hacer y el sueño se materializa. Pero si vas a ver ese mismo material en concierto te va a decepcionar, porque... Eh... Vamos, si quieres verlo en vivo. Puede que no quieras. Y creo que se ha embarullado. Pero se trata del progreso, ya sabes. No puedes volver a lo de antes. Para mucha gente ha sido un barullo, pero para otra ha representado una ventaja enorme. En otras palabras, en un momento puedes conseguir lo que quieres. No tiene por qué estar bien porque puede arre-

glarse tecnológicamente. Vamos, que, aunque sea un desastre, puedes hacer que salga bien. Y así puedes manejar el sonido y... La otra noche estábamos grabando algo e íbamos a introducir aplausos. Y el tipo sentado a la mesa dijo: «Bueno chicos, ¿queréis intervenir y aplaudir de verdad? Porque tengo aquí una máquina que puede hacerlo». El nombre del trasto era Roland o algo así [risas]. Decidimos grabar los aplausos reales. No era nada importante. Podríamos haberlo hecho con la máquina... Es sólo un pequeño ejemplo de cómo todo está orientado por las máquinas... Ya ves.

B. K.: Hablas como si... No sé muy bien como expresarlo... Como si el mundo estuviera ahí y tú estuvieras anticuado.
Bueno. La verdad es que me siento anticuado, pero no creo que esté anticuado en el sentido de que no soy moderno. En cierto sentido no hay nada anticuado ni actual... En verdad nada ha cambiado. No creo que esté anticuado en el sentido de que me sienta pasado de moda, relegado... No sé en Montana... Mirando nevar. Pero incluso si estuviera así, seguro que estaría bien.

A. M.: Sí, Bob. Pero no puedes ir a un concierto en Wembley y conseguir esa clase de...
Sí. Bueno... Pero la vida es así. No tienes tantos años para vivir, ¿no? ¿Y cuánto tiempo puedes conseguir estar a la altura de las cosas? Y cuando estás a la altura de la cosas, ¿a la altura de qué estas? ¿Quién compra hoy la mayoría de los discos? ¿Chavales de doce años? ¿Quién compra los discos de Michael Jackson? Niños de doce años. De catorce. Dieciséis, veinte... No sé quién compra cincuenta millones de discos de alguien. Sabes que no puedes competir con un mercado cuyo objetivo son chavales de doce años. Hay críticos de rock & roll que tienen cuarenta años y escriben sobre discos destinados a niños de diez. Y montan toda una filosofía intelectual a partir de ello.

B. K.: Pero, ¿escuchas ese material?
No. Ni escucho ese material ni escucho a esos críticos. Me he cruzado con cantidad de gente que no está a la altura. Que se ha hecho una carrera escribiendo sobre rock & roll. ¡Escribiendo de rock & roll! Vamos, hombre... ¿Cómo pueden ser tan indecentes? No digo que todo sea malo. La gente tiene que expresarse. Y el rock & roll les emociona, o les emociona-ba. La mayoría de las personas en las que puedo pensar como conocedo-

res del rock & roll son personas que han documentado aquello con lo que yo recuerdo haber crecido cuando todo empezó... ¿Verdad? Todo el mundo sabe cuáles son las raíces del rock & roll. Todos sabemos quién hace qué, pero montarse un juego intelectual a partir de ahí está fuera de lugar. Sabes que no va a añadir nada a la historia de la música popular. No hará más que alimentar a un montón de cínicos y de personas que se suponen moralmente superiores... O como quieras llamarlo. Así que me parece todo de muy mal gusto.

B. K.: ¿Tienes...? Te preguntaré cuáles... ¿Hay alguna cosa que cuando vuelves la vista atrás te haga decir: «Joder. Eso sí que era bueno»?
Claro que las hay. Algunas de las canciones de las que hablas no podría escribirlas hoy. Imposible. Pero repaso esas canciones, porque las sigo cantando. Y me pregunto de dónde salieron y cómo sucedió... Cómo se fraguó. Incluso miro de ese modo las canciones más simples. No las podría hacer hoy. Ni siquiera lo intento. Sería un tonto si lo intentara. Sin embargo, pienso que hay muy buenos cantautores. Lo que hice, lo conseguí por mi cuenta, pero existen muchos otros buenos cantautores... De mi época.

A. M.: ¿Como quién, Bob?
Randy Newman escribe buenas canciones. Paul Simon ha escrito algunas buenas. Creo que «America» es una buena canción. Creo que «The Boxer» es una buena canción. Creo que «Bridge Over Troubled Water» es una buena canción. Bueno. También ha escrito muchas canciones malas, pero eso les pasa a todos. Veamos... Algunos de los compositores de Nashville... Shel Silverstein escribe canciones espléndidas. En serio. Es uno de mis preferidos. No sé. Cualquier cosa que expreses a partir del conocimiento, luces e inspiración que aportas. Con lo poco que tengas tienes que brindar lo máximo.

B. K.: ¿Has probado alguna vez con alguna otra de las artes?
Sí. Con la pintura.

B. K.: ¿En serio? ¿Y pintas mucho?
Sí. Bueno. No mucho últimamente, pero es algo que quisiera hacer si pudiera... Hay que estar en el lugar indicado para hacerlo y tienes que dedicarle mucho tiempo... Porque una cosa lleva a la otra y tiendes a

descubrir cosas nuevas a medida que avanzas. Así que lleva su tiempo desarrollarlo pero, en esencia, sé cómo hacerlo. Así que cuando pillo el ritmo, y si puedo entregarme el tiempo suficiente…

B. K.: ¿Te tomas tiempo para ti mismo?
Claro. Me tomo tiempo para mí. Sí. No tengo un tiempo público. La gente cree que sí, pero mi tiempo es mío.

B. K.: Ésa es una buena opción.
Bueno. Es la mía desde que nací. Es donde cada cual debería estar. Quiero decir, ¿qué hay que te lo impida? ¿Tienes que formar parte de la máquina…? ¿Qué pasa si no es así? [pausa]

Hablando en serio, no sé si alguna vez he sido feliz. No lo sé… Quiero decir… ¿Feliz? No me considero feliz ni me considero infeliz. Nunca he visto la vida en términos de felicidad e infelicidad. Nunca lo vi así.

B. K.: ¿La contemplas en términos de crecimiento?
¡No! Nunca pienso en términos de crecimiento. Te diré lo que pienso de todos modos: que nunca te paras en ningún lado, no existe lugar donde detenerse. Sabes que hay sitio al margen del camino donde puedes detenerte: es sólo una ilusión.

B. K.: El camino sigue…
Sí. Hay que volver al camino. Y puede que quieras detenerte, pero no puedes quedarte.

B. K.: Cuando hablas de volver al camino, ¿no es eso crecimiento en cierto sentido? O al menos es movimiento. Del punto A al punto B…
Sí. Es crecimiento. Pero, ¿qué es crecimiento? Es decir, todo crece. La vida es así, la vida crece. Ya sabes, crece y muere, vive y muere. Cuando llegas a una meseta, eso no es todo… Tienes que seguir hasta la próxima. No puedes estar en ningún sitio. No hay sitio donde estar. No hay lugar que te ate.

B. K.: ¿A causa del aburrimiento o porque es así?
No. Porque las cosas son así…

B. K.: ¿Así que te ves moviéndote para adelante?
Veo a todo el mundo así. Al mundo entero. Aquello que no funciona así... Está muerto.

B. K.: Eh... ¿Cómo era aquel verso? Los que no andan ocupados naciendo, lo están...
¿Muriendo? ¡Menudo verso!

B. K.: ¿No lo escribió alguien?
Es un verso clásico... Ya sabes que la gente dice: bien, ¿no es fantástico ser capaz de hacer lo que haces? Bueno. Hasta cierto punto. Pero olvidan que un artista, cualquiera que ande por ahí de gira... Dando conciertos de una ciudad a otra. Una noche tras otra... Creen que eso es fácil. Y no lo es. Se creen que lo pasas bomba y dicen: «¿Qué tal estás?». Y digo: «Pues mira, estoy en Schenectady, Nevada». [risas] Y te dicen: ya bueno, te lo estás pasando de maravilla y yo aquí, plantado en Orlando. Pero no es... Sabes que debes levantarte y hacer lo que se supone que debes hacer. Lo sé cuando dejo la carretera, ¡anda que no! Durante las dos o tres primeras semanas... Puedes levantarte a la hora que quieras. No tienes que ir a dormir a tal hora y levantarte a tal otra, y formar para hacer tal cosa, y estar en tal sitio, y pasar por esto y aquello, y volver y dormir las horas suficientes... ¿Sabes? Come como es debido... si es que tienes miedo de caer enfermo o temes hacerte daño en algún momento. Todas esas cosas... Se desvanecen en el último concierto. Entonces puedes hacer lo que te apetezca. Es una sensación brutal.

B. K.: ¿Sales a navegar?
[pausa prolongada]

B. K.: ¿Sí?
Sí.

B. K.: ¿No te apetece hablar de lo que te apetece hacer aparte de...?
Me gusta hacer muchas cosas pero no me gusta hablar de las cosas que me gusta hacer...

B. K.: Vale...
¡Hablaré de cosas que no me gusta hacer!

B. K.: Has dicho que te consideras una persona bastante normal, ¿dirías que eres como cualquier otra persona?

Claro. Respiro el mismo aire que los demás. Tengo que hacer las mismas cosas que hace la mayoría de personas...

B. K.: Bueno... En muchas de las primeras canciones se advierte una cierta separación...

Ya, bueno... Siempre la hay. Incluso en canciones recientes. No tendría ningún sentido si no se diera esa sensación. Vamos, que si no tuviera nada diferente que decirle a la gente, entonces, ¿qué sentido tendría? Vamos, que... ¡podría hacer un disco de las Ronettes!

A. M.: Creo que lo más interesante que has dicho hasta ahora...

¿He dicho algo interesante?

A. M.: Algo que me resulta sumamente interesante es que empezaste a escribir porque nadie escribía las canciones que tú querías cantar.

Sí. Ahí es cuando empecé a escribir... Y por eso sigo escribiendo... Ojalá apareciera alguien y me pasara algunas canciones que quisiera hacer. Me quitaría una carga brutal... ¡Esto pesa mucho, tío! [risas]

B. K.: Sigue habiendo mucha expectación. ¿Has sido capaz de trascender eso? ¿De dejar de preocuparte acerca de lo que la gente espera de ti?

¿Quién espera qué? Cualquiera que espere algo de mí es un caso perdido. Nadie con cierto sentido de la realidad va a esperar nada de mí. Ya les he dado bastante. ¿Qué más quieren? Uno no puede depender de una persona para que se lo dé todo.

Lo que hago normalmente es decir: vale, voy a escribir una canción, voy a escribir la letra o a componer el ritmo... Pero lo hago para mí. Tengo que salir y tocar y eh... No me gustan demasiado cosas como los vídeos, pero tampoco pasa nada por intentarlo... Es un engaño... Sólo se trata de que quede bien... Cualquiera podría hacer un vídeo. Cualquiera. Mientras tengas una cámara, ¿qué cámara quieres? 16 mm, videocámara... Cualquiera puede hacerlo. Y cualquiera puede hacer uno bueno, y... Eh... Seguro que a la gente le gustará. Todo se hace de manera tecnológica... Y puedes maquillarlo de muchas maneras. La gente no sabe qué pensar. Nadie se va a quedar ahí diciendo: vaya mierda, es un horror... No tiene ningún sentido. Ha pasado mucho tiempo desde que vi uno, pero la última vez, me sentí consternado. Y luego cuando vas a ver a uno de estos grupos, y he visto a algunos, no son nada. De verdad que no son nada. Pasan tanto tiempo falseando las cosas, y... Cuando te subes a un escenario para hacer un concierto... O lo haces en vivo de verdad o no lo haces. Yo siempre he dado conciertos desde que empecé, y eso es lo que realmente contaba para mí. En un vídeo o en una película no cuenta. Yo paso de ser una estrella de vídeo o de película o cualquiera de esas cosas. [pausa]

Antes de los conciertos suelo estar algo atontado, y debo desperezarme... Normalmente me lleva una o dos canciones. Ahora, algunas veces, me lleva más. Ocasionalmente, ¡estoy así hasta los bises! [risas]

B. K.: Supongo que el grupo tendrá su efecto en eso.
Totalmente. He tocado con grupos que se entrometían tanto que el concierto se convertía en un auténtico suplicio. Sí. Sí... Algunas veces puede hasta ser ridículo, ¿sabes?

B. K.: También estará el caso contrario... ¿Ha habido grupos que te han puesto las pilas?
Sí. Este último grupo, por ejemplo... Pienso que eran bastante buenos.

B. K.: Rolling Thunder fue una gira interesante, no sólo la interpretación, sino todo el complejo. Había algo espontáneo en todo ello.
Sí... Sin duda. Había mucha espontaneidad.

B. K.: ¿Resultaba estimulante o producía respeto?
Tenía algo de ambas cosas. Con la Rolling Thunder hacíamos dobles conciertos. Podíamos pasarnos en un auditorio... Catorce horas. ¿Sabes que los conciertos con la Rolling Thunder duraban seis horas?

B. K.: Debía de ser auténtico amor por la música...
Bueno... [risas]... Había tanta gente... Ya sabes. El público iba y venía... Se traía el almuerzo, la cena o lo que fuera.

A. M.: ¿Como en un concierto de Grateful Dead?
Sí, sí.

B. K.: ¿Fue idea tuya? ¿Salió de ti?

No. Simplemente pasó. Empezamos con un pequeño concierto y la cosa evolucionó en…

B. K.: Eso me parece asombroso… El hecho de que puedas ser capaz de mantener ese… Mucha gente cuando llega a un determinado nivel en este negocio…

Creo que los espectáculos de la Rolling Thunder fueron estupendos. Pienso que algún día, alguien tendría que hacer un documental sobre aquello.

B. K.: ¿Y cómo podrían llamarlo?

¡Rolling Thunder!

B. K.: [risas] Aquí ríes y sonríes bastante, pero eso no te pasa tanto en el escenario. Aunque dices que disfrutas realmente contigo… Pareces muy serio…

Bueno. Todas esas canciones te llevan a través de viajes diferentes. O sea, cómo podría sonreír cantando una canción como «A Hard Rain's A-Gonna Fall» o «Tangled Up in Blue» o «With God on Our Side»… o «Mr. Tambourine Man» o «Like a Rolling Stone» o «License to Kill» o «Shot of Love» o «Poisoned Love»… Cualquiera de ésas. ¿Cómo podrías cantar eso con una sonrisa en tu cara? Resultaría un poco hipócrita.

Hay noches en que haces cosas que sabes que son estupendas, lo sabes, y no obtienes ninguna respuesta. Y luego te vas a otra parte y es… Simplemente esa noche la cosa no va y no va por varios motivos. No lo consigues y tratas de superarlo… Siempre tienes que ser consistente. Tienes que llevar las cosas donde todo resulte consistente. Entonces se mantiene a ese nivel… Y puede acabar siendo fabuloso. Que es algo… ¿Sabes? Triplemente consistente… Mira. He hecho cosas en días que quizá estaba a cuarenta de fiebre o… No sé. Días que te has llevado una paliza y apenas podías tenerte en pie. Días en los que era doloroso dar un concierto. Y resulta en cierto modo humillante, porque sabes que no puedes ser tan bueno como quieres ser. Antes siquiera de que empiece, sabes que no vas a ser tan bueno, y ya no tan bueno como quieres, sino como puedes. Sólo ha habido una vez que he querido repetir enteramente… Fue en Montreal. Tocamos en Montreal en 1978 y yo tenía cuarenta de fiebre. Ni siquiera me tenía en pie… Pero el promotor dijo: «Tienes que tocar». Y tocamos y es que yo no tenía nada que ofrecer. ¡Nada! Y la respuesta… ¡Habrías pensado que había venido el Papa! [risas] Y he hecho otros conciertos en que todo funcionaba a la perfección. Como si lo hubiera reinventado. Y nada. No hubo ninguna respuesta.

Cuando hago lo que quiera que haga en el escenario, hay que contar con el ritmo y con el fraseo. Y ahí es donde está el equilibrio: en su ritmo y en su fraseo. No se trata de la letra. La gente cree que se trata de la letra, quizá en el disco sea así, pero en un concierto en vivo no todo está en la letra, está en el fraseo y en la dinámica y en el ritmo. No tiene que ver con la letra. Bueno. Claro que tiene que haber letra. Pero… ¿Habéis oído hablar de esta cantante egipcia, Om Khalsoum? ¿Habéis oído hablar de ella? Era una de mis cantantes favoritas de todos los tiempos, ¡y no entiendo una palabra de lo que canta! Cantaba una canción que podía durar cuarenta minutos. La misma canción… Y cantaba la misma frase una y otra y otra vez. Pero siempre de manera distinta. No creo que haya ningún cantante estadounidense u occidental que pueda integrarse en esa categoría… Salvo… ¡Quizá yo! [risas]. Pero, vamos, a otro nivel… ¿Sabéis lo que quiero decir? [pausa]

Para mí no se trata de un negocio, y seguro que para aquéllos que han sobrevivido conmigo no es un negocio. Simplemente, no lo es. Nunca fue un negocio y nunca lo será. Es sólo un modo de sobrevivir. Es simplemente aquello que haces y ya está. Es como si alguien se hubiera formado para ser carpintero y eso es lo que hace, lo que hace mejor. Y así es como se gana la vida. Supongo que es así.

B. K.: ¿Hubieras sido otra cosa…? ¿Habrías podido ser un agente de seguros?
Nunca hubiera podido ser otra cosa. Jamás. Ya tocaba cuando tenía doce años, y eso es todo lo que quería hacer: tocar la guitarra. Siempre iba a esas fiestas donde estaban todos aquellos chicarrones… Ya sabes… Y era un modo de llamar la atención como otro cualquiera. La cosa empezó así, pero nunca supe hacia dónde iba a llevar. Ahora que me ha llevado hasta aquí, sigo sin saber donde está.

B. K.: Suenas como… Bueno. Obviamente eres mayor de lo que eras en los sesenta, pero también pareces tener cierto grado de conocimiento, e incluso certeza, sobre adónde vas como persona…
No sé adónde voy como persona…

A. M.: Yo detecto cierta satisfacción...

Bueno. En ciertos aspectos, sí. Eso espero. No sé qué sucederá cuando ya no esté para cantar. Espero que aparezca alguien que capte lo que hago y aprenda exactamente qué es... Eso supone una diferencia notable. Sigo buscando a ese alguien... No necesariamente para que me cubra, sino para llevarlo más allá. Yo ya lo he llevado tan lejos como podía. Quizá yo ya no vea a esa persona. No lo sé. Pero alguien, en algún momento, aparecerá y lo llevará más allá. Aunque no he visto a nadie... Bueno. No quiero decirlo como fanfarroneando, sólo que no se ha llevado más lejos...

B. K.: Pero hay algo... Y es por eso por lo que sigues subiéndote al escenario.

Sí. Bueno. Estoy agradecido de poder subirme a los escenarios y de que la gente venga a verme, porque no podría apañarme de otro modo. Si saliera a tocar y no apareciera nadie... Sería el fin. No haría discos. Está claro. Sólo puedo hacer discos porque la gente va a mis conciertos. En la medida en que sigan viniendo, haré algunos discos más.

23

ENTREVISTA DE TOBY CRESWELL, *ROLLING STONE* (AUSTRALIA) 16 DE ENERO DE 1986

Importa poco si Bob Dylan es un cristiano fundamentalista, lo mismo que poco importaba si acudía a la sinagoga cuando grabó *Blood on the Tracks* hace diez años. Entre la cantidad de frases reveladoras que Dylan ha cantado, hay una que resalta —«He not busy being born is busy dying» [Aquel que no anda ocupado naciendo, lo está muriendo]. Dylan, de entre todos los grandes creadores de su generación, ha estado ocupado naciendo a lo largo de una serie de casi treinta álbumes, cada uno de los cuales ha sumado algo a todo lo que le precedía.

Con todo, se han dado ciertas constantes. Siempre ha existido una sensación de compromiso con el mundo exterior. Cuando Dylan dejó de escribir canciones específicamente de protesta en 1964, empezó a escribirlas acerca de la hipocresía, el prejuicio, la injusticia, la maldad, la explotación y la crueldad. Tales preocupaciones siguen siendo el sujeto de sus canciones. Al mismo tiempo, escribía temas de amor como «Love Minus Zero / No Limit», que es una cariñosa declaración de afecto, que se torna también declaración religiosa. Dylan ha cantado tanto al amor profano como al sacro a lo largo de su carrera, unas veces concentrándose en uno y otras, en el otro. También se daba a la sacudida eléctrica de rock & roll puro como ilustra «Subterranean Homesick Blues», una canción que, según cuenta Dylan en las notas del álbum múltiple *Biograph*, se grabó en una sola toma.

Todos esos elementos siguen estando presentes en el trabajo actual de Dylan. Su elección de Tom Petty y los Heartbreakers como banda de apoyo, sugiere que su rock & roll sigue en pos de algo incendiario. Además, la noticia de que trabaja ahora con Dave Stewart de los Eurythmics apunta a que sigue viéndose a sí mismo como contemporáneo.

Considerando todo eso, y la calidad de su último disco, *Empire Bur-*

lesque, la presencia de los Heartbreakers en la gira australiana de Dylan promete una serie extraordinaria de conciertos.

CBS acaba de sacar el paquete de *Biograph*: diez caras de Dylan, desde *Bob Dylan* a *Shot of Love*. Se trata de un corpus asombroso, sin igual en la historia del rock, que incluye descartes y canciones inacabadas como «Jet Pilot», que se convertiría en «Tombstone Blues».

Como alguien que ha estado escuchando a Dylan durante veinte años, me removí en la silla ante la posibilidad de esta entrevista. Pero, ¿qué le cuentas al teléfono a alguien con quien has crecido? Mi amigo Danny decía que, normalmente, se habla de la familia. Sin embargo, ¿qué le preguntas a Bob Dylan?

Esta gira con los Heartbreakers es la primera en que tocas con un grupo desde la de The Band hace una década. Debe de sentar bien regresar a ese formato.
Todavía no sabemos cómo será el formato. Pero es mucho más fácil porque, como miembros de un grupo, prácticamente piensan como una sola persona. Cuando reúnes personas que nunca han tocado juntas, la gente es muy diferente. A las personas les lleva años tocar juntas como en la banda de Tom Petty. Todos crecimos con el mismo tipo de música.

Tocaste con los Heartbreakers para el concierto de Farm Aid. Parece que has intervenido en varios de esos conciertos últimamente.
Estas cosas tienen lugar cada cierto tiempo. No creo que se convierta en algo habitual. Este año parece ser que se han presentado un par de esos conciertos.

También parece que estos conciertos se han convertido en acontecimientos tan desmedidos que tienden a oscurecer la cuestión por la que se celebran.
Ya sé qué quieres decir. Eso puede suceder. La atmósfera es como de carnaval. Pero mediante estas campañas para recaudar dinero puede que se logre concienciar a mucha gente acerca de problemas que, de otro modo, nunca considerarían. Y eso es bueno.

En el pasado dijiste que la función del arte es conducirte hacia Dios. Hiciste tres álbumes evangélicos (*Slow Train Coming*, *Saved* y *Shot of Love*), pero en los dos últimos parece que has tomado otro camino...
Bueno. Depende de la perspectiva que tengas. Yo encaro las cosas desde

ángulos distintos para lograr una perspectiva diferente sobre aquello en lo que trato de centrarme. Quizá todas mis canciones se centran en lo mismo. No lo sé. Quizá es que ataco desde todos los flancos.

La diferencia entre los discos evangélicos y tu material reciente parecería residir en que antes establecías la ley...
De vez en cuando uno tiene que establecer la ley para saber dónde está. Luego haces con ella lo que te apetezca. No he escuchado esos discos desde hace tiempo... Puede que tengas razón.

Recientemente has dicho que no creías que el rock & roll existiera de forma pura, que eso ya no era viable. ¿Tú mismo te hallas en esa tesitura?
No creo que yo me incluya en esa categoría. No me estoy abriendo camino... Probablemente, hablaba de la industria. Aunque la escuche, no presto mucha atención a la música moderna. Está por todas partes. Quizá incluso en lugares donde no debería. Hay momentos en que toca apagar la radio, apagar la tele... Pero el modo en que todo eso se proyecta sobre la sociedad parece que no ofrece muchas posibilidades de desentenderse. Hay muy poca gente que yo conozca que toque la auténtica música de antes. Cuando apareció por vez primera, tal como lo recuerdo, era una evasión de todo lo que sucedía, que básicamente eran mentiras. Así que la música se convirtió en una orientación para escapar de todo aquel mito. Pero hoy nadie quiere salirse del mito, porque ni siquiera reconocen que lo es. Así es como es aquí. Les gusta estar donde están, les gusta cómo van las cosas, y la música es una extensión de todo eso. De modo que también les gusta. No dice nada diferente. No te lleva a ninguna parte.

¿Y cuál es la solución?
Apágala. Es una decisión que la gente debe adoptar. Los sesenta y los cincuenta trataban de eso. Hay otras maneras de obrar para sobrevivir. Tiene que existir algún tipo de luz, cierto brillo ajeno a todo lo que nos ofrecen como consumo de masas. Lo que yo veo es el monstruo de las masas. No sé cómo es en Australia, pero en Estados Unidos es así en todas partes. Invade tu casa, tu cama, está en tu armario. Está muy próximo a suplantar la propia vida. A menos que seas capaz de retirarte a los bosques, al campo... E incluso allí te alcanza. Parece querer convertir a todos en lo mismo. A las personas que son distintas parece que se las mire como si

estuvieran un poco idas. Es difícil mantenerse alejado de todo esto y seguir cuerdo. Luego, hasta lo escandaloso se convierte en moda. Cualquier cosa en la que puedas pensar, vendrá alguien que la pondrá a la venta. Creo que tiene que cambiar. No creo que pueda seguir siempre así. Eso es seguro. Creo que cambiará. Pero por ahora resulta difícil encontrar algo que sea realmente estimulante.

Empire Burlesque parece un disco muy directo en comparación con parte de tus primeros trabajos. ¿Estás aspirando a una mayor simplicidad?
Aspiro a algo que sienta que está bien. Podría tratarse de muchas atmósferas y fraseos diferentes, o de versos que podrían parecer desvinculados de la música. Todo está vinculado. Muchas veces, la gente se olvida de mi música y lee las letras como si sólo fueran letras. Eso no está bien porque siempre he sentido que la música y la letra están estrechamente ligadas. No puedes separar una cosa de la otra, así, sin más. Muchas veces, el sentido está más en cómo cantas la frase que estrictamente en la frase.

Estos últimos años han sido muy prolíficos para ti.
Sí. He tratado de encontrar cosas diferentes, que son brotes de aquello que normalmente haría. Siento que algo puede presentarse en los dos próximos meses en áreas diversas. Hay un puñado de canciones que quiero escribir y a las que no he podido echar mano aún. Casi sé lo que son pero la información que necesito no la tengo disponible, así que tengo que salir y dar con ella y todavía no lo he hecho. Esperaba que hubiera algo más de eso en *Empire Burlesque*, pero no ha sido así. Son cosas como historias verídicas. Cosas verdaderas que han sucedido que me gustaría comentar. Tengo que hablar con gente implicada pero no estoy en ello aún. Espero que haya algo de eso en el próximo álbum.

¿Estás satisfecho de *Empire Burlesque*?
Sí. En su medida, creo que está muy bien. Creo que el próximo disco saldrá todavía mejor. No tengo experiencia en hacer que los discos suenen bien. No sé cómo se controla eso, aunque creo que me acerqué bastante la última vez con Arthur Baker. Creo que la próxima vez, trabajando con Dave Stewart... Lo que vamos haciendo sale más fácil, más deprisa, y pienso que va a sonar mucho más conjuntado que el último disco.

¿Grabaste el álbum por tu cuenta y le encargaste a Arthur Baker que lo mezclara?

Sí. Más o menos. Yo fui a grabar un material y en el momento en que tocaba conjuntarlo se lo llevé a él e hizo que sonara como un disco. Normalmente, me mantengo ajeno a esa fase terminal.

¿Por qué?

No soy bueno en eso. Hay tíos a los que no les importa sentarse en la cabina de control durante días. Yo no soy así. Soy hombre de una mezcla. A partir de ahí, ya no sé dónde está la diferencia.

Tu música, a menudo, parece ignorarse en comparación con la atención que reciben las letras. Sin embargo, has protagonizado algunos momentos instrumentales realmente buenos como, por ejemplo, *Pat Garrett and Billy the Kid*.

Sí. Acabo de hacer una serie de pistas con Dave Stewart que no tienen letras y, la verdad es que tampoco las hechas en falta. Sólo son series de acordes diferentes que componen una melodía. Mis discos no suelen tener muchos solos de guitarra ni nada por el estilo. La voz significa mucho y el ritmo significa mucho. Y no hay mucho más.

Tu voz parece haber cambiado mucho con los años...

Quizá sí... No lo sé.

Me sonó diferente, sobre todo después de *Street-Legal,* cuando empezaste a utilizar coristas.

La verdad es que no soy consciente de cambios significativos. En mi música siempre he escuchado ese sonido [coro femenino]. La escucho. Sería como otro modo de introducir una sección de viento. Siempre ha sido uno de mis sonidos favoritos, esa parte vocal, porque yo no voy muy lejos con los solos. Es todo parte del efecto general. Como interpretar la canción y acertar con su estructura. Las partes vocales son como otro instrumento, pero no un instrumento solista. Aparte de eso, es que me gusta el sonido gospel.

Al ver tus últimos vídeos y el de «We Are the World», parece que el peso de tu leyenda se haya aligerado... Pareces liberado del lastre de ser Bob Dylan.

No creo que haya arrastrado ese peso salvo en 1974, cuando hice la gira con The Band. Aquella fue una gira bastante tremenda por la notoriedad y la calidad legendaria de los que participaban en ella. Me tuve que meter en la piel de Bob Dylan para aquella gira. Desde entonces, dejé de pensar en ello. No haría la mitad de las cosas que hago si tuviera que ponerme a la altura del mito Dylan.

¿Sientes que hay algo que te ha guiado hacia donde estás ahora?
Siempre se te guía adonde estás, pero la posibilidad de elegir es lo que lo lía todo. Antes o después, todo lo que sube, baja. Así que sí. Siento que he sido guiado adonde sea que ahora me encuentre. Pero tampoco sé qué es lo que se supone que debería estar haciendo. Quizá tenga otras cosas que hacer. Pero no me imagino qué podría ser, porque me gusta hacer lo que hago. ¿Quién sabe? La fortuna interviene en todo… Las circunstancias. No hay nada que puedas hacer solo. Siempre tiene que haber alguien apoyándote o nadie llegaría a ninguna parte.

¿Crees que el tiempo trae sabiduría?
La experiencia. Las cosas no cambian realmente… Sólo las actitudes.

Has hecho vídeos con Dave Stewart… ¿Qué piensas de la era del vídeo?
No pienso mucho en ello. No va a desaparecer. Dondequiera que mires, te ves invadido. No puedes encender la tele sin ver vídeos musicales. Es como los sindicatos. A principios de los treinta, los sindicatos eran organizaciones comunistas y ahora son grandes negocios.

Parece haber llegado un momento en que todo el mundo se sirve del rock & roll para sus propios fines. En Estados Unidos vemos a políticos que se asocian con determinadas canciones de rock.
Es absurdo, ¿no? Las canciones que citan no merecen ser citadas de ese modo. Eso no podría hacerse con el material original… Little Richard y Chuck Berry. ¿A qué político le dará por citar a Chuck Berry? ¿Quién va a citar a Carl Perkins o a Gene Vincent o a cualquiera de esos tíos? Entonces la cosa quedaba al margen.

Actualmente, cuenta más la imagen que el contenido. La gente se agarra a la imagen de una estrella y espera poder responder a esa imagen.
Es exactamente así. Está destruyendo el tejido de nuestras mentes y todo lo que podemos hacer es quejarnos al respecto. Así que debemos apagarlo.

Uno tiene que extirparlo para no dejar que se incorpore a sus esquemas. Es la única manera de escapar. No puedes enfrentarte de cara. Quizá en tu país tengáis más espacio, pero aquí resulta denso. No hay muchos sitios a los que ir donde no te recuerden las ambiciones culturales de gente que está de camino hacia su conversión en estrellas.

Cuando tú empezaste, debías de querer en cierto modo convertirte en una estrella...
Quería ser una estrella en mi cabeza. Quería ser mi propia estrella. No quería ser una estrella para gente con la que no me identificaba. Para mí. Lo que hacía era una forma de vida... No era una ocupación.

¿Ha sido todo como esperabas que fuera?
Sí y no. Sigo con ello, ¿sabes? Llevo más años dedicado a esto de los que pasé sin hacerlo. Pero voy a seguir hasta que se me acabe. Y, sí. Ha salido como esperaba porque nunca me desvié. Quizá me hubiera hundido si me hubiera dedicado a ser una estrella de cine o si hubiera empezado a creer lo que otros decían sobre mí, o si hubiera empezado a pensar que era la persona de la que todos hablaban. Conozco a mucha gente que se hundió. Empezaron a creerse lo que los periódicos decían de ellos. Yo nunca me lo creí, para bien o para mal. Así que, en cuanto a mí, no siento grandes cambios. Aprecio pocos cambios entre ahora y diez o veinte años atrás. No siento que haya ido tan lejos o hecho tanto.

Antes mencionaste a los sindicatos y pensé en la canción «Union Sundown», en *Infidels*, que resulta ser una observación muy específica. ¿Sigues sintiendo la necesidad de formular ese tipo de comentarios?
Sí. Eso viene con el territorio.

Parecen existir dos tipos de canciones tuyas, las que tienen lugar en el aquí y en el ahora, y muchas otras que parecen centrarse en lo eterno.
Bueno. Eso es importante. Si pierdes eso empiezas a meterte en cosas mecánicas y sin sentido. Normalmente, hay una voz que procede, un factor de advertencia ante la posibilidad de que eso ocurra pero, ante todo, de lo que trata este tipo de música es de tu capacidad para sentir cosas. Hay muchas cosas que suceden y que escuchas y que sabes que nadie les ha prestado atención. Puedes escucharlo en el espíritu. Te agobian con tanta mierda sin sentimiento y es porque ya nadie siente nada. Pero suce-

den muchas cosas buenas que no entiendo. Hay muchas personas, son músicos verdaderamente talentosos, en un sentido clásico, que sacan mucho material diferente que ya ha sido preconcebido y planeado.

Parece darse el intento por parte de algunos, como Miami Steve en «Sun City», de decir cosas acerca del apartheid y de lo que pasa actualmente en Estados Unidos.
Sí. Está muy comprometido con eso.

Parece una lucha muy difícil...
Bueno. Es una lucha muy difícil, porque la mayoría de las personas no quieren escuchar eso.

Vuelve a haber un renovado acoso a los rojos.
Eso ha sucedido desde los años cincuenta.

La Guerra Fría parece reactivarse.
No creo que nunca se desvaneciera del todo. Estaba agazapada. La gente necesita algo que odiar, tienes que odiar algo. Tan pronto como eres lo bastante mayor, la gente trata de que odies algo o a alguien. Los negros son un blanco fácil. Los comunistas no se distinguen tan bien. Los primeros cristianos fueron como los comunistas. El Imperio Romano trató a los primeros cristianos del modo como Occidente trata a los comunistas.

Así que, ¿las cosas no cambian?
No. Las cosas no cambian. Cambian de nombre. Siempre hay alguien al que dicen que debes pisar para subir algo más arriba.

Tus hijos ya son mayores. ¿Cuál es la perspectiva como padre?
Te da una perspectiva sobre lo que los chavales andan haciendo. No creo que los chicos sean distintos de lo que eran, la verdad. Es como dijo mi padre una vez... Cuando tenía doce años preguntó algo a su padre y no le pareció que su padre supiera demasiado de lo que estaba hablando. Cuando cumplió veinticinco, le preguntó lo mismo, obtuvo la misma respuesta y le sorprendió que su padre se hubiera hecho tan listo.

24

ENTREVISTA DE MIKAL GILMORE, *ROLLING STONE* 17 DE JULIO DE 1986

«Subterranean», afirma Bob Dylan, sonriendo complacido. Es poco más de medianoche y Dylan está de pie en mitad de un estudio de grabación atestado y lleno de humo, enclavado en los extremos más remotos del cañón Topanga. Lleva gafas de sol marrones, una camiseta blanca sin mangas, chaleco negro, vaqueros negros, botas moteras negras y raídas y mitones negros de motero. Fuma enérgicamente un cigarrillo Kool al tiempo que cabecea rítmicamente bajo la colosal explosión bluesera que atruena desde los altavoces sobre su cabeza. Sentados en un sofá a poca distancia, sacudiendo también sus cabezas, embelesados, se encuentran T-Bone Burnett y Al Kooper, viejos amigos y ocasionales escuderos de Dylan. Algunos otros músicos —incluyendo al guitarrista de Los Lobos, Cesar Rosas, al saxofonista de R&B, Steve Douglas, y al bajista James Jamerson Jr., hijo del legendario bajo de la Motown— ocupan los extremos de la estancia. Como el resto, sonríen ante la música que suena: rock & roll jocoso, picarón y sobresaltado. El tipo de música indomable que alguien podría evocar si tuviera que rememorar un gran logro.

Crujen las guitarras, graznan y aúllan los vientos, la batería y el bajo atruenan salvajemente. Luego la estancia se sume de nuevo en el silencio. T-Bone Burnett, volviéndose hacia Kooper, parece poner voz a un sentimiento colectivo: «Tío. Es justamente eso».

«Sí —dice Kooper—. Tan sucio.»

Todos contemplan a Dylan, expectantes. Por momentos, parece hallarse en algún lugar distante y privado. «Subterranean», es todo lo que dice, sonriendo aún. «Definitivamente subterranean», añade, pasándose la mano por su maraña de pelo castaño y riendo. Luego se encamina hacia un cuarto anexo, se cuelga su erosionada Fender del hombro, arranca un solo de blues vivo y enérgico y dice: «Vale. ¿Quién quiere ser primer guitarra? He roto una cuerda».

Dylan ha estado así toda la semana, soltando espontáneamente rock & roll bluesero con una fuerza e imaginación asombrosas, acumulando pistas instrumentales con tal rapidez, que los aturdidos y adormilados ingenieros que controlan las sesiones apenas consiguen catalogar las tomas. Hasta ahora, se trata de más de veinte canciones. Entre ellas: R&B descarnado, blues de Chicago, gospel osado y crudas tonadas montañesas. En parte, Dylan trabaja aceleradamente por cuestiones meramente prácticas: los ensayos de su gira americana con Tom Petty and the Heartbreakers empiezan en un par de semanas y, aunque parece imposible en esta era de meticulosidad extrema y alta tecnología, Dylan cree poder escribir, grabar, mezclar y editar un álbum de estudio en dicho plazo. «Mira. Actualmente paso demasiado tiempo trabajando el sonido de mis discos —me dijo anteriormente—. Y si los discos que hago sólo venden cierta cantidad, entonces… ¿Por qué debería demorarme tanto en completarlos?… Dentro de mí tengo cantidad de discos distintos y ya es hora de empezar a sacarlos.»

Aparentemente, no se trata de palabras ociosas. Dylan ha empezado a examinar canciones para una posible colección de temas folk nuevos y clásicos, al tiempo que se ha puesto a trabajar en una serie de versiones de Tin Pan Alley. Y no es osado predecir que será algo digno de ser escuchado. De momento, no obstante, Dylan, que ahora lidera al grupo en otro blues de carretera, parece poseído por una ambición distinta. Estamos ante Bob Dylan el rockero quien, a pesar de los devaneos de su carrera, sigue siendo una presencia a contemplar. Se recrea animadamente en el clímax de la canción, al tiempo que inventa su estructura, inyectando su guitarra rítmica con acentos crudos e inesperados, a la manera de Chuck Berry o Keith Richards, a la vez que azuza a los otros guitarristas, Kooper y Rosas, a que se enzarcen enérgicamente, como buenos rivales. No es hasta algo después, mientras todos se reúnen en la cabina para escuchar el playback, cuando resulta evidente que esto suena sorprendentemente como la música densa y desenfrenada de *Highway 61 Revisited*. Una música que se antoja tan amenazadora como placentera y que, en cualquier caso, parece estallar desde una imaginación ingobernable. *Subterranean*, sin duda.

Fue con un rock & roll de este tipo, hace más de veinte años, como Bob Dylan alteró para siempre y sin vuelta atrás las posibilidades tanto de la música folk como del formato de la canción pop. En aquella época, el alcance de su influencia pareció tan dominante, su posición tan potente y misteriosa que, prácticamente, cambió el lenguaje y las aspiraciones de la cultura popular con cada uno de sus gestos y obras. Pero Dylan apenas había empezado en el rock & roll cuando se vio frenado en seco. En la primavera de 1966, se hallaba grabando *Blonde on Blonde* al tiempo que interpretaba controvertidos conciertos incendiarios con su grupo, los Hawks (rebautizado luego como The Band). Unos meses después, casi se mata en un accidente de moto. Luego, pasaría casi año y medio sin grabar ni tocar.

Para muchos, su música nunca volvió a ser la misma después de aquello y, aunque buena parte de su producción posterior resultó osada y encantadora, durante casi veinte años Bob Dylan no ha aportado material que transformara la música pop ni la cultura juvenil. Para algunos seguidores de siempre, ese lapso resulta casi imperdonable. Así, Dylan se ha visto bajo un dilema único para una figura del rock de su época: el universo pop que ayudó a transformar le ha hecho a un lado, al tiempo que coetáneos como los Rolling Stones atraen a públicos más entusiastas que nunca. Es algo que debe de herir a un artista escrupuloso como Dylan, quien, más allá de sus lapsos, se ha mantenido fiel tanto a su ética como a sus ideales musicales.

En el último par de años, sin embargo, ha habido señales de que se avecina una posible reclamación. De un lado, ha participado en la reciente serie de eventos sociales y políticos encabezados por la esfera del pop, incluida su implicación en los proyectos USA for Africa y Artists United Against Apartheid y, por otro, ha aparecido en los programas Live Aid y Farm Aid (el último inspirado por un comentario del propio Dylan pronunciado en Live Aid). Además, existían inquietantes indicios en *Infidels* (1983) y en *Empire Burlesque* (1985) de que el cantante parecía interesado en regresar a las preocupaciones reales de la vida actual. De hecho, parecía interesado en crear una música que volviera a atraer a un público musicalmente capaz. Tal como demuestra la reacción a su gira reciente por Australia y Japón, y a su gira estival por Estados Unidos, sigue existiendo un público ansioso de que le atraigan.

Naturalmente, Dylan tiene su propia visión acerca de estos temas de declive y renovación. Algo más tarde, en la velada en el estudio de Topanga, mientras varios músicos se dedican a las mezclas, se sienta en un tranquilo despacho mientras manosea uno de sus sempiternos cigarrillos y sorbe ocasionalmente algo de vino blanco de un vaso de plástico. Estamos charlando sobre una columna que apareció en el número de abril de *Artforum*, firmada por el crítico Greil Marcus. Marcus se ha ocupado de Dylan a menudo durante estos años (escribió las notas para la funda de la edición en 1975 de *The Basement Tapes*), pero últimamente no se ha mostrado excesivamente entusiasmado por la producción del cantante. Al comentar la carrera de Dylan y la reciente antología de cinco vinilos *Biograph*, Marcus escribió: «Dylan hizo algo entre 1963 y 1968, y lo que hizo definió una medida contra la que todo aquello que haya hecho desde entonces puede calibrarse. [...] El hecho de que "It Ain't Me Babe" de 1964 pueda ubicarse en un álbum junto a "You Angel You" de 1974 es una frustración de las mayores esperanzas de todos».

Dylan parece intrigado por los comentarios de Marcus, pero también divertido. «Bueno. Tiene razón y no la tiene —dice—. Eso lo hice incidentalmente. Todo fue muy incidental. Como lo es cualquier época. Haces algo y no sabes muy bien el qué. Sólo lo haces. Y más tarde te lo miras y...» Sus palabras se arrastran. Luego recomienza. «Según yo lo veo, no tengo una «carrera»... Una carrera es algo a lo que te puedes remontar, y yo no estoy listo para mirar atrás. El tiempo no existe para mí en esos términos. Yo no recuerdo de un modo monumental "lo que he hecho". No se trata de mi carrera, se trata de mi vida... Y sigue siendo algo vital para mí.»

Se quita las gafas de sol y se restriega los ojos. «No tengo ganas de demostrar nada —prosigue—. Sólo quiero hacer aquello que hago. Esta cosa lírica, que sale de una manera única o desolada. No lo sé. No siento que deba seguir sacando eso para complacer a nadie. Además, cualquier cosa que quieras hacer para la posteridad, puedes grabarla en una cinta y entregársela a tu madre, ¿sabes?»

Dylan ríe ante su propio comentario. «Mira —dice—, alguien me dijo una vez —no recuerdo quién ni dónde—, pero dijo: "Nunca des el 100 por cien". Yo siempre me he dedicado a arreglármelas con lo que fuera que me arreglara. Eso sirve también para esa época: los sesenta. Nunca se me pasó por la cabeza que tuviera que hacerlo por algún otro motivo que no fuera el de mis ganas de hacerlo. Tal como fueron las cosas... Pues, bueno. Nunca lo habría imaginado.»

Le digo que resulta difícil creer que no estaba dando el 100 por cien en *Highway 61 Revisited* o en *Blonde on Blonde*.

Exhibe una sonrisa picarona y se encoge de hombros. «Bien. Quizá sí. Pero hay algo en una parte de tu cerebro que dice: «No te voy a dar el 100 por cien. No le doy a nadie el 100 por cien. Te daré hasta aquí, y eso tiene que servir». Soy bueno en lo que hago. Puedo permitirme darte eso y seguir siendo tan bueno, o mejor, que cualquiera. No lo voy a dar todo. Yo no soy Judy Garland, que morirá en escena ante un millar de payasos. Si hemos aprendido algo, tendríamos que haber aprendido eso.»

Momentos después, un ingeniero ante el umbral le dice a Dylan que las mezclas están listas. «Todo esto pasará —dice Dylan antes de levantarse para regresar al estudio—. Toda esa gente que habla de lo que se supone que yo debería estar haciendo… Todo eso pasará porque, obviamente, no voy a estar aquí eternamente. Llegará el día en que ya no habrá más discos y entonces la gente no podrá decir: "Bueno, éste no es tan bueno como aquél". Van a tener que mirar el conjunto. Y no sé qué impresión producirá ni cuál será el veredicto de la gente por entonces. En eso no puedo ayudarte.»

«Todos me preguntan "¿cómo es Bob Dylan?"», dice Tom Petty unas noches más tarde, sentado en la pequeña sala de estar de un estudio de grabación Van Nuys. Petty y su grupo, los Heartbreakers, se han reunido para trabajar el material de un álbum venidero y para ayudar a supervisar la mezcla de sonido de *Bob Dylan in Concert*, un especial de HBO que documenta su reciente gira por Australia con Dylan. «Es curioso —prosigue Petty—, pero la gente sigue adjudicándole todo ese misterio… Creo que imaginan que, como hemos pasado mucho tiempo juntos, podemos explicar a Dylan… Como si fuera alguien que necesita ser explicado.»

Petty sacude la cabeza. «No sé. Dylan es un tipo como cualquier otro, salvo porque es un tipo con cosas que decir. Y tiene personalidad propia. No hay mucha gente que pueda aparecer en un auditorio ante 20.000 personas y captar la atención de todas. El truco no es fácil.»

Petty puede ser excesivamente modesto para admitirlo, pero Dylan también cuenta con algo que ofrecerle a él. Buena parte de la excitación acerca de la gira estadounidense de Dylan se debe a su alianza con una banda tan vehemente como los Heartbreakers, un grupo más dado al rock & roll enérgico que cualquier otro con el que haya trabajado Dylan en la última década. A juzgar por el especial de HBO, los Heartbreakers pueden ofrecer el sonido *Highway 61* —la mezcla inequívoca de teclados incendiarios y guitarras enardecidas— con un estilo convincente. Con todo, más que reduplicar el sonido, el grupo lo revigoriza y lo distribuye uniformemente sobre un amplio abanico de la música de Dylan, aportando de ese modo renovada coherencia a su extenso corpus de estilos. Como resultado, muchas de las canciones más recientes de Dylan —como «When the Night Comes Falling from the Sky» y «Lenny Bruce»— se interpretan en concierto con una fuerza y convicción poco habituales, quizá mayor fuerza que algunas de las canciones antiguas.

Pero Dylan no es el único cuya música se ha beneficiado de esta asociación. Desde el final de la gira australiana, Petty y los Heartbreakers parecen estar en racha de inspiración, con sus canciones pop y rock teñidas de blues ofrecidas con las maneras improvisadas propias de Dylan. No se trata de que la nueva música de la banda se parezca a la de Dylan (de hecho, sólo lo sugieren piezas como el temerario blues de «Exile on Main Street»), sino más bien que parece nacer de la misma intensidad despreocupada y ferocidad instintiva que han caracterizado el trabajo más distintivo de Dylan.

Pero hay algo más: algo que pertenece estrictamente a Petty y los Heartbreakers. He visto al grupo en numerosas ocasiones, tanto en estudio como sobre el escenario, y aunque siempre resultan capaces y estimulantes, nunca me parecieron improvisadores particularmente inspirados, del modo en que pueden serlo, digamos, los Rolling Stones o la E Street Band. Ahora, en cambio, se les ve improvisar con brío indomable, mientras tocan no sólo frente a frente, sino corazón con corazón, creando al mismo tiempo lo que probablemente resulte su música más inspirada hasta la fecha.

«Nunca hemos hecho nada parecido antes —dice Petty, hurgando en el paquete de cigarrillos en el bolsillo de su camisa—. Y no es que estemos siquiera pensando en que estamos haciendo un disco… Pero tenemos bastante como para un álbum doble.»

Petty se lleva un cigarrillo a los labios, lo enciende y se repantiga en el sofá. «Hoy ha sido una buena noche —prosigue—. De hecho, todo esto ha sido un disfrute para nosotros en general. Creo que nos sentimos bastante felices de estar juntos.»

Aunque a nadie le guste admitirlo, después de sacar *Long After Dark* en 1982, los Heartbreakers prácticamente se disolvieron. Petty se retiró a su casa, donde estaba construyendo un estudio a la última y preparando un proyecto solista. El batería Stan Lynch se unió al grupo de T-Bone

Burnett para una breve gira. El teclista Benmont Tench se puso a tocar con Lone Justice. El guitarrista Mike Campbell empezó a experimentar en su sótano con nuevas texturas acústicas y en una máquina de veinticuatro pistas. Allí es donde compondría «The Boys of Summer» para Don Henley. Por último, el bajista Howie Epstein hizo algún trabajo de estudio y empezó a reunir material para un posible disco de su cosecha.

«Estaba llegando un punto —dice Campbell— en que todos nos estábamos estancando con el resto. En cuanto a inspiración. Sólo estábamos comprometidos como grupo.» Stan Lynch añade: «Es como si estuviéramos encarando esta pregunta definitiva: «Si no hiciera lo que hago ahora, ¿qué haría?». Es algo tremendo, pero todos lo encaramos y nos dimos cuenta de que tampoco íbamos a morir si no hacíamos tal o cual actuación».

Entonces, en 1984, a raíz de unas conversaciones con Robbie Robertson, Petty apuntó una idea que no podía consumarse sin la contribución del grupo. Quería hacer un álbum sobre el sur americano de nuestros días, que es la patria chica de casi todos los miembros y que seguían sin olvidar. «He visto a la gente con la que crecí luchando con esa experiencia —había dicho Petty en una charla anterior—, con todos los factores de ese legado de los que no podían desembarazarse, y creo que todo eso tiraba de mí.» El resultado fue *Southern Accents*, una obra que repasaba el conflicto entre las viejas maneras y los nuevos ideales, a la vez que pretendía ampliar y actualizar la esfera musical del grupo. Aunque algunos de sus miembros piensan ahora que el disco estaba, en cierto modo, excesivamente trabajado, todos le conceden el mérito de la reconciliación. «Me han apoyado mucho a través de este disco —dice Petty—. Pienso que en el último álbum nos metimos en varios campos distintos… Ahora se ríen de *Southern Accents* y sus sitars. Tenían que dejar que me lo quitara de encima.»

Entonces apareció Bob Dylan. Ya se había servido de Tench en *Shot of Love*, y de Tench, Campbell y Epstein en *Empire Burlesque*. Ahora buscaba una banda eléctrica que le respaldara en Farm Aid. Cuando Neil Young, uno de los organizadores del evento, mencionó que Petty y los Heartbreakers se habían comprometido también con el espectáculo, Dylan decidió pedirle al grupo que le acompañara. «Me llamó —dice Petty—, y dije, «Vale. Ven para acá», y, mierda, lo pasamos muy bien. Ensayamos como una semana, en la que tocamos quizá un millón de canciones. Es una de las veces en que lo he pasado mejor. Fuimos abrasadores. Y salimos para Farm Aid y tuvimos una noche fantástica: los Heartbreakers tocaron bien y Bob también. Aunque fue muy breve.»

Bueno. Quizá no tanto. Dylan había estado barajando ofertas para una posible gira australiana, pero era reticente a reunir una banda improvisada. Además, los Heartbreakers acababan de finalizar su propia gira y estaban concretando sus compromisos para febrero. «Y de pronto —dice Petty—, estábamos realizando la gira australiana… Y queríamos realizarla.»

Según algunas reseñas, la gira despegó algo balbuceante en Nueva Zelanda, donde la primera noche el público reaccionó con mayor fervor ante Petty que ante Dylan. Pero, al cabo de unos pocos conciertos, Dylan empezó a arrasar con canciones como «Clean Cut Kid», «Positively 4th Street», «Rainy Day Women» y «Like a Rolling Stone», retándose a menudo con Campbell y Petty en fieros intercambios de guitarra a tres bandas y lanzándose a por canciones que nadie había ensayado y que algunos miembros del grupo apenas conocían. «Una noche —recuerda Tench—, Dylan se vuelve y dice, "Just Like Tom Thumb's Blues". Nunca la habíamos tocado… Por momentos, aquella gira parecía una mezcla estrafalaria de los Stooges y Van Morrison.»

«Sobre el escenario, Dylan no se muestra vacilante en absoluto —añade Lynch—. He presenciado actuaciones en las que las canciones acababan donde no debían, como si se desmoronaran, y parece casi, de un modo como perverso, que Dylan cobre energía con todo ese caos.»

Dylan puede casi parecer temerario en otros sentidos. «Tiene mayor presencia escénica que nadie que haya conocido —dice Mike Campbell—. Pero cuando trabajas con él, prácticamente te olvidas de eso. Entonces, de pronto, te das cuenta. Quiero decir que yo puedo recordar cuando iba al instituto, estaba en un local comiéndome una hamburguesa y, de pronto, sonó "Like a Rolling Stone". Me sentí tan animado por la canción y su letra que pensé: "Hay alguien cantando y escribiendo para mí". Y fui a comprar una guitarra. Lo había olvidado hasta la otra noche en Australia, y me dije: "Ésta es la primera canción que aprendí a la guitarra, y aquí estoy tocándola con quien la compuso".»

Dylan también era objeto de sentimientos desatados en Australia. «Se veía de todo —dice Lynch—. Vi a una chica que durmió en el ascensor y aseguraba que era su hermana de Minnesota. Vi a otra que afirmaba ser su masajista. Había volado desde Perth y no hacía más que subir y bajar en el ascensor intentando dar con el piso en el que estaba. También vi a personas tremendamente emocionadas, que sentían que debían contactar con él… Que era algo importante en sus vidas. Querían estar junto a él y decirle que estaban bien, porque quizá sentían que Bob les estaba diciendo que todo iba a salir bien cuando no estuvieran bien. Como si Bob supiera que no les iba tan bien…

»Olvidan algo importante: Bob no les conoce. Son ellos quienes le conocen. Pero no pasa nada. No se trata de cortedad de miras por su parte. No es más que la esencia de lo que hace la gente cuando le hablas en una época vulnerable de sus vidas. No importa que les hablara por medio de un disco. El caso es que les hablaba.»

Dos semanas después, Bob Dylan está sentado en un ajado sofá en el estudio Van Nuys donde Petty trabaja, mientras sorbe de un vaso de plástico lleno de bourbon con agua. Exhala una calada y se embelesa con el humo. Su aire fatigado me recuerda algo que dijo antes: «Tío. A veces parece que haya pasado media vida en un estudio de grabación… Es como vivir en una mina».

Dylan y Petty han estado metidos en este agujero casi toda la noche, trabajando en un tema llamado «Got My Mind Made Up» que han coescrito para el álbum de Dylan. Todo indica que ha sido una sesión productiva: la melodía es un reventón contundente a la manera de Bo Diddley con guitarra *slide* del Delta. Dylan ha echado el resto para cantar con una fuerza pasmosa. Con todo, hay cierta nota de tensión en la velada. La presión por completar el álbum ha ido agotando a Dylan y se dice que ha estado de un humor opaco e impredecible últimamente. De hecho, en algún momento decidió dejar aparte la mayoría de los temas de rock & roll en los que había estado trabajando en Topanga, y parece que el álbum se compondrá de varias sesiones acumuladas a lo largo del último año. «Todo tipo de cosas —dice— no tiene un auténtico tema o propósito.»

Mientras espera a que lleguen sus cantantes, Dylan intenta entrar en calor para la entrevista de esta noche. Pero a diferencia de sus modos en la conversación anterior, parece algo distraído, casi tenso, y muchas de las preguntas no acaban por dar con respuesta alguna. Pasado un rato, le pregunto si me puede contar algo sobre el cariz lírico de las canciones. «Got My Mind Made Up», por ejemplo, incluye una referencia a Libia. ¿Será un disco con cosas que decir acerca del actual humor nacional?

Dylan pondera el tema. «El tipo de material que escribo ahora proviene de todos los años que he vivido —dice—. Así que no creo que haya nada tan actual… Pero hay que seguir. No puedes estar haciendo lo mismo siempre.»

Intento otro par de preguntas sobre cuestiones políticas —sobre si siente cierto parentesco con el nuevo activismo en la música pop—, pero parece exhausto ante la posibilidad de tratar seriamente la cuestión. «Me opongo a cualquier cosa que oprima la inteligencia de la gente —dice—. Todos tenemos que estar contra eso. En caso contrario no tendríamos dónde ir. Pero no se trata de una lucha personal, sino que debe ser la lucha de todos.»

A lo largo de nuestras entrevistas, he aprendido que no le puedes llevar hacia un tema si no está de humor. De modo que paso a otra cosa. Charlamos brevemente, pero nada parece animarle en exceso hasta que le pregunto por el modo en que el público estadounidense está respondiendo a la gira inminente. La demanda ha sido tal que el itinerario ha pasado de veintiséis a cuarenta conciertos, con nuevas fechas. Se calcula que tocará para un millón de personas.

«La gente lo olvida —dice—. Pero desde 1974 nunca he dejado de trabajar. He estado en giras de las que no se ha hecho ninguna publicidad. Así que no me veo atrapado por este entusiasmo de gran gira. He hecho grandes giras y pequeñas. O sea que, ¿qué tiene ésta de especial?»

Bueno. Es su primera gira por todo el país en ocho años.

«Ya. Pero para mí el público es el público. No importa dónde esté. Yo no soy mucho de esta cosa americana. De este rollo Bruce Springsteen-John Cougar de "lo primero, América". Los principios americanos los siento tanto como ellos, pero personalmente considero que las cosas importantes son más eternas. Esto del orgullo americano no significa nada para mí. Estoy más metido en lo que es real para siempre.»

Repentinamente, Dylan parece animado. Apaga un cigarrillo, enciende otro y empieza a hablar a buen ritmo. «Mira —dice—. No estoy diciendo nada malo acerca de esos chicos, porque creo que Bruce ha hecho muchísimo por el rock & roll de verdad, y por el folk, a su manera. Y John Cougar es estupendo, aunque me pareció que lo mejor de su disco era su abuela cantando. Aquello me noqueó. Pero la música no va de esto. Temas como "¿por qué hemos perdido el trabajo?"… Te estás metiendo en política. Y si te quieres meter, entonces tienes que ir tan a fondo como puedas.»

Sin duda, entiende que ni Springsteen ni Mellencamp tratan de avivar las llamas del orgullo americano. De hecho, están diciendo que, si el país pierde de vista ciertos principios, pierde también la grandeza a la que aspira.

«¿Sí? ¿Cuáles son esos principios? ¿Los principios bíblicos? Los únicos principios que puedes encontrar son los principios de la Biblia. Vamos, en los Proverbios están todos.»

Existen principios, digo, tales como la justicia y la igualdad.

«Sí. Pero…», Dylan se detiene. Mientras hablábamos, Petty, Mike Campbell, los ingenieros de sonido y las coristas han ido entrando en la sala. Dylan se levanta y empieza a caminar arriba y abajo, sonriendo. Resulta difícil decir si está irritado o simplemente anda perorando provocadoramente por mera diversión. Pasado un rato, prosigue. «Para mí, América significa los indios. Estaban aquí y éste es su país, y todos los hombres blancos no han hecho más que ocupar su parcela. Hemos destruido los recursos naturales del país, sin más razón que la de amasar dinero y comprar casas y mandar a los niños a la universidad y mierdas así. Para mí, América son los indios. Punto. Del resto paso: sindicatos, películas, Greta Garbo, Wall Street, Tin Pan Alley o los partidos de los Dodgers.» Ríe. «No significa una mierda. Lo que les hicimos a los indios es vergonzoso. Pienso que América, para enderezarse, debe empezar por ahí.»

Replico que un modo más realista de armarse de razón sería seguir la advertencia de una de sus canciones, «Clean Cut Kid», y no mandar a nuestros jóvenes a luchar en otro derroche de guerra.

«¿Quién manda a los jóvenes a luchar en la guerra? —se pregunta Dylan—. Son sus padres.»

Pero no son los padres quienes les adoctrinaron, los metieron en aviones y los mandaron a morir a Vietnam.

«Mira. Los padres podrían haber dicho "hablemos de ello". Pero los padres no están por la labor. No saben cómo lidiar con lo que deberían o no deberían hacer. Así que lo dejan en manos del gobierno.»

De pronto, la música estalla a todo volumen en la sala. Quizá alguien —puede que Petty— considere que la conversación se está poniendo algo tensa. Dylan sonríe y se encoge de hombros, luego me palmea el hombro. «Después podemos hablar un poco más», dice.

Durante el siguiente par de horas, Dylan y Petty se ocupan de ciertos detalles en las pistas, como conseguir el acento adecuado en un platillo o mezclar las armonías gospel de las cuatro coristas que acaban de llegar. Como de costumbre, resulta fascinante observar la agudeza musical de Dylan. En un momento imprevisto y particularmente inspirado, dirige a las cuatro cantantes —Queen Esther Morrow, Elisecia Wright, Madelyn Quebec y Carol Dennis— en una versión a capella adorable de «White Christmas». Luego, pasa a una lectura inquietante de un viejo estándar del gospel, «Evening Sun». Petty y el resto nos limitamos a mirar, asombrados. «Tío —dice Petty enfebrecido—, tenemos que grabarlo.»

Después, Dylan me lleva hacia la sala de estar para hablar un poco más. Se inclina sobre una máquina de millón con un cigarrillo entre los dientes. Parece más sereno, satisfecho con el trabajo. También parece deseoso de terminar la conversación que habíamos empezado. Así que proseguimos por donde lo habíamos dejado. ¿Qué haría él si sus hijos fueran reclutados?, pregunto.

Dylan se muestra casi triste al considerar la pregunta. Después de un largo intervalo, dice: «Podrían hacer lo que sus conciencias les dictaran, y yo les apoyaría. Pero también depende de lo que el gobierno quiere que tus hijos hagan. O sea, si el gobierno quiere que tus hijos vayan a arrasar países de América Central, eso carecería de todo valor ético. Tampoco pienso que deberíamos haber bombardeado a esa gente en Libia». Entonces exhibe una de sus sonrisas cándidas y desarmantes, mientras la charla se agota. «Pero lo que quiero que sepas —dice—, es, ¿qué tiene todo esto que ver con el folk y con el rock & roll?»

Bastante. Viendo que él, más que cualquier otro artista, planteó la posibilidad de que la música folk y el rock & roll pudieran tener un impacto político. «Cierto —dijo Dylan—. Y estoy orgulloso de ello.»

Y el motivo por el que preguntas como éstas siguen surgiendo es porque muchos de nosotros no estamos seguros acerca de lo que piensas actualmente. De hecho, algunos críticos han denunciado que, con canciones como «Slow Train» y «Union Sundown», te has desplazado un poco a la derecha.

Dylan rumia el comentario en silencio. «Bueno, para mí —empieza—, no hay derecha ni izquierda. Hay verdad y hay mentira, ¿sabes? Hay honestidad y hay hipocresía. Mira en la Biblia. No verás nada sobre derecha e izquierda. Otra gente puede tener otras ideas sobre las cosas, pero yo no, porque no soy tan listo. Odio seguir dándole a la gente en la cabeza con la Biblia, pero es el único instrumento que conozco. Lo único que sigue siendo auténtico.»

¿Te inquieta que parezca haber tantos predicadores actualmente que alegan que para ser un buen cristiano hay que ser políticamente conservador?

«¿Conservador? Bien. No olvides que Jesús dijo que es más difícil que un rico entre en el reino de los cielos que que un camello pase por el ojo de una aguja. ¿Es eso ser conservador? No lo sé. He escuchado a muchos predicadores decir que Dios desea que todo el mundo sea rico y saludable. Pues la Biblia no dice eso. Puedes tergiversar las palabras de cualquiera, pero no es más que una práctica de necios y de gente que sigue a necios. Si te ves enmarañado en los camelos de este mundo, y todo el mundo lo está…»

Petty entra en la sala y le pide a Dylan que vaya a escuchar las mezclas finales. A Dylan le gusta lo que escucha, pero decide dar otro paso como primera voz. Esta vez, parece ser, lo clava. «Nunca trates de cambiarme / No hay nada que puedas decir o hacer / He estado en esto demasiado tiempo / No hay nada que puedas decir o hacer / Para hacerme pensar que me equivoco», aúlla al principio de la canción. No puede decirse que sean los versos más estimulantes que le hayamos oído cantar, pero esta noche parece pronunciarlos con la pasión debida.

Es medianoche en Hollywood y Bob Dylan, Tom Petty y los Heartbreakers están arracimados en una sala cavernosa en los viejos estudios Zoetrope, trabajando la sección de armónica para «License to Kill», cuando Dylan, de pronto, se pone a interpretar una pieza distinta y extrañamente evocadora. Paulatinamente, los aleatorios sonidos que sopla empiezan a asumir un aire familiar y resulta evidente que está tocando una variación plañidera y bluesera de «I Dreamed I Saw St. Augustine». Benmont Tench es el primero en reconocer la melodía y enseguida la embellece con un grácil acompañamiento de piano. Petty pilla la onda y apuntala la armónica de Dylan con unos acordes aguzados y duros. Enseguida, la banda entera, que esta noche incluye al guitarrista Al Kooper, se apunta al apremio de Dylan y convierte la canción en una interpretación plena y apasionada. Dylan no canta la letra sino que cede la iniciativa a una de las coristas y «I Dreamed I Saw St. Augustine» pasa a ser un espiritual torrencial.

Cinco minutos después, se pasa a otra cosa. Según Petty y Tench, los ensayos de Dylan suelen ser así: saltan versiones imaginativas de canciones maravillosas y luego no se las vuelve a escuchar más salvo en las raras ocasiones en que son invocadas en concierto. En cierto modo, un ejemplo como éste le hace a uno desear que cada concierto de la gira True Confessions fuera simplemente otro ensayo: los impulsos de Dylan se imparten con tal seguridad e imaginación que resultan inigualables.

Intentar que Dylan hable del origen de tales episodios —o intentar persuadirle de que los protagonice en concierto— no es tarea fácil. «No estoy seguro de que la gente quiera escucharme cantando eso», dice sonriendo ingenuamente. Se reclina sobre un cajón del equipo y se mete las manos en los bolsillos, mostrándose momentáneamente incómodo. Enseguida su rostro se ilumina. «Oye —dice, sacando una cinta del bolsillo—. ¿Quieres escuchar el mejor álbum del año?» Sostiene un cassette de Aka Grafitti Man, un disco del poeta John Trudell y del guitarrista Jesse Ed Davis. «Sólo gente como tú y Lou Reed y John Doe puede soñar un trabajo como éste. La mayoría no tiene suficiente talento.»

Dylan le hace poner al ingeniero de sonido una canción sobre Elvis Presley. Es un tema largo y conmovedor acerca de la amenaza que muchos percibieron enseguida en las maneras de Elvis y la promesa que muchos otros apreciaron en su música. «Escuchamos la canción de Elvis por vez primera / Y entonces nos decidimos», recita Trudell, acompañado por un triste y encantador solo de guitarra de Davis que cita a «Love Me Tender». Dylan sonríe ante la frase, y sacude la cabeza, encantado. «Tío —dice—. Eso es prácticamente todo lo que cabe saber sobre Elvis Presley.».

Me pregunto si Dylan se da cuenta de que esa frase se podría haber escrito también para él. Millones de nosotros escuchamos sus canciones y esas canciones no sólo inspiraron las nuestras sino que, en algún lugar muy profundo, casi parecían ser nuestras. Pero antes de que haya siquiera tiempo para plantear la pregunta, Dylan se ha puesto su abrigo y cruza la estancia.

«Estaba pensando en llamar a este álbum "Knocked Out Loaded" —dice Bob Dylan. Vuelve a repetir la frase y se ríe—. ¿Qué tal? ¿Cómo lo ves? "¿Knocked Out Loaded?".»

Dylan y un ingeniero de grabación están sentados en una mesa de mezclas en el estudio de Topanga, examinando una lista de títulos de canciones y hablando acerca de sus posibles consecuencias. Dylan parece genuinamente cordial, más relajado que a principios de semana. Aparentemente, el álbum ha salido bien con repentina facilidad. En los últimos días, ha reducido las posibilidades del disco a nueve o diez canciones, y esta noche está puliendo dos de esos temas e intentando la mezcla final de otros dos.

Hasta ahora, todo suena bastante bien. No es el rock & roll arrollador que escuchamos hace unas semanas pero, en cierto modo, no es menos audaz. Dylan toca otro tema más, «Brownsville Girl», que escribió el año pasado junto al autor teatral Sam Shepard. La canción es una larga historia que empieza con un recuerdo cantado medio a rastras sobre una escena aciaga que el cantante contempló una vez en un western. Luego se abre para entrecruzar dos o tres relatos oníricos acerca de amores ansiados y amores abandonados, héroes en declive e ideales falseados, sobre el amor y la muerte. Resulta difícil discernir dónde entra Dylan en la letra y sale Shepard, pero es fácil captar a quién pertenece realmente la canción. De hecho, sólo conozco a un hombre capaz de una interpretación tan estimulante como ésta, y está sentado aquí frente a mí, concentrado en su relato, como si escuchara sus peripecias por vez primera. Si éste es el modo en que Bob Dylan piensa madurar como cantautor, me siento feliz de madurar con él.

Doce minutos después, la canción se cierra con un coro explosivo, glorioso. No sé muy bien qué decir, así que Dylan toma el relevo. Enciende un cigarrillo, se va hasta el sofá, se quita las gafas y sonríe tímidamente. «¿Sabes? A veces pienso en gente como T-Bone Walker, John Lee Hooker, Muddy Waters… Ésos que han estado tocando hasta bien entrada la sesentena. Si sigo aquí con ochenta, estaré haciendo lo mismo. Es todo lo que quiero hacer. Es todo lo que puedo hacer. Es que uno no tiene por qué tener diecinueve o veinte años para tocar esto. Ahí radica la vanidad de este ideal de la cultura juvenil. Para mí nunca se ha tratado de eso. Nunca me he dirigido específicamente a una presunta cultura juvenil. Lo orienté hacia personas que imaginaba, quizá falsamente, que habían tenido las mismas experiencias, que habían pasado por lo que yo había pasado. Pero supongo que mucha gente no ha estado ahí.»

Calla un momento, da una calada. «Mira —dice—. A mí lo que siempre me ha interesado es ser un individuo. Con un punto de vista individual. Si he conseguido ser algo, probablemente es eso… Y dejar que algunas personas supieran que es posible hacer lo imposible.»

Dylan se inclina hacia delante y apaga su cigarrillo. «Y eso es todo. Si alguna vez he tenido algo que decir a alguien, es esto: puedes hacer lo imposible. Todo es posible. Y ya está. No hay más.»

25

BREVE Y AZAROSA VIDA,
SAM SHEPARD
ESQUIRE
1987

Escena: en la oscuridad, se oye suavemente, flotando al fondo, el solo de un piano de Jimmy Yancey. Una luz igualmente suave, azulona, nebulosa, se desliza muy al fondo, revelando un gran patio decrépito, bordeado de matojos, que se abre sobre un panorama distante del océano Pacífico. El rumor rítmico y alejado del oleaje se deja oír bajo la música del piano y prosigue a lo largo de la obra. Siempre de fondo. El único elemento escenográfico es una roja mesa redonda de madera con una gran sombrilla amarilla plantada en medio y dos bancos de secoya dispuestos con la mesa de por medio. Los actores los tienen a su izquierda.

A medida que la luz va subiendo, se ve a un tipo bajito y flaco llamado Bob en mitad del escenario vestido únicamente con unas bermudas verdes. Tiene los brazos cruzados sobre el pecho con cada una de sus manos agarrando el hombro opuesto, como si se protegiera del frío. Dibuja un círculo pausado a su derecha y luego lo repite a su izquierda, contemplando el océano cuando su mirada pasa ante él. Se detiene, de cara al público, se tapa la cara con ambas manos, se restriega los ojos y va bajando las manos por las mejillas hasta el mentón. Abre la boca y la cabeza, se inclina lentamente hacia atrás para contemplar el cielo. Mantiene esa posición. La música de piano se interrumpe bruscamente. Sam, un tipo alto y flaco en vaqueros y camiseta, que lleva una grabadora, varios blocs de notas y un paquete de seis cervezas, entra por la derecha. Se detiene. Bob deja caer las manos y mira a Sam. Prosigue el sonido de las olas distantes.

¿Listo?
Sí. Sólo tengo que hacer un par de llamadas antes.
[Bob camina hacia la derecha. Se detiene.]
¿Sabes dónde acabo de estar?

¿Dónde?

En Paso Robles. ¿Lo conoces? En la carretera donde se mató James Dean.

¿Ah sí?

Estuve allí mismo. In situ. Un sitio algo ventoso.

Tienen un monumento o una estatua en su honor en el pueblo, ¿verdad?

Sí. Pero está en la curva donde tuvo el accidente. Fuera del pueblo. Y el sitio es increíble. El sitio donde murió es tan potente como el sitio donde vivió.

¿Nebraska?

¿Dónde vivió?

Había nacido en una granja, ¿no? En algún lugar...

Sí. Iowa o Indiana. No lo recuerdo. Pero ese sitio allí tiene cierta aura. Está en esta especie de meseta. Como si el lugar hubiera convertido a James Dean en lo que es. Si no hubiera muerto allí no habría sido James Dean.

Mmm.

[Bob camina como si fuera a salir por la derecha, pero se detiene de nuevo.]

¿Sabes lo que dijo Elvis? Dijo que si James Dean hubiera cantado habría sido Ricky Nelson.

¿En serio?

Sí. [pausa] ¿Necesitas algo?

Nada.

¿Has traído cerveza?

Sí.

Sólo tengo que hacer un par de llamadas.

Bien.

[Bob abandona el escenario por la derecha mientras Sam se acerca a la mesa. En el momento en que sale Bob, se oye desde la derecha un chirrido de neumáticos y el estruendo de un accidente de automóvil. Sam no presta atención y se dedica a colocar la grabadora, la cerveza y los cuadernos sobre la mesa. Bob vuelve a entrar por la derecha, ajeno al ruido del accidente.]

¿Quién estaba tocando esa música?

¿Qué música?

De piano.

No lo sé.

Mmm.

¿«Si James Dean hubiera cantado habría sido Ricky Nelson»? ¿Elvis dijo eso?

Sí. Pobre Ricky. Ojalá estuviera aquí con nosotros. Me pregunto si alguien le dijo alguna vez lo fabuloso que era. Los críticos de rock and roll y esa gente.

Me has pillado.

¿Sabías que Emilio Fernández solía disparar a los críticos a quienes no les gustaban sus películas?

[Bob abandona el escenario por la derecha. Sam se sienta en un banco mirando también a la derecha, saca una cinta y la pone en la grabadora, pulsa un botón, y la misma melodía de Jimmy Yancey se oye reproducida por el aparato. Se percibe sólo un fragmento antes de que la voz de Bob se deje oír desde la derecha, hablando al teléfono. Tan pronto como se escucha la voz de Bob, Sam apaga la grabadora y empieza a hojear sus blocs, escribiendo algo ocasionalmente.]

VOZ DE BOB [a la derecha]: ¿María? Oye, ¿cómo va a ir la cosa esta noche? [pausa] Sí. ¿Habrá mucha gente? [pausa] Ya. Eso es lo que estoy intentando imaginar. [pausa] Sí. No lo sé. ¿Cuánta gente crees que habrá? [pausa] Bien. Oye. Mira. Ya tengo a alguien aquí. [pausa] Sí. Lo sé. Sí. Vale. Ya he visto su espectáculo. Sí. Lo he visto. Lo vi en St. Louis. Sí. [pausa] No sé... En el 59 o 60. Algo así. [risas, pausa] Ya estaba por aquí. Ya llevo mucho tiempo. No puedo ni contarlo. Hablamos después y vemos lo que pasa. [pausa] Vale. Adiós.

[Bob cuelga, fuera del escenario. Sam mira en esa dirección. Luego retoma sus blocs, abre una lata de cerveza y bebe.]

VOZ DE BOB [a la derecha, entre bastidores]: Sam, ¿de qué se supone que va todo esto?

No lo sé.

VOZ DE BOB [entre bastidores]: ¿Se supone que debemos hablar sobre un tema?

Tengo un puñado de preguntas aquí.

VOZ DE BOB [entre bastidores]: ¿Has traído preguntas?

Sí.

VOZ DE BOB [entre bastidores]: ¿Cuántas?

Un par.

VOZ DE BOB: ¿Qué pasa si no tengo las respuestas?

Te las inventas.

VOZ DE BOB: Vale. Hazme una pregunta.

[Pone una cinta en la grabadora.] Espera un segundo. Tengo que ver si esto funciona.

VOZ DE BOB: ¿Tienes una cinta?

[Pulsando el botón de grabar.] Sí. Vale. Bien. Ya va.

VOZ DE BOB: Pregúntame algo.

Sí. [Consulta los cuadernos.] Veamos... Vale. Allá voy. ¿Tienes alguna idea sobre los ángeles? ¿Piensas alguna vez en ellos?

VOZ DE BOB: ¿Ésa es la primera pregunta?

¿Quieres que empiece con otra cosa?

VOZ DE BOB [sigue entre bastidores]: No. Está bien. Ángeles. Sí. Los ángeles... ¿Cómo era? [pausa] ¡Ah! El Papa dice esto sobre los ángeles: dice que existen.

¿Sí? ¿El Papa?

VOZ DE BOB: Sí. Y que son seres espirituales. Eso dice.

¿Lo crees así?

VOZ DE BOB: Sí.

¿Has tenido alguna experiencia directa con ángeles?

VOZ DE BOB: Sí. Sí que la he tenido. Sólo tengo que hacer otra llamada, ¿vale?

Sí [apaga el aparato]

VOZ DE DYLAN: ¿Necesitas algo?

No. Estoy bien.

[Sam bebe más cerveza, escribe algo más. Pausa. Se oye la voz de Bob al teléfono entre bastidores. Prosigue el sonido de las olas.]

VOZ DE BOB [entre bastidores, a la derecha]: ¿María? Hola. Vuelvo a ser yo. [pausa, risas] Sí. Es que me gusta el sonido de tu voz. Oye, ¿cuál es el prefijo de Tulsa? ¿Lo sabes? [pausa] Tulsa, sí. [pausa] De acuerdo. Bien. [pausa] Sí. Está bien. No lo necesito enseguida. [pausa] ¿Ah sí? [pausa] ¿Sí? [pausa] ¿Así que será sólo una poca gente? ¿Cuánto es poca? [pausa] Eso es más que una poca. [risas] Sí. Pero eso no es lo que llamarías una poca. [pausa] No sé. Tengo que pensar en ello, ver cómo va el día. Luego te digo algo. [pausa] Sí. Vale. Adiós. [Cuelga.]

[Tras la pausa.] ¿Quieres que vuelva luego? Podría irme y regresar después si quieres. Irme a comer algo...
VOZ DE BOB [entre bastidores]: No. Ya estás aquí. Quédate. Sólo me estoy poniendo algo de ropa. Ahora voy. Hazme otra pregunta.
Vale [enciende la grabadora]. Veamos [consulta los blocs]. Bien. ¿Qué música fue la primera que recuerdas haber escuchado? Antaño.
VOZ DE BOB [entre bastidores]: La primera música... ¿La primera música?
Sí.
VOZ DE BOB: ¿Quieres decir en concierto? ¿En vivo?
Sí. En vivo.
VOZ DE BOB: ¿La primera de todas?
Sí.
[pausa]
VOZ DE BOB: Polca.
¿En serio?

[Bob entra por la derecha con una camiseta de tirantes, vaqueros negros y botas de motero con hebillas de latón. Lleva una castigada guitarra acústica que cuelga de su cuello mediante una vieja cuerda. Puntea continuamente el mástil de la guitarra, entonando breves y repetitivas frases melódicas, cortas progresiones de blues, acordes de gospel... Lo que le viene a la cabeza. Persiste en ello durante todo el diálogo, incluso cuando habla. Casi nunca se mantiene en silencio].

[sobre el escenario] Sí, polca.
[bebiendo cerveza] ¿Dónde? ¿En Hibbing?
Sí. Hibbing.
Hibbing está cerca de Duluth, ¿verdad?
Eso es.
Me encanta Duluth.
Gran ciudad.
El lago...
¿El Superior?
Sí. Una ciudad dura, también.
[siempre tocando algo] Especialmente cuando se congela. Salen los indios. Cazadores de pieles.
Castor.
Sí, también castor. Somorgujos.

Así que escuchaste esta música de polca... ¿En una feria o algo así?

Sí. No. En las tabernas. La tocaban en las tabernas. Caminabas por la calle y se escuchaba todo el tiempo. La gente se echaba a las calles bailando polcas. Con los acordeones.

¿Se peleaban o bailaban?

Ambas cosas, creo. Lo pasaban bien, básicamente. Gente emigrada de Europa.

¿Polacos?

Algunos, supongo.

¿Cantaban en polaco?

Cantaban en algo. Quizá era sueco. En su idioma. Pero sabes que no necesitas conocer el idioma cuando se trata de música. Entiendes la música más allá del idioma en que esté. Como cuando escuché esta música de frontera tex-mex. Me sonaba como la misma música aunque cambiara el idioma. Todo me suena igual.

Tiempo de tres por cuatro...

Sí. Vals. Me encanta el vals.

¿Qué edad tenías entonces?

No sé. Nueve o diez años.

¿Te sentías apartado por entonces?

¿Qué quieres decir?

Quiero decir allí, en el norte más remoto. En el quinto pino.

No. No conocía otra cosa. ¿Por qué? ¿Te pasaba a ti?

Sí. Y me sigue pasando [ríe].

[Canta un fragmento y toca.]

Allí en el quinto pino / Allá en el quinto pino / Señor ten piedad del crío / Que vive en el quinto pino.

¿Así que no tenías ningún deseo abrasador de irte a Nueva York o algo así?

No. El único motivo por el que quería ir a Nueva York era porque James Dean había estado allí.

¿Así que te gustaba realmente James Dean?

Sí. Siempre me gustó.

¿Y eso?

Por el mismo motivo por el que te gusta cualquier persona. Ves algo de ti en ella.

¿Soñabas con la música por aquel entonces?

Tenía muchos sueños. Solía soñar en cosas como Ava Gardner y Buffalo Bill. Jugaban a cartas, se perseguían y andaban por ahí. A veces, incluso me gustaría estar en los sueños yo mismo. Sueños de emisora de radio. Ya sabes, como de niño, te quedas despierto hasta tarde, escuchando la radio, y parece que acabes soñando lo que escuchas. Así es como te solías dormir entonces. Cuando los pinchadiscos ponían lo que les apetecía.

Yo solía dormirme escuchando el béisbol.

Sí. Es lo mismo. Y acabas teniendo sueños de radio. Como si estuvieras dentro.

Sí. Podía ver el estadio con las luces encendidas y el pasto verde y la mirada del pitcher atendiendo a las señales del receptor.

Pero no sé si alguna vez has soñado con la música. ¿Cómo se puede soñar con la música?

Bueno. Por ejemplo una canción como «Pledging My Love».

Forever my darling.

Sí.

¿Qué pasa con ella?

Bueno. Yo solía soñar que estaba como metido en ese tipo de canción.

¿De verdad? No sabía que eras tan romántico.

Sí. Soy muy romántico.

Así que, ¿quieres decir que, de algún modo, te metías en la canción cuando la escuchabas?

Sí. Me ponía en el lugar del cantante.

Ya veo lo que dices. [Pausa, sigue moviéndose y tocando.] Sí. Supongo que soñaba con música entonces. Pero hay toda una variedad de sueños musicales. A veces, oigo a un tipo que canta una melodía e imagino al tipo. ¿Cómo es ese individuo? ¿Sabes? Como Hank Williams o Buddy Holly o John Lee Hooker. Escuchas una frase como *black snake moan* o *Mississippi flood*, podrías imaginarte a ti mismo con agua cenagosa hasta la cintura.

O quizá te viene una imagen a partir de una frase. Yo recuerdo que siempre veía una imagen del cráneo de mi profesor de álgebra cuando escuchaba a Chuck Berry cantando, «The teacher is teachin' the golden rule» [El profesor nos enseña la regla de oro], en «School Day».

¿Su cráneo?

Sí. Tenía uno de esos cortes de pelo a navaja, tipo marine, y se le veía el cráneo en la parte superior. Todavía lo veo cuando oigo esa canción.

No es una frase que se escuche mucho actualmente.

No [pausa]. Así que, ¿sobre todo imaginabas al cantante cuando escuchabas una canción?

Sí. Un cantante sin rostro. Yo rellenaba el rostro.

¿Es ese el motivo por el que fuiste a ver a Woody Guthrie cuando estaba enfermo? ¿Habías escuchado su música?

Sí. Había escuchado sus canciones.

¿Hay alguien a quién te hubiera gustado conocer y no pudiste?

[tocando deprisa] Sí. A Bob Marley.

Vaya.

Sí. Una vez estábamos tocando en Waco, Texas. Y no nos vimos.

O sea, que no os encontrasteis.

Eso. Ojalá le hubiera conocido.

[Descansa.]

Así que fuiste a ver a Guthrie al hospital...

Ajá.

¿Y estuviste en su lecho de muerte?

Cerca.

¿Estabas con él cuando falleció?

[Pausa prolongada. Bob empieza a tocar y medita.]

No.

[Bob vuelve repentinamente a moverse y a tocar.]

¿Pasaste mucho tiempo con él en el hospital?

Sí.

¿Estaba cuerdo?

Sí. Estaba cuerdo pero no controlaba sus reflejos. Así que... [pausa]

¿De qué hablabais?

No mucho. Nunca hablé mucho con él. Él soltaba el nombre de una canción. Una canción suya que quería escuchar, y yo las conocía todas.

¿Y se las tocabas?

Sí.

¿Le pediste algo?

No. Es que no había nada que pedirle. ¿Qué le vas a pedir? No era el tipo de hombre al que le hacías preguntas.

[pausa]

De modo que lo que hacías era sentarte con él...

Sí. Iba allí. Tenías que irte a las cinco. Estaba en Greystone —Greypark o Greystone—, en Nueva Jersey. Allí, en alguna parte. Te llevaba un bus. Un Greyhound. Desde la terminal de la calle 42. Ibas allí, bajabas y caminabas colina arriba hasta la verja. El lugar era más bien siniestro.

¿Qué edad tenías?

[Bob se detiene, deja de puntear. Piensa.]

¿Qué edad? [pausa] No lo sé. Diecinueve, creo.

Diecinueve. ¿Y qué tipo de música escuchabas por entonces?

Eh… Bill Monroe, New Lost City Ramblers, Big Mama Thornton. Gente así. Peggy Seeger, Jean Ritchie…

¿Hank Snow?

Sí. Hank Snow. «Golden Rocket».

Por aquel entonces, ¿le habías echado el anzuelo a algún estilo musical?

Bueno. Hay que mojarse el culo para pescar algo.

Sin duda.

No sé. Siempre me han satisfecho los estilos antiguos. Ahora ya conozco mi lugar.

¿Sientes que sabes quién eres?

Bueno. Lo sabes siempre. No sé en quién me voy a convertir.

[Pausa. Bob vuelve a moverse y a puntear.]

¿Nos vimos alguna vez por entonces?

¿Cuándo?

Cuando teníamos diecinueve años.

Yo te vi una vez en la esquina de la Sexta Avenida con la calle Houston.

¿Qué año?

Debió de ser el 66 o el 67. Algo así. Ibas con un abrigo de marino azul y zapatillas de deporte.

Sí. Debía de ser yo. Pero no… Debió de ser antes. Cuando escuchaba discos del sello Stinson y Folkways.

¿Stinson?

Sí. Sonny Terry, Brownie McGhee, Almanac Singers.

¿Almanac Singers?

Sí.

¿Y góspel?

Siempre había escuchado música gospel. Dixie Hummingbirds, Highway QC's, Five Blind Boys y, naturalmente, Staple Singers.

¿Qué me dices de Skip James o de Joseph Spence?

Sí. Bahama mama. [pausa] Skip James. Había un Skip James. Elmore James.

Rather be buried in some old cypress grove **[mejor me enterráis entre viejos cipreses].**

So my evil spirit can grab that Greyhound bus and ride [para que mi espíritu maligno agarre el autobús y viaje].

I'd rather sleep in some old hollow log than have a bad woman you can't control [mejor dormir en un viejo leño hueco que tener una mala mujer que no puedes domar].

¿Y de qué se murió?

¿Skip James?

Sí.

Cáncer de huevos.

¡¿Qué?!

Sí. Cáncer en los huevos. Se negó a visitar a ningún médico blanco porque temía que le cortaran las bolas.

No le culpo por ello.

[El teléfono suena entre bastidores a la derecha. Bob sale en esa dirección, dejando solo a Sam. Sam apaga la grabadora, rebobina y le da al PLAY. De nuevo, se oye la música de piano de Jimmy Yancey. No se escuchan la voces de Sam ni de Bob. Al tiempo que se oye la voz de Bob al teléfono, Sam vuelve a rebobinar y a reproducir fragmentos breves, tratando de encontrar sus voces, pero no se oye más que el piano.]

VOZ DE BOB [entre bastidores]: ¿Cuatro o cinco? ¿Seguro? [pausa] No sé. Cuatro o cinco se parece a Oklahoma City. No lo recuerdo. [pausa] Bien. [pausa] Sí. Cuatro o cinco [pausa]. No. Creo que paso. [pausa] No sé. Parecen muchos productores. [pausa] Sí. Creo que quizá me quede por aquí. [pausa] Vale. De acuerdo. [pausa] Sí.

[Bob vuelve a entrar, con guitarra y un vaso de bourbon con hielo en la mano. Llega hasta la mesa, deja el vaso después de tomar un sorbo y empieza a puntear la guitarra de nuevo. Sam sigue tratando de encontrar las voces en la cinta pero no hay más que piano.]

[manoseando la cinta] Es increíble.

¿Qué?

No hay más que música de piano.

[Ríe, sigue punteando.] ¿Quieres decir que no están nuestra voces?

Escucha.

[Pone la cinta. Suena Jimmy Yancey].

[Escucha.] Es la misma música por la que te preguntaba.

¿Cuándo?

Antes. Cuando viniste. Es esa música.

Ya. Pues nuestras voces no están.

No importa.

Pero no puedo recordarlo todo. ¿Cómo voy a recordar todo esto?

Invéntatelo.

Es que hay ciertas cosas que no puedes inventarte.

¿Como qué?

Algunos giros.

Vuelve a intentarlo. Tiene que estar. Tenías puesto el RECORD, ¿no?

Sí.

Pues tiene que estar en alguna parte. Juguetea un poco.

[Sam rebobina, luego pone el PLAY. Esta vez se oyen sus voces].

VOZ DE BOB [grabadora]: «Golden Rocket».

VOZ DE SAM [grabadora]: Por aquel entonces, ¿ibas ya buscando un formato?

VOZ DE BOB [grabadora]: Bueno. Hay que mojarse el culo para pescar algo.

[Sam apaga la grabadora.]

¿Ves? Ahí lo tienes. Estaba escondido. [risas]

Es alucinante. ¿De dónde viene esa música?

Ya debía de estar allí. ¿Es una cinta vieja?

No. La compré esta mañana.

[Bob toma un sorbo de bourbon y deja el vaso.]

Ángeles.

[Sam pulsa el botón RECORD. Continúan. Bob sigue moviéndose y tocando la guitarra.]

Raro.

¿Está en marcha?

Sí. Creo.

Vale. Dispara.

Vale. Veamos [consulta un cuaderno]. ¿Crees que es posible tener un pacto con alguien?

¿Un pacto? Sí. Sé que es posible. Vamos, que deberías tener un pacto con alguien. Aunque la cosa supone un pequeño problema para mí. Por ejemplo, ¿con cuántas personas puedes tener un pacto? ¿Cuántas al mismo tiempo?

No demasiadas. ¿Qué me dices de las mujeres?

No. No sé nada de mujeres.

¿Y de las camareras?

Bueno. Me parece que las camareras son cada día más jóvenes. Algunas parecen crías.

¿No tienes mucha esperanza en las mujeres?

Al contrario. Las mujeres son la única esperanza. Creo que son mucho más estables que los hombres. El único problema de las mujeres es que dejan que las cosas duren demasiado.

¿Qué cosas?

Todo el sentido occidental de la realidad. A veces las mujeres tienen tendencia a ser excesivamente indulgentes. O sea, un chaval podría atizarle a un anciano en la cabeza, robar a un puñado de señoras, asaltar la casa de su hermano y hacer estallar una cuadra entera, y su mamá seguiría llorando por él.

Ya. Pero es simplemente la naturaleza, ¿no? La naturaleza de ser madre.

Sí. Supongo. La naturaleza.

¿Te has visto alguna vez como pareja?

¿Una pareja? ¿Quieres decir dos? Sí. Siempre. A veces me veo como diez parejas.

Quiero decir como si formaras parte de otra persona. Que perteneces a alguien. Que la otra persona lleva consigo algo de ti y viciverso.

¿Viciverso?

Sí.

Sí. Claro. La pareja. Sin duda. Me he sentido así. Totalmente. Mira. Escucha esto [toca y canta]: *You must learn to leave the table when love is no longer being served! Just show them all that you're able! Just get up and leave without saying a word* [¡Debes aprender a abandonar la mesa cuando ya no se sirve amor! ¡Muéstrales a todos que puedes! Levántate y vete sin decir palabra.]

¿Quién lo escribió?

Me has pillado. Roy Orbison o alguien así. No sé.

¿Roy Orbison?

No. No lo sé. Buena letra.

Sí. [Escribe algo.] *You must learn to leave the table...*

Vamos, que gravitas en torno a personas que tienen algo que darte, y quizá tú tengas algo que necesitan.

Sí. Eso es.

Y luego puede que un día te despiertes y veas que ya no te lo están dando. Quizá es que así son las cosas.

Pero puede que tú tampoco.

Sí. Quizá hayas dejado de dárselo hace años. Quizá se quebró el ritmo.

¿Sabes? Me contaron la teoría de que las mujeres son rítmicamente diferentes de los hombres. Por naturaleza.

¿Ah sí? Brindo por ello.

Sí. Que el ritmo femenino va de lado a lado, es un movimiento horizontal, mientras que el ritmo masculino es vertical, de arriba abajo.

¿Como un caballo volador?

Sí. Algo así.

Pero luego se juntan los dos, ¿no?

Exacto.

Entonces, pasan a ser un solo ritmo.

Sí.

Así que a la larga no hay «partes». Todo es lo mismo.

Sólo es una teoría.

Sí. Bueno. Supongo que de todo se puede hacer una teoría.

¿Sientes esos dos tipos de ritmos en ti?

Sí. Claro. Todos los sentimos. Está el rollo provocador de un lado a otro y, luego, la sacudida de arriba abajo. Pero son parte el uno del otro. Uno no puede existir sin el otro. Como Dios y el Diablo.

¿Siempre has sentido ambas cosas?

Sí. Siempre. Como sientes la verdad y la mentira. Al mismo tiempo, algunas veces. Ambas. Juntas… Recuerda en *Gigante*…

¿La película?

Sí. La última escena en *Gigante*. Sabes la escena en que Jett Rink tropieza contra la mesa.

Sí.

Pues a mí nunca me gustó esa escena. Siempre pensé que era algo falsa. No acababa de sonar auténtica. Siempre me molestó. Como si escondiera cierta mentira, aunque no alcanzaba a identificarla.

Sí. A mí tampoco me gustó. ¿Quieres decir cuando está borracho y solo en la sala de conferencias?

Sí. ¿Sabes qué era? ¿Por qué se antojaba falso?

El maquillaje. ¿Su pelo canoso?

No, no. Ojalá fuera el maquillaje. Resulta que Nick Adams, un actor que era amigo de James Dean, dobló aquel discurso porque James Dean ya había muerto.

¿En serio?

Sí. Y tiene sentido porque no suena auténtico. El final de la película. Pero eso es lo quería decir: la verdad y la mentira. Así.

[pausa]

¿Y qué le pasó a su voz?

¿Qué quieres decir?

O sea, ¿qué le pasó a la voz original de James Dean en la grabación? Debían de tener su pista de voz si estaba hecha la filmación.

No sé. Quizá se les estropeara o algo así.

Quizá desapareció.

Quizá. Se evaporó. No sé.

[De nuevo, se oye el ruido de neumáticos chirriando y un accidente. Ninguno de los personajes le presta atención. Pausa prolongada mientras Bob se mueve y puntea la guitarra. Sam toma notas.]

A veces me pregunto por qué James Dean era tan bueno. ¿Porque era bueno o es que eran buenos todos los que le rodeaban?

No. Era bueno.

¿Tú crees?

Sí. ¿No recuerdas la escena en *Rebelde sin causa* con Sal Mineo en la escalinata de los tribunales? Cuando le disparan...

Plato.

Sí. Y sostiene a Plato entre sus brazos, y en la otra mano tiene las balas.

Sí.

¿Qué es lo que dice? «No son balas de verdad» o no... ¿Qué decía?

«¡Tengo las balas!»

Exacto [de pronto grita con el brazo tendido, imitando a James Dean]: «¡Tengo las balas!». [Vuelve a su voz normal.] Es una actuación espectacular. ¿Dónde ves actuaciones así hoy día?

En ninguna parte. Tampoco salió de la noche a la mañana. Vamos que estudió de verdad aquello que le interesaba.

Supongo.

¿Por qué supones...? O sea, ¿cómo lograba que resultara tan diferente? Por ejemplo, en esa escena con las balas. ¿Qué convertía la escena en algo tan increíble?

Era un tipo de expresión pura.

¿De qué?

De emoción. Pero trascendía la emoción hacia otro terreno. La mayoría de los actores en la misma escena no habrían expresado más que autocompasión, pero él consiguió ofrecernos auténtico remordimiento.

¿Remordimiento?

Sí. Por la humanidad. Compasión por todos nosotros. Esta vida malgastada. La muerte idiota de un chico inocente. La muerte de un inocente.

¿Así que de hecho sí que tenía una causa?

No lo sé.

«Rebelde con causa». Es como obra del demonio.

¿Qué?

Las palabras han perdido su significado. Como «rebelde». Como «causa». Como «amor». Significan un millón de cosas distintas.

¿Como «Hank Williams»?

No. Nunca puedes cambiar el significado de Hank Williams. Eso estará siempre ahí. Nadie lo cambiará.

¿Lo escuchabas mucho?

Cantidad. ¿A quién vas a escuchar si no escuchas a Hank?

¿Significó lo mismo para ti que James Dean?

Sí. Pero de maneras diferentes. Ambos decían la verdad.

Ambos murieron en coche.

Sí.

Un Cadillac y un Porsche.

Iba de camino a Ohio, creo. Tenía una actuación en Ohio.

Yo vi el coche en el que murió. Un Cadillac cupé descapotable. Miré en el asiento trasero del coche y una sensación abrumadora de soledad me agarró por la garganta. Casi insoportable. No pude mirar mucho rato. Tuve que irme.

Quizá no deberías haber mirado.

Quizá [pausa]. ¿Eres supersticioso?

No.

Tú tuviste un accidente, ¿verdad? De moto...

Sí. Hace tiempo. Una Triumph 500.

¿Qué sucedió?

Perdí el control. Estaba atontado.

¿Qué quieres decir?

No me lo esperaba. Era muy temprano por la mañana en la cima de una colina cerca de Woodstock. Ni siquiera puedo recordar exactamente cómo sucedió. Me vi cegado por el sol un instante. Un gran sol naranja que salía. Iba derecho hacia el sol y lo miré directamente, a pesar de que alguien me había dicho hace mucho tiempo, cuando era chico, que nunca mirara al sol directamente porque me cegaría. No recuerdo quién me lo dijo. Mi padre o un tío o alguien así. Alguien de la familia. Siempre creí que debía de ser cierto... Si no, por qué te lo habría de contar un adulto. Y de crío, nunca miré directamente al sol, pero aquella vez, por algún motivo, me dio por mirar a la cara al sol y, claro, me cegó y me entró pánico... Le di al freno, la rueda de atrás se trabó y salí volando.

¿Perdiste la conciencia?
Sí. Del todo.

¿Quién te encontró?
Sara. Me seguía en coche. Me recogió. Pasé una semana en el hospital. Luego me trasladaron a la casa de un médico en la ciudad. Sara se quedó conmigo. Sólo recuerdo lo mucho que quería ver a mis hijos. Empecé a pensar en la breve y azarosa vida. Lo corta que es. Me quedé ahí, tumbado y escuchando el piar de los pájaros, a los niños jugando en el patio del vecino o la lluvia repicando en el cristal. Me di cuenta de cuántas cosas extrañaba. Luego escuchaba el rugido del camión de los bomberos... Sentía el empuje palpable de la muerte que había estado mirándome constantemente por encima del hombro [pausa]. Y me volvía a dormir.

[Suena el teléfono. Bob se vuelve y mira en esa dirección, pero no se mueve. Deja de tocar la guitarra. El teléfono sigue sonando. Se limita a mirar a la derecha. La luz empieza a desvanecerse paulatinamente. Bob está quieto, mirando fijamente a la derecha. Sam detiene la grabadora, rebobina y pulsa el PLAY. La música de Jimmy Yancey llena la sala, uniéndose al ruido de las olas. La luz sigue disminuyendo hasta la oscuridad. El teléfono sigue sonando. Las olas siguen rompiendo. Jimmy Yancey sigue tocando en la oscuridad.]

26

ENTREVISTA DE PAUL ZOLLO,
SONGTALK
1991

I've made shoes for everyone, even you, while I still go barefoot.
[He hecho zapatos para todos, incluso para ti, pero yo sigo descalzo.]

«I and I» (Bob Dylan, 1983)

«¿Componer canciones? ¿Qué sé yo de componer canciones?», se preguntaba Bob Dylan, y luego rompió a reír. Vestía vaqueros azules y camiseta blanca sin mangas, al tiempo que bebía café de un vaso. «Sabe mejor en un vaso», dijo sonriendo. Su rubia guitarra acústica estaba reclinada en un sofá cerca de donde se sentaba. La guitarra de Bob Dylan. Su influencia es tan amplia que todo lo que le rodea asume una significación exagerada. El abrigo de Bob Dylan.

Pete Seeger dijo: «Todos los cantautores son eslabones de una cadena». Sin embargo, hay pocos artistas en este arco evolutivo cuya influencia sea tan honda como la de Bob Dylan. Es difícil imaginar el arte de componer canciones, tal como lo conocemos, sin él. Aunque en esta entrevista insiste en que «lo habría hecho algún otro», fue él quien lo instigó, quien supo que las canciones podían ir más lejos, que podían abarcar más. Sabía que las canciones podían contener una riqueza lírica y un significado que trascendiera ampliamente el alcance de todas las canciones populares anteriores. Que podían poseer tanta belleza y poder como la mejor poesía y que, al escribir con rima y ritmo y fundirlos con música, podían hablarle al alma.

Empezando por los modelos articulados por sus predecesores, como el blues recitado, Dylan descartó enseguida los formatos viejos y empezó a perfilar otros nuevos. Rompió con las reglas de la composición de canciones sin abandonar el cuidado y el sentido artesanal que las sostienen. Trasladó la belleza lingüística de Shakespeare, Byron y Dylan Thomas, así como la extroversión y experimentación beat de Ginsberg, Kerouac y Ferlinghetti, a la poesía folk de Woody Guthrie y Hank Williams. Cuando el mundo todavía se debatía con la aceptación del nuevo estilo, volvió a conducir la música a un nuevo enclave, al incluir en ella la electricidad del rock & roll.

«En esencia, demostró que todo puede hacerse», dijo Robbie Robertson. John Lennon declaró que fueron las canciones de Dylan las que le permitieron practicar el salto desde unas vacías canciones pop a otras que expresaran la realidad de su vida y la profundidad de su alma. «Help» fue una auténtica llamada de ayuda, dijo, y antes de escuchar a Dylan no se le había ocurrido que las canciones pudieran contener un sentido tan contundente. Cuando le preguntó a Paul Simon cómo pasó de canciones rockeras de los cincuenta como «Hey Schoolgirl» a escribir «The Sounds of Silence», dijo: «No creo que pueda deberse a nadie más salvo a Bob Dylan».

Las palabras de Dylan son de una elegancia inequívoca, de una belleza casi bíblica, que ha mantenido en sus canciones a lo largo de los años. Se refiere a ello como a la «osadía» en la ejecución, que ve como lo único que diferencia sus canciones del resto. Aunque sea, quizá, más conocido por la libertad y expresividad de sus letras, todas sus canciones poseen un amor y un cuidado exquisitos por el lenguaje. Tal como Shakespeare y Byron hicieron en su momento, Dylan ha abrazado el inglés, quizá el idioma más claro que exista, para instilarle una gracia mítica y atemporal.

Dylan es un artesano extremadamente meticuloso y, así, ha dilatado y redefinido las reglas de la composición de canciones. Crítico inmisericorde de su propio trabajo, elabora y reelabora las frases de sus canciones, e incluso reescribe algunas después de que hayan sido ya grabadas y editadas. «No están grabadas en piedra», dice. Con tan maravillosa acumulación de lenguaje en las puntas de sus dedos, en ocasiones descarta imágenes y frases por las que otros cantautores venderían sus almas.

Nació como Robert Allen Zimmerman el 24 de mayo de 1941 en Duluth, Minnesota. Inspirado por los temas y la música de Woody Guthrie, se trasladó a Nueva York en 1961 para conocerle. A la sazón, el mítico cantante estaba ingresado en un hospital de Nueva Jersey donde convalecía de la enfermedad que acabaría matándole: el mal de Huntington. Marjorie Guthrie, la esposa de Woody, me contó que Dylan era un chico agradable y respetuoso con Woody, pero a éste no le gustaba cómo cantaba y llegó a sugerirle que pronunciara mejor las palabras de sus canciones.

Más impresionado que la señora Guthrie se mostró el productor John

Hammond, que oyó a Dylan cantando en el Gerde's de Greenwich Village y le contrató para Columbia. Aunque su primer álbum sólo contenía dos canciones originales, entre ellas su tributo a Guthrie, «Song to Woody», para el segundo ya había escrito clásicos como «Blowin' in the Wind» y «Masters of War», en los que manifestaba el nuevo potencial inherente a la canción popular.

Prosiguió para cambiar el mundo y azuzar nuestras mentes con varias obras maestras sucesivas: *The Freewheelin' Bob Dylan*, *Blonde on Blonde*, *Nashville Skyline*, *The Basement Tapes* [con The Band], *John Wesley Harding*, *Blood on the Tracks*, *Desire*, *Oh Mercy*, y tantas más.

«Es demasiado y no es suficiente», dijo en referencia a la variada naturaleza de muchas de sus canciones. Lo mismo podría decirse de cualquier intento de expresar en palabras todo el impacto de su grandeza. Tal tentativa llevaría varios tomos y aún seguiría incompleta, como atestiguan los incontables libros publicados sobre el tema. Baste decir que, como en el caso de Shakespeare, la plena significación del trabajo de Dylan puede que no se entienda durante siglos, momento en que los estudiosos podrían muy bien preguntarse cómo fue posible que un solo hombre produjera un corpus artístico tan inmenso y asombroso.

«Y, bueno. ¿Qué puede uno saber de nadie?», preguntó Dylan. Es una buena pregunta. Durante años ha sido un misterio, «algo impenetrable, en realidad», dijo Paul Simon. Ese misterio no es algo que esta entrevista ni ninguna otra haya penetrado. Las respuestas de Dylan resultaron a menudo más enigmáticas que mis preguntas y, al igual que sus canciones, dan mucho que pensar sin que se revele necesariamente mucho sobre el hombre.

En persona, como ya notaron otros, resulta chaplinesco. Su cuerpo es enjuto y su cabeza mayor de lo que uno esperaría. Ello produce el efecto de un niño con una máscara de Bob Dylan. Tiene uno de los rostros más llamativos del mundo. Mientras ciertas estrellas parecen sorprendentemente normales e insignificantes en carne y hueso, Dylan se antoja más extraordinario, si cabe, en persona. Al ver esos ojos y esa nariz, es evidente que no podría ser otro más que él. Sentarse a la mesa ante esos rasgos icónicos no es menos impresionante que hallarse de pronto ante William Shakespeare. Es una cara que asociamos con una obra enorme y atemporal. Una obra que ha cambiado el mundo. Pero no es el tipo de rostro que uno esperaría encontrar en la vida de cada día.

Aunque Van Morrison le llamara el mayor poeta del mundo, él no se ve como un poeta. «Los poetas se ahogan en los lagos», dijo. Con todo, escribe poesía que se encuentra entre la más hermosa que el mundo ha conocido, poesía de amor e indignación, de abstracción y claridad, de atemporalidad y relatividad. Aunque carga con un catálogo de canciones que podría contener las carreras de una docena de buenos cantautores, Dylan confesó que no se considera un cantautor profesional. «Para mí siempre ha sido más con-fesional que pro-fesional —dijo con esa característica cadencia dylaniana—. Mis canciones no están escritas según programa.»

¿Cómo están escritas, entonces?, pregunté. Es una pregunta que constituye el núcleo de la entrevista. La principal que te viene a la cabeza cuando contemplas el abanico de álbumes o presencias la variedad de atmósferas, máscaras, estilos y formatos que ha exhibido a lo largo de los años. ¿Cómo lo ha conseguido? Fue la primera pregunta formulada, y aunque la rehuyó de entrada con su humor característico, es algo a lo que intenté regresar de nuevo.

«Empiézame por alguna parte», dijo sonriendo, como si temiera que le dejaran solo para divulgar los secretos de su arte. Y nuestra charla empezó.

Arlo Guthrie dijo recientemente: «Escribir canciones es como pescar en el río. Lanzas el sedal y esperas agarrar algo. Y no creo que nadie pueda pescar nada si Bob Dylan está río arriba».

[carcajadas]

¿Tienes idea de cómo has sido capaz de pescar tanto?
[risas] Quizá sea el cebo. [más risas]

¿Qué tipo de cebo utilizas?
[pausa] Cebo. Tienes que utilizar cebo. En caso contrario no haces más que esperar sentado a que las canciones vengan a ti. Forzar el proceso equivale a utilizar cebo.

¿Te funciona?
Bueno. No. Lanzarte a una situación que exige una respuesta es como utilizar cebo. Las personas que escriben sobre cosas que no les han sucedido tienden a hacer eso.

Cuando escribes canciones, ¿tratas conscientemente de orientar el sentido o intentas más bien seguir caminos subconscientes?

Bueno. La verdad es que la motivación es algo que desconoces detrás de las canciones. Sea la canción que sea, nunca sabrás qué motivación había.

Es agradable ser capaz de ubicarte en un entorno en el que puedes aceptar completamente todo el contenido inconsciente que te llega por los procedimientos internos de tu mente. Y bloquear toda posibilidad de controlarlo...

Edgar Allan Poe debía de hacer eso. Las personas que son escritores dedicados, de los que hay algunos. Pero en general hoy la gente obtiene su información por la televisión o por algún medio que impacte en todos sus sentidos. Ya no se trata de leer una novela fantástica.

Tienes que ser capaz de sacar los pensamientos de tu cabeza.

¿Cómo se hace?
Bueno. Ante todo, hay dos tipos de pensamientos en tu cabeza: hay pensamientos buenos y pensamientos malos. Ambos pasan por tu mente. Algunas personas tienen más de unos que de otros. Con todo, lo superan. Tienes que ser capaz de ordenarlos, si quieres ser un cantautor, si quieres ser un cantante. Tienes que desprenderte de todo el lastre. Tendrías que ser capaz de ordenar esos pensamientos, porque no significan nada, no hacen más que tirar de ti. Es importante desembarazarse de todos los pensamientos.

Luego puedes hacer algo a partir de cierta supervisión de la situación. Cuentas con algún tipo de lugar desde donde puedes ver, pero sin que te afecte. Donde puedes aportar algo al asunto, aparte de únicamente agarrar y agarrar. Tal y como son hoy tantas situaciones en la vida. Agarrar y agarrar... No hay más que eso. ¿Qué hay para mí? Ese síndrome que empezó en la década del YO. Seguimos ahí. Sigue sucediendo.

¿La composición de canciones es para ti más bien como tomar algo de algún otro lugar?
Bueno. Ese algún otro lugar está siempre a un paso. No hay nada preestablecido. No hay reglas. Por eso resulta tan atractivo. No hay ninguna regla. Puedes seguir cuerdo y hacer algo que te despierte de incontables maneras. Como bien sabes. En caso contrario, tú tampoco lo harías.

Tus canciones, a menudo, nos remiten a otros tiempos. Están repletas de imágenes míticas, mágicas... Una canción como «Changing of the Guard» parece tener lugar hace siglos, con versos como «They shaved her head / She was torn between Jupiter and Apollo / A messenger arrived with a black

nightingale...» [Le afeitaron la cabeza / Se debatía entre Júpiter y Apolo / Llegó un mensajero con un ruiseñor negro...]. ¿Cómo se conecta con una canción así?

[pausa] Una canción como ésa... No hay modo de saberlo, a menos que haya alguien que la disponga en orden cronológico, para ver qué motivación había. [pausa] Pero en cierto sentido, naturalmente, no es diferente de cualquier otra cosa mía. La misma cantidad de versos métricos que un poema. Para mí, como un poema.

Las melodías en mi mente son muy, muy simples. Tan sólo se basan en música que todos escuchamos de niños. Eso y música que se remonta más atrás, más allá, baladas isabelinas y demás...

Para mí, es viejo [risas]. Es viejo. No es algo con mi dosis mínima de talento. Si es que puedes llamarlo así: dosis mínima... Para mí, alguien que apareciera ahora, sin duda sería capaz de leer lo que hay, si es que está seriamente comprometido con ser un artista y que seguirá siendo un artista cuando llegue a la edad de Picasso. Es mejor que aprendas algo de teoría musical. Es mejor, sí... Si quieres escribir canciones. Mejor que limitarte a asumir un dejo vocal de paleto y tratar de basarlo todo en eso. Incluso la música country está más orquestada de lo que solía. Estarás mejor si tienes cierta vibración por la música que no tienes que arrastrar en tu cabeza y que puedes escribir.

Para mí, esas son las personas que se toman en serio este oficio. Gente que lo asume de ese modo. No la gente que sólo quiere derramar sus entrañas y tiene que sacar una gran idea y quiere contársela al mundo. Claro que loo puedes hacer con una canción. Siempre se pudo. Puedes emplear una canción para cualquier cosa, ya sabes.

El mundo no necesita más canciones.

¿Tú crees?

Sí. Ya hay suficientes. Hay demasiadas. De hecho, si nadie escribiera más canciones a partir de hoy, el mundo no sufriría por ello. A nadie le importa. La gente tiene bastantes canciones para escuchar, si eso es lo que quiere hacer. Cada hombre, mujer y niño de este mundo podría recibir, digamos, cien discos y nunca tendría que escuchar una canción repetida. Ya hay bastantes canciones. A menos que venga alguien con un corazón blanco y tenga algo que decir. Eso es distinto. Pero en cuanto a la escritura de canciones, cualquier idiota podría hacerlo. Si me ves hacerlo...

Cualquier idiota podría hacerlo [risas]. No es una cosa tan difícil. Todo el mundo puede escribir una canción, lo mismo que todo el mundo tiene esa gran novela en su interior.

No hay muchas personas como yo. Ya hiciste tus entrevistas con Neil [Young], John Mellencamp… Naturalmente, casi todos los de mi ralea escriben y tocan sus propias canciones. No importaría si uno hiciera otro disco. Ya tienen bastantes canciones.

Para mí, quien escribe canciones realmente buenas es Randy Newman. Hay mucha gente que escribe buenas canciones. Como canciones. Puede que Randy no salga al escenario y te deje boquiabierto o atónito. Y la gente de primera fila no se estremecerá con él. Él no hace eso. Pero te escribirá una canción mejor que la mayoría.

Lo ha asimilado como un arte. Randy sabe de música. Sabe de música. Pero tampoco va a mejorar «Louisiana» o «Cross Charleston Bay». A partir de ahí, no puede mejorarse. Es como un himno heroico clásico. Él lo hizo. Hay algunas personas que lo hicieron. No muchas de la generación de Randy.

Brian Wilson. Puede escribir melodías que sacudan a la banda. Tres personas podrían participar en una misma canción y convertirla en una gran canción. Si una sola hubiera escrito la misma canción, quizá nunca la habrías escuchado. Podría estar sepultada en algún… Disco de rap [risas].

Con todo, cuando sales con algún álbum nuevo, esas canciones encajan con ese período específico mejor que otras canciones ya escritas. Tus canciones nuevas siempre nos han abierto nuevas posibilidades.
No es buena idea y además trae mala suerte buscar orientación vital en los artistas populares. Trae mala suerte. Nadie debería hacerlo. Los artistas populares pueden estar muy bien. No pasa nada con ellos en la medida en que sepas dónde estás tú y qué suelo pisas. Muchos de ellos tampoco saben qué están haciendo.

Pero tus canciones son algo más que un mero entretenimiento popular…
Algunos lo creen así. Yo no.

¿No?
El entretenimiento popular no significa nada para mí. Nada. Mira. Madonna es buena. Madonna es buena, tiene talento, se enrolla de muchas

maneras, ha aprendido su oficio… Pero es el tipo de cosa que lleva años y años de tu vida conseguir hacer. Tienes que sacrificar mucho para lograr eso. Sacrificio. Si quieres llegar lejos, tienes que sacrificar mucho. Es todo lo mismo. Todo es lo mismo [risas].

Van Morrison dice que eres nuestro mayor poeta vivo. ¿Te ves así?
[pausa] A veces. Está dentro de mí. Está en mí lo de entregarme como poeta. Pero es un esfuerzo. Es un gran esfuerzo.

[pausa] Los poetas no conducen coches [risas]. Los poetas no van al supermercado. Los poetas no tiran la basura. Los poetas no están en la asociación de padres. Los poetas, ya sabes, no montan piquetes contra el Consorcio de la Vivienda, o lo que sea. Los poetas no… Los poetas ni siquiera hablan por teléfono. Ni siquiera hablan con nadie. Los poetas escuchan mucho y… normalmente, ¡saben por qué son poetas! [risas].

Sí. Hay… ¿Qué puedes decir? El mundo no necesita más poetas. Tiene a Shakespeare. Ya hay bastante de todo. De lo que quieras. Ya hay bastante. Ya había demasiado cuando llegó la electricidad. Algunos lo decían. Algunos decían que la bombilla ya era algo excesivo.

Los poetas viven en la tierra. Se comportan caballerosamente. Y viven según su propio código caballeroso. [pausa] Y mueren arruinados. O se ahogan en un lago. Los poetas suelen tener finales notablemente infelices. Mira la vida de Keats. Mira a Jim Morrison, si quieres llamarle poeta. Mírale. Aunque alguna gente dice que está en los Andes.

¿Tú crees?
Bueno. Nunca se me pasó por la cabeza pensar de una manera o de otra sobre ello, pero se oye decir eso. Va en un burro por los Andes.

A la gente le cuesta aceptar que Shakespeare escribiera toda su obra, vista su extensión. ¿Te cuesta aceptarlo a ti?
A la gente le cuesta aceptar cualquier cosa que la abrume.

¿Podrían pensar eso de ti de aquí a unos años? ¿Que ningún hombre podría producir tanta obra y tan valiosa?
Podrían. Podrían mirar atrás y decir que nadie la produjo. No beneficia a nadie pensar en cómo se le verá el día de mañana. A la larga… te afecta.

Sin embargo, ¿no hay canciones tuyas que sabes que pervivirán siempre?
¿Quién las cantará? Mis canciones no están realmente hechas para ser versionadas. No, la verdad. ¿Puedes pensar en... Bueno, es verdad que las versionan, pero son versiones. No están escritas con la intención de ser versionadas, pero bueno, lo hacen.

Tus canciones se disfrutan mucho más cantándolas e interpretándolas que la mayoría...
¿Las tocas al piano o a la guitarra?

Ambas cosas.
¿Guitarra acústica?

Normalmente.
¿Tocas jazz? No está de más aprender tantos acordes como puedas. Todo tipo de acordes. A veces puede cambiar la inflexión de una canción entera, un acorde natural o, no sé, una séptima aumentada.

¿Tienes teclas o tonos favoritos para tocar?
Al piano, mis teclas favoritas son las negras. Y también suenan mejor a la guitarra. A veces, cuando una canción es en bemol, digamos si bemol, lo trasladas a la guitarra, y quizá prefieras ponerla en la. Pero... Es interesante lo que acabas de decir. Altera la reflexión. Para mí las canciones suenan diferente. Suenan... Cando tomas una canción de tecla negra y la pasas a la guitarra, que significa que tocas en la bemol, no hay mucha gente a la que le guste tocar con esas notas. A mí no me importa [risas]. No me importa porque mi digitación es la misma. Así que hay canciones que, incluso sin el piano, que es el sonido dominante si tocas con las teclas negras —¿por qué otro motivo tocarías con esa nota sin ese sonido dominante de piano?—, pues las canciones que van con esas notas al piano, suenan diferente. Suenan más profundas. Sí. Suenan más profundas. Todo suena más profundo con las teclas negras. En cualquier caso, no son notas de guitarra. A los guitarras no les suele gustar el tocar con esas notas, lo que en cierto modo me da una idea, de hecho, de un par de canciones que podrían sonar mejor con las teclas negras.

¿Las notas tienen colores diferentes para ti?
Claro, claro, claro.

Tú has escrito algunas canciones espléndidas en la bemol. Pienso en «One More Cup of Coffee».

Sí. Podría incluso haber sonado mejor en si bemol.

¿Por qué?

Bueno. Podría sonar mejor porque tocas muchos acordes abiertos si lo haces en la bemol. Si lo haces en si bemol, te obligará a tocar más alto. Y los acordes… Te ves obligado, en algún momento, porque hay tantos acordes en la canción, o parece haberlos… Te ves obligado, en algún momento, a dar con un acorde abierto al final. Desde el si. Acabarás tocando en mi en algún momento.

Inténtalo en la bemol [risas]. Quizá fuera todo un éxito.

Éxito es una canción que triunfa, ¿verdad? Sí.

Cuando te sientas a escribir una canción, ¿escoges primero la nota que encajará en la canción? ¿O las vas cambiando a medida que escribes?

Sí. Sí. Quizá a mitad del proceso.

Hay maneras de salirse de donde sea que te hayas metido. Quieres salirte de ello. Ya es bastante molestia haberse metido. Pero lo que debes hacer, tan pronto como ves donde estás, es darte cuenta de que debes salir. Y a menos que te salgas pronto y sin esfuerzo, no tiene sentido quedarse ahí. Te arrastrará. Podrías pasar años escribiendo la canción, contando la misma historia, haciendo lo mismo.

Así que una vez que te implicas en ello, una vez que accidentalmente te has deslizado hasta allí, se trata de salirse. Tu primer impulso te llevará hasta eso. Pero entonces puede que pienses: «Bueno. ¿Es ésta una de esas cosas en las que todo va a acabar saliendo?». Y de pronto empiezas a pensar. Y cuando mi mente empieza a pensar: «¿Qué pasa ahora? Ahí hay una historia». Y mi mente empieza a llegar ahí. Ya estás en apuros. Se trata habitualmente de un problema gordo. Tanto como para no volver a verlo en tu vida.

Hay varias maneras de salirse de eso. Puedes salirte cambiando de nota. Es una manera. Coger la cosa y cambiar la nota manteniendo la melodía. Y ver si eso te lleva a algún lado. Lo más probable es que te haga avanzar. No te interesa sufrir una colisión. Pero eso te hará avanzar. Hacia alguna parte.

Si eso fracasa, y eso también se arregla, siempre puedes regresar al punto de partida. No funcionará dos veces… Sólo funciona una. Vas adonde empezaste. Sí. Porque todo lo que haces en la será diferente en sol. Mientras lo vas escribiendo, claro. Hay demasiadas notas pasajeras en sol [a la guitarra] para que no influyan en tu escritura, a menos que toques acordes con cejilla.

¿Alguna vez cambias de instrumento, de la guitarra al piano, mientras escribes?
De ese modo no mucho. Aunque cuando llega la hora de grabar algo, para mí, a veces, una canción que se ha escrito al piano sólo con la letra, llegará el momento de interpretarla a la guitarra. De modo que saldrá distinta. Pero eso no habría influido para nada en el proceso de escritura de la canción.

Cambiar de notas influye en la escritura de la canción. Cambiar notas en el mismo instrumento. A mí eso me funciona. Y creo que para otros funciona lo otro. Todo es diferente.

Entrevisté recientemente a Pete Seeger...
Es un gran hombre, Pete Seeger.

Estoy de acuerdo. Dijo: «Todos los cantautores son eslabones de una cadena». Sin tu eslabón en esa cadena, la canción habría evolucionado de manera muy diferente. Has explicado cómo llevaste la música folk hasta el rock. ¿Crees que habría sucedido lo mismo sin ti?
Alguien lo habría hecho a su manera. Pero... ¿Y qué? Es muy fácil descarriar a la gente.

¿La gente habría estado mejor? Seguro. Habrían encontrado a alguien más. Quizá personas diferentes habrían encontrado a otras personas diferentes, y se habrían visto influidos por otras personas.

Tú llevaste la canción a un ámbito nuevo. ¿Sigue habiendo nuevos ámbitos a los que llevar las canciones? ¿Seguirán evolucionando?
[pausa] La evolución de la canción es como una pescadilla que se muerde la cola. Ésa es la evolución. No es más que eso. Cuando llegas hasta ahí, tienes la cola en la boca.

¿Te parecería bien si te menciono fuera de contexto algunos versos de tus canciones para ver qué respuesta les das?
Claro. Dime cualquiera que quieras decir...

«I stand here looking at your yellow railroad / In the ruins of your balcony...» [Estoy aquí mirando tu ferrocarril amarillo / En las ruinas de tu balcón] (de «Absolutely Sweet Marie»).

Vale. Es una vieja canción. No. Tampoco vieja. ¿Cómo de vieja? Demasiado vieja. Ha madurado bien. Como el vino añejo. Mira. Eso es lo más completo que puedes ser. Cada letra en esa canción. Todo es verdad. Tanto en su lectura literal como en la más evasiva.

¿Y es esa verdad lo que le concede esa resonancia?
Sí. Eso es. Mira. La puedes desmenuzar y es como, ¿«Yellow railroad»?. Pues sí. Sí.

«I was lying down in the reeds without any oxygen / I saw you in the wilderness among the men / I saw you drift into infinity and come back again...» [Yo yacía entre los juncos sin oxígeno / Te vi en el desierto entre los hombres / Vagabas hacia el infinito y luego regresabas] (de «True Love Tends to Forget»).

Esa letra es un resto de mi época de composición con Jacques Levy. Así es como me suena.

Volviendo a las vías amarillas... Eso podría venir del hecho de estar mirando hacia alguna parte. Siendo intérprete viajas por el mundo. No miras por la misma ventana cada día. No caminas por las mismas calles. Así que te das a la observación. Y casi siempre te sorprendes. No tienes que observar. Te sorprende. Así que «vías amarillas» podría haber sido un día cegador cuando el sol abrasaba las vías en algún lugar, y se me grabó en la cabeza. No se trata de imágenes artificiosas. Son imágenes que estaban allí y tenían que salir. ¿Sabes? Si está ahí, tiene que salir.

«For the chains of the sea will have busted in the night...» [porque las cadenas del mar habrán reventado en la noche] (de «When the Ship Comes In»).
Para mí, esa canción dice mucho. Debería cantarla Patti LaBelle. ¿Sabes?

Mira. Eso también proviene de acudir mucho a encuentros poéticos. Ese tipo de imágenes son muy románticas. Son muy góticas y románticas al mismo tiempo. Y tiene también cierta dulzura. Así que es una combinación de muchos elementos distintos al mismo tiempo. No es un verso artificioso. No es sentarse y escribir una canción. Ese tipo de canciones salen. Simplemente eso. Están en ti y tienen que salir.

«Standing on the water casting your bread / While the eyes of the idol with the iron head are glowing...» [Echas tu pan al agua que pisas / Mientras brillan los ojos del ídolo con cabeza de hierro] (de «Jokerman»).
[Sopla una pequeña flauta peruana.] ¿De qué canción es?

De «Jokerman».
Ésa es una canción que escapo de mí. Muchas de las canciones de ese disco [*Infidels*] escaparon de mí. Así.

¿Te refieres a su escritura?
Sí. Me colgué demasiado con ellas. Eran mejores antes de que las toquetearan. Claro que fui yo quien lo hizo [risas]. Sí. Ésa podría haber sido una buena canción. Podría haberlo sido.

Yo creo que es tremenda.
¿Ah sí? Quizá no acababa de aguantarse para mí porque en mi cabeza había sido escrita y reescrita y vuelta a escribir...

«But the enemy I see wears a cloak of decency...» [pero el enemigo que veo viste un manto de decencia] (de «Slow Train»).
No me lo digas... Espera... ¿Es «When You Gonna Wake Up»?

No. Es de «Slow Train».
Mira tú. Es una canción de la que se podrían escribir otras con cada verso. Tú podrías.

Muchas de tus canciones son así.
Ya. Pero eso tampoco es bueno. En realidad. A la larga, quizá habría salido mejor si hubiera hecho justo eso: coger cada verso y hacer una canción distinta con ellos. Si alguien tuviera la fuerza de voluntad.

Ese verso, en cualquier caso, es una frase intelectual. Es una frase que, bueno, «el enemigo a la vista viste una capa de decencia», eso podría ser mentira. Podría serlo. Mientras que, por su parte, «de pie bajo tus vías amarillas» no es una mentira.

Para Woody Guthrie la radio era sagrada. Y cuando escuchaba algo falso... Eran emisoras que resultaban sagradas para él. Sus canciones no eran falsas. Ya sabemos que la radio no es sagrada, pero lo era para él.

Y eso influyó a mucha gente de mi generación. En el sentido de: «Ya sabes, todas esas canciones de la lista de éxitos son un montón de mierda». Me influyó al principio cuando nadie había escuchado eso. Nadie lo había escuchado. «Si te entrego mi corazón, ¿lo tratarás con cariño?» o «Me pones sentimental». ¿A quién coño le importa? Podría decirse de manera elevada y el intérprete podría convertirlo en canción pero... Vamos, eso es porque se trata de un gran intérprete, no porque sea una gran canción. Woody era también intérprete y cantautor. Y muchos de nosotros nos pillamos con eso. No hay nada bueno en la radio. No lo hay.

Entonces, claro, llegaron los Beatles y eso alucinó a todos. Estabas con ellos o contra ellos. Estabas con ellos o te unías a ellos, o lo que fuera. Y todo el mundo dijo: «Pues la canción popular no está tan mal»... Y entonces todos quisieron salir en la radio [risas]. Antes de eso, no importaba. Mis primeros discos nunca los pusieron en la radio. Nunca los escuchabas en la radio y a nadie le importaba si salían o no.

Yendo más allá, después de la aparición de los Beatles y de Inglaterra entera, el rock and roll sigue siendo algo americano. La música folk no. El rock and roll es algo americano. Sólo que está como distorsionado. Pero los ingleses parece que lo enderezaron, ¿no? E hicieron que todos volvieran a respetarlo. Y todos quisieron salir en la radio.

Ahora ya nadie sabe lo que es la radio. A nadie le gusta que hables. Nadie la escucha. Pero, a la vez, es más importante que nunca. Pero nadie sabe cómo reaccionar. Nadie puede chaparla [risas]. Y la gente no está realmente segura de si quiere salir en la radio o de si no quiere. Quizá deseen vender cantidad de discos, pero eso siempre fue así. Siendo intérprete de folk, lo de sacar un éxito no tenía importancia. Tenga o no que ver con nada... [risas].

Tus canciones, como las de Woody, han desafiado siempre la condición de entretenimiento pop. En tus canciones, como en las suyas, sabemos que habla un ser real, con frases como «you've got a lot of nerve to say you're my friend» [hay que tener cara para decir que eres mi amigo].
Esa es otra manera de escribir. Hablar con alguien que no está ahí. Es la mejor manera. La más auténtica. Luego sólo es cuestión de lo heroico que resulte tu discurso. Para mí, es algo por lo que luchar.

Hasta que no grabas una canción, independientemente de lo heroica que sea, ésta no existe realmente. ¿Lo sientes así?
No. Si está ahí, existe.

Una vez dijiste que sólo escribes acerca de lo que es verdad, lo que te parece probado, que escribes sobre sueños pero no sobre fantasías.
Mis canciones no son sueños, en realidad. Son más de naturaleza perceptiva. Despertar de un sueño es… Cuando escribes un sueño, es algo que tratas de recordar y nunca acabas de estar seguro de si lo estás captando bien o no.

Dices que tus canciones son perceptivas. ¿La vida tiene que ser un alboroto para que salgan canciones?
Bueno. A mí, cuando las necesito, me salen. Tu vida no tiene que ser alborotada para escribir una canción así. Pero sí que tienes que estar fuera. Por eso tanta gente, yo incluido, escribimos canciones cuando una u otra forma de la sociedad te ha rechazado. De modo que puedas escribir certeramente desde afuera. Alguien que no haya estado ahí fuera, sólo podrá imaginarlo, la verdad.

¿Fuera de la propia vida?
No. Fuera de la situación en que te hayas encontrado. Hay diferentes tipos de canción y todas se llaman canciones. Pero hay diferentes tipos de canción del mismo modo en que hay diferentes tipos de personas. Hay una variedad infinita, partiendo de una balada folk común hasta la gente que cuenta con una formación clásica. Y con la formación clásica… Basta con aplicar la letra a la formación clásica y proceder hasta un punto donde nunca antes habías estado.

Los oídos del siglo xx moderno son los primeros en escuchar este tipo de canciones de Broadway. No había nada como eso. Son canciones de musical. Están hechas por personas que saben de música. Y luego está la letra.

Para mí, Hank Williams sigue siendo el mejor cantautor.

¿Hank? ¿Mejor que Woody Guthrie?
Buena pregunta. Hank Williams nunca escribió «This Land Is Your Land». Pero no me extrañaría que hubiera firmado «Pastures of Plenty» ni tampoco ver a Woody Guthrie cantar «Cheatin' Heart». Así que en muchos sentidos son similares. Como compositores. Pero no debes olvidar que eran también intérpretes. Y eso es otra cosa que separa a una persona que sólo escribe una canción…

La gente que no interpreta, sino que está ligada a otras personas que lo hacen, puede de algún modo sentir qué le gustaría decir a esa otra persona en una canción si fuera capaz de escribir esa letra. Algo que es distinto del intérprete que necesita canciones para tocar en el escenario un año tras otro.

Y tú siempre escribes tus canciones para cantarlas tú...
Mis canciones se escribieron conmigo en mente. En tales situaciones, algunas personas podrían decir: «¿Tienes alguna canción por ahí?». Para mí, las mejores canciones —mis mejores canciones— son canciones que fueron escritas muy deprisa. Sí, muy deprisa. El tiempo que lleva escribirlas no es más que el tiempo que lleva escribirlas. Aparte de eso, ha habido muchas que no se abrieron camino. No sobrevivieron. Habría que exhumarlas y repasarlas otra vez...

Dijiste una vez que la cosa más triste y más dura del hecho de escribir canciones consiste en tratar de reconectar con una idea que empezaste anteriormente.
Yo creo que no puede hacerse. Para mí, a menos que haya otro escritor que quiera terminarlo... Aparte de escribir con los Traveling Wilburys, mi experiencia de escribir una canción compartida con otros compositores no es la mejor. Naturalmente, a menos que encuentres a la persona justa para escribirla como socio... [risas]... Tendrás una suerte inmensa si te sucede, pero si no, son más problemas de los que vale la pena soportar por intentar escribir algo con alguien.

Tus colaboraciones con Jacques Levy salieron muy bien.
Ambos éramos letristas. Sí. Canciones muy panorámicas, porque después de un verso mío, el suyo salía automáticamente. Escribir con Jacques no fue difícil. Se trataba sólo de intentarlo. La cosa no se detenía. Líricamente. Además, mis melodías son muy sencillas así que resultan fáciles de recordar.

Con una canción como «Isis», que escribisteis juntos... ¿Ideaste la historia antes de que se escribieran los versos?
Ésa es una historia que [risas] tenía su importancia para él. Sí. Pareció como si cobrara vida por su cuenta [risas]. Como otra visión de la historia [risas]. Como si hubiera incontables visiones que no se cuentan. De la historia. Ésa no era una de ellas. Historia antigua, pero historia en cualquier caso.

¿Era una historia que ya habías pensado antes de que la canción se escribiera?
No. Con lo de «Isis», era «Isis»… Ya sabes. El nombre resultaba de algún modo sugestivo, pero tampoco de forma arrebatadora. Y luego, llegó el momento de: «¿Qué nombre le ponemos?». Cualquier cosa. El nombre resultaba familiar. Todo el mundo pensaría que le sonaba de algo. Pero parecía que fuera lo que fuera habría resultado. Dentro de unos límites, claro [risas].

¿Qué limites?
[risas] El mío o el suyo.

Mucha gente cree que tus canciones fluyen libremente de ti, pero esa canción y tantas otras tuyas están muy bien trabajadas. Cuentan con un esquema de rima ABAB que es como Byron lo haría, entrelazando versos…
Sí. Sin duda. Si has escuchado mucho verso libre, si te has formado en el verso libre, William Carlos Williams, e.e. cummings, esa gente que escribía verso libre… Tu oído no está entrenado para que las cosas suenen así. Evidentemente, no es ningún secreto que mi material se orienta rítmicamente en ese sentido.

Un verso de Byron sería algo tan sencillo como «What is it you buy so dear / With your pain and with your fear» [¿Qué es lo que pagas tan caro / Con tu miedo y con tu daño?]. Ahí tienes un verso de Byron, pero podría haber sido mío.

Hasta un determinado momento, quizá los años veinte, así es como era la poesía. Así era. Era… Sencilla y fácil de recordar. Siempre con ritmo. Tenía ritmo tanto si había música como si no.

¿Te resulta divertido rimar?
Puede serlo. Es como un juego. Ya sabes, te sientas… Es más como mentalmente… Mentalmente… Te produce emoción. Resulta emocionante rimar algo que puedas pensar que nunca antes se ha rimado. Pero también, a la gente le ha dado ahora por rimar y ya no tiene por qué ser exacto. A nadie le importa si rimas «represento» con «fermento». Seguro que a nadie le va a importar.

Es el resultado de que hubiera tanta gente de tu generación para quien los elementos artesanales de la composición no parecía importar tanto. Pero en tus canciones siempre hay oficio. Junto con la poesía y con la energía…
En mi modo de componer, el sentido de la rima tendía a estar más pre-

sente que ahora… En una esfera mental inconsciente. Puedes salirte con un par de rimas y trabajarlo después. Primero pillas las rimas y lo elaboras y ves si hay manera de que tenga sentido de modo distinto. Puedes seguir en una esfera mental inconsciente para sacarlo que, en cualquier caso, es la esfera mental en la que debes estar.

Así que a veces trabajas al revés, ¿en ese sentido?
Sí, muchas veces. Es la única manera en que vas a poder terminar algo. Pero no es nada fuera de lo común.

¿Das canciones por terminadas incluso cuando sientes que no van a «quedar»?
Quedar o no quedar… Las canciones las mantienes si crees que son buenas, si no… Siempre se las puedes regalar a alguien. Si tienes canciones que crees que no vas a interpretar y no te gustan… Enséñaselas a otra gente, si quieres.

De nuevo, el tema tiene que ver con la motivación. Por qué haces lo que haces. Eso es lo que es [risas]. Se trata de confrontación con esa… Diosa del yo.

¿Dios del yo o diosa del yo? Alguien me dijo que era diosa del yo. Alguien me dijo que la diosa gobierna el yo. Los dioses no se ocupan de esos asuntos terrenales. Sólo las diosas… Planearían tan bajo. O se agacharían tan bajo.

Has mencionado que cuando estabas escribiendo «Every Grain of Sand» sentiste que te hallabas en un área en la que nadie había estado jamás…
Sí. En el área donde reside Keats. Ése es un buen poema musicado.

Una melodía preciosa.
Sí. También es una melodía preciosa, ¿verdad? Una melodía que deriva del folk. No es algo que puedas identificar fácilmente, pero… Sí. Esas melodías son fantásticas. La verdad es que hay pocas así.

Incluso en una canción así, su sencillez puede resultar engañosa. En cuanto a… Una canción así puede que se haya escrito bajo una agitación, aunque nunca lo percibas. Se puede escribir así y no interpretarlo luego. Algunas canciones se escriben mejor en paz y tranquilidad y luego se interpretan agitadamente. Otras se escriben mejor en estado de agitación y se interpretan de manera plácida y tranquila.

La canción popular es algo mágico. Tratar de traducirla en números no acaba de funcionar. No es un puzzle. No hay piezas que encajar. No se trata de completar un cuadro ya visto.

Pero bueno, ya sabes, como suele decirse, benditos sean los cantautores.

Randy Newman dice que escribe sus canciones trabajándolas cada día, como una profesión...
Tom Paxton me dijo lo mismo. Nos conocemos desde hace mucho, mucho tiempo. Me dijo lo mismo. Cada día se levanta y escribe una canción. Bueno. Eso está muy bien. Escribes la canción y luego... ¿Llevas a los niños al cole? Regresas a casa, almuerzas con tu mujer... Puede que escribas otra canción. Y Tom dijo que para distraerse, para relajarse, montaba en su caballo, y luego recogía al niño en la escuela, y se acostaba con su mujer.

A mí me suena como el modo ideal de escribir canciones. Para mí no habría mejor manera.

¿Cómo lo haces tú?
Bueno. Mis canciones no están escritas según un programa así. En mi cabeza no se ha tratado nunca realmente de una profesión... Ha sido más confesional que profesional. Pero bueno, todos nos dedicamos por motivos distintos.

¿Alguna vez te sientas a la mesa ya dispuesto a escribir una canción? ¿O esperas a que lleguen?
Cualquiera de las dos formas. Ambas. Puede venir... Algunas personas son... Actualmente, un cantautor puede tener un estudio de grabación en su casa y grabar una canción, hacer una maqueta y demás. Parece que los papeles han cambiado en ese sentido.

En todo caso, para mí, el ambiente en que se graba una canción es extremadamente importante. El ambiente tiene que arrancarme algo que quiere ser extraído. Es algo contemplativo, reflexivo. Los sentimientos no son lo mío. Mira. Yo no escribo mentiras.

Es un hecho probado: la mayoría de la gente que dice «te quiero» no lo siente. Los médicos lo han probado. El amor genera cantidad de canciones. Más que cantidad. Yo no tengo intención de que el amor influya en mis canciones. No más de lo que influyó en Chuck Berry o a Woody Guthrie o a Hank Williams. Lo de Hank Williams no son canciones de amor. Las degradas si las llamas así. Son canciones del árbol de la vida. El amor está en el árbol del conocimiento, en el árbol del bien y del mal.

Y hay muchas canciones en la música popular que hablan del amor. ¿Para qué sirven? A ti y a mí, no nos sirven para nada.

Puedes recurrir al amor de muchas maneras que se volverán en tu contra y te herirán. El amor es un principio democrático. Es una cosa griega.

Un profesor universitario me dijo que si lees acerca de Grecia en los libros de historia, lo aprenderás todo sobre Estados Unidos. Nada de lo que suceda te volverá a sorprender. Lee la historia de la Grecia antigua y de cuando llegan los romanos, y nada te volverá a inquietar de Estados Unidos jamás. Verás lo que son.

Pero bien, hay muchos otros países en el mundo aparte de Estados Unidos… [risas]. Dos. Es imposible olvidarlos [risas].

¿Te parece que hay lugares mejores que otros para escribir canciones?
No hace falta viajar para escribir una canción. De todos modos, qué viaje largo y extraño ha sido. Pero esa parte también es verdad.

El ambiente es muy importante. La gente necesita ambientes plácidos y estimulantes. Ambientes estimulantes.

En Estados Unidos hay mucha represión. Mucha gente que está reprimida. Querrían salir de la ciudad, pero no saben cómo hacerlo. Y eso agarrota la creatividad. Cuando vas a un sitio no puedes evitar sentirlo. O la gente te lo hace sentir, ¿sabes?

Lo que me llevó a todo esto al principio no era la composición de canciones. No es lo que me metió en esto. Cuando escuché «Hound Dog» en la radio, nada en mi cabeza me dijo: «Qué canción tan buena. Me pregunto quién la ha escrito». No me importaba realmente quién la había escrito. Daba igual. Sólo que… Bastaba con que existiera.

Lo mismo pasa conmigo ahora. Escuchas una buena canción. Y ahora quizá se suele pensar: «¿Quién la ha escrito?». ¿Por qué? Porque el intérprete puede que no sea tan bueno como la canción. El intérprete tiene que trascender la canción. O al menos, estar a su nivel. Un buen intérprete siempre puede hacer que una mala canción suene bien. Hay cantidad de discos con buenos intérpretes cantando material de relleno. Cualquiera puede decir que ha hecho eso. Tanto si lo escribiste tú como si lo hizo otro. Eso no es lo que importa.

Lo que me interesaba era ser músico. El cantante era importante, así como la canción. Pero ser músico era lo que, básicamente, rondaba mi cabeza. Por eso cuando otra gente estaba aprendiendo… Lo que fuera que estuvieran aprendiendo. ¿Qué se aprendía por entonces?

¿«Ride, Sally, Ride»?
Algo así. O «Run, Radolph, Run». Cuando los otros andaban haciendo «Run, Rudolph, Run», mi interés se centraba más en cosas tipo Leadbelly, cuando tocaba con una guitarra Stella de doce cuerdas. ¿Y este tío cómo consigue hacer eso? ¿Dónde podía encontrarse una así? ¿Una guitarra de doce cuerdas? No las había en mi ciudad.

Mi intelecto siempre tendió hacia aquello. En cuanto a música. Como Paul Whiteman. Paul Whiteman sabe crear atmósferas. El primer Bing Crosby. Crean una atmósfera, sensaciones, como Cab Calloway y aquella especie de ominoso sonido de trompeta. Los violines, cuando se empleaban en las orquestas, sin el oropel de Broadway. Una vez que Broadway se dejó llevar por eso, se hizo todo burbujeante y muy estilo Las Vegas. Pero no siempre fue así.

La música creaba una atmósfera. Ya no sucede. ¿Por qué? Quizá la tecnología lo haya desterrado y ya no haya necesidad de eso. Porque tenemos una pantalla que se supone que es tridimensional. O se percibe como tridimensional. Querrían que creyeras que es tridimensional. Bueno, ya sabes. Como las viejas películas que tanto nos influyeron a los que crecimos con eso.

[Agarra la flauta peruana.] Como esta cosa. No es nada. Es una especie de… ¿Qué es?… Escucha: [Toca una suave tonada.] Mira. Escucha esta canción. [Toca algo más.] Bien. Eso es una canción. No tiene letra. ¿Por qué va a necesitar letra una canción? No la necesitan. Las canciones no necesitan letra. No la necesitan.

¿Te sientes satisfecho con tu obra?
En general, sí.

¿Pasas mucho tiempo escribiendo las canciones?
Bueno. ¿Has escuchado el disco que Columbia sacó el año pasado, *Down in the Groove*? Esas canciones salieron con bastante facilidad.

Me gustaría mencionar algunas de tus canciones y ver qué respuesta tienes para ellas.
Vale.

«One More Cup of Coffee».
[pausa] ¿Era para un anuncio de café? No…

Es una canción gitana. Esta canción se escribió durante un festival gitano un verano en el sur de Francia. Alguien me llevó allí para las fiestas gitanas que coincidían con la fecha de mi cumpleaños. Así que alguien me llevó a una fiesta de cumpleaños, y estar por allí durante una semana influyó probablemente en la escritura de esa canción. Pero lo de «valley below» [el valle de abajo] venía probablemente de otra parte.

Mi sensación respecto de la canción era que los versos venían de alguna otra parte. No era acerca de nada. Así que lo de «valley below» se convirtió en el referente al que agarrarse. Pero «valley below» podría significar cualquier cosa.

«Precious Angel» [de *Slow Train Coming*].
Sí. Esa es otra. Podría proseguir eternamente. Hay demasiados versos y no hay los suficientes. ¿Sabes? Cuando la gente me pregunta: «¿Cómo es que ya no cantas esa canción?». Es que se trata de una más de esas canciones: es demasiado y no es suficiente. Muchas de mis canciones me sorprenden en ese mismo sentido. Eso es lo normal de ellas para mí.

Es muy complicado preguntarse por qué. Para mí, no vale la pena hacerse esa pregunta. Son canciones. No están grabadas en piedra. Están en vinilo.

Para nosotros, no obstante, están grabadas en piedra, porque las escribió Bob Dylan. Me asombra el modo en que has cambiado algunas de tus grandes canciones...
Sí. Alguien me dijo que Tennyson, a menudo, deseaba reescribir sus poemas cuando los veía impresos.

«I and I» [de *Infidels*].
[pausa] Ésa era una de las canciones caribeñas. Hubo un año en que un puñado de canciones me vino por efecto de mis viajes a las islas, y ésa era una de ellas.

«Joey» [de *Desire*].
Para mí, es una gran canción. Sí. Y nunca pierde su encanto.

Y tiene uno de los mejores finales visuales que conozco.
Es una canción tremenda. Y sólo te das cuenta si la cantas una noche tras otra. ¿Sabes quién me hizo cantarla? [Jerry] Garcia. Sí. Hizo que volviera a cantar esa canción. Dijo que era una de las mejores canciones

que se habían escrito jamás. Viniendo de él, es difícil saber cómo tomárselo [risas]. Hizo que volviera a cantar la canción con ellos [los Greatful Dead].

Es increíble como, ya de entrada, tenía vida propia. Salió de donde se encontraba recluida y no dejó de mejorar y mejorar. Como interpretación todavía está en su fase primeriza. Claro, es una canción larga. Para mí, y no es para echarme flores, pero para mí es como una balada homérica. Mucho más que «Hard Rain», que también es una canción larga. Pero para mí, «Joey» tiene una cualidad homérica que uno no escucha todos los días. Y menos aún en la música popular.

«Ring Them Bells» [de *Oh Mercy*]

Se nota cuando la toco yo. Pero si la hace otro intérprete, puede que sientas que tiene menos que ver con las campanas de lo que anuncia el título.

Una vez vino alguien a mi camerino y la cantó. A mí [risas]. Para intentar convencerme de que la cantara aquella noche [risas]. Podría haber sucedido de cualquier modo, ¿sabes?

¿Cómo sucedió?

Salí por la puerta [risas]. Salí por la puerta y no regresé. Escuchar aquella canción, que estaba en mi disco, cantada por alguien que deseaba que la cantara... Era imposible que consiguiera que la cantara de ese modo. A pesar de todo, se trataba de un gran intérprete.

«Idiot Wind».

«Idiot Wind». Sí. Si has escuchado ambas versiones te das cuenta de que podría haber una miríada de versos para ésa. No se detiene. No se detiene. ¿Dónde la terminas? Podrías estar escribiéndola todavía, de verdad. Podría ser una continua «obra en marcha».

Aunque, al decir eso, déjame decir que mis letras, tal como lo veo yo, son mejores para mis canciones que para las de cualquier otro. Muchas personas se han sentido con mis canciones igual que yo. Y te dicen: «Tus canciones son tan opacas que...». Tienen sentimientos que les gustaría expresar con ese mismo enfoque. Mi respuesta es, siempre, «adelante; hazlo, si tienes ganas». Pero nunca despega. No son tan buenas como mis letras.

Hay algo acerca de mis letras que tiene que ver con cierta osadía. Y puede que eso sea lo único que tienen [risas]. No está mal.

27

ENTREVISTA DE JON PARELES, *THE NEW YORK TIMES* 28 DE SEPTIEMBRE DE 1997

Bob Dylan no puede estarse quieto. Tira de sus rizos, juguetea con su camiseta negra, cambia constantemente de postura en el confortable sofá. Sentado en la suite de un hotel junto al mar, alquilada por su publicista a fin de conceder una rara entrevista, el compositor que transformó el rock está de un humor jovial. Lleva zapatos de charol en dos tonos, hay un centelleo en sus ojos azules y sonríe con facilidad y a menudo.

Dylan está orgulloso de su nuevo disco, *Time Out of Mind*, y con razón. El álbum, que saldrá el martes, es, con diferencia, su mejor trabajo desde mediados de los setenta. Alcanza el listón marcado por *Blood on the Tracks*. Sus nuevas canciones —la primera serie que compone desde 1990— son desoladas, amargas y fatigadas. «When you think you've lost everything, you find out you can always loose a little more» [cuando crees que lo has perdido todo, descubres que siempre puedes perder algo más], canta con una voz áspera cuyas grietas se han tornado simas. Es la voz de un hombre de 56 años que no esconde ningún moratón. Con todo, el personaje que vemos aparecer a lo largo de las canciones del álbum no se parece en nada al cantautor optimista y relajado que nos habla sobre ellas. Preguntado por quién es la mujer que rompió su corazón una canción tras otra, ríe y pregunta: «¿Cuál? ¿Qué canción?».

«Es la naturaleza de mi personalidad —dice—. Puedo estar alborozado un momento y meditabundo después. Puede pasar una nube y provocar esa alteración del humor. Soy inconsistente. Incluso para mí mismo.»

Durante una carrera discográfica que se remonta a treinta y cinco años atrás, Dylan ha sido una cornucopia de inconsistencia. Visionario y maniático, innovador y conservador, irritante y estimulante, escéptico y proselitista, rebelde y vendido, pionero y extraviado: Dylan ha sido todo eso y muchas cosas más. Puede que sea la figura más inquieta de la historia del rock, constitutivamente incapaz de repetirse. Parece que decía la verdad cuando en 1965 cantó que los artistas «no miran atrás». *Time Out of Mind* resulta un disco típicamente dylaniano porque escapa a toda expectativa.

En los años sesenta, Dylan enseñó a los cantantes de folk a trascender el tópico. Luego enseñó a los cantautores a pensar en algo más que en el enésimo romance. Como quien no quiere la cosa, creó géneros nuevos: folk rock, country rock y lo que ahora ha dado en llamarse «americana». Cada faceta de su música de los sesenta ha sido imitada, últimamente por la banda de su propio hijo Jakob, los Wallflowers. A lo largo de los setenta y ochenta, Dylan siguió inspiraciones más caprichosas y menos fiables. Creó la caravana rockera de Rolling Thunder. Se convirtió en cristiano renacido para pasar luego al judaísmo. Salió de gira con Grateful Dead y con Tom Petty y los Heartbreakers. También vendió su himno «The Times They Are A-Changin'» para el anuncio de una compañía de contabilidad.

Al cantar sus inquietudes se convirtió, primero deliberadamente y luego a su pesar, en portavoz de la generación del *baby-boom*. Siempre por delante de sus oyentes, pasó del fervor político y las visiones apocalípticas al matrimonio y posterior divorcio, de buscar la fe a refunfuñar ante el telediario. Desde su divorcio de Sara Lowndes a finales de los setenta, en que perdió la custodia de los cuatro hijos de ambos más el que Sara había tenido de una relación anterior, se ha comprado una casa en Malibú, California, y ha mantenido escondida su vida privada. Con todo, su respuesta a la gente, las ideas y el mundo han reverberado en sus canciones.

Año tras año, de manera prácticamente constante desde 1988, Dylan ha salido de gira. Se ha convertido en un músico itinerante como los bluesmen y trovadores populares que constituyeron su educación musical. Las citas de su gira infinita han incluido la celebración inaugural de la administración Clinton en 1993 y un concierto en Bolonia ante el Papa. «De día o de noche, ya no importa adonde vaya. Yo voy», canta en «Can't Wait».

«A mucha gente no le gusta salir de gira —dice—, pero para mí es tan natural como respirar. Lo hago porque estoy hecho para ello. O lo odio o lo amo. Me mortifica estar en el escenario, pero también resulta que es el único sitio donde soy feliz. Es el único lugar donde puedes ser quien quieres ser. En la vida ordinaria, no puedes ser quien quieres ser. No me importa quién seas. La vida diaria te va a decepcionar. Pasar por el escenario se convierte en la panacea. Por eso los intérpretes se dedican a ello. Pero al decir eso, no quiero ponerme la máscara de la celebridad. Prefiero limitarme a hacer mi trabajo y verlo como un oficio.»

Durante los años noventa, al salir con el mejor grupo que le ha respaldado desde The Band, Dylan se ha hecho con una audiencia nueva. Sus espectáculos de hace una década, cantados o aullados a menudo en monótono, podían exasperar incluso a sus fans más acérrimos. Sin embargo, en los últimos conciertos de Dylan, universitarios con camisetas desteñidas de los Deadheads se han sumado a los incondicionales de calvicie incipiente del *baby-boom*. Las audiencias ya responden a las raíces blues y country de su banda y a la naturaleza volátil e improvisadora de Dylan, sabedoras de que canta sus canciones de modo distinto en cada concierto.

«Me gusta la gente que viene a verme ahora —dice Dylan—. No conocen mis primeros tiempos, y me alegro. Me quita ese lastre de responsabilidad, de tener que tocar exactamente tal como estaba en determinado disco. Yo no puedo hacer eso. En qué dirección sople el viento, pues es algo que va a cambiar a cada paso, pero el propósito sigue siendo el mismo.

»Debo saber que canto algo que contiene cierta verdad. Mis canciones son diferentes que las de cualquier otro. Otros artistas pueden arreglarse con sus voces y su estilo, pero mis canciones dicen mucho, y todo lo que tengo que hacer es interpretarlas correctamente, líricamente, y harán lo que deben hacer.»

No podemos decir que Dylan haya sido ninguneado en los años noventa. Ha recogido un Grammy en honor a toda su carrera, ha sido nombrado caballero de las artes y las letras de Francia y en diciembre recibirá un galardón del Kennedy Center. Hasta los años noventa, Dylan no se había mantenido en silencio nunca. Las canciones fluían de él: espléndidas, buenas, mediocres e infames, pero en una corriente incesante. Eso cambió a partir de su mediocre álbum de 1990, *Under the Red Sky*. Se dedicó a interpretar canciones antiguas, al tiempo que sacaba dos álbumes de material de folk y blues tradicional, *Good As I Been to You* y *World Gone Wrong*, que interpretaba como solista a la manera de un *folkie* del Greenwich Village de los sesenta. «Dignity», la canción que sacó después de *Red Sky*, era un descarte del álbum de 1989, *Oh Mercy*.

¿Qué le hizo abandonar la grabación de canciones nuevas? «Desilusión —dice—. Desilusión con todo el proceso. Yo empecé cuando podías ir al estudio, grabar tus canciones e irte. No recuerdo cuándo cambió eso. Pero me vi pasando cada vez más tiempo en el estudio y haciendo cada vez menos. No era nada gratificante, de verdad. Escribía las canciones, porque eso es a lo que me dedico. Y tenía mi banda, así que me dije, bien, las escribo y las toco cuando las toco. No es que nos falten canciones para interpretar en el escenario.»

Los fans de siempre se inquietaban al ver que Dylan no presentaba canciones nuevas en concierto. El motivo, dice, es muy simple: «No me gusta sacar material nuevo por el tema de la piratería». Sin embargo, entre bastidores y durante las pruebas de sonido se estaban perfilando nuevas canciones fabulosas.

Time Out of Mind (Columbia) es desolador y fascinante. Sus once canciones tratan sobre la soledad, el enojo y la desesperación del amor perdido, así como de la mortalidad en ciernes. (El disco se grabó antes de que Dylan fuera hospitalizado todo el verano por una infección coronaria que puso en peligro su vida.)

«I've been walking through the middle of nowhere, trying to get to heaven before they close the door» [he caminado sin rumbo, intentando entrar en el cielo antes de que cerraran la puerta], canta Dylan. Se ha mostrado optimista en contadas ocasiones. El despecho y el desprecio desde su atalaya moral dan alma a muchas de sus mejores canciones. Pero, a pesar de eso, *Time Out of Mind* es el disco que menos consuelo nos aporta.

«El entorno me afecta enormemente —dice Dylan—. Muchas de las canciones se escribieron tras la puesta de sol. Y me gustan las tormentas. Me gusta quedarme a contemplarlas. Me pongo muy meditabundo, a veces, y había una frase que rondaba mi cabeza: "Trabaja mientras dure el día, porque la noche de la muerte sobreviene cuando el hombre no puede trabajar". No recuerdo donde la escuché. Me gustan las prédicas, oigo muchas, y es probable que lo escuchara en alguna. Quizá sean los Salmos, no lo sé. Pero la cosa no se iba. No dejaba de pensar en qué significaba la frase. Y estuvo en mi cabeza durante mucho tiempo. Creo que mucho de eso se ha visto reflejado en el disco.»

Muchas de las canciones remiten a las estructuras de acordes de clásicos de los sesenta como «Ballad of a Thin Man» y «Just Like a Woman», pero el engreimiento juvenil de aquellas sesiones aparece vuelto del revés. El productor Daniel Lanois (que ha trabajado con U2, Peter Gabriel y Emmylou Harris) hace que la banda suene como si se fundiera in situ. Los instrumentos van entrando uno a uno, tanteando su camino hacia la melodía como si estuvieran colándose en una *jam session* clandestina.

Con todo, el sonido improvisado, inestable, es una elección delibera-da. «No estaba interesado en hacer un disco que tomaba las canciones y las trasladaba a un marco contemporáneo —dice Dylan—. Mi música y mis canciones tienen poco que ver con la tecnología. O funcionan o no funcionan. Daniel y yo hicimos aquel disco, *Oh Mercy*, hace un tiempo, y resultó bastante bueno entonces. Pero yo sentía que estas canciones eran más universales. Estaban más impregnadas de las terribles realidades de la vida.

»Muchos de mis discos tienden a ser como proyectos para mis cancio-nes. Esta vez, no quería un proyecto, sino algo más auténtico. Cuando las canciones se hacen bien, están bien hechas, y ya está. Están grabadas en piedra cuando se hacen bien.»

En lugar de construir la música una capa tras otra, Dylan trabajó las canciones con los músicos, entre los que se contaba el legendario organis-ta de tex-mex, Augie Meyers, el guitarrista Duke Robillard y el eje del grupo de gira, Tony Garnier, al bajo. Casi todo en el álbum, incluyendo las voces, se grabó en vivo en el estudio.

«Todos sabemos cómo debería sonar y nos limitamos a alejarnos al máximo de ello —dice Dylan—. Quería algo que pasara por la tecnología y saliera del proceso como antes de que la tecnología contara.»

La música deliberadamente cruda —baterías repiqueteantes de rocka-billy y guitarras restallantes en «Cold Irons Bound», blues al trote con ru-dos trallazos de guitarra en «'Til I Fell in Love With You», un sensual piano eléctrico sobre fondo reggae en «Love Sick», un tanteo gospel en «Tryin' to Get to Heaven»— presenta un tono evocador e inquietante que lo conecta con las profundidades más desgarradoras del blues.

El blues ha sido siempre una piedra de toque dylaniana, tanto en la le-tra como en la música. En muchos sentidos, sus canciones pioneras de los años sesenta eran blues reconvertidos, desde las yuxtaposiciones surreales en las letras a la tosquedad vocal, hasta las bandas de blues que contrataba cuando decidió enchufarse.

A lo largo de *Time Out of Mind*, Dylan cita vetustas frases de blues como «Voy carretera abajo y me siento mal». Y en su madurez, parece más próximo que nunca al fatalismo clarividente del blues clásico. Canción tras canción, el cantante recorre carreteras oscuras y vacías, farfullando acusacio-nes contra la mujer que le dejó. Sigue deseando que regresara y se pregunta, en una canción, si la besaría o la mataría en caso de que eso sucediera.

Cuando no está amargándose por un amor roto, se muestra consciente de su edad y medita sobre la muerte. En el tema de diecisiete minutos, «Highlands», contempla a los jóvenes bebiendo y bailando, y su voz se ahueca por la tristeza: «I'd trade places with any of'em in a minute if I could» [cambiaría mi vida por la de ellos en un minuto si pudiera].

«No puedo evitar esos sentimientos —dice—. No voy a tratar de aportar una falsa visión almibarada. ¿Por qué iba siquiera a querer? Y no voy a negarlos sólo porque resulten sombríos. Trato de que la cosa hable por si sola, pero no estoy emocionalmente implicado. Me limito a mandar el mensaje. Hace tiempo que aprendí a no implicarme personalmente, porque si lo haces se sale de madre.»

Al ver que su hijo Jakob cosecha éxitos que venden millones, Dylan templa su orgullo con cautela. «Ha tenido un éxito brutal en muy poco tiempo —dice Dylan—. Lo único que quiero es que este negocio no le parta el corazón. Eso es todo.»

Para Dylan, las canciones con las que creció continúan aportando los modelos y las varas de medir para su propia música. *Good As I Been to You* y *World Gone Wrong* no hicieron más que robustecer la conexión. «Mis canciones provienen de la música folk —dice—. Adoro todo ese panteón. Para mí no hay diferencia entre Muddy Waters y Bill Monroe.»

Repasando los temas de *Time Out of Mind*, señala aquello que tomó prestado: entre otras cosas, una frase de guitarra popular en «Not Dark Yet», un solo de rockabilly invertido en «Dirt Road Blues», así como un *riff* y el tono cantarín country-blues de Charley Patton en «Highlands».

«Hay mucha gente inteligente por ahí que escribe canciones —dice Dylan—. Mis canciones, lo que las hace diferentes, es que cuentan con cimientos. Y ese es el motivo por el que siguen vigentes. Por eso siguen interpretándose. No es porque sean canciones tan buenas. No entran en la categoría comercial. No están escritas para que las interprete otro. Se asientan en fundamentos sólidos, y eso es lo que subliminalmente la gente está escuchando.

»Esas viejas canciones son mi vocabulario y mi devocionario —añade—. Todas mis creencias provienen de esas viejas canciones, literalmente. Cualquier cosa desde "Let Me Rest on that Peaceful Mountain" a "Keep on the Sunny Side". Puedes encontrar toda mi filosofía en esas canciones. Creo en un Dios del tiempo y del espacio, pero si alguien me pregunta al respecto, mi reacción es señalar esas canciones. Yo creo en

Hank Williams cantando "I Saw the Light". Yo también he visto la luz.» Dylan declara que no está abonado a ninguna religión institucional.

Dylan idealizaba a personajes como Mississippi John Hurt y Jimmie Rodgers en los años sesenta y, a estas alturas, él mismo ha alcanzado esa suerte de solidez. Acaso suene más desconsolado. La voz de una generación se ha convertido en una voz sabia, que nos cuenta que la experiencia no le ha enseñado nada que necesitara. De manera explícita o no, los maestros del blues y del folk brindaron su propia supervivencia como alivio.

En *Time Out of Mind*, Dylan les niega a los oyentes ese consuelo. A menudo, suena como dispuesto a dar la bienvenida a la muerte. «It's not dark yet, but it's getting there» [no ha oscurecido aún, pero falta poco], canta. Sin reservas ni falsas esperanzas.

«He escrito algunas canciones que si las miro me producen asombro —dice Dylan—. Cosas como "It's Allright, Ma". De hecho, sus aliteraciones me dejan atónito. También puedo mirar atrás y saber dónde estaba siendo tramposo y dónde estaba de verdad diciendo algo con una chispa de poesía.

»Pero cuando pasas de cierta edad, después de haber andado durante algunos años, te das cuenta de que la vida es algo corta. Y quizá no esté de más contar cómo te sientes.»

28

ENTREVISTA DE ROBERT HILBURN, *THE LOS ANGELES TIMES* 14 DE DICIEMBRE DE 1997

En *Time Out of Mind*, el disco más aclamado de Bob Dylan en los últimos veinte años, hay pasajes que suenan como las reflexiones de un hombre que va a recibir los últimos sacramentos.

«When you think that you've lost everything you find out that you could always lose a little more» [cuando crees que lo has perdido todo descubres que siempre puedes perder algo más], canta Dylan en una canción que resume el alma de un álbum que, en contraste con el optimismo juvenil de sus grandes obras de los sesenta, se centra en el amor y en la vida en una época en que las opciones y las expectativas se han visto reducidas notablemente.

Es por ello que resulta sorprendente ver al cantautor con un humor enérgico, e incluso juguetón, sentado en el sofá de una habitación junto al vestíbulo de un hotel en Santa Mónica.

Dylan, de 56 años, siempre ha aborrecido las entrevistas porque siempre se le pide que revele cosas de su vida personal o que interprete sus letras, ya sea de algunos de sus himnos folk de resonancia social como «Blowing in the Wind» ya de declaraciones airadas de autoafirmación como «Like a Rolling Stone».

Incluso ahora, rehúye sin más las preguntas acerca de hasta qué punto sus canciones, algunas de las cuales son tragos amargos sobre las relaciones humanas, arrancan de su propia experiencia.

Con todo, una sonrisa acompaña a su réplica en lugar del desafío glacial que solía mostrar antaño. «Son canciones hechas para ser cantadas —dice cuando insistimos en el aspecto autobiográfico—. No sé si están hechas para ser debatidas en torno a una mesa.»

No es difícil entender por qué Dylan está de buen humor. *Time Out of Mind*, su primera serie de canciones nuevas en siete años, no sólo ha sido aclamado por los críticos, sino que el álbum, que entró en las listas de éxitos como número 10 en octubre, ya ha sido disco de oro (ventas a partir de 500.000 copias). Es su primer disco dorado de estudio desde *Infidels*, en 1983. El álbum (el cuadragésimo, incluyendo las recopilaciones) redondea el total de unas ventas en Estados Unidos que desde su primer disco alcanzan la descomunal cifra de 31 millones de copias.

Dylan, cuyas composiciones de los sesenta revolucionaron el rock al aportar crítica y ambición literaria a una forma musical que había confiado básicamente en la mera pose y energía, recibió también el pasado domingo los honores del prestigioso Kennedy Center, en Washington D.C. Sobre Dylan dijo el presidente Clinton: «Probablemente tuvo mayor impacto sobre las personas de mi generación que cualquier otro artista».

Durante la entrevista, se hace evidente que hay una razón más profunda para la satisfacción de Dylan. Ésta arranca de lo que él describe como el redescubrimiento, en años recientes, de su identidad como intérprete. Una identidad que había perdido durante los años setenta y ochenta entre el bombo y platillo de las giras colosales.

«Me recuerdo tocando en conciertos [con Tom Petty y los Heartbreakers en los ochenta] y mirar [pensando] que ya no había tantos fans que fueran a verme a mí —dice—. Iban a ver a Tom Petty and the Heartbreakers.»

Acerca de aquel período, añade: «Yo estuve tirando de mi nombre durante largo tiempo. Nombre y reputación, que era lo único que me quedaba. Había caído en un trance amnésico... Sentía que no sabía quién era sobre el escenario...».

Sin embargo, Dylan dice que recuperó el sentido de su identidad y propósito en los cientos de conciertos que ha hecho en los años noventa. Una serie ambiciosa protagonizada, en su mayoría, en teatros y que ha sido apodada por la prensa como la gira eterna. Esa estimulante experiencia parece que contribuyó al estallido creativo del nuevo álbum.

En vísperas de una serie de cinco conciertos, todos vendidos, en El Rey Theatre, Dylan —quien dice sentirse estupendamente después de su hospitalización en mayo por una pericarditis— habla sobre el nuevo álbum, los años «perdidos» y, cauto, del éxito del grupo de su hijo Jakob, los Wallflowers.

Pareces estar de buen humor. ¿Crees que se podría hablar de felicidad?
Creo que es difícil encontrar felicidad total en algo [risas]. Los días de la tierna juventud quedaron atrás. Creo que uno puede delirar en su juventud pero, a medida que creces, las cosas suceden de verdad. Nos instruimos con los medios de comunicación. Los medios se regodean con la tragedia y el pecado y la vergüenza. De modo que, ¿por qué iba a sentirse la gente de otro modo?

Algunas de las palabras empleadas por los críticos para describir las canciones de tu nuevo álbum son... Perturbador, sombrío, sufrimiento, recelo. ¿Lo ves así?
No sé... Sin duda no es un disco sobre la felicidad... Trato de vivir en ese límite entre el abatimiento y la esperanza. Estoy hecho para recorrer ese límite, justo entre el fuego... Veo [el álbum] justo en medio de ese límite, de verdad.

¿Por qué tus dos álbumes anteriores a éste se componían de canciones acústicas escritas por otros? ¿Te llevó mucho escribir éstas?
Tenía escritas estas canciones, pero... Me olvidé de grabar durante un tiempo. No me sentía preparado para aguantar el esfuerzo de grabar nada. Los discos acústicos resultaron bastante fáciles. Y quedé razonablemente satisfecho dejándolo así.

¿Qué era diferente de este álbum?
Parte de... No sé cómo prefieres llamarlo... Quizá la efectividad de estas canciones es el hecho de que no fueron simplemente escritas y llevadas al estudio del modo en que ha sucedido con muchas de mis canciones. Cuando te quedas atascado con los arreglos, atascado con quien los toca, atascado con las letras... Muchos de mis discos se hacían así. Tantos que alguna gente considera de ese nivel lo que no eran más que esbozos de canciones... Y con los años han cambiado. He vivido lo bastante con estas canciones para saber lo que quería.

«Highlands», de dieciséis minutos, es el plato fuerte del álbum. ¿Cómo te vino esa canción?
El guitarrista me sacó un viejo disco de Charley Patton [que tuve en la cabeza] durante años y con el que siempre había querido hacer algo. Estaba sentado, quizá en el oscuro Delta o puede que en una trinchera impensa-

ble en algún lugar, con ese sonido en mi cabeza y la dicotomía entre las tierras altas y… Aquello parecía ser una senda que valía la pena recorrer.

¿Qué me dices de escribir la canción? ¿Es algo que haces de una sentada o más bien algo que vas conjugando con el tiempo?
Comienza como un monólogo interior al que vas añadiendo cosas. Tomo cosas de todas las partes de mi vida busco una interconexión, y si la hay, las conecto. El *riff* se iba produciendo hipnótica, repetitivamente en mi cabeza. Luego, la letra empezó a abrirse paso. Probablemente, todas las canciones del álbum salieron así.

En esa canción hay una docena de versos que sería interesante discutir, pero ¿qué me dices del que habla de Neil Young? «I'm listening to Neil Young, I gotta turn up the sound / Someone's always yelling turn it down.» [Voy escuchando a Neil Young, tengo que subir el volumen / Siempre me gritan que lo baje] ¿Se trata de una alucinación o...?
Es cualquier cosa que quieras [sonríe]. No doy una importancia excesiva a los versos individualmente. Si pensara siempre en ellos con esa profundidad quizá no los utilizaría, porque yo mismo estaría siempre cuestionándolos. Hace tiempo que aprendí a confiar en mi intuición.

¿Cómo te sientes cuando un álbum recibe críticas mucho mejores que las de otro? ¿Entiendes por qué la gente responde de manera diferente a los álbumes o piensas que buena parte de todo ello parece arbitraria?
Yo nunca escucho mis discos una vez acabados. No quiero que me los recuerden. Para mí, ya están hechos. Es como mirarse a un espejo sin vida. Sin embargo, este disco lo escucho bastante.

Si estabas tan satisfecho con estas canciones, ¿por qué no las interpretaste en concierto antes de grabarlas, visto que hacía tiempo que las tenías?
Es curioso. La gente cree que no puede reaccionar ante una canción que no haya escuchado en disco. No solía ser así, pero creo que vivimos en una era en que estamos tan bombardeados —desde las noticias por satélite hasta las armas biológicas— que la gente quiere estar familiarizada con algo antes de estar dispuesta a aceptarlo.

¿Incluso tus fans? ¿No crees que forman un grupo más bien audaz?
No lo sé. No creo que tenga los mismos fans que tuve antes. De hecho,

sé que no se trata de la misma gente. Aquellos fans hace ya años que me abandonaron. Si yo fuera un fan mío de entonces, tampoco lo sería ya.

¿Qué quieres decir?

Yo no le estaba dando a nadie nada con lo que pudieran sentirse cómodos, y eso lo comprendí, pero lo comprendí mucho después de que sucediera. Yo no tengo fans o seguidores de este tipo de música como, digamos, U2 o Bruce [Springsteen] o ninguno de estos grupos actuales que mantienen de modo consistente a sus seguidores porque lo que hacen son variaciones de lo mismo. Mi situación es peculiar. No provengo del mismo entorno. Mi tradición es más antigua. Yo vengo del entorno de la música folk.

¿Hay algún modo de describir tus objetivos de cuando empezaste?

De joven, sabía que quería hacer algo diferente al resto. Quería hacer algo que nadie hiciera o pudiera hacer, y quería hacerlo mejor de lo que nadie lo había hecho. No sabía adónde me iba a llevar eso, pero adonde me llevó fue a la música folk en un tiempo en que estaba completamente fuera del mapa. Quizá había doce personas en todo el país que supieran de Woody Guthrie, Roscoe Holcomb, la familia Carter, Leadbelly… O, por lo menos, doce personas de mi edad. Eran espíritus libres que se arriesgaban, y nunca deseé acabar con ese espíritu.

Nunca has parecido cómodo con el éxito y la aclamación. ¿Es eso cierto?

Sigo sin estarlo. Sigo sin considerarme a mí en el mismo reino que alguien como James Taylor o Randy Newman, alguien que, en mi manual, es un «cantautor de estos tiempos». Siento que mi material es muy áspero y no es apto para todos.

Ya llevas veinte años de gira. ¿Te planteas el momento de dejarlo? ¿O crees que seguirás haciéndolo hasta el último suspiro?

Podría dejarlo en cualquier momento… Puedo verle el fin a todo, la verdad.

A finales de los sesenta, dejaste de tocar durante ocho años. ¿Por qué dejaste la carretera durante tanto tiempo?

No quería salir a la carretera. No sentía que fuera importante para mí, a título personal. Tenía una familia. No iba a funcionar si salía de gira. Así que lo dejé. Entonces vinimos a California... Y me olvidé de lo que hacía [sobre el escenario]... Completamente... Cuando regresé [a los conciertos, en 1974], se me consideraba el cantautor de una generación o portavoz de una generación. Ésa es la insignia que me colgaron por entonces. Lo tuve que admitir sin más.

¿Resultaba incómodo?

Claro. Porque cuando volví [a las giras], ya nada funcionaba como debía para mí... Había perdido mi razón de ser... No sabía lo que andaba haciendo por ahí. La gente lanzando flores y demás. No sabía quién esperaban que yo fuera. Fue una locura.

¿Y qué le dio la vuelta?

En un momento dado [en la gira con Petty], tuve una revelación sobre una serie de cosas. Algo que es difícil de explicar [brevemente]... Me di cuenta de que era necesario salir y darle la vuelta a las cosas.

¿Cómo lo hiciste?

Una noche de ésas, sonó la flauta, y el don me fue devuelto y lo supe... Tenía otra vez la sustancia.

Así que, en años recientes, ¿aprendiste a disfrutar de nuevo en el escenario?

Sí. Me llevó mucho tiempo progresar de nuevo hacia lo que habría sido, si no me hubiera saltado ese lapso. Es una historia extraña, lo admito.

Hablando de alegría, ¿qué te parece el éxito de Jakob con los Wallflowers?

Es fantástico lo que les ha pasado a los Wallflowers. Sucede una vez entre un millón.

Cuando supiste que se encaminaba por ahí, ¿te preocupaste? ¿Le aconsejaste?

Lo que yo pensara era intrascendente.

Sin embargo, como padre, ¿te preocupaba todo aquello por lo que habría de pasar, como el daño de que su sello les abandonara después del primer disco?

Me preocupé después de que el sello les dejara y seguían tratando de conseguir otro acuerdo discográfico. Pero lo consiguió por su cuenta. El nombre sólo podía perjudicarle. Y creo que eso sucedió en los primeros discos, la verdad. Creo que el primer disco habría tenido mayor aceptación si no hubiera sido quien es.

¿Qué me cuentas de los premios, como el del Kennedy Center? ¿Te satisfacen?
Siempre es agradable que te galardonen. Sobre todo mientras sigues vivo.

29

ENTREVISTA DE MURRAY ENGLEHEART, *GUITAR WORLD* Y *UNCUT* MARZO DE 1999

Greil Marcus vino a decir un día algo así como que los discos de Skip James siempre suenan mejor de noche. *Time Out of Mind* parece también de esa categoría. ¿Lo ves así?
¿Suena como Skip James?

En cierto sentido, pero Marcus decía que siempre parece de noche cuando suenan sus discos y...
Sí. Sí. Sería un cumplido fantástico oír que tiene cierto atractivo como el de Skip James. No lo había oído antes. En todo caso, podría emanar el mismo tipo de intensidad propia de Skip James. De todas formas, ojalá se encuentre en esa línea.

El álbum presenta cierta inmediatez, pero también la sensación de que ha requerido mucho trabajo...
Hay mucho trabajo. Ante la emergencia de ese sonido específico, el productor y el ingeniero trabajaron arduamente para que la atmósfera fuera lo suficientemente hospitalaria a fin de que el resultado fuera éste. Para mí, el disco... No quería que fuera un punto en el que detenerse. Hablamos de lo que habíamos empezado. La cosa tenía que ser algo en que la música se agregara al disco de modo permanente.

Parece como si estuviera recorrido por espectros en cuanto a clima, atmósfera... ¿Tienen que ver esos espectros con alguien en particular?
No. No estoy versado en el aspecto psicológico del asunto. No sé. Los espectros de los que hablas son probablemente instrumentos de fondo opuestos a los que están en primer plano y al margen, así como ecos varios que emanan del sonido global del disco. Algo que sobresale, que se hace notar.

Jim Dickinson intervino mucho en el disco...
Mucho.

Hace años dijo algo que me parece fascinante. Dijo que mucha gente no se da cuenta de que el proceso de grabación consiste en congelar la imagen del alma. Parece que lo has conseguido en *Time Out of Mind*...
Sí. El proceso de grabación me resulta muy difícil. En el estudio pierdo la inspiración muy fácilmente y se me hace muy difícil pensar que vaya a eclipsar cualquier cosa que haya hecho. Me aburro fácilmente y mi misión, que al principio es amplia, se va atenuando tras algunas tomas falsas y demás. Así que, actualmente para mí, es muy difícil grabar.

Volviendo a lo de Skip James: en tu disco, hay elementos de country blues y de Sun Records que a menudo se pasan por alto en tu trabajo...
Pues siempre han estado ahí. Siempre han estado ahí. Pero en el pasado, cuando se hacían mis discos, algo que me decepcionaba de cara a hacer discos en el pasado... Los productores, o quien estuviera a cargo de mis sesiones, sentían que bastaba con hacerme cantar una canción original, de modo en que la orquestación de estas canciones nunca se desarrolla debidamente. *Time Out of Mind* es más lúcido por algo completamente estructurado que es más que una simple canción y el mero hecho de cantarla. Los arreglos o las estructuras pueden realmente meditarse e involucrarse en el todo.

La experiencia del Grammy. ¿Te fastidió el día aquel aguafiestas?
Era parte del espectáculo... Sí.

En un determinado momento pareció como si te fueras a echar a reír...
Sí. Exacto. Se le suponía... Era parte de... [empieza a reír]. Lo hizo bien, ¿no te parece?

***Time Out of Mind* se grabó justo antes de que enfermaras...**
Así es.

Bien pensado, ¿podría haber sido un buen capítulo final?
No. No lo creo. Pienso que simplemente estábamos empezando a hacer que mi sonido identificable se mostrara en el disco. Creo que sólo empezábamos. Creo que hay mucho más que hacer. Abrimos esa puerta en ese

momento y con el tiempo volveremos a eso para ampliarlo. Pero nunca lo vi como un final. Me pareció más bien un principio.

Volviendo a los Grammys, mencionaste a Buddy Holly. ¿Qué hay de su espíritu en el disco?

Buddy Holly. Me resulta difícil remontarme hasta entonces. No sé exactamente lo que dije sobre Buddy Holly. Pero mientras estábamos grabando en Florida donde hicimos el disco, en cualquier lugar aparecía Buddy Holly. ¿Sabes qué quiero decir? Una de esas cosas. Por todas partes. Entras donde sea y escuchas un disco de Buddy Holly. Te metes en un coche para ir al estudio y está sonando «Rave On». Entras en el estudio y alguien ha puesto un cassette con «That'll Be the Day» o «It's So Easy». Y esto pasaba un día sí y otro también. Frases de canciones de Buddy Holly que surgían de la nada. Daba miedo [risas tras una breve pausa]. Pero después de que grabáramos y nos fuéramos, el tema se nos quedó. Y, bueno, el espíritu de Buddy Holly debía de estar en alguna parte acelerando el disco de algún modo.

Has mencionado el hecho de abrir otras puertas. B.B. King se benefició al salir de gira con U2 en cuanto a público, y Neil Young tiene un vínculo casi de padrino con lo *grunge*. ¿Tú has encontrado también un recambio en la audiencia?

No. No he encontrado ningún recambio pero sí un público diferente. Si me preguntaras ahora qué pinta tiene mi audiencia comparada con la de hace diez años, te diría que el cambio ha sido grande. Pero si me lo preguntas año tras año, no es fácil de decir porque tocamos para gente muy distinta por todo el mundo. La pinta que tiene la gente una noche es distinta de la que tiene otra noche. Podría tocar como en una gala benéfica en la que todos van de smoking. Y luego tocar en un festival donde todos van de estar por casa al aire libre en pleno día. Tocamos para todo tipo de gente. Es difícil decir qué diferencia hay en la asistencia. Pero, en los diez últimos años, diría que mi público ha cambiado. No soy muy bueno adivinando la edad de la gente, pero es gente animada y la diferencia entre ahora y, digamos, hace diez años es que, los que me ven ahora, éstos son capaces de reaccionar enseguida. No acuden con un montón de ideas preconcebidas sobre quién les gustaría que yo fuera o quién creen que soy. Trascienden los intervalos generacionales. Y esta gente parece estar presente y ser capaz de responder deprisa. En tanto que hace unos años no podían responder deprisa. Tenían que superar demasiadas cosas...

¿Demasiado bagaje?
Sí. Mental. Un tema psíquico y mental con el que [suspira] yo seguía aún atascado con un cierto tipo de personal. Ha llevado mucho tiempo romper con ese público. Incluso la última vez que tocamos en Australia. Cuando estuve tocando allí con Tom Petty, de algún modo nos vimos ante aquel mismo público. Pero la última vez que estuvimos... Sigo recibiendo cartas de todos esos sitios. De Brisbane, Sydney, Melbourne y Perth. Recibo muchas cartas de por allí y esa gente realmente no conoce los conciertos de Petty. Nos conocen de la última vez que estuvimos allí. Creo que fue en el 93 o algo así, cuando tocamos en teatros y aquel espectáculo se les quedó grabado. Ésa es la gente por la que, presumo, voy a tocar cuando regrese. Esa gente. No aquéllos que quizá me conocen como algo parecido a un emblema de otra época o un símbolo o algo generacional. Ya casi no tengo que lidiar con eso. No sé si debí haberlo hecho alguna vez.

Has mencionado los esmóquines.
Sí.

La noche del galardón del Kennedy Center estuviste con Gregory Peck.
Sí [parece reír quedamente].

Debió de ser raro.
Bueno. Todo es raro. Dime algo que no lo sea.

¿No estaba también Charlton Heston, y Springsteen cantó «Blowin' in the Wind»?
Sí. Todo muy surrealista. Ya me he acostumbrado a todo eso [risas]. Ya no sé lo que es raro y lo que no.

¿Crees que la selección de canciones te resulta más difícil o más fácil a medida que pasan los años?
Tengo tantas canciones que disponer de ellas es el menor de mis problemas. Tengo canciones que todavía no he cantado en vivo. Tengo quinientas, seiscientas, setecientas canciones. No hay problema con todo ese remanente. Algunas se disipan y pierden con el tiempo, pero otras ocupan su puesto.

Con la reinterpretación de tu obra, ¿llega un punto en que la alteración del fraseo o del tempo modifica el empuje de la canción? ¿Disfrutas de esa ambigüedad?

No es ambiguo para nada. No hay ambigüedad en ello. Además, ¿hablamos en términos musicológicos? En realidad, tampoco hay espontaneidad.

¿De verdad?

No. No hay improvisación. No hay cambios en la inflexión de la letra. Bueno. Puede que se dé, porque tocas la misma canción cada noche y puede que salga diferente. Pero no empieza y acaba ahí. Empieza con la estructura de las canciones. Si me preguntas qué diferencia hay entre ahora y entonces, en los setenta, ochenta e incluso en los sesenta, no había ninguna estructura fija para las canciones. La estructura es la arquitectura de las canciones. Y eso es por lo que las interpretaciones son eficaces, porque, bien mirado, no se desvían de la estructura auténtica de la canción. Es difícil de explicar, pero es algo mental. No tiene nada que ver con la energía ni con cómo puedo sentirme en una determinada noche. Es más mecánico. Mecánico. Pero es algo infinito... Una vez que has montado la arquitectura, entonces la canción puede interpretarse de incontables maneras. Eso es lo que da vida a mis conciertos... No están adulterados porque no están desleídos ni amañados, no son un embrollo, no son un mero griterío, un batiburrillo de sonidos. Lo que digo puede sonar confuso y ajeno, en cierto modo. Pero lo que sobre todo importa es separar las cosas y conjuntarlas debidamente, para que tengan sentido musicalmente a escala estructural. Eso es por lo que resulta difícil identificar lo que hago [risas]. Nunca he visto a nadie, nunca lo he visto impreso, nunca he visto a nadie... Tú mencionaste a Skip James. Bueno. No sé. ¿Sabes que Skip James fue quien dijo eso de «yo no quiero entretener'? ¿Lo que quiero es impresionar con mi talento y apabullar las mentes de mis oyentes? Si escuchas sus discos, sus viejos discos, ves que puede hacerlo. Pero si escuchas los discos que hizo en los sesenta cuando le descubrieron, se nota que falta algo. Y lo que falta es ese hilo conductor de la estructura de las canciones que, aceptémoslo, puede ser... No es algo que la mayoría de las personas... No querrían lidiar con esa idea, porque en general la gente no se ve forzada a hacerlo. Pero yo necesito hacerlo, porque a veces tengo que tocar cada noche de la semana. No sé si todo esto tiene sentido. Si fueras músico quizá entenderías mejor lo que digo.

El ataque al corazón hizo que...

Bueno. Déjame decirte ante todo que no fue un ataque al corazón. Se trató de una infección que afectó a la región del corazón. Es algo llamado histoplasmosis que sufrí por inhalar accidentalmente una porquería que había en uno de los ríos de por aquí. Era probablemente como estar donde tú estás. Era como estar allí, en el río Peel o algo por el estilo, en la estación de las lluvias, o quizá un mes o uno o dos días después de que toda esa porquería vuele por el aire tras las lluvias, y que luego hubiera un tornado. Entonces, las orillas del río se ponen asquerosas, se pone a soplar el viento y toda la mierda empieza a remolinear en el aire y resulta que eso es lo que inhalé. Eso me puso enfermo. Y pasó a la región del corazón. Pero no era nada que realmente atacara a mi corazón.

Pero, estuviste seriamente enfermo, ¿no?

Sí. Lo estuve.

¿Hizo eso que repensaras las cosas?

La verdad es que no. No [entusiásticamente], porque digamos que no era yo quien se lo había provocado y era tan poco específico y no había... No había modo de que mi cabeza dijera que yo había hecho tal cosa para pillar algo así, ¿sabes? Fue no accidental. No es siquiera como si necesitara relajarme y pensar en las cosas. No obedecía a otro motivo que al de verme fuera de juego durante seis semanas. Pero no recuerdo haber pasado por ningún tipo de iluminación particular en aquel momento.

Bruce Springsteen dijo una vez que sin ti no habría habido «Sgt. Pepper» ni «Pet Sounds» ni «God Save The Queen» de los Pistols ni el «Pride» de U2, etc. ¿Esa declaración adquiere otra dimensión al venir de un amigo?

[No encuentra las palabras.] Bueno. Supongo que quieres decir que uno debe seguir adelante. Podemos influir en todo tipo de personas pero, a veces, la cosa se interpone. Sobre todo si estás influyendo a alguien, si alguien te acusa de influir sobre alguien sobre el que no querías hacerlo. La verdad es que nunca me ha dado por pensarlo. La verdad es que me da igual si influyo sobre alguien en este momento o si lo he hecho, ¿qué puedo decir?

Diste una rueda de prensa en Sidney con motivo de la gira con Tom Petty. Yo estaba junto al ya fallecido Brett Whitely [la rueda de prensa tuvo lu-

gar en el estudio de Whitely en Surry Hills, Sidney]. ¿Le recuerdas con cariño?

Sí. Le tenía un aprecio enorme. Me encantaba su arte y todavía me encanta. Me pasó varios libros antes de morir y aún los tengo. No sé realmente qué le pasó.

¿Te preocupa que quizá estés originando un exceso de expectativas?
¿Que haya creado expectativas excesivas?

Sí.
¿En qué sentido?

**Bueno. En referencia a lo que decías antes acerca del símbolo generacional
y de que algunos no pueden trascender eso...**
No. No creo que eso sea cierto. Tengo que ver gente cada noche. Si no
saliera a tocar quizá estaría de acuerdo contigo. Pero mis conciertos están
poblados de gente que no estaría allí si aspiraran sólo a contemplar un
emblema. No estarían allí. Acudirían una vez y no regresarían. Pero tocamos en Australia, como te decía, y tocamos en esas ciudades, creo que en
el 93 o el 94, y sigo recibiendo cartas de esas ciudades. Espero que toque-
mos para más gente esta vez.

**¿Recuerdas que alguien en Sidney te arrojó una taza de café durante esa
gira?**
¡Eso sucede siempre!

**Se habla siempre de los momentos culminantes en la obra de alguien. Con-
tigo, las referencias son *Blonde on Blonde, Blood on the Tracks, Infidels*, etc.
¿Notas eso? ¿Tienes conciencia de tu propia magia?**
Bueno. Esos discos son de hace mucho tiempo y sabes bien que los discos de entonces eran todos buenos. Todos tenían cierta magia, porque la
tecnología no pasaba por encima de lo que el artista hacía. Entonces, era
mucho más fácil alcanzar cierta excelencia en disco de lo que es hoy. Así
que, respecto de los discos que solía hacer entonces, pues hacía discos
como muchas otras personas de mi edad y todos grabamos buenos discos.
Aquellos discos parecen proyectar una sombra alargada. Pero cuánto de
ello radica en la tecnología y cuánto en el talento y las influencias, no lo
sé. Yo sé que ya no se pueden hacer discos que suenen así. La tecnología

es la gran prioridad actualmente. No es el artista ni el arte. Es la tecnología la que avanza. Eso es lo que hace *Time Out of Mind*… Se toma seriamente a sí mismo pero, de nuevo, el sonido es extremadamente significativo para el disco. Si se presentara de manera trivial, no habría sonado así. No habría tenido este impacto. Los chicos me ayudaron. Hicieron de todo para que sonara como un disco suena en un tocadiscos. No se derrochó ningún esfuerzo en aquel disco ni creo que eso suceda en ninguno de los míos.

La interpretación ante el Papa debió de resultar muy emocionante.
Bueno. La verdad es que todo fue muy surrealista. Pero, sí. Fue emocionante. Quiero decir, es el Papa [risas]. ¿Sabes qué quiero decir? Hay sólo uno, ¿verdad?

La ironía de interpretar «Knockin' on Heaven's Door», ¿te dio qué pensar?
No. Porque esa era la canción que querían escuchar. Parecía corresponderse con la situación.

Marlon Brando dijo una vez que tú y The Band eran lo más espectacular que había escuchado nunca…
Mmm…

¿Ves alguna afinidad con él o la has sentido alguna vez?
Sí. Completamente. Creo que es valiente, intrépido y no se deja intimidar. Todo el paquete. Es uno de los héroes de la modernidad. No hay duda al respecto. Pero creo que dijo eso hace mucho tiempo, cuando debía de ser cierto. Seguro que ahora ya no lo sería.

30

ENTREVISTA DE MIKAL GILMORE, *ROLLING STONE* 22 DE DICIEMBRE DE 2001

«Esa noche en Suiza —dice Bob Dylan—, lo entendí todo. De pronto, podía cantarlo todo. Puede que hubiera una época en la que estuve a punto de abandonar o de retirarme, pero al día siguiente pensaba: "La verdad es que no puedo retirarme, porque todavía no he hecho nada". Quiero ver adónde me llevará esto, porque ahora lo controlo todo. Antes, no lo controlaba. Me veía arrastrado por el viento, de aquí para allá.»

Estamos sentados ante la mesilla de una confortable suite de hotel, junto a la playa de Santa Mónica. Dylan viste las mejores galas vaqueras con que suele ataviarse en años recientes: una camisa vaquera blanca hermosamente bordada y elegantes pantalones negros con unas flechas bordadas junto a las costuras de los bolsillos. Dylan hablaba sobre un vuelco crucial en su vida y en su arte, acaecido en el intervalo desde 1992, cuando *ROLLING STONE* publicara la última entrevista con él. En los años pasados, Dylan creó obras erráticas y confusas. Y él es el primero en admitirlo. Con todo, esos mismos años fueron alumbrando progresivamente algunas de las creaciones más talentosas y notables de sus cuarenta años de carrera musical. Cabe decir, con toda justicia, que este progreso ha sido menos señalado de lo que habría merecido. Todo cambió en 1997. Aquel año, Dylan enfermó aquejado de una rara infección que le causó una grave inflamación junto al corazón. Una enfermedad dolorosa que le debilitó y que podría haber sido fatal. Hacia ese mismo período, Dylan completó y sacó su primer disco de material original en siete años, *Time Out of Mind*. Se trata de una obra diferente a cualquier otra de Dylan —una excursión por la frontera sin linde sita más allá de la pérdida y la desilusión—, aclamada como un asombroso trabajo de renovación. *Time Out of Mind* ganó además el Grammy al mejor disco del año. Lo que para Dylan representa su primer galardón en dicha categoría.

En septiembre, Dylan sacó otra serie de canciones, *Love and Theft*, su álbum número 43. *Love and Theft* suena por momentos como si Dylan exhumara revelaciones inéditas con ingenio mordaz y lenguaje impulsivo —de modo parecido a como hiciera con uno de sus primeros hitos, *Highway 61 Revisited*—, aunque éste último también parece beber en viejos manantiales de visión y ocultación americanas, como sucedía con *John Wesley Harding* o las legendarias *Basement Tapes* de 1967, con The Band.

En la década de los ochenta, Dylan perdió su enfoque. Organizó giras ampliamente publicitadas y masivas con Tom Petty y los Heartbreakers y con Grateful Dead, pero se trató de acontecimientos en los que Dylan parecía hallarse en pos de una afinidad o de un propósito. Para muchos, Dylan daba la impresión de ir a la deriva. En años recientes, ha relatado la historia de un suceso —un despertar de la conciencia— que le sobrevino durante un concierto en Locarno, Suiza. Dijo que una frase le iluminó —«Voy a seguir tanto si Dios me libra como si no»— y, en aquel momento, se dio cuenta de que se trataba de su vocación de volver a dedicarse a su música y a la interpretación de la misma. Dylan no hizo ningún pronunciamiento público acerca de ese instante de inspiración y de cómo había alterado su determinación como cantante, músico y compositor. De un modo tan discreto como decidido, Dylan se entregó al enérgico poder de su música, quizá más de lo que nunca lo hubiera hecho. Por buenos que sean *Time Out of Mind* y *Love and Theft*, los conciertos que ha estado interpretando durante años con una banda cambiante y cuidadosamente seleccionada (que integra actualmente al bajista Tony Garnier, al batería David Kemper y a los guitarristas Larry Campbell y Charlie Sexton) apuntan a que su arte esencial se desarrolla sobre el escenario más que en los propios discos. De hecho, Dylan —que cumplió sesenta el pasado mes de mayo— parece haber adoptado un punto de vista similar al que el trompetista Miles Davis ha aplicado durante buena parte de su carrera. Esto es, que la auténtica experiencia vital de la música reside en el acto de su interpretación, en el momento vivo de su formación y en los hallazgos espontáneos y dificultosos a un tiempo que tales actos de creación brindan. La vez siguiente en que los músicos tocan la misma canción, no es ya realmente la misma canción. Son un momento y una creación nuevas, una posibilidad nueva, un territorio nuevo sobre el mapa, que pronto quedará atrás, sustituido por otro y así sucesivamente. Estos espectáculos en vivo son la quintaesencia de Bob Dylan y de cómo se ha trasladado al nuevo siglo, llevando consigo lo que más valora de la música del anterior. Mientras, noche tras noche, nos conduce hacia comprensiones tan poco familiares y tan pasmosas de aquello que una vez pensamos que conocíamos muy bien.

Era un martes del mes de septiembre cuando Dylan y yo nos sentamos a discutir su obra reciente. Dos días después de los ataques que derribaron el World Trade Center en Nueva York. (La fecha de la tragedia, 11 de septiembre, era también el día en que salía *Love and Theft*.) Mantuvimos nuestra conversación junto al balcón abierto de la estancia, que daba al océano Pacífico. El aeropuerto de Los Ángeles estaba carretera abajo, y cada pocos minutos podía contemplarse el ascenso de los aviones tras su despegue. En un par de ocasiones, miramos sin comentar nada, pero planeaba la sensación de que nadie volverá a mirar una estampa tan habitual como la de un avión surcando el cielo del mismo modo nunca más. No sería justo con la música de Dylan alegar que ésta ya había anticipado este terrible giro del destino. Sin embargo, lleva ya cuarenta años escribiendo sobre realidades aterradoras y amenazadoras probabilidades, desde el apocalíptico «A Hard Rain's A-Gonna Fall» de 1963 hasta su actual declaración de arrepentimiento sobre el espíritu individual y nacional en «Mississippi» de *Love and Theft*. Puede que Bob Dylan no sea ya el agitador que desgarró la escena en los sesenta con su energía y desdén, pero sigue siendo un compositor, cantante y literato de poderío y profundidad inalterables. Caso de que existiera un significado principal en la primera música de Dylan, quizá aludiera a los aprietos que debe sortear una persona inteligente y consciente en tiempos en que se traicionan o invierten nuestros mejores valores y sueños. Para sobrevivir en tales tiempos, preservando el intelecto y los escrúpulos, ha declarado Dylan en su música, uno debe sostener un espejo honesto y audaz ante el rostro del desorden moral y cultural.

Dylan se mostró cordial y seguro mientras hablábamos, pero en su discurso, tal como sucede en sus canciones y letras, uno siente que incorpora un conocimiento circunspecto de misterios imperecederos que, probablemente, le inquiete tanto como le distingue su conciencia de los mismos. En la conversación, al igual que en su música, Bob Dylan se desprende de sus percepciones en vuelcos inesperados y peculiares de discurso y temperamento.

En 1998, cuando recibiste el Grammy por el mejor álbum del año, dijiste algo que me sorprendió y que quizá sorprendiera a otros. «No sabíamos lo que teníamos cuando lo hicimos, pero lo hicimos de todos modos». Es interesante porque *Time Out of Mind* suena como un álbum hecho con sentido y visión, con una atmósfera y discurso consistentes. ¿Fue un álbum al que te aproximaste con una previsión clara o su aparente cohesión resulta puramente incidental?

Lo que sucede es que estuve escribiendo pareados y versos y demás, y luego los conjuntaba más tarde. Tenía mucho de todo eso —empezaba a acumularse—, así que pensé: «Bien, tengo todo esto, quizá trate de grabarlo». Había tenido suerte con Daniel Lanois [productor de *Oh Mercy*, 1989], así que le llamé y le mostré un montón de canciones. También le familiaricé con el modo en que quería que sonaran las canciones. Creo que le puse algunas grabaciones de Slim Harpo. Material primerizo. Le vi bien dispuesto y quedamos para otra ocasión. Pero yo tenía un plazo —no había mucho tiempo— y así es como salió *Time Out of Mind*. Fue algo pesado. Bueno. No diría tanto pesado... Fue... Siento que tuvimos suerte de lograr ese disco.

¿En serio?

Bueno. La verdad es que no me metí en ello con la idea de que iba a convertirse en un álbum acabado. La cosa patinó más de una vez y la gente se decepcionaba. Yo me decepcioné. Y Lanois también. Había un montón de músicos. En aquel momento, no tenía el mismo grupo que ahora. Había montado audiciones para músicos aquí y allá para el grupo, pero no sentía que pudiera confiar en ellos individualmente en el estudio para grabar canciones. Así que empezamos a recurrir a algunos músicos que Lanois escogía y a otro par que yo había pensado: Jim Dickinson [teclista]; Jim Keltner [batería]; Duke Robillard [guitarrista]. Empecé a reunir a gente que sabía que podía tocar. Tenía el espíritu y la actitud pertinentes para estas canciones. Pero es que no podíamos... Me sentía muy decepcionado, porque no podía apañar ninguna de las canciones de ritmo acelerado que deseaba.

¿No crees que una canción como «Cold Irons Bound» tiene su empuje?

Sí. Lo tiene. Pero no se acerca siquiera a como la había pensado. Quiero decir, estoy contento con lo que hemos hecho. Pero hay cosas que tuve que desechar, porque este surtido de personas no acababa de conjuntar *riffs* y ritmos. Me decepcioné tanto en el estudio que perdí de vista las canciones. Lo habría evitado con fuerza de voluntad. Pero no la tenía por entonces. De modo que debes orientarte hacia donde la cosa te lleve. Siento que había una uniformidad de ritmos. Más como ese tono vudú, cenagoso, en el que Lanois es tan bueno. Ojalá hubiera sido capaz de darle un sentido rítmico más legítimo. No sentí que hubiera nada *matemático* en ese disco. El compás podía notarse donde fuera, cuando, de hecho, el cantante tendría que haber impuesto donde intervenía la batería. Ha sido un barco difícil de manejar.

Creo que ese es el motivo por el que *Time Out of Mind* es algo oscuro y aciago: porque introdujimos esa dimensión en el sonido. La gente dice que el disco trata de la muerte, ¡de mi mortalidad! [risas] Pues no trata de mi mortalidad. Puede que sólo trate de la mortalidad en general. Es algo que todos tenemos en común, ¿no? Pero no vi a ningún crítico que dijera: «Trata de mi mortalidad». Ya sabes, la suya. Como si fueran inmunes, o algo así. Como si los que escriben sobre el disco tuvieran el don de la vida eterna y el cantante no. Esta actitud condescendiente hacia el disco la he visto muy a menudo en la prensa, pero, ya sabes, no puedes hacer nada.

El lenguaje del disco parece muy despojado, como si las canciones no tuvieran la paciencia ni el espacio para soportar imaginería superflua.

Ya tengo mucha mili para hacer canciones superfluas. Vamos. Seguro que he hecho bastantes o que tengo bastantes versos superfluos en muchas canciones. Pero eso queda atrás. Tengo, ante todo, que impresionarme a mí mismo y, a menos que me hable en un cierto lenguaje a mí mismo, no creo que por menos de eso el discurso pueda servirle al público, francamente.

«Highlands» me resulta la canción más singular del álbum. Empieza en un ámbito aislado. Cuenta una historia, pero divaga. Duele como el demonio, pero también es muy divertida. Sobre todo, la conversación entre el narrador y la camarera. Y, al final, no sabemos si hemos llegado a un enclave de desolación o de liberación.

Esa canción la trabajamos con una pista que había hecho en una prueba de sonido en un auditorio. El grupo de músicos que teníamos en el estudio no lo pillaba, así que dije: «Utilizad la pista original, y yo canto encima». Era como un viejo blues que siempre quise utilizar y sentí que, una vez que fui capaz de controlarlo, podría haber escrito sobre cualquier cosa con ello. Pero tienes razón… Había olvidado que estaba en el disco. No estoy muy seguro de por qué a la gente *Time Out of Mind* le parece una estampa tan oscura. En mi mente, no veo nada oscuro al respecto. No es, no sé, el *Infierno* de Dante ni nada similar. No es un panorama de enanos, retrasados y criaturas abnormes, o algo así. De verdad que no sé por qué se contempla como un álbum tan oscuro. Tiene esa canción, «Highlands», al final.

Con todo, ¿estás contento con *Time Out of Mind*? En definitiva, se ha contemplado no sólo como una recuperación de tu forma, sino como una auténtica ampliación de tu talento. Así como tu obra más potente desde *Blood on the Tracks*, en 1975.
Mira. Yo nunca escucho mis discos. Una vez que salen, se acabó. No los quiero escuchar más. Conozco las canciones. Las toco, pero no quiero escucharlas en disco. Para mí, resulta superficial escuchar un disco. No siento que me diga nada en particular. No aprenderé nada con ello.

En la última fase de producción del álbum te viste aquejado por una severa inflamación junto al corazón y te internaron. Dijiste que la infección fue verdaderamente dolorosa y debilitante. ¿Modificó tu visión de la vida en algún sentido?
No. No. ¡De ningún modo! Ni siquiera puedes decir algo como: «Vaya, estaba en el lugar equivocado en el momento menos oportuno». Ni siquiera esa excusa funcionaría. Es que no aprendí nada. Ojalá pudiera decir que aproveché la ocasión, que me iluminé debidamente o que tuve tal o cual revelación. Pero nada de eso sucedió. Sólo me tumbé a esperar hasta que mis fuerzas volvieran.

¿Crees que la cercanía de tu enfermedad con la salida del disco puede explicar por qué tantos críticos apreciaron guiños a la mortalidad en el disco?
Cuando grabé ese álbum, los medios de comunicación no me prestaban ninguna atención. Yo estaba fuera.

Cierto. Pero el álbum salió poco después de la enfermedad.
¿Ah sí?

Sí. Estuviste internado en la primavera de 1997 y *Time Out of Mind* salió en otoño del mismo año.

Bueno. Entonces podría haberse visto así en los medios. Pero eso no sería más que «caracterizar» el álbum, la verdad.

Quisiera remontarme un poco en el tiempo, a los años anteriores a *Time Out of Mind*. Primero, quisiera preguntarte sobre una ocasión, en la gala de los Grammy de 1991, cuando recibiste el galardón a toda tu trayectoria. En aquel momento, Estados Unidos estaba plenamente involucrada en la guerra del Golfo. Saliste al escenario con un grupo reducido e interpretaste una versión cruenta de «Masters of War». Interpretación que aún hoy se considera controvertida. Algunos críticos lo encontraron precipitado y embarazoso, mientras que a otros les resultó brillante. Luego, después de que Jack Nicholson te entregara el premio, hiciste el comentario siguiente: «Mi padre [dijo una vez] "hijo, en este mundo, uno puede llegar a envilecerse de tal manera que hasta tus padres podrían abandonarte. Si eso sucediera, Dios siempre creerá en tu capacidad de enmendarte"». Siempre he pensado que eso es uno de los comentarios más inteligentes que te he escuchado. ¿Qué pasaba por tu cabeza en aquel entonces?

No recuerdo ni cuándo ni dónde mi padre me dijo eso, y quizá no lo dijera exactamente así. Quizá estaba parafraseando la idea en general, pienso. Ni siquiera estoy seguro de que la parafraseara en el contexto apropiado. Puede que no fuera más que un pensamiento repentino. Lo único que recuerdo sobre aquel episodio, ya que lo traes a colación, es que tenía fiebre, estaba como con cuarenta. Estaba extremadamente enfermo. Además, me sentía muy decepcionado con todo el entorno y con la comunidad musical. Si no recuerdo mal, la gente del Grammy me había llamado meses antes para decirme que querían concederme este galardón a toda mi carrera. Bueno. Todos sabemos que te dan esas cosas cuando te haces viejo, cuando no eres nadie y formas parte del pasado. Todo el mundo lo sabe, ¿no? Así que no sabía muy bien si tomármelo como un cumplido o como un insulto. No estaba seguro. Y entonces dijeron: «Esto es lo que queremos hacer…». No quiero nombrar a estos músicos porque los conoces, pero uno iba a cantar «Like a Rolling Stone». Otro haría «The Times They Are A-Changin». Otro cantaría «All Along the Watchtower». Y otro más, «It's All Over Now, Baby Blue». Iban a cantar fragmentos de todas esas canciones y, entonces, alguien me presentaría, yo recogería el galardón a toda mi carrera, diría cuatro cosas y me iría tan campante. Los músicos, según me dijeron, estaban todos de acuerdo en hacerlo, así que no tenía mucho qué hacer salvo aparecer.

Entonces estalló la Guerra del Golfo. La gente del Grammy llamó y dijo: «Oye, estamos en un aprieto. Fulano, que iba a cantar "Times They Are A-Changin", tiene miedo de subirse a un avión. Mengano, que iba a cantar "Like a Rolling Stone", no quiere viajar porque acaba de tener otro niño y no quiere abandonar a su familia. Eso es comprensible. Pero entonces, zutano, que iba a cantar "It's All Over, Baby Blue", estaba en África y no quería arriesgarse a volar a Nueva York, y el otro, que iba a cantar "All Along the Watchtower" no tenía muy claro que le conviniera estar en un lugar muy visible por entonces, porque podía resultar algo peligroso». Así que dijeron: «¿Podrías venir tú y cantar? ¿Podrías *ocupar* ese espacio?». Y dije: «¿Qué pasa con el que me iba a presentar [Jack Nicholson]?». Dijeron: «Todo bien. Vendrá». En cualquier caso, todos esos personajes me decepcionaron. Me decepcionó su personaje interior y su incapacidad para mantener su palabra y su idealismo... Y su inseguridad. Todos los que tienen la desfachatez de enjaretar su torturada psique al mundo exterior y luego son incapaces de respetar el valor de la palabra dada. Desde aquel momento, eso es lo que el negocio musical y su gente representan para mí. He perdido el respeto por ellos. Hay algunos que son decentes y temerosos de Dios y que darían la cara dignamente. Pero yo descartaría a la mayoría. Y quizá yo al cantar «Masters of War»... Ya he dicho en otras ocasiones que esa canción no tiene que ver directamente con la guerra. Está más relacionada con el complejo industrial militar del que hablaba Eisenhower. En cualquier caso, fui y canté eso, pero estaba enfermo, y sentí que me habían metido en todos esos problemas por nada. Sólo traté de disfrazarme lo mejor que pude. Eso iba más en el sentido de... Ya sabes, la prensa me encontraba irrelevante por entonces, y no podría haber ocurrido en mejor momento, la verdad, porque no habría deseado ser relevante. No me habría gustado ser alguien a quien la prensa hubiera estado examinando a cada movimiento. Ya ni siquiera hubiera sido capaz de progresar de nuevo artísticamente.

Con todo, sin duda sabías que al interpretar «Masters of War» en el clímax de la Guerra del Golfo habría cierta reacciones.

Sí. Pero yo no lo veía así. Sabía que la letra de la canción se aguantaba, y me traje un par o tres de fieros guitarristas, ya sabes. Siempre he tenido una canción para cada ocasión.

A decir verdad, estaba asqueado de tener que estar allí después de que me dijeran lo que pensaban hacer y que luego lo retiraran. Probablemente, no tendría que haber ido, y no lo habría hecho. Pero el otro tipo [Nicholson] mantuvo su palabra. [Tamborilea los dedos rápidamente sobre la mesa.]

¿Qué me dices de tu declaración sobre la sabiduría que tu padre compartió contigo? Casi podía leerse como una afirmación personal, como si hablaras de tu propia vida. ¿O era más bien acerca del mundo a tu alrededor?
Estaba pensando más en términos de... Vamos, que vivimos en un mundo maquiavélico, tanto si nos gusta como si no. Cualquier acto inmoral, si tiene éxito, está bien. Aplicar esa suerte de significado al modo en que me sentía aquella noche probablemente tiene que ver más con todo ello que ningún tipo de esfuerzo consciente de reflejar cierta religiosidad, ni ningún comentario bíblico sobre Dios, en uno u otro sentido. Se oye mucho hablar de Dios hoy día: Dios, el benefactor; Dios, el todopoderoso, el más grande; Dios, el más fuerte; Dios, el dador de vida; Dios, el creador de la muerte. Es que oímos cosas sobre Dios constantemente, así que mejor sería que aprendiéramos a lidiar con ello. Pero si algo sabemos sobre Dios, es que Dios es arbitrario. Así que mejor que la gente sea también capaz de lidiar con eso.

Es interesante, porque mucha gente piensa que Dios es constante, inmutable...
Sí. Del todo.

Pero «arbitrario» parece implicar una visión bastante distinta. ¿Hay algo sobre el calificativo que quisieras aclarar? O quizá no te haya entendido...
No. Vamos, lo puedes consultar en el diccionario. No me considero un sofista o un cínico o un estoico ni un industrial burgués, ni cualquier etiqueta que la gente le pegue a los demás. En general, soy alguien normal. No voy siempre por ahí con la cabeza hirviendo de inspiración. Así que, ¿qué puedo decirte? En cualquier caso, no estaba en las mejores condiciones mentales aquella noche. Estaba frustrado. Es difícil apegarse al pasado o verte paralizado por el pasado de algún modo, así que lo solté y me largué. Me alegré de salir de allí, la verdad.

Has dicho hace un rato que esto sucedió en un período en que no se te veía como relevante y en el que tú tampoco deseabas serlo. Aunque seguiste de

gira durante buena parte de los años noventa, pasaron siete años entre dos álbumes con canciones nuevas. Algunos biógrafos han relatado esa época, más o menos, como un tiempo en que parecías ir a la deriva, estar confuso. Un tiempo en que no parecías feliz y estabas desconectado de tu música. ¿Qué sucedía en ese período?

Realmente, pensé que lo de hacer discos se había terminado. Ya no quería hacer más. Pensé: «Hago un par más con canciones folk, de manera muy sencilla, sin una gran producción, ni nada». Además, ya no quería grabar más. Estaba más interesado en lo que hacía en los conciertos. Me resultaba evidente que contaba con canciones más que suficientes para tocar. Para siempre.

Mira. Hice aquel disco con Lanois en 1988 [*Oh Mercy*]. Por aquel entonces, ya daba más de cien conciertos al año. Decidí que volvería a las actuaciones en vivo, algo que no creía realmente haber hecho desde quizá 1966. Algunos músicos hacen muchos sacrificios para hacer un disco, gastan cantidad de tiempo y energía. Aquella vez con Lanois, lo hice, y salió bastante bien. Pero, hacia el mismo período, estaba haciendo un disco con Traveling Wilburys, y luego empecé el disco éste con Don Was, *Under the Red Sky*. Todo esto sucedía al mismo tiempo. Si lo considero ahora, parece impensable. Dejaba a los Wilburys y me iba hasta Sunset Sound y grababa *Under the Red Sky* simultáneamente. Todo ello con fechas ya establecidas, porque tenía que estar en Praga o donde fuera en tal día. Y entonces ambos discos —el de los Wilburys y *Under the Red Sky*—, los dejaba colgados y veía el producto final más tarde. Todas esas cosas sucedían a la vez, y ahí es cuando vi que ya tenía suficiente. No sabía cómo pensar racionalmente todo aquello. Pero estaba harto. Iba a ser fiel a mi declaración y no grabar más definitivamente. No sentía la necesidad de anunciarlo, pero había llegado a esa conclusión. Y no me importaba no volver a grabar. Mejor tocar de gira. Grabar era excesivamente mental. Además, no sentía que estuviera escribiendo las canciones que realmente deseaba escribir. No tenía la ayuda que necesitaba para grabar como debía. No me gustaba el sonido de los discos… No recuerdo muy bien. Era que… Una cosa lleva a la otra, ¿sabes? Diría que, para mí, había terminado. Pero luego, sales y das conciertos, y se te ocurre pensar cosas, y aquí y allí pillas cierta inspiración… Así que, con renuencia, empecé a escribir cosas, del modo en que describí que llevó a la realización de *Time Out of Mind*.

¿Consideraste en algún momento retirarte por completo?

Bueno. La verdad es que no tengo un plan de pensiones. Más de una vez sentí quizá que ya me había retirado. Sentí que me había retirado en 1966 y en 1967. Estaba cumpliendo con mis contratos de grabación pero, aparte de eso, creo que sentía que ya me había retirado de la escena cultural.

¿Tuviste sentimientos parecidos en algún punto de los años ochenta o noventa?

Siempre salía algo que aplazaba la idea. Pero sí. A veces sentía que ya no quería seguir haciéndolo. Entonces, siempre salía algo que me llevaba a otra cosa, y eso me amarraba.

Según un par de biografías recientes, el final de la década de los ochenta y los primeros noventa resultaron problemáticos para ti por otras razones. Algunas personas alegan que fueron años en los que bebías demasiado a menudo, y que el alcohol interfería con tu música o era un reflejo de una desazón más honda. Según estos biógrafos, hasta que lo dejaste —a principios de los noventa— tus interpretaciones y tu escritura no repuntaron.

Eso es completamente inexacto [risas]. Yo puedo beber o no beber. No sé por qué la gente asociaría beber o no beber con cualquier cosa que haga yo, la verdad. Nunca he pensado en ello en un sentido o en otro. Por algún motivo, hay alguna gente —si lo quieres llamar así— que presume determinadas cosas sobre mí o sobre quien sea, que simplemente, no son ciertas. Lo perciben por las apariencias. Quizá oigan rumores. Puede que los difundan ellos, pero es algo de su propia mente. Así que, si creen algo acerca de tal persona, cualquier cosa que dicha persona haga será mirada con ese rasero. «Vaya. Se ha caído. Debe de beber mucho» o «Ha empotrado el coche contra un árbol. Supongo que iba borracho o algo así». Se trata de personas cuyas cabezas giran en torno a las celebridades. Viven en su propio universo, y tratan de proyectarlo hacia afuera, y eso no funciona. Normalmente, esta gente está aquejada de cierta demencia, y hay que arrastrarles a la tierra. Hay que elegir. O hay orden o hay caos, y tienes que elegir. Las personas de esa naturaleza parecen no comprender ninguna de las dos opciones. Y todo eso lo aplican en este país a las celebridades. Pero no creo que ninguno de nosotros, que encaje en la descripción de eso, pueda prestarle la mínima atención a lo que la gente piensa o a cuántos libros se escriben ni a nada de eso, si queremos existir y contar con algo de libre albedrío para hacer lo que hacemos. Quiero decir que este tipo de gente son los que promulgarían leyes contra la libre voluntad, que son contrarias a ella. No es gente seria. Desgraciadamente, creo, todos los músicos cuentan con su grupito pegado. Todos podemos vernos encasillados, ya sabes, sin más, sólo por hacer un gran trabajo. Pero la verdad es que soy yo quien debe conducir mi coche. No sé si me explico. No es asunto de nadie más.

Pero algo pareció que empezaba a presentársete a principios de los noventa. Tú mismo lo has dicho. Has mencionado una especie de epifanía que alteró tu intención y compromiso. Una concienciación que te sobrevino en el escenario. Lo has descrito como un momento en que te diste cuenta de que lo que era importante no era tu leyenda ni tu relevancia. Lo que importaba, parecías decir, era que te atuvieras a tu trabajo. Y eso significaba tocar música de modo regular, sin importar para quién la interpretaras.

Sucedió, o empezó a suceder, en todo caso, cuando estaba tocando con Grateful Dead [en 1987]. Ellos querían tocar algunas de mis canciones que yo no había tocado en muchos años. Ya había pasado por una larga serie de conciertos con Tom Petty y los Heartbreakers y una noche tras otra tocaba entre quince y veinte de las canciones que había escrito, y la verdad es que ya no entendía las antiguas. Pero cuando empecé a tocar con Grateful Dead, ésas eran las únicas que querían tocar: las que no tocaba con Petty. Y, efectivamente, tuve entonces una especie de epifanía sobre cómo volver a tocar esas canciones, empleando ciertas técnicas en las que no había pensado. Cuando volví a tocar con Petty, utilicé esas técnicas y vi que podía tocar cualquier cosa. Sin embargo, hubo un concierto en Suiza en que esas técnicas me fallaron, y tuve que buscarme algo a toda prisa. De algún modo, me hallaba sobre otros cimientos por entonces y pensé: «Podría hacer esto». Vi que podía hacerlo sin esfuerzo, que podía cantar noche tras noche sin cansarme nunca. Podía presentar el material de otro modo.

Y no sólo eso. Lonnie Johnson, el músico de jazz y de blues, me enseñó una técnica de guitarra hacia 1964. No la comprendí realmente cuando me la enseñó la primera vez. Tenía que ver con el orden matemático de la escala en la guitarra, para que salieran las cosas. Puede resultar irritante y no se puede hacer nada al respecto, porque es matemático. Él mismo no se dedicaba a tocar así. Sobre todo tocaba jazz. Una interpretación a la guitarra con la que yo no puedo para nada. Aunque cuando

me da por pensar en un guitarrista, se me ocurre alguien como Eddie
Lang o Charlie Christian o Freddie Green. No escucho a mucha gente de
la escena rock and roll. En cualquier caso, me dijo: «Quiero enseñarte
algo. Puede que un día seas capaz de hacerlo». Es más bien como un
modo de tocar a la antigua. Siempre quise recurrir a esta técnica, pero
nunca pude con mis propias canciones.

**Una de las cosas que he notado en tus conciertos es que, a partir de los
noventa, se vuelven más musicales. Has abierto las canciones a una mayor
exploración instrumental, a nuevas texturas y alteraciones rítmicas, como
si trataras de dilatarlas o reinventarlas. Y lo haces con toda convicción. En
este momento, eres el director de tu banda.**
Bueno. No creo que me hayas visto en muchas sesiones insensatas. Todo
lo que hago responde a ciertas técnicas y estrategias. Pero no son intelec-
tuales, están hechas para hacer que la gente sienta algo. Y entiendo que no
es necesariamente lo mismo para todos los que me oyen tocar y cantar.
Todo el mundo siente algo diferente. Me gustaría ser un intérprete que
pudiera leer y escribir música y tocar el violín. Entonces podría planificar
una banda mayor con partes más amplias de armonía en distintos arreglos, y que las canciones siguieran evolucionando en esos términos. Pero,
si algo conozco, son mis limitaciones, así que no trato de sobrepasarlas.
O, si las sobrepaso, lo hago con la técnica de la que hablaba. Que es algo
que puedes hacer tanto si te sientes bien como si no, no importa cómo te
sientas. No tiene importancia. No tiene nada que ver con la personalidad.
Hasta es difícil encontrar las palabras para hablar de ello.

**Parece que, algunas noches, tus interpretaciones más apasionadas y conmo-
vedoras son las versiones de canciones folk tradicionales.**
La música folk es donde empieza todo y, en muchos sentidos, acaba. Si no
tienes esa base, o si no estás informado al respecto y no sabes cómo con-
trolar eso, y no te sientes históricamente vinculado a ello, entonces lo que
haces no va a ser tan potente como podría ser. Naturalmente, ayuda haber nacido en una época determinada, porque lo tienes más cerca. Ayuda el formar parte de esa cultura cuando eso era lo que pasaba. No es lo
mismo relacionarse con ello de segunda o tercera mano a partir de un
disco.
    Creo que uno de los mejores discos en los que he formado parte fue
el que hice con Big Joe Williams y Victoria Spivey. Es un disco que escu-

cho de vez en cuando y no me importa hacerlo. Me asombra haber estado allí y haber participado.

En *Invisible Republic*, el libro sobre ti, The Band, las sesiones de las *Basement Tapes* y el lugar que todo eso ocupa en la cultura estadounidense [retitulado como *The Old, Weird America: The World of Bob Dylan's Basement Tapes*], Greil Marcus escribió sobre la importancia de la legendaria antología de música folk americana de Harry Smith y su influencia sobre toda tu obra, desde las primeras grabaciones hasta las más recientes.
Ya. Pero exagera en eso.

¿Por qué lo dices?
Porque esos discos circulaban —la antología de Harry Smith—, pero no es eso lo que todo el mundo escuchaba. Sin duda, existían todas esas canciones. Las podías escuchar en algunas casas. En mi caso, creo que es Dave Van Ronk quien tenía ese disco. Pero en aquellos días, la verdad es que no teníamos un sitio donde vivir o donde guardar muchos discos. De algún modo vivíamos de aquí para allá. Una existencia de paso. Yo vivía así. Escuchabas discos donde podías, pero básicamente escuchabas a otros intérpretes. Todas esas personas de las que habla [Marcus], las podías escuchar directamente cantando esas baladas. Podías escuchar a Clarence Ashley, Doc Watson, Dock Boggs, la Memphis Jug Band, Furry Lewis… Les podías ver personalmente en vivo. Andaban por ahí. Lo intelectualiza demasiado. Los músicos conocían ese disco, pero entonces no representaba esta grabación histórica monumental en que él la convierte.

No era como si alguien hubiera dado con una mina de oro. Había otros discos en sellos rurales. Los había en Yazoo. No estaban organizados como lo están ahora. En Nueva Cork, había un lugar llamado the Folklore Center que tenía todos los discos de folk. Era como una biblioteca y allí podías escucharlos. También tenían libros sobre música folk. También había en otras ciudades. Había un sitio en Chicago que se llamaba Old Town School of Folk Music. Allí podías encontrar material. Esa *Anthology of American Folk Music* no era lo único que teníamos. Y el mismo sello Folkways tenía muchas otras grabaciones de todo tipo de gente. Lo que pasa es que era como un secreto y no porque trataran de ser elitistas. Las personas que yo conocía y que eran de mi onda trataban de convertirse en músicos de folk. Eso es todo lo que deseaban ser. Ésas eran todas sus aspiraciones. No había interés monetario alguno. No había dinero en el

folk. Era un modo de vida. Y se trataba de una identidad que la generación trajeada de la posguerra en Estados Unidos no le iba a ofrecer a los
chavales de mi edad: una identidad. Esta música era imposible de conseguir, salvo en algunos puntos de grandes ciudades, y puede que alguna
tienda de discos contara con algunas grabaciones de auténtico folklore
musical. También había otros discos de folk, discos de folk comercial,
como los del Kingston Trio. La verdad es que yo nunca fui elitista. Personalmente, me gustaba el Kingston Trio. Les entendía. Pero, para algunos,
era difícil de digerir. Como los puritanos de izquierdas que sentaban cá-
tedra en la comunidad musical folk y menospreciaban esos discos. No es
que yo quisiera cantar ninguna de esas canciones de aquel modo, pero el
Kingston Trio era quizá el mejor grupo comercial del momento, y parecían saber lo que hacían.

En lo que yo estaba más interesado todo el día era en la música rural.
Pero sólo podías escucharla en grutas remotas [risas], o sea, en unas pocas calles bohemias del país. Se trataba de conseguir dominar aquellas
canciones. No se trataba de escribir tus propias canciones. Eso no se le
pasaba a nadie por la cabeza.

**En cierto modo, lo que estamos hablando nos lleva a tu último álbum, *Love
and Theft*. De una parte, algunas secciones del disco suenan como material
ya presagiado por formas primerizas de música folk del siglo XX de las que
hablábamos. Su sentido de la intemporalidad y sus caprichos me recuerdan
a algunas canciones de *The Basement Tapes* y *John Wesley Harding*, discos
que provienen de tu sólido bagaje folk. Pero *Love and Theft* también parece
remitir a *Highway 61 Revisited* y al deleite de aquel álbum por descubrir
nuevos formatos pioneros de lenguaje e ingenio mordaz, así como el modo
en que la música arraiga profundamente en viejas estructuras del blues,
para producir algo completamente inesperado. Y de manera igualmente
significativa, *Love and Theft*, como los otros álbumes que he mencionado,
respira como una obra hecha específicamente desde dentro del temperamento americano. En el sentido de la América que vivimos hoy, pero también de la que hemos dejado atrás. ¿Quizá me he excedido un poco en la
lectura?**
Para empezar, nadie debería ser excesivamente curioso o excitarse demasiado comparando este álbum con cualquiera de mis otros álbumes.
Comparar este álbum con los otros que existen. Comparar este álbum
con los de otros artistas. Mira. Compararme conmigo mismo [risas] es

como… No sé. Estás hablando con alguien que se siente todo el tiempo como merodeando por las ruinas de Pompeya. Siempre ha sido así, por un motivo o por otro. Me toca lidiar con todos los viejos estereotipos. El lenguaje y la identidad que utilizo son los que mejor conozco y no estoy dispuesto a seguir con esto de comparar mi nuevo trabajo con el viejo. Te crea una especie de talón de Aquiles. No voy a ir por ahí.

Quizá un mejor modo de expresarlo es: ¿Ves este álbum como algo que emana de tu experiencia de Estados Unidos en la actualidad?
Todos los discos que he hecho emanaban del panorama entero de lo que América es para mí. América, para mí, es una marea creciente que hace que todos los barcos sigan a flote, y la verdad es que nunca he buscado inspiración en otros tipos de música. Mi problema al escribir canciones siempre ha estado en rebajar el tono retórico del lenguaje. No es que me dedique a ello con toda mi alma. Una canción es un reflejo de lo que veo siempre a mi alrededor. Sólo estoy hablando… [pausa]. Mira. Todavía sigo con tu otra pregunta. No me parece justo que se compare este álbum con ninguno de mis álbumes anteriores. Quiero decir, yo soy la misma persona. Como diría Hank Williams, mi pelo sigue siendo rizado y mis ojos azules. Y eso es todo lo que sé.

¿Cuál sería tu propia descripción de lo que tratan las canciones de *Love and Theft*?
Me pones en una situación difícil. Una pregunta así no puede responderse en los términos en que la planteas. Una canción no es más que cierto humor que un artista trata de comunicar. A decir verdad, no he escuchado este disco desde que se hizo. Probablemente, desde la primavera pasada. De hecho, no necesito escucharlo. Sólo necesito mirar las letras, y podemos empezar desde ahí. Pero la verdad es que no sé qué puede representar la suma de estas canciones. [Pausa; tamborilea los dedos sobre la mesa.] El álbum tiene que ver con el poder, con la riqueza, el conocimiento y la salvación. Es un gran álbum porque trata grandes temas. Habla en un lenguaje noble. Habla de las cuestiones o los ideales de cierta era en un país, y también espero que hable trascendiendo las eras. Valdrá tanto mañana como hoy o como habría valido ayer. Eso es lo que deseaba que resultara, porque hacer otro disco en este punto de mi carrera… Aunque lo que hago no lo contemplo como una carrera. «Carrera» es una palabra francesa. Viene a significar «transporte». Es algo que te lleva de un lugar

hasta otro. No creo que lo que yo haga sirva para denominarlo carrera. Es más bien una llamada.

Este álbum contiene reflexiones tan oscuras como las que puedan hallarse en *Time Out of Mind*, pero esta vez las presentas sin la ominosa atmósfera musical del disco anterior. Visto que el disco lo produjiste tú, seguramente deseabas un sonido diferente.
El modo en que se presenta el disco es tan importante como lo que presenta. Por tanto, cualquier otra persona —incluso si se tratara de un gran productor— no habría hecho más que estorbar, y la verdad es que no teníamos mucho tiempo. Me habría encantado que alguien me hubiera ayudado a hacer este disco, pero no se me ocurrió nadie en tan poco espacio de tiempo. Además, ¿qué podían hacer? Para este disco en particular no importaba.

También hay una buena dosis de humor en este disco, quizá más que en cualquiera de tus discos desde los años sesenta.
Bueno...

Hay frases muy graciosas. Como el diálogo entre Romeo y Julieta en «Floater (Too Much to Ask)», y la broma de la llamada a la puerta en «Po' Boy».
Sí. Gracioso... Y oscuro. Aun así, en mi cabeza, no estoy realmente riéndome de los principios que puedan guiar la vida de nadie ni nada por el estilo. Básicamente, la canción trata lo que tratan muchas de mis canciones: de negocios, política y guerra y, quizá, aparte, cierto interés en el amor. Ese sería el primer plano desde el que deberías considerarlas.

En una entrevista reciente dijiste que veías este álbum como autobiográfico.
Completamente. Es autobiográfico a todos los niveles. Naturalmente, funciona con sus propias reglas, pero el oyente debiera ser consciente de esas reglas al escucharlo. Pero sí. No es como si las canciones las hubiera escrito algún Sócrates o un bufón simulando ser feliz [risas]. No podía haber nada de eso en este disco.

Tanto *Time Out of Mind* como *Love and Theft* han sido acogidos como dos de tus mejores obras. ¿La composición de canciones te resulta ahora más sencilla que antes?

Bueno. Yo sigo los dictados de mi conciencia para escribir una canción, y la verdad es que no tengo un tiempo o espacio que respetar. No lo preconcibo. No podría decirte cuándo podría salirme algo. Simplemente sucede, en momentos extraños, aquí y allá. Me resulta asombroso seguir siendo capaz de hacerlo, la verdad. Y las interpreto tan bien como me veo capaz. Cuando eres joven, probablemente, escribas con mayor fuerza y mucho más deprisa, pero en mi caso, me limito a utilizar los valores tradicionales de lógica y razón independientemente de la edad en que escribo mis canciones.

Este disco salió el 11 de septiembre de 2001, la fecha de los ataques terroristas contra el World Trade Center y el Pentágono. He hablado con algunas personas desde entonces que dicen haber acudido a *Love and Theft* porque encuentran algo equivalente al actual espíritu de incertidumbre y terror. En cuanto a mí, sigo dándole vueltas a una frase de «Mississippi»: «Sky full of fire, pain pourin' down» [el cielo en llamas, el dolor que se derrama]. ¿Hay algo que quieras comentar sobre tu reacción ante los acontecimientos de aquel día?

Me viene a la cabeza uno de los poemas de Rudyard Kipling, «Gentlemen-Rankers»: «We had donde with Hope and Honour, we are lost to Love and Truth / We are dropping down the ladder rung by rung / And the measure of our torment is the measure of our youth / God help us, for we knew the worst too young!» [Abandonamos la esperanza y el honor, estamos perdidos para el amor y la verdad / Caemos peldaño a peldaño / Y la medida de nuestro tormento es la de nuestra juventud / Ayúdanos, Señor, porque conocimos lo peor demasiado jóvenes]. En todo caso, mis pensamientos son para los jóvenes en estos tiempos. Es la única manera de expresarlo.

¿Lo dices por lo que se juegan ahora, ante los vientos de guerra que soplan?

Exacto. Quiero decir que el arte impone orden en la vida pero, ¿cuánto más arte habrá? No lo sabemos. Hay una santidad secreta de la naturaleza. ¿Cuánta naturaleza quedará? En este momento, el modo de pensar de la mente racional no podría explicar lo que ha sucedido. Necesitas algo más para explicarlo. Algo con lo que habrá que tratar antes o después, sin duda.

¿Ves alguna esperanza para la situación en que nos encontramos?

No sé muy bien qué podría decirte. No me considero un educador ni un analista. Ya sabes a qué me dedico, y eso es lo que siempre he hecho. Pero ahora es el momento de los grandes hombres, para que den un paso adelante. Con hombres pequeños, nada podrá conseguirse ahora. La gente que está al mando, seguro que ha leído a Sun-Tzu, que escribió *El arte de la guerra* en el siglo VI. Allí dice: «Si conoces al enemigo y te conoces a ti mismo, no debes temer el resultado de cien batallas. Si te conoces a ti mismo y no conoces al enemigo, por cada una de tus victorias sufrirás una derrota». Y prosigue: «Si no conoces ni a tu enemigo ni a ti mismo, sucumbirás en cada batalla». Quien esté al mando, seguro que lo ha leído.

Las cosas tienen que cambiar. Y una de las cosas que tienen que cambiar es el mundo interior de las personas.

31

ENTREVISTA DE ROBERT HILBURN,
THE LOS ANGELES TIMES
4 DE ABRIL DE 2004

«No, no, no», dice Bob Dylan con firmeza cuando se le pregunta si los aspirantes a cantautor deberían aprender el oficio estudiando sus álbumes. Algo que miles de ellos han estado haciendo durante décadas.

«Es perfectamente natural querer moldearte a partir de alguien —dice, abriendo una puerta que ha estado largo tiempo cerrada a los periodistas: su proceso de composición de canciones—. Si yo quisiera ser pintor, podría pensar en aspirar a ser Van Gogh, o si fuera un actor, en tratar de actuar como Laurence Olivier. Si fuera arquitecto, pues está Frank Gehry.

»Pero no puedes limitarte a copiar a alguien. Si te gusta el trabajo de alguien, lo importante es verte expuesto a lo que se ha visto expuesta aquella persona. Cualquiera que desee ser cantautor debería escuchar tanta música folk como pueda, estudiar la forma y la estructura de un material que ya lleva cien años circulando. Y me remonto hasta Stephen Foster.»

Durante cuatro décadas, Dylan ha representado una gran paradoja americana: un artista que revolucionó la composición de canciones populares con su obra descaradamente personal y a la vez desafiante, pero que, al mismo tiempo, nos mantiene tan alejados de su vida personal —y de su técnica creativa— que no tuvo que devanarse los sesos para dar con el título de su última película: *Masked and Anonimous* [Enmascarado y anónimo].

Aunque sus seguidores y biógrafos puedan leer sus cientos de canciones como su crónica de amor y pérdida, celebración e indignación, él no repasa las historias detrás de las canciones en sí, cuando nos habla para la ocasión de su arte. Le parece más cómodo, y quizá más interesante, ver el modo en que el oficio le permite convertir la vida, ideas, observaciones y series de imágenes poéticas, en canciones.

Sentado en la calma de un gran hotel que da a uno de los pintorescos canales de Amsterdam, pinta un retrato de su evolución como cantautor muy diferente de la que uno esperaría de un artista que llegó a la escena pop de los años sesenta con una visión y un talento incólumes. La letra de «Blowin' in the Wind» apareció impresa en *Broadside*, la revista de música folk, en mayo de 1962, el mes en que cumplió 21 años.

La historia que cuenta es de prueba y error, falsos inicios y arduo trabajo —un joven en un área remota de Minnesota que experimentó tal libertad en la música del cantante folk Woody Guthrie que sintió que podía pasarse la vida cantando sus canciones—, hasta que descubrió su auténtica vocación con un simple vuelco del destino.

Dylan ha dicho a menudo que jamás se propuso cambiar la canción popular ni la sociedad, pero es evidente que estaba impregnado del elevado propósito de cumplir con los ideales que veía en la obra de Guthrie. A diferencia de otras estrellas del rock, su gran objetivo no consistía meramente en entrar en las listas de éxitos.

«Siempre admiré a los artistas auténticos, comprometidos con su arte, así que aprendí de ellos —dice Dylan, meciéndose suavemente en la butaca—. La cultura popular suele finiquitarse pronto. La arrojan a la fosa. Yo quería hacer algo que pudiera mantenerse, como las pinturas de Rembrandt.»

Pasados todos estos años, sus ojos aún se iluminan ante la mención de Guthrie, el poeta de la depresión, cuyas mejores canciones, como «This Land Is Your Land», hablan de manera elocuente del abismo que Guthrie percibía entre los ideales de América y sus prácticas.

«Para mí, Woody Guthrie lo significaba todo —dice Dylan, de 62 años, con los rizos enmarcando espléndidamente su cabeza tal como aparecía en las cubiertas de sus discos cuarenta años atrás—. Las canciones de Woody eran acerca de todo a la vez. Eran sobre ricos y pobres, negros y blancos, los altibajos de la vida, las contradicciones entre lo que se enseñaba en la escuela y lo que de verdad sucedía. En sus canciones decía todo lo que yo sentía pero no sabía cómo decir.

»Pero no eran sólo sus canciones. Era también su voz —como un *stiletto*— y su dicción. Nunca había escuchado a nadie cantar así. Su rasgueo a la guitarra era más intrincado de lo que parecía. Y todo lo que yo sabía era que quería aprender sus canciones.»

Dylan tocó tanto a Guthrie durante sus rondas iniciales por clubes y cafés que le acabaron apodando «el *jukebox* de Woody Guthrie». Así que pueden imaginarse la conmoción cuando alguien le dijo que otro cantante —Ramblin' Jack Elliott— se dedicaba a eso mismo. «Es como ser un investigador que ha pasado unos años descubriendo la penicilina y de pronto [averigua] que ya lo ha hecho alguien más», recuerda.

Alguien menos ambicioso no le habría dado más vueltas. Hay espacio de sobra para dos cantantes admiradores de Woody Guthrie. Pero Dylan era demasiado independiente. «Sabía que yo tenía algo que Jack no tenía —dice—, aunque me llevó algún tiempo averiguar qué era.»

La composición de canciones, se dio cuenta por fin, era lo que le distinguiría. Ya había jugueteado antes con la idea, pero sentía que no tenía suficiente vocabulario ni experiencia vital.

Así, en 1961, volvió a la carga para hacerse un hueco en la escena de clubes neoyorquina. Su primera canción que llamó la atención fue «Song to Woody», que incluía los versos: «Hey, hey, Woody Guthrie, but I know that you know / All the things that I'm a-sayin' an' a-many times more» [¡Hey, Woody Guthrie! Pero yo sé que tú sabes / Todas las cosas que estoy diciendo y muchas más].

En dos años escribió y grabó canciones, entre ellas «Girl of the North Country» y «A Hard Rain's A-Gonna Fall», que llevaron a la música popular a trascender el mero entretenimiento para convertirse en arte.

«La estrella son las canciones»

Dylan, cuya obra y vida personal han sido diseccionadas en suficientes libros como para llenar una librería entera, parece acoger complacido la ocasión de hablar de su oficio, no de su personaje o de su historia. Parece como si deseara desmitificarse.

«Para mí, el intérprete aparece y se va —dijo una vez—. Las canciones son la estrella del espectáculo, no yo.»

También detesta centrarse en el pasado. «Siempre trato de mantenerme anclado al momento. No quiero volverme nostálgico o narcisista como escritor ni como persona. Creo que la gente de éxito no habita en el pasado. Sólo los perdedores lo hacen.»

Con todo, su sentido de la tradición es firme. Gusta de pensar en sí mismo como parte de una hermandad de escritores cuyas raíces están en las crudas vetas de country, blues y folk de Guthrie, la familia Carter, Robert Johnson, así como de tantos baladistas escoceses e ingleses.

A lo largo de la velada, ofrece atisbos de cómo su oído y su visión tejen canciones a partir de cualquier cosa, desde poesía beat a las noticias del día o a lecciones aprendidas de sus contemporáneos.

Está tan comprometido en hablar de su oficio que hasta se ha traído una guitarra por si necesitara ilustrar algún aspecto. Cuando su *road manager* llama a la puerta después de noventa minutos para ver si todo está en orden, Dylan le despide con un gesto. Pasadas tres horas, se ofrece a que volvamos a vernos después del concierto de la noche siguiente.

«Hay muchos modos de abordar algo en una canción —dice—. Uno de ellos consiste en dar vida a objetos inanimados. Johnny Cash lo hace muy bien. Tiene esa frase, que dice: "A freighter said, 'She's been here, but she's gone, boy, she's gone'". [Un mercante dijo "estuvo aquí, pero se fue, chico, se fue"]. "Es fantástico, un mercante dice que ella estuvo aquí". Eso es arte. Basta con hacerlo una sola vez en una canción, y la vuelves del revés allí mismo.»

El proceso que describe radica más en un trabajo regular que en la inspiración súbita. Sobre «Like a Rolling Stone» dice: «No pienso en lo que voy a decir, tan sólo pienso: "¿Funciona métricamente?"».

Pero existe indudablemente un elemento de misterio innegable. «Es como si un fantasma escribiera una canción así. Te entrega la canción y desaparece, se va. No sabes qué significa. Sólo que el fantasma me eligió para escribir la canción».

Algunos oyentes se han quejado a lo largo de los años de que las canciones de Dylan son excesivamente ambiguas, de que parecen ser únicamente un ejercicio de estilo narcisista. Sin embargo, la mayoría de los críticos alegan que las imágenes ocasionalmente confrontadas de Dylan son su mayor fuerza.

Muy pocos en la cultura pop estadounidense han escrito de manera consistente versos tan hermosamente evocadores y tan acusadamente desafiantes como los de «Just Like a Woman», una canción de mediados de los sesenta. Dylan mira impasible la letra impresa de esa canción cuando se la paso. Al igual que en muchos de sus trabajos, la canción parece tratar sobre varias cosas a un tiempo.

«No soy muy bueno definiendo las cosas —dice—. Incluso si pudiera decirte de qué va la canción, no lo haría. Es cosa del oyente figurarse qué significa para él.»

Mientras contempla la página en la calma de la estancia, parece aflojar un poco. «Es una canción muy amplia. La frase, "se desmorona como una cría" es una metáfora. Es como muchas canciones sacadas del blues. Alguien puede estar hablando de una mujer, pero no está hablando en absoluto de una mujer. Puedes decir mucho recurriendo a las metáforas.»

Tras otra pausa, añade: «Es una canción urbana. Es como mirar a algo extremadamente potente, digamos la sombra de una iglesia o algo así. Como escritor no pienso en términos laterales. Es un defecto de buena parte de los viejos escritores de Broadway... Son muy laterales. No hay nada circular. No se puede aprender nada de la canción. Nada te inspira. Yo siempre intento darle la vuelta a las canciones. De otro modo, me parece que estoy haciéndole perder el tiempo al oyente».

El descubrimiento de la música folk

La sensibilidad pop de Dylan se perfiló mucho antes de su viaje al Este en el invierno de 1960-61. En el gélido aislamiento de Hibbing, Minnesota, Dylan, que por entonces seguía siendo Robert Zimmerman, halló consuelo en el country, el blues y el rock and roll que sintonizaba por la noche en una emisora de Louisiana y cuya señal se escuchaba nítidamente. Aquello estaba a años luz de la radio local de su ciudad, que se inclinaba hacia la canción convencional de Perry Como, Frankie Lane y Doris Day.

Dylan respeta a muchos cantautores previos a la era del rock, por ejemplo a Cole Porter, al que describe como un rimador «osado» y de quien destaca como su tema preferido «Don't Fence Me In». Con todo, no sentía que la mayoría de autores anteriores al rock pudieran inspirarle.

«Cuando escuchabas las canciones de Porter y de Gershwin y de Rodgers y de Hammerstein, que escribió algunas canciones espléndidas, ves que estaban escribiendo para su generación y aquélla no se antojaba la mía —dice—. Me di cuenta, en determinado momento, de que lo importante no es sólo cómo escribes canciones, sino tu tema, tu punto de vista.»

La música que le gustaba como adolescente era el rock and roll de los cincuenta, especialmente, Elvis Presley. «Cuando me metí en el rock and roll, ni siquiera pensé que pudiera tener otra opción ni más alternativas —dice—. Me mostró dónde estaba mi futuro, del mismo modo en que algunas personas saben que serán médicos o abogados o torpederos de los Yankees de Nueva York.»

Se convirtió en discípulo de lo que escuchaba.

«Chuck Berry escribió canciones asombrosas que hilvanaban palabras de manera notablemente compleja —dice—. Las canciones de Buddy Holly eran más simples, pero lo que aprendí de Buddy es que puedes asumir influencias de todas partes. Como "That'll Be the Day". Leí en alguna parte que era una frase que había escuchado en una película, y empecé a darme cuenta de que puedes adoptar cosas de la vida diaria que le oyes decir a la gente.

»Me sigue pareciendo cierto. Puedes ir donde sea con los oídos alerta y escuchar algo, algo que te dice alguien o algo que oyes desde la otra punta. Si tiene cierta resonancia, puedes aprovecharlo para una canción.»

Después de que el rock asumiera un tono más meloso a finales de los cincuenta, Dylan fue tras una inspiración renovada. Empezó a escuchar al Kingston Trio, que ayudó a popularizar la música folk con versiones lustradas de «Tom Dooley» y «A Worried Man». La mayoría de los puristas del folk sentían que el grupo era más «pop» que auténtico, pero Dylan, recién llegado al folk, reaccionó ante los mensajes de aquellas canciones.

Su trayectoria le condujo hacia héroes del folk como Odetta y Leadbelly antes de obsesionarse con Guthrie. Intercambió su guitarra eléctrica por otra acústica, pasó varios meses en Minneapolis, donde tocaba en algunos clubes, e iba preparándose para su viaje definitivo hacia el este.

Emigrar a Nueva York, en lugar de hacerlo al otro gran centro musical, Los Ángeles, fue algo que le vino dado, dice, «porque todo lo que yo conocía provenía de Nueva York. En la radio escuchaba los partidos de los Yankees, de los Giants y de los Dodgers. Todos los programas de radio, como «The Fat Man», las campanadas de la NBC, provenían de Nueva York. Así como todas las discográficas. Parecía que Nueva York fuera la capital del mundo».

Poesía devorada

Dylan fue en busca de su musa a Nueva York, ávido de cualquier cosa que sintiera que pudiera ayudarle en su oficio, tanto si se trataba de aprender viejas canciones de blues y de folk como de empaparse de literatura.

«Había leído mucha poesía para cuando escribí muchas de esas primeras canciones —se ofrece a explicar—. Me gustaban los poetas de mayor calado. Lo leí del mismo modo en que algunas personas leen a Stephen King. Ya de jovencito había visto mucho de todo eso. La poesía de Poe me impactaba enormemente. Byron y Keats y el resto de los chicos. John Donne.

»Lo de Byron es algo que viene, va, y no sabes la mitad de las cosas de las que habla ni la gente a la que se dirige. Pero te quedas con el lenguaje.»

Se vio trabajando con los poetas beat. «La idea de que la poesía se recitara en la calle, públicamente, no podía dejar de estimularte —dice—. En los clubes siempre había algún poeta, y escuchabas las rimas. [Allen] Ginsberg y [Gregory] Corso, fueron tipos muy influyentes.»

Dylan dijo una vez que, a principios de los sesenta, escribía tan rápido sus canciones que no quería ir a dormir por temor a que se le escapara alguna. Del mismo modo, absorbía las influencias con tal celeridad que resultaba igualmente difícil apagar la luz por la noche. ¿Por qué no leer algo más?

«Alguien me dio un libro de François Villon y sus poemas hablaban de movidas callejeras bastante duras, que rimaban —dice Dylan, casi sugiriendo la excitación de beber en el siglo XV en busca de inspiración—. Aquello era asombroso y hacía que te preguntarás por qué no hacer lo mismo en una canción.

»Leía a Villon hablando de acudir a una prostituta y yo le daba la vuelta. Yo no acudiría a una prostituta, hablaría de rescatarla. De nuevo, es volver las cosas del revés, como "vice is salvation and virtue will lead to ruin" [el vicio es la salvación y la virtud llevará al desastre].»

Cuando escuchas a Dylan maravillándose ante frases como la anterior de Maquiavelo o el «lo justo es falso y lo falso justo» de Shakespeare, puedes entender por qué sazonaba sus propias canciones con versos que siempre nos llevan a cuestionar nuestras asunciones. Clásicos como «There's no success like failure and failure's no success at all» [No hay éxito como el fracaso y el fracaso no es nunca éxito], de «Love Minus Zero / No Limit» (1965).

Como de costumbre, cede el mérito a la tradición.

«Yo no lo inventé. Ya lo sabes —enfatiza—. Robert Johnson podía cantar una canción y, de la nada, podía aparecer un dicho de Confucio, y tú te quedabas como diciendo: "¿Y de dónde ha salido eso?". Siempre es importante darle la vuelta a las cosas como se pueda.»

La exploración de sus temas

Algunos escritores se sientan todos los días durante al menos dos o tres horas para escribir, tanto si están de humor como si no. Otros esperan a la inspiración. Dylan se mofa de la disciplina de la escritura diaria.

«Es que yo no soy un compositor tan serio —dice con una sonrisa—. Las canciones no se limitan a venir a mí. Suelen cocerse en reposo durante un tiempo, y aprendes que es importante guardar las piezas hasta que estén bien articuladas y pegadas.»

A veces escribe a máquina pero, normalmente, se limita al bolígrafo porque, según dice, escribe más rápido a mano. «No paso mucho tiempo repasando las canciones —dice Dylan—. A veces hago cambios, pero las primeras canciones, por ejemplo, todas salieron como en la primera redacción.»

No se devana los sesos para que las rimas salgan perfectas. «Lo que yo hago, y muchos escritores no hacen, es tomar un concepto y una frase que quiero meter en una canción, y si no veo el modo de simplificarlo, lo cojo todo —todo el percal— y miro la manera de cantarlo de modo que encaje con el esquema de rima. Prefiero hacer eso que pasar o perderlo porque no pueda rimarlo.»

Los temas, dice, nunca han sido un problema. Cuando empezó, la guerra de Corea acababa de terminar. «Era un gran nubarrón sobre la cabeza de todos —dice—. El tema del comunismo seguía al orden del día y estaba a punto de brotar el movimiento por los derechos civiles. Así que había mucho sobre lo que escribir.

»Pero nunca me metí a escribir de política. No quería ser un moralista político. Había personas que hacían eso. Phil Ochs se centraba en asuntos políticos, pero todos tenemos diversos aspectos, y yo quería verlos todos. Nos podemos sentir muy generosos un día y muy egoístas al cabo de una hora.»

Dylan también encontraba los temas en los periódicos. Señala la canción de 1964, «The Lonesome Death of Hattie Carroll», la historia de un acaudalado hombre de Baltimore condenado únicamente a seis meses por matar a una sirvienta con un bastón. «En esa canción dejé que la historia se contara sola —dice—. ¿Quién no se sentiría ultrajado por un tipo que golpea a una anciana hasta la muerte y todo lo que recibe es una colleja?»

En otras ocasiones, se limitaba a responder a sus ansiedades.

«A Hard Rain's A-Gonna Fall» ayudó a fijar su lugar en la cultura pop con un relato apocalíptico de una sociedad que se desgarraba en todos los frentes. La canción prendió en las mentes de los oyentes durante generaciones y, como la mayoría de las suyas, desafía a la edad con su letra fértil y decididamente poética. Los estudiosos de Dylan suelen decir que la canción se inspiró en la crisis de los misiles en Cuba.

«Todo lo que recuerdo sobre la crisis de los misiles es que no paraban de dar boletines informativos por la radio, la gente escuchaba en los bares y cafeterías que, y eso era lo más aterrador, ciudades como Houston y Atlanta tendrían que ser evacuadas. Sonaba tremendo.

»Alguien apuntó que se había escrito antes de la crisis, pero no importa realmente de dónde proviene una canción. Sólo importa adónde te lleva.

Cambios constantes

El recorrido de la carrera de Dylan no ha sido lineal. Durante una racha creativa sin precedentes que produjo tres auténticos hitos (*Bringing It all Back Home, Subterranean Homesick Blues* y *Blonde on Blonde*), que se lanzaron en sólo quince meses, Dylan se enchufó al rock and roll de su juventud. Impresionado por la energía que sentía en los Beatles y deseoso de hablar en el lenguaje musical de su generación, declaró su independencia del folk al electrificarse en el Newport Folk Festival de 1965.

Su música pronto se convirtió en la nueva pauta del potencial del rock, e influyó no sólo sobre sus contemporáneos, los Beatles entre ellos, sino a los que vinieron después.

La presión sobre él devino pronto excesiva, hasta el punto de que en 1966 se alejó de todo. No reemprendió completamente su carrera hasta mediados de los setenta, cuando protagonizó una celebrada gira con The Band y grabó más tarde uno de sus álbumes más aclamados, *Blood on the Tracks*. A finales de aquella década, confundió a algunos seguidores al inclinarse por la música evangélica apocalíptica.

A lo largo de los setenta y ochenta brotaron algunas perlas pero, durante buena parte de los noventa, Dylan ya pareció fatigado de la composición de canciones o, quizá, harto de que se le calibrara siempre respecto de sus éxitos de los sesenta.

A principios de la década de los noventa, pareció encontrar alivio en el ritmo de la carretera. Se sumió físicamente en la tradición de los trovadores, y rehuyó hablar de la composición de canciones o del futuro. «Quizá ya haya escrito suficientes canciones —dijo entonces—. Quizá sea el turno de otro.»

De algún modo, no obstante, todos esos conciertos reavivaron la llama de la composición. Así lo demostró *Time Out of Mind*, el álbum de 1997, que le deparó un Grammy al mejor disco del año. También la agridulce canción «Things Have Changed» para la banda sonora de *Jóvenes prodigiosos*, con la que logró el Óscar a la mejor canción en 2001. Así como su disco *Love and Theft*. Pasó buena parte del año pasado trabajando en una serie de crónicas autobiográficas. Se cree que la primera entrega llegará este otoño de la mano de Simon & Schuster.

Pero quizá la faceta en la que Dylan ha recuperado de modo más evidente su pasión es en sus espectáculos en vivo, donde ha pasado de la guitarra al teclado eléctrico desde el que dirige a un cuarteto con la intensidad de un joven autor punk.

Dylan —que ha vivido en el sur de California desde que se trasladara con su ex-esposa Sara Lowndes y sus cinco hijos a Malibú a mediados de los setenta— se halla en Amsterdam para realizar dos conciertos con las entradas agotadas en un auditorio con capacidad para seis mil personas. Actúa en más de cien conciertos al año.

La audiencia en la fría noche de invierno tras nuestra primera conversación se divide entre los que tienen la edad de Dylan y llevan siguiéndole desde los sesenta, y los jóvenes atraídos tanto por toda su obra clásica como por las nuevas canciones, que piden oír.

Melodías recreadas

De regreso al hotel, Dylan aparece tan satisfecho como puede estarlo un hombre con su agitado espíritu creativo.

Son casi las dos de la madrugada, y hay otra cafetera enfriándose. Se restriega la mano por entre sus rizos. Pasadas todas estas horas, me doy cuenta de que no he preguntado lo más obvio: ¿Qué viene antes, la letra o la música?

Dylan se echa hacia adelante y agarra su guitarra acústica.

«Bueno. Debes saber que yo no soy un melodista —dice—. Mis canciones se basan en viejos himnos protestantes o en canciones de la familia Carter o en variaciones del formato blues.

»Lo que sucede es que cojo una canción que conozco y empiezo a tocarla en mi cabeza. Ese es mi modo de meditar. Mucha gente contemplaría una grieta en la pared para ponerse a meditar o contaría ovejas o ángeles o dinero o algo, y está visto que eso les ayuda a relajarse. Yo no medito con nada de eso. Yo medito a partir de las canciones.

»En mi cabeza podría estar tocando "Tumblin' Tumbleweeds" de Bob Nolan, por ejemplo, constantemente. Mientras conduzco o hablo con alguien o estoy sentado por ahí o lo que sea. Alguien puede pensar que está hablando conmigo y yo con él, pero no es así. Estoy escuchando la canción en mi cabeza. En determinado momento, algunas de las palabras cambian, y entonces es cuando empiezo a escribir la canción.»

Rasguea suavemente la guitarra, pero resulta difícil pillar la melodía.

«Escribí "Blowin' in the Wind" en diez minutos. Me limité a aplicarle

la letra a un viejo espiritual. Probablemente, algo que aprendí de los discos de la familia Carter. Eso es la tradición musical del folk. Utilizas un
legado. "The Times They Are A-Changin" proviene probablemente de
una vieja canción popular escocesa.»

Mientras sigue tocando, la canción empieza a resultar vagamente familiar.

Me gustaría saber algo acerca de «Subterranean Homesick Blues», una
de sus canciones más radicales. La versión de 1965 fusionaba folk y blues
de un modo que cualquiera que la oyera se ponía a escucharla una y otra
vez sin poder parar de escucharla. John Lennon dijo una vez que la canción era tan arrebatadora en cada una de sus facetas que le hacía preguntarse si alguna vez podría competir con eso.

La letra, de nuevo, hablaba de una revolución en la sociedad, un relato de drogas y abuso de autoridad y de tratar de entender cuando todo
parece tener tan poco sentido.

Johnny's in the basement
Mixing up the medicine
I'm on the pavement
Thinking about the government.

[Johnny está en el sótano / Cortando la medicina / Yo estoy en el
suelo / Pensando en el gobierno]

La música reflejaba también la paranoia de los tiempos que aullaba de
los altavoces con fuerza explosiva.

¿Cuál era el origen de eso?

Sin pausa, dice Dylan, casi como un guiño, que la inspiración se remonta a su adolescencia. «Me viene de Chuck Berry, algo de "Too Much
Monkey Business" y algunas canciones sueltas de los años cuarenta.»

A medida que la música de la guitarra se oye más fuerte, te das cuenta
de que Dylan está tocando una de las canciones más famosas del siglo xx,
«Blue Skies» de Irving Berlin.

Le miras a los ojos para captar alguna señal.

¿Está escribiendo una canción mientras hablamos?

«No —dice sonriendo—. Sólo te enseño lo que hay que hacer.»

ENTREVISTADORES

Jay Cocks hizo esta entrevista cuando era estudiante universitario en el Kenyon College de Gambier, Ohio. Con el tiempo escribiría los guiones de las películas *La edad de la inocencia* y *Gangs of New York*, ambas de Martin Scorsese.

John Cohen es cineasta, músico y fotógrafo. Fue miembro de los New Lost City Ramblers y trabajó con el fotógrafo Robert Frank en la legendaria película de la generación beat *Pull My Daisy*. Dirigió *The High and Lonesome Sound*, un retrato del Kentucky rural y del músico Roscoe Holcomb. Su libro *Young Bob: John Cohen's Early Photographs of Bob Dylan* se publicó en 2003.

Jonathan Cott ha sido editor adjunto de *ROLLING STONE* desde su creación. Es autor de dieciséis libros, entre ellos *Dylan, Conversations with Glenn Gould* [*Conversaciones con Glenn Gould*, Global Rhythm Press, 2007], *Stockhausen: Conversations with the Composer* y *Back to a Shadow in the Night: Music Writings and Interviews 1968-2001*.

Toby Creswell fue director de la edición australiana de *ROLLING STONE* y de la revista *Juice*.

Susan Edmiston es escritora y coautora de *Literary New York: A History and Guide*.

Murray Engleheart es un crítico de rock australiano. Ha escrito para numerosas publicaciones, entre ellas *Guitar World*, *Beat Magazine*, *Drum Media* y *Uncut*.

Nora Ephron, célebre ensayista y novelista, ha escrito los guiones de películas como *Algo para recordar*, *Cuando Harry encontró a Sally* y *Silkwood*.

Mikal Gilmore fue jefe de la sección de música de *L.A. Weekly* y de *Los Angeles Herald Examiner*. En el año 2000 publicó *Disparo al corazón*, un estremecedor testimonio sobre la condena a muerte y posterior fusilamiento de su hermano.

Ralph J. Gleason fue un influyente crítico de jazz y pop, así como cofundador de *ROLLING STONE*. Ejerció de crítico de música en el *San Francisco Chronicle* desde finales de los años cuarenta y fue uno de los primeros en saludar la aparición de Miles David, Bob Dylan, y varios artistas del área de San Francisco como Grateful Dead y Jefferson Airplane. Publicó tres libros en vida y fue nominado para dos Grammys. Murió en 1975 a la edad de 58 años.

Cynthia Gooding es cantante de folk y fue entrevistadora y presentadora habitual del programa de radio «Folksinger's Choice» en los años sesenta.

Joseph Haas fue, durante muchos años, editor y periodista en el estado de Michigan.

Bruce Heiman fue entrevistador radiofónico en Tucson, Arizona.

Nat Hentoff es un conocido experto en jazz que se describe a sí mismo como «ateo judío, defensor de los derechos civiles y antiabortista». Escribió el texto que aparece en la carátula de *The Freewheelin' Bob Dylan* y es autor de *The Jazz Life*, *Boston Boy* y *The Nat Hentoff Reader*.

Robert Hilburn es jefe de la sección de música popular del *Los Angeles Times*. Ha escrito libros acerca de Bruce Springsteen y Michael Jackson.

Karen Hughes era una joven periodista que consiguió dos entrevistas con Dylan tras un encuentro casual con él durante la gira australiana de 1978.

Bert Kleinman, veterano de la programación radiofónica, es, actualmente, asesor de *Radio Sawa,* una emisora en lengua árabe de Oriente Próximo.

Kurt Loder es editor adjunto de *ROLLING STONE* así como presentador de *MTV News.* Ha escrito *I, Tina* con Tina Turner.

Artie Mogull, fallecido en 2004, fue ejecutivo discográfico en *Warner Bros., Capitol Records* y *MCA Records.*

Jon Pareles es el jefe de la sección de música popular del *New York Times.* Ha escrito para *Crawdaddy, The Village Voice* y *ROLLING STONE.*

Paul J. Robbins fue periodista de *L. A. Free Press* en los años setenta.

Ron Rosenbaum es periodista y su trabajo aparece en el *New York Times, Esquire, The New Yorker* y *Vanity Fair.* Es autor de *Explaining Hitler: The Search for the Origins of Evil* y *Those Who Forget the Past: The Question of Anti-Semitism.*

Robert Shelton dio el primer gran espaldarazo a la carrera de Bob Dylan cuando escribió una calurosa reseña en el *New York Times* sobre una actuación de Dylan en el club Gerde's en 1961. En 1986, publicó un libro titulado *No Direction Home.* Murió en 1995 a la edad de 69 años.

Sam Shepard es un aclamado autor teatral y actor. Ganó el premio Pulitzer en 1979 por su obra *Buried Child.* Escribió la canción «Brownsville Girl» con Bob Dylan en 1986. *Vida breve y azarosa* es una entrevista con Dylan convertida en diálogo teatral.

Studs Terkel es el autor de doce libros de historia oral, entre ellos *Hope Dies Last, Working* y *The Good War,* galardonado con el premio Pulitzer. Miembro de la Academia de las Artes y las Letras, ha recibido la Medalla Nacional de Humanidades, la Medalla Nacional de la Fundación del Libro por contribución distinguida a las letras americanas, el Premio George Polk y el Premio Ivan Sandrof, que se concede a los críticos de libros, por toda su carrera. Durante la segunda mitad del siglo XX presentó un legendario programa en la radio pública de Chicago en el que ofrecía a los oyentes una visión peculiar de la música que incluía composiciones clásicas, ópera, jazz, góspel, folk y rock.

Happy Traum es el antiguo director de la revista *Sing Out!* Ha tocado y grabado con Bob Dylan, Eric Andersen, Allen Ginsberg, Levon Helm, Rick Danko, Richard Manuel y muchos otros, a la vez que ha grabado algunos discos en solitario. También ha escrito más de una docena de manuales de guitarra.

A. J. Weberman, acuñador del término «dylanología», aún está intentando aclarar la conspiración que acabó con el presidente Kennedy.

Jann S. Wenner es director de *ROLLING STONE* y presidente de *Wenner Media*.

Paul Zollo fue director de la revista *Song Talk* de 1987 a 1997. Actualmente es director adjunto de *American Songwriter*. Es autor de *Songwriters on Songwriting*. Recientemente, ha publicado el libro *Conversations with Tom Petty*.

PERMISOS

Agradecemos la colaboración de quienes han autorizado la aparición de material escrito en este libro. Hemos hecho cuanto que estaba en nuestras manos para localizar a los titulares de los derechos. En caso de que se apreciara algún error u omisión, estaremos encantados de enmendar la situación en futuras ediciones del libro. Para obtener más datos contacten con la editorial.

Entrevista de Nat Hentoff, *Playboy*, marzo de 1966: de *The Playboy Interview: The Best of Three Decades 1962-1992: Playboy Interview: Bob Dylan*. Reproducida con permiso especial de *Playboy* / Copyright 1992 de *Playboy*.

Entrevista de John Cohen y Happy Traum, *Sing Out!*, octubre/noviembre de 1968: Copyright *Sing Out!* Utilizada con permiso. Reservados todos los derechos.

Entrevista de A. J. Weberman, *East Village Other*, 19 de enero de 1971: Copyright 1971 de A. J. Weberman. Con permiso del autor.

Entrevista de Ron Rosenbaum, *Playboy*, marzo de 1978: de «The *Playboy* Interview: Bob Dylan», revista *Playboy* (marzo 1978). Reproducida con permiso especial de *Playboy* / Copyright 1978 de *Playboy*.

Entrevista de Robert Hilburn, *The Los Angeles Times*, 23 de noviembre de 1980: Copyright 1980 de *The Los Angeles Times*. Reimpresa con permiso.

Entrevista de Toby Creswell, *ROLLING STONE* (Australia), 16 de enero de 1986: Copyright 1986 de Toby Creswell. Con permiso del autor.

A Short Life of Troube de Sam Shepard, *Esquire*, 1987: Copyright 1987 de Sam Shepard. Con permiso del autor.

Entrevista de Paul Zollo, *Song Talk*, 1991: originalmente, en *Song Talk* y recogida en *Songwriters on Songwriting* (*Da Capo Press*) de Paul Zollo. Con permiso del autor.

Entrevista de Jon Pareles, *The New York Times*, 28 de septiembre de 1997: Copyright 1997 de *The New York Times*. Reimpresa con permiso.

Entrevista de Robert Hilburn, *The Los Angeles Times*, 14 de diciembre de 1997: Copyright 1997 de *The Los Angeles Times*. Reimpresa con permiso.

Entrevista de Murray Engleheart, *Guitar World and Uncut*, marzo de 1999: Copyright 1998 de Murray Engleheart. Con permiso del autor.

Entrevista de Robert Hilburn, *The Los Angeles Times*, 4 de abril de 2004: Copyright 2004 de *The Los Angeles Times*. Reimpresa con permiso.

CRÉDITOS

AGRADECIMIENTOS

Las siguientes personas han hecho posible este libro: Jann S. Wenner, Robert Wallace, John Gruber, Corey Seymour, Nina Pearlman, Andrew Greene, Mayapriya Long, Stephen Doyle, August Heffner, Brian Chojnowski, David Malley, Tom Maloney, Kate Rockland, Frederick Kennedy, Robert Legault, William Goodman, Evelyn Bernal, Maureen Lamberti, Meredith Phares, Christine Calabrese y Theresa Sanchez.